한국간호인물열전

한국 간호 인물 열전

◆

10인의 인물로 본
한국 간호의 역사

◆

이꽃메 지음

책과함께

머리말

1996년경 박사논문을 준비하면서 우리 간호인물에 관한 사료들과 만났다. 관보와 신문, 잡지를 찾다 보니 여기저기에서 간호사와 조산사들이 등장하는데 이들을 전혀 알지 못한다는 게 당황스러웠다. 이들 개인의 삶에 나타나는 희노애락, 그리고 그 삶에 시대와 사회가 투영된다는 것이 계속 나를 끌어당겼고, 2006년에 한신광에 관한 연구 결과를 발표하였다. 이후 느릿느릿 연구를 이어가 2012년 정종명, 2013년 이금전, 2015년 박명자에 대해 발표할 수 있었다. 간호 인물에 관한 내용이 점점 쌓이면서 한국 간호인물을 조명하는 책으로 만들고 싶다는 생각이 커졌고, 오랜 시간 끝에 완성한 결과물이 바로 이 책《한국간호인물열전》이다.

이 책의 일차적 목적은 우리나라 주요 간호인물의 생애를 펼쳐 보임으로써 치열하게 살아간 삶의 이야기를 전하고, 이들의 선택이 각자의 삶과 간호, 한국사회에 미친 영향을 이해하는 동시에 이들의 삶과 선택에 영향을 미친 시대와 사회를 이해하는 데 도움을 주는 것이다. 개항 이후 조선에 설립되기 시작한 서양식 병원에서 조선인을 고용해 병원 운영에 필요한 일들을 맡기면서 이에 요구되는 훈련과 교육을 받도록 했고, 여기에는 환자의 간호가 포함되었다. 이렇게 시작된 간호직은 교육이 강화되고 역할이 분화되면서 전문적 업무가 되었으며, 오늘날 간호사의 원조라고 할 인물들이 등장했다. 이후 100년 이상의 시간이 흐르면서 많은 간호사가 배출되었고 이 책에서는 그중 10인의 인물을 선정해 소개한다.

1장의 김마르다와 이그레이스는 한국 최초의 간호사라 할 만한 인물들이다. 2장의 박자혜는 단재 신채호의 부인이자 본인 역시 열혈 독립운동가였다. 3장의 정종명은 최초의 여성공산당원으로 활발하게 대중운동을 전개했다. 4장의 한신광은 태화여자관에서 모자보건사업을 시작하고, 조선간호부협회를 조직하여 초대 회장으로 활동했다. 5장의 이금전은 캐나다에서 보건간호를 공부하고 돌아와 모자보건 전문가로 활동했으며, 해방 이후에는 지도자로 활동했다. 6장의 조귀례는 대한민국 정부 출범과 함께 결성된 제1기 육군 간호장교로 한국전쟁을 경험했다. 7장의 박명자는 수술 및 마취간호의 전문성을 확산시키고 간호교육자, 간호관리자, 중등교육자로 활동했으며 평생 봉사에 헌신했다. 8장의 박정호는 최고 간호관리자이자 교수로 간호의 개혁을 추진하고 전파하는 과정에서 비판적 문제의식, 문제 해결을 위한 과학적 연구, 연구에 기반한 개혁의 실천을 연결한 인물이다. 9장의 이순남은 지속적인 교육 이수와 업무범위·책임의 확장을 통해 보건간호사로 성장하고 보건소장에 이른 인물이다.

이상 20세기 초부터 21세기 초에 걸쳐 활동한 열 명의 간호인물에 대해 각각의 출생과 성장, 간호교육을 선택한 배경과 간호교육 과정, 간호사나 조산사로서의 경험뿐만 아니라 삶 전반을 가능한 포괄적으로 그리고자 했다. 그들의 삶의 배경에는 한국 간호의 변화와 발전뿐만 아니라 보건의료와 사회의 변화와 발전과정이 있기 때문에 각 인물의 삶을 통해 그 역시 나타날 수 있도록 했다. 1장에서는 초기 병원과 간호교육의 출발을, 2장에서는 일제강점과 독립운동을, 3장에서는 일제강점기 여성운동과 사회주의운동을, 4장에서는 간호사라는 여성 직업의 대두를, 5장에서는 일제강점기 모자보건사업과 해방 이후 보건의료의 재편을, 6장에서는 대한민국 정부 출범과 한국전쟁을, 7장에서는 20세기 후반 다양한 분야의 변화를, 8장에서는 병원간호와 간호 연구의 발전을, 9장에서는 보건사업의 확장과 변화를 드러내고자 했다. 그리고 한국 보건의료에서 중요한 이슈이지만 각 인물의 삶의 흐름에서는 조금 벗어난다고 생각되는 내용은 별도의 상자글로 수록했다.

이 책을 읽는 독자들은 전체적으로 '간호부'와 '산파', '간호원'과 '조산원', '간호사'와 '조산사' 등의 명칭이 사용된 것을 발견할 것이다. 간호와 조산에 관한 면허 소지자의 공식 명칭은 1914년에 제정된 '간호부규칙'과 '산파규칙'에서 '간호부(看護婦)'와 '산파(産婆)'였으며, 1951년 국민의료법 제정 이후는 '간호원(看護員)'과 '조산원(助産員)', 1987년 의료법 개정 이후는 '간호사(看護師)'와 '조산사(助産師)'로 변화했다. 그러나 개항 이후 들어선 서양식 병원에는 서양인 '너스(nurse)'도, 일본인

'간호부(看護婦)'도 있었으며, 정부에서는 일본의 영향으로 '간호부'와 '산파'라는 명칭을 사용하는 경우가 많았다. 또한 1903년 보구여관에서 간호학교를 출발시키며 '너스'에 해당하는 말로 채택한 용어는 '간호원'이었고, 이후 선교계에서는 '간호원'을 사용하는 경향이 있었다. 해방 이후와 국민의료법 제정 이전에도 '간호원'이 사용되고 1987년 의료법 개정 이전에도 간호계 내에서 '간호사'를 사용하는 등 간호전문가를 일컫는 용어는 혼용되어 왔다. 이 책에서는 전반적으로 '간호사'라고 한 경우가 많지만, 내용상 해당 시기를 강조하거나 고유하게 사용된 경우 '간호부', '간호원', '산파', '조산원'을 모두 사용했다. '조선', '우리나라', '한국', '대한민국' 등의 명칭도 모두 사용했다. 특히 일제강점기에 관한 기술에서는 주로 '조선'을 사용했다.

또한 이 책에 나오는 '간호인물'은 모두 전문 간호교육을 받고 이를 기반으로 활동했다는 점에서 간호사이지만 간호사 면허를 취득하지 않은 경우가 있다. 최초의 간호사 김마르다와 이그레이스는 면허제도 시행 이전에 간호교육을 받아 추가로 면허를 취득하지 않았던 것으로 보인다. 박자혜, 정종명, 한신광은 전문 간호교육을 받고 활동했지만 개업을 위해 조산사 면허, 즉 '산파' 면허를 받았다.

이 책에 소개된 10인의 선정은 내 개인의 선택이었지만, 이들을 통해 한국 간호의 출발부터 오늘날까지가 시간적으로 연결되고 가급적 간호의 다양한 모습이 드러나기를 바랐다. 근대의 경우 단편적으로 마주한 사료를 넘어서는 인물 연구를 진행하지 못한 경우가 많았다. 현대의 경우 더 다양한 인물을 통해 간호직이 겪은 변화를 그려보고 싶었는데 이 역시 담아내지 못한 것이 아쉽다. 또한 실수이든 내 개인의 부족함 때문이든 오류가 드러나는 것도 두렵다. 그 역시 내가 감내할 책임이라 생각한다.

이 책에 등장하는 10인의 삶이 아무쪼록 현재와 미래의 간호사에게, 그리고 많은 독자에게 자신의 삶에 자부심을 갖고, 한국의 근현대와 간호사에 대한 이해를 높이는 데 기여하기를 바란다.

이제 감사를 전할 수 있어 감사하다. 먼저, 오랜 시간 원고의 완성을 기다려준 도서출판 책과함께의 류종필 대표와 글을 잘 다듬어 준 편집부에 감사드린다. 순천향대학교의 전경자 교수님은 미련한 후배의 한국 간호역사 연구를 한결같이 응원하고 격려해주셨다. 교수로서 각별한 경험을 한 상지대학교에서 따뜻한 선배와 동료들을 만날 수 있었고, 특히 유수정 교수는 가장 좋은 친구이자 동료이다. 한 사람 한 사람 소중한 나의 학생이었던 이들과 지금의 학생들에게도 감사하다.

오랜 시간 우리 간호인물에 대한 연구를 놓지 않을 수 있었던 것은, 이들의 삶을 찾을 때마다 위로와 힘을 받았기 때문이다. 조귀례, 박명자, 박정호, 이순남 선생님은 몇 번이나 긴 시간을 내서 이야기를 들려주고, 자료를 내주고, 글을 검토해 주셨다. 한분 한분의 반짝이는 눈빛과 미소를 잊을 수 없다. 정말 감사하다.

요즘 들어 연구의 끈을 놓지 않는 내 모습이 아버지로부터 물려받은 것 같다는 생각이 든다. 어머니께 감사하다. 점점 더 곱고 예쁜 할머니가 되어가는 어머니 덕분에 내 미래가 그다지 두렵지 않다. 훌륭한 학자인 남편의 몰두하는 모습이 항상 부러웠고 한결같이 자기 일에 바쁘니 감사하다. 그리고 나의 딸과 아들, 잘 자라주고 자기 삶에 열심이니 정말 고맙다.

내내 큰 의지가 되어준 산과 사계절에 감사하다.

2024년 봄

이꽃메

차례

1장

김마르다와 이그레이스

한국 최초의 간호사들

두 간호학생을 위한 최초의 가관식(加冠式)

1906년 1월 25일, 일본제국이 을사늑약을 체결하여 대한제국의 외교권을 박탈하고 통감부를 설치하여 내정을 장악한 지 불과 두 달이 지났지만 집집마다 차례를 지내고 친지에게 세배하러 오가는 발걸음이 바쁜 설날이었다. 고종 황제가 거처하는 경운궁과 각국 공사관이 위치한 서울 정동의 선교계 여성병원 보구여관에서는 특별한 행사가 열렸다. 만 3년간 간호교육을 받은 김마르다와 이그레이스에게 이수증서와 간호모자를 수여하는 예식을 한 것이다.

기독교계에서 순한글로 발행하던 주간 《그리스도신문》에서는 이 행사에 대해 다음과 같이 소개했다.

여병원 간호장 에드먼즈 씨가 힘을 써서 규칙을 작정하고 공부시켜 여학도 중 졸업 맞은 이가 두엇 있는데 지난간 정월 이십오일에 공부를 마치고 두어 학도가 졸업장 받을 때에 합당한 예식을 행하였으며 또 간호부 쓰는 갓 하나씩을 주었더라. 육 년 동안에 공부 과정을 규칙대로 다하지 못 할지라도 저희 집 식구를 잘 보호할 생각이 있어 열심히 공부하고자 하는 여러 여인을 위하여 특별히 속성과 규칙을 세우고 삼 년 동안에 졸업하게 하였는데 (…)[1]

위 기사에서 졸업장을 받았다고 기술한 것은 졸업과 이수를 구분하지 못해 발생한 것으로 짐작되는 오보이지만, 간호교육 6년 과정 중 3년을 마친 김마르다와 이그레이스에게 "간호부 쓰는 갓 하나씩"을 수여한 이날의 행사는 한국 최초의 가관식(capping ceremony)이었다. 이후 가관식은 간호학생이 어느 정도 간호학 전공 교육을 마치고 임상실습을 시작할 때쯤, 나이팅게일 선서를 하면서 간호사로서 윤리와 원칙을 지키겠다는 것을 다짐하고 간호사의 상징인 흰 모자를 착용하는 의식으로 자리 잡았다. 그렇지만 이 흰 모자가 실제로는 착용하기도 불편하고 활동에도 방해가 되어서 1980년대부터는 사용하지 않게 되었고, 이후 가관식은 나이팅게일 선서식이나 핀 수여식 등으로 변경되어 21세기 한국에서도 해마다 2만 명이 넘게 선발되는 간호학생의 주요 행사로 이어지고 있다.

김마르다와 이그레이스는 이후 3년 더 간호교육을 받고 1908년 11월에 보구여관 간호원양성소를 졸업했다. 졸업식은 보구여관 진료소 대기실에서 이루어졌는데, 태극기와 성조기로 장식하고 오르간 상자를 꾸며서 연단으로 활용했다. 간호학교 교사와 학생뿐 아니라 선교계와 보건의료 분야의 다양한 인물이 참석한 가운데 열린 졸업식은 오르간 연주, 합창, 환영 인사, 성경 봉독, 기도, 독창, 병원 연혁 보고, 모자

수여, 봉헌 찬양, 기도, 당면 과제의 보고, 병원과 선교사업에 대한 광고, 기도의 순으로 이루어졌다.[2]

보구여관 간호원양성소

1876년 개항 이후, 다양한 외국인이 조선에 입국하여 활동하기 시작했다. 그중 일본인이 가장 많았으며, 미국, 캐나다, 영국, 독일, 호주 등에서 온 서양인도 있었다. 외교관이 아닌 서양인은 대개 조선에 기독교를 전파하기 위해 입국했지만 조선 정부에서는 직접적인 선교 행위를 금지하고 있었다. 선교의 목적으로 입국한 서양인은 대신 의료 사업을 통해 한국인과 조선 정부의 호감을 얻고 기독교를 전파하고자 노력했다. 그런데 남녀 간에 내외하는 문화와 생전 처음 보는 서양인에 대한 거부감이 겹쳐 남성 서양인 의사가 여성 한국인 환자를 치료하기가 특히 어려웠다. 미국 감리교 여성해외선교부에서는 서울에 여성 전용 병원을 운영하기로 하고, 1887년 여의사 메타 하워드(Meta Howard, 1862~1930)를 파견했다. 하워드는 서울에 도착해 정동의 이화학당 구내에서 여성 환자를 보다가 곧 한옥 건물을 이용하여 여성병원을 시작했다. 조선 왕실에서는 이 병원에 '보구여관', 즉 여성을 편안하게 치료해주는 곳이라는 뜻의 이름을 내려서 격려했다.

보구여관은 미국 감리교 여성해외선교부의 지원으로 운영되어 형편이 어려운 환자에게는 무료로 치료를 해주었기 때문에 기독교 신자

1906년 1월 30일에 열린 보구여관 간호원양성학교 제1회 예모식. (대한간호협회)

보구여관 간호원양성학교의 제1회 졸업생 이그레이스
(왼쪽)와 김마르다(오른쪽). (대한간호협회)

서울 정동의 보구여관, 뒷줄 가운데가 간호학교장 에드먼즈이고 그
좌우로 김마르다와 이그레이스가 있다. (대한간호협회)

18

가 아니어도 가난한 여성과 어린이가 이용할 수 있었다. 하워드가 건강이 나빠져 귀국한 후에 후임 여의사가 올 때까지 남성 선교 의사가 진료를 본 적도 있었지만, 남성이 운영에 참여한 것은 불가피한 경우에 임시로 있었던 일이고, 보구여관은 여성이 후원하고 여성이 운영하며 여성과 어린이가 이용하는, 여성과 어린이의 공간이었다.

당시 한국에 설립된 서양식 병원은 대개 규모가 작아서 외국인 의사 한두 명에 한국인을 여러 명 고용하여 운영했다. 외국인 의사는 한국어에 능숙해지기 전에 진료를 시작했기 때문에 환자와의 통역을 맡아줄 한국인이 절대적으로 필요했고, 이들 한국인은 통역뿐 아니라 의사의 조수, 약제사, 간호사 등의 역할도 해야 했다. 보구여관은 여성과 어린이 전문 병원이었기 때문에 '여성' 한국인의 도움이 필수적이었고, 보구여관을 운영하던 선교사들은 한국인 여성에게 한글, 영어, 성경뿐만 아니라 기초적인 서양 의학 내용도 가르쳐서 여러 역할을 할 수 있도록 했다. 1890년 보구여관에 부임한 미국인 여의사 로제타 셔우드[Rosetta Sherwood, 1865~1951. 1892년 선교 의사 제임스 홀(James Hall, 1860~1895)과 결혼한 후의 이름은 로제타 셔우드 홀]는 이화학당 학생을 선발해 통역을 시키면서 기초적인 서양 의학을 교육해 진료와 약제 업무 그리고 환자 간호를 돕게 했다. 셔우드를 도왔던 이화학당 학생 중에 유난히 총명하고 성실했던 김점동(1877~1910. 기독교 세례를 받은 후에는 세례명인 에스더로 불렸고, 박유산과 결혼하고 미국으로 가면서 박에스더라는 이름을 사용했다)은 언청이 수술을 참관한 후 의사가 되겠다고 결심했고, 로제타 셔우드 홀의 도움으로 미국에 가서 1900년에 볼티모어 여자의

과대학을 졸업하고 한국 최초의 여성 의사가 되었다.

10여 년간 한국인 여성을 교육해 간호를 포함한 병원 운영 관련 업무를 하게 했던 보구여관에서는 본격적인 정규 간호교육이 이루어져야 한다고 판단했다. 미시간병원 간호학교를 졸업한 마가렛 에드먼즈(Margaret Edmunds, 1871~1945)가 간호교육의 임무를 띠고 1903년 3월 서울에 와서 간호학교 개교를 준비했다.

간호학교를 시작하려니 여러모로 준비할 것이 많았다. 먼저, 서양의 간호학생처럼 제복이 필요했다. 이전까지 보구여관에서 일하는 한국인 여성은 한복을 입었는데, 서양인 여성의 생각에 한복은 활동에 불편하여 적절하지 않았으므로 한복과 양장의 절충 형태인 제복을 만들어 학생들에게 지급했다. 그렇지만 각자 한 벌뿐이었기 때문에 곤란한 상황에 처하기도 했다. 예를 들면 어느 비 오는 날, 김마르다가 여러 채의 한옥으로 이루어진 보구여관 구내를 오가며 일하다가 제복이 젖어서 아침 기도에 참석하지 못했고, 이에 대해 에드먼즈에게 서면으로 양해를 구한 적도 있었다.

간호사를 지칭하는 '너스(nurse)'에 대한 한국말도 없었고, 간호사가 무엇을 해야 하고 무엇을 지켜야 하는지를 학생들에게 알릴 한국말 규약도 필요했다. '너스'에 해당하는 명칭과 규약의 번역은 여메례(1872~1933)에게 맡겨졌다. 여메례는 이화학당의 설립자인 메리 스크랜턴(Mary Scranton, 1832~1909)의 양딸로 영어에 능숙하고 오랫동안 보구여관에서 전도와 간호 등을 도왔으며, 이그레이스와 김마르다 등이 병원에서 간호와 진료 보조를 할 수 있도록 가르친 경력도 있었다. 여메례는 '간호원(看護員)'이라는 명칭을 제시했다.³ 또한 간호교육을 받으려는 한국인 여성들이 지켜야 할 일련의 규약(a set of rules and regulations)은 《규칙책》으로 번역했다.

이러한 준비를 통해 간호학교 출범의 조건이 갖추어졌다. 간호학생이 배우고 실습할 수 있는 공간으로 정동의 보구여관 외에도 동대문의 볼드윈진료소(Baldwin Dispensary)가 있었고, 교장으로 간호교육과 실무 경험이 있는 에드먼즈가 부임했으며, 제복이 만들어졌고, 교육에 필요한 기본적 내용의 번역도 진행되었다. 이제 입학할 학생이 필요했다. 입학생은 교육받기 시작할 준비뿐 아니라 지속적으로 교육받을 여건이 뒷받침되어야 한다는 점에서 구체적으로 "부모의 승낙, 의사의 건강진단, 교회의 천거서, 소액의 입학금, 주근과 야근의 겸행, 학과에 방해되는 가무(家務) 불허", 그리고 "21세에서 31세의 입학 연령" 등⁴ 일곱 가지 조건이 제시되었다. 그러나 일반인 중에는 이러한 조건을 갖춘 지원자가 없었고, 이전부터 보구여관에서 일하던 여성 다섯 명이 입학해 간호학교가 시작되었다. 그 다섯 명 중에 김마르다와 이그레이스가 포함되어 있었다.

보구여관 환자에서 직원으로

김마르다와 이그레이스는 간호학교 입학 전부터 보구여관에서 일하고 있던, 정확하게는 환자로 와서 치료를 받고 회복한 후에 보구여관에서 일하던 이들이었다.

본명과 나이가 정확하지 않은 김마르다는 가정폭력의 희생자로 1893년에 보구여관에 오게 되었다.[5] 남편에게 심하게 폭행당하고 코의 일부와 오른손 손가락까지 잘린 김씨 부인을 사람들이 보구여관에 데려온 것이다. 남편에게 잔혹한 일을 당한 김씨 부인이 얼마나 힘든 상태였는지는 보구여관에 처음 왔을 때 "굳은 얼굴에 무지하고 비통한 여성(hard faced, ignorant, and bitter woman)"[6]이었다는 선교사의 표현에서 짐작할 수 있다. 김씨 부인은 치료를 받은 후에 남매인 자녀를 찾고자 애썼지만 남편이 어디론가 데려간 후여서 끝내 찾지 못했다. 이후 김씨 부인은 세례를 받아 마르다라는 이름을 얻고 감리교 선교회와 정동 보구여관, 그리고 동대문 볼드원진료소의 일을 하면서 몸과 마음을 회복했다.

김마르다는 몇 년간 요리와 세탁 같은 잡일을 주로 하면서 읽기와 쓰기를 배웠다. 보구여관에서 일하는 사람과 환자는 전도사 역할을 하는 한국인 여성과 서양인 선교사로부터 한글과 성경 등을 배울 수 있었다. 시간이 지나면서 김마르다는 신앙심과 성실성을 인정받았고, 세탁과 같은 단순노동은 그만두고 기도를 이끌고 전도를 하게 되었다. 보구여관에서 아침마다 환자를 대상으로 개최한 성경 공부와 기도를 이끌고, 볼드원진료소에서 전도부인으로 활동하여 1900년에는 1년간 3956명을 전도하기도 했다. 또한 감리회에서 동대문에 여학교를 설립하도록 애를 썼으며 직접 학생들을 가르치기도 했다.

보구여관에서는 병원 일을 돕는 조선인 여성들을 대상으로 기초적인 해부학, 생리학, 위생학 등을 교육했는데 김마르다 역시 이 교육을 받았고, 마침내 야간 간호 업무를 할 기회가 왔을 때는 건강이 상할 정도로 열심히 일을 했다. 보구여관과 볼드윈진료소의 일, 전도, 교육 모두를 열심히 하는 김마르다에 대한 서양인 선교사들의 신뢰가 점점 높아져서 "누구도 따라올 수 없는 열의로 생명의 도를 가르치면서 여느 때처럼 진정한 봉사를 했다"라는 평가를 받기도 했다.[7] 마침내 김마르다는 1903년에 시작된 보구여관 간호원양성소의 첫 입학생이 되었다. 30대 초반의 김마르다는 나이로 보나 굴곡진 삶의 경험으로 보나 간호학생들의 맏언니였다.

이그레이스는 1883년 출생으로 본명은 이복업이었고, 김마르다와 마찬가지로 보구여관에 환자로 와서 치료받은 후 일을 돕다가 간호교육을 받게 되었다.[8] 이복업은 어느 집의 사비(私婢)였는데 다리가 불구였다. 1894년 갑오개혁으로 신분제도가 폐지되었지만 어린 나이에 걸음도 불편한 이복업은 계속 주인집 일을 하며 지내고 있었다. 그러다가 병에 걸려 사경을 헤매자 주인이 집 밖으로 내쫓았고, 사람들이 보구여관에 데려온 것이 1895년경이었다.

보구여관의 여의사 로제타 셔우드 홀과 메리 커틀러(Mary Cutler, 1865~1948)는 이복업의 다리에서 괴사된 부분을 제거하는 수술을 하고 장기간에 걸쳐 치료를 해주었다. 이복업은 겨우 기어 다닐 수 있는 상태에서 퇴원과 입원을 반복하며 점차 건강을 회복했으나 주인집에서는 그녀를 받아들이는 것을 거부했다. 이복업이 일반인과 다름없이 활동할 수 있게 되자 세례를 통해 그레이스라는 이름을 받았다. 그리고 10대 초반의 나이에 자신의 미래를 놓고 선교사들에게 제안을 했다. 즉 보구여관에 살면서 교육받게 해주면 신자로서, 그리고 일꾼으로서 봉사하겠다는 것이었다. 이그레이스는 "복음을 가르치고 환자를 돌볼 수 있도록 저를 가르쳐주십시오"라고 요청했는데, 오전에 학교에서 교육을 받을 수 있게 해주면, 나머지 시간에는 보구여관에서 숙식하면서 일을 하겠다고 한 것이다. 노비 출신으로 10대 초반의 나이에 돌아갈 집도 없었던 이그레이스는 보구여관에서 교육받으며 선교와 이런저런 일을 하는 한국 여성들의 모습을 보며 자신도 그렇게 살아야겠다, 그렇게 하면 살 수 있겠다, 그러면 홀로 길바닥에 나앉는 것보단 나을 거라고 생각했을 것이다. 이그레이스의 요청은 받아들여졌고, 이후 보구여관에 머물면서 학교에 다니고 일하며 생활과 교육의 문제를 해결할 수 있었다.

이그레이스가 다닌 학교는 보구여관과 같은 감리회 여성선교회에서 운영하는, 바로 이웃에 위치한 이화학당이었을 것이다. 1886년에 설립된 이화학당에서는 기독교 정신에 의한 인간교육을 목표로 1893년에는 기독교 교육, 한문 및 한글 읽기, 영어, 수학, 생리학, 일반역사, 초등지리, 오르간, 노래, 재봉, 자수 등으로 구성된 교과과정을 운영하고 있었다. 이그레이스는 이화학당에 다니면서 한글·한자·영어 등의 언어교육, 수학과 생리학 등의 기초 서양과학, 역사와 지리를 통한 세계의 과거와 현재, 오르간과 노래를 통한 서양음악, 재봉과 자수 등의 기술교육까지 받으며 성장할 수 있었다.

이그레이스도 김마르다와 마찬가지로 처음에는 잡일을 하다가 곧 서양인 선교 의사를 돕고 환자를 간호하게 되었다. 그 계기는 보구여관에서 전도, 통역, 간호, 진료 보조 등의 일을 하던 여메례가 1897년에 과로로 쓰러진 사건에서 비롯되었다. 여메례는 회복하면서 이그레이스와 열 살 소녀 메리(순남이)에게 투약, 체온 측정을 비롯한 환자 간호 업무를 가르쳐서 자기 대신 일하도록 했다. 이그레이스는 짧은 시간에 일을 잘 익혀서 이듬해에는 함께 일하던 매기(Maggie)와 함께 "진료소 조수이자 간호원(our nurses and Dispensary Assistants)"으로서 제대로 교육받은 서양인 간호사만큼은 아니어도 아주 일을 잘한다는 평가를 받았다.[9]

김마르다가 열성적인 기독교 전도로 높은 평가를 받은 것과 비교해 이그레이스는 학업과 병원 업무에서 능력이 뛰어났던 것 같다. 이화학당에서 배운 영어로 한국말이 서툰 서양인 선교사의 통역을 맡아 큰 도움이 되었고, 여러모로 손재주가 뛰어났으며, 신문물이었던 재봉틀 사용법을 익혀 능숙하게 옷을 만들기도 했고, 공부도 잘해서 시험마다 수석을 차지했다. 아직 나이가 어린 미혼이어서 전도부인으로 활동하기에 어려운 점도 작용했겠지만, 이그레이스는 지속적으로 병원 진료와 처치, 약제, 간호 업무에 투입되었다. 최초의 여성 의사인 김점동이 한국에 돌아와 보구여관에서 일을 할 때에 이그레이스는 김점동의 동생 김배세와 함께 조수 역할을 하기도 했다.

보구여관의 간호교육

보구여관 간호원양성소는 지원자가 약 2개월의 수습 과정을 마친 후에 정식으로 입학해 6년간 간호교육을 받는 것으로 계획되었다. 별도의 수습 과정을 두고 또 간호교육 과정을 6년으로 길게 한 것은, 당시 한국에서 일정 수준의 근대적 교육을 받은 학생을 모집하기가 어려웠기 때문이다. 1883년 원산학사를 시작으로 근대 교육기관이 설립되고 있었지만, 여학교는 서울의 이화, 정신, 배화, 진명, 전주의 기전, 개성의 호수돈 등 소수에 불과했다. 따라서 2개월의 수습 과정 동안 기본 학습 능력을 갖추면서 간호교육을 받을 준비가 되었는지 확인한 후 정식으로 입학하게 하고, 6년간의 교육과정을 통해 기초적인 자연과학 지식부터 간호 실무에 관한 사항까지 익히도록 한 것이다.

첫 입학생 다섯 명의 사전 교육 수준은 제각각이었다. 이그레이스는 학교를 다녀봤지만 김마르다는 학교를 다닌 적이 없었고, 다섯 명 모두 병원에서 일하면서 필요한 읽기와 쓰기부터 기초 의학 등의 교육을 받았지만 그 기간이 김마르다처럼 10년 정도 되는 경우와 짧은 경우가 섞여 있어 수준이 천차만별이었을 것이다. 2개월의 수습 기간에는 간호교육을 받을 때 필요한 초보적 학습 능력인 한글과 영어 알파벳, 로만 숫자, 간단한 산수, 시계 보는 법 등을 배우도록 했다. 수습 기간에는 학습원이라고 하고, 수습 과정을 잘 마치고 간호학교 입학이 허가되면 3년간은 후진간호원, 3년 과정을 마친 후에는 선진간호원, 6년 과정을 모두 마치고 졸업하면 위임간호원 또는 전권간호원이라고 호칭을 구분했다.

보구여관은 미국 감리교 해외여성선교부의 지원으로 운영되면서 간호교육도 지원을 받았지만 교육과정이 무료는 아니어서 첫해 25원, 2년 차 12원 반, 3년 차 5원의 수업료가 있었다. 대신 재학하는 동안 보구여관에서 기숙하고 학교에서 학생들에게 숙식과 제복, 세탁, 서책과 문구 등을 제공했기에 수업료 외에 교육과 관련된 추가 비용은 거의 들지 않았다.

간호원양성소가 출범한 첫해에는 일반 지원자가 없어 병원 일을 돕던 여성들을 입학시켜 출발했지만, 이후에는 점차 지원자가 늘어났다. 그러나 간호교육을 받을 여건을 갖춘 지원자가 많지 않아 그중 일부만 수습으로 받아들였고, 수습 기간을 마치고 정식으로 교육과정을 시작하는 사람은 그중에서도 일부, 그리고 학업을 지속하는 사람은 또 그중에서 일부였다. 예를 들어, 1903년부터 1907년 사이에 한국 여성 30명, 일본 여성 2명 등 총 32명이 보구여관 간호원양성소에 지원했지만, 실제 수습 과정을 시작한 사람은 그중 절반인 15명이었고, 수습 과정을 잘 마치고 정식으로 입학한 사람은 또다시 절반인 7명뿐이었다. 간호학교에 다니다가도 한 명은 재학 도중 사망하고 두 명은 중도에 그만둔 것에서 알 수 있듯이 여성이 학교에 다니는 것도 희귀하고 어려웠던 시기에 병원에서 기숙하며 일과 공부를 병행해야 하는 간호교육을 장기간에 걸쳐 받는 것은 쉽지 않은 일이었다.

보구여관 간호원양성소는 학교로서 여건을 잘 갖춘 상태에서 출발하지는 못했다. 보구여관은 한옥 건물 여러 채로 구성되어 있었는데 그중 한 채에 위치한 작은 방이 교실이자 학생 식당, 침실, 수화물 보관소 등 다용도로 사용되었다. 교장인 에드먼즈 외에는 학생 교육을 전담하는 인력이 없었는데, 에드먼즈는 보구여관의 유일한 간호사였기 때문에 학교 일 외에도 여러 업무를 처리해야 했고, 한국에 도착하자마자 간호학교를 시작해서 한국어도 잘하지 못했다. 에드먼즈 외에도 간호교육에 참여한 선교사 중에 한국어가 유창하지 못한 경우가 있었고, 대다수 학생은 영어를 잘하지 못해서 교사와 학생 간의 의사소통에 한계가 있었다. 의학용어를 포함해 서양 지식의 많은 용어와 개념이 낯선 데다가 한국어로 번역조차 되어 있지 않은 경우가 많았고, 간호교육에 활용할 수 있는 한국어 서양의학 교재는 생리학 책《전체공용문답》뿐이었다.

에드먼즈 자신도 간호학교 초기의 어려움과 그 해결책에 대해 "학생들을 가르칠 인력이 적고 현지어로 된 교과서가 부족해서 주로 세 가지 방법으로 가르친다; 임상 지도(bedside instruction), 칠판 사용(use of blackboard), 동료 선교사들의 유능한 도움"[10]이라고 표현했다. 즉 동료 선교사들이 교육을 분담하고, 한국어 교재 없이 칠판에 쓰고 그리며 가르쳤으며, 임상실습에서 환자를 직접 접하면서 배우는 것을 위주로 했다는 것이다. 간호학 내용을 가르칠 때는 미국에서 널리 활용되고 있던 클라라 위크스(Clara Weeks)의《간호교과서(Textbook of Nursing)》를 사용했다.

보구여관 간호원양성소 학생은 병원에서 숙식했고, 초기에는 12시간씩 주야간 교대근무를 했다. 매일 아침에는 기도와 종교교육이 있었고, 강의는 저녁시간에 있었다. 근무 중 대부분의 시간은 직접 환자 간호를 수행하면서 교육을 받았으며, 에드먼즈나 의사가 무엇을 할 것인지 지시하고 실습도 했지만, 별도의 간호사나 의사가 임상교육을 책임지며 학생들을 지도감독하는 것은 아니었다.

보구여관의 간호교육에서 가장 중요하게 여긴 것은 '지시는 하늘의 제1법칙', 그리고 '순종, 인내, 친절은 반드시 나타나야 하는 첫 열매의 일부'임을 배우는 것이었다. 즉 의사와 상급자의 지시에 순종하며 인내심을 갖고 친절할 것을 강조했는데, 그 바탕에는 기독교 신자로서의 믿음과 태도를 갖추어야 했다.

강의는 보구여관과 세브란스병원의 의사와 간호사, 기타 선교사가 나누어 담당했다. 미국 장로교의 선교사 제임스 게일(James Gale, 1863~1937)이 간호사의 자격과 신체의 골격에 관해, 세브란스병원의 의사 올리버 에비슨(Oliver Avison, 1860~1956)이 혈액의 순환과 검사를, 보구여관의 메리 커틀러 의사가 병원 예절과 찜질을, 간호와 의학 교육을 받고 제중원에서 여의사 역할을 했던 감리회 선교사 애니 엘러스 벙커(Annie Ellers Bunker, 1860~1938)가 침대 및 침구류 정돈과 환기를, 세브란스병원 간호사 에스터 쉴즈(Esther Shields, 1868~1940)가 특별 수술 준비를, 선교사 루이스 양이 위인의 생애 회고 등을 담당했다.

임상에서는 붕대 감기, 침상 만들기, 여러 종류의 목욕, 쟁반을 이용한 투약, 간단한 식이 준비, 체온과 맥박과 호흡 측정, 증상 기록, 특수 약물, 세척법(douches), 찜질약 적용(poulticing), 외과 환자 드레싱, 안과 환자 돌보기, 연장기(extension) 적용, 습포(fomentation), 로션, 병원의 모든 드레싱과 침대 린넨과 가운과 스타킹 만들기, 마사지의 기본 원리, 사후 처치 등이 포함되었다.[11] 즉 환자의 호흡, 맥박, 체온 측정을 비롯한 상태 관찰과 기록, 투약과 다양한 외과적 처치, 유동식 만들기, 목욕과 마사지 같은 신체 간호뿐 아니라 사후 처치와 병원에서 사용하는 드레싱, 침대 린넨류, 의사와 간호사의 의류 제작에 이르는 폭넓은 것이었다.

시간이 지나면서 보구여관의 간호교육은 빠르게 자리를 잡아갔다. 1906년의 상황을 보면, 두 명의 밤번이 아침 7시에 야간 업무에 관한 보고서를 제출하고 아침을 먹으러 가면 낮번이 근무를 시작했다. 먼저 환자에게 아침 식사를 제공하고, 8시 종이 울리면 간호사와 환자를 포함해 병원에 있는 사람이 모두 참여하는 기도회를 하고, 기도회 후에는 매일 영어 수업이 있었으며, 오전은 "투약, 10시에 특별식 제공, 외과적 드레싱, 전기요법(electricity), 마사지, 세척법, 뜨거운 물병 채우기 (refilling of hot-water bottles), 오한 환자 양편에 뜨거운 벽돌 쌓기, 길어질 수 있는 이야기 듣기, 환자의 친구를 맞아주되 환자를 피곤하게 하거나 흥분시키지 않도록 지켜보기, 신규 환자의 목욕과 새 환자복 지급, 침대 준비, 식사 전 약 투여 등"을 했다. 그 외에도 "침대 정리, 목욕통, 대야, 유포 등의 세척"을 하고 환자에 따라 30분마다 찜질 교환, 15분마다 눈 세척 등을 했다. 근무시간이 긴 오후에는 돌아가면서 한 시간씩 쉬었고, 저녁 5시에 저녁 식사, 10시에야 주간 근무를 마치고 소등을 할 수 있었다.

주일을 제외한 매일 저녁 식사와 취침 사이에 강의가 이루어졌다.

교과과정은 학년별로 체계를 갖추어 나가 1학년 때는 기초 의학과 기본간호에 해당하는 것을 배우고, 학년이 올라가면서 분야별 간호를 배우도록 했다. 특히 1학년에 '간호원의 자격'과 '저명인사의 일생 회고'를, 2학년에 '나이팅게일의 생애'를 배움으로써 간호사로서의 자부심과 태도를 갖추도록 했다.

주로 교장 에드먼즈가 병원 예절, 해부학, 생리학 등을 강의했고, 기타 선교사와 의사가 기초 의학에서 간호에 이르기까지 폭넓은 주제를 다루었으며, 한국인의 특강이 있기도 했다. 이런 식으로 1905년 10월에서 1906년 5월까지 8개월간 9명의 교사진이 10개의 주제에 관해 30회에 걸쳐 강의를 했고 주일을 제외한 나머지 날짜에는 교장 에드먼즈가 강의를 했다.[12]

학생들의 임상실무는 병원뿐만 아니라 환자의 가정에서도 이루어졌다. 환자의 집에서 간호를 해달라는 요청이 있으면 에드먼즈와 상급반 학생들은 따로 환자의 가정으로 가서 간호를 하기도 했는데, 대개 한국에서 출산하게 된 서양인 산모였다.

이렇게 12시간 임상근무에 상시적 지도감독과 교육 체계가 갖추어지지 않은 점, 환자 가정에서 개별 간호를 했던 점 등에서 짐작할 수 있는 것처럼, 간호학생은 배우는 학생일 뿐 아니라 일하는 직원이기도 했다. 간호학생들은 병원의 일반적 운영에 관한 일도 분담했다. 예를 들어, 매달 돌아가며 병원 빨래와 음식 준비를 감독했고 필요한 물품의 구매도 담당했다.

한편, 1906년 세브란스병원에서 정식으로 간호교육을 시작하면서 보구여관의 간호교육도 한층 안정되고 질적으로 향상할 수 있었다. 정동에 위치한 보구여관과 남대문 밖에 위치한 세브란스병원은 도보 20분 정도의 거리였기 때문에 두 간호학교는 교과과정과 교사진을 공유해 함께 수업을 진행함으로써 부족한 교육여건을 보완했다. 규모가 큰 세브란스병원에서 실습을 하면서 임상 경험을 넓힐 수 있다는 것은 큰 장점이었다. 보구여관은 전임의사 한 명에 병상이 20개가 되지 않는 작은 규모였지만, 1904년 건물을 신축하여 개관한 세브란스병원은 의사도 병상 수도 많고 환례가 다양했다. 또한 세브란스병원 의학교에서 1908년 배출된 1회 졸업생들이 간호교육에 합류해 학생들을 가르쳤고, 필요한 교재를 번역해 활용할 수 있었다. 이미 여러 권의 의학 교재를 번역한 김필순은 킴버(Kimber)의 《간호사용 해부생리학(Anatomy and Physiology for Nurses)》을 번역했고, 홍석후는 롭(Rob)이 쓴 《징후의 관찰》 번역본을 사용했으며, 김희영은 《상용 약물과 독물과 해독제》를 사용했고, 신창희는 《미터법 무게와 측정》을 가르쳤다.

간호학생은 방 두 개에 나누어 거주했는데, 분기별로 한 번 저녁 시간에 주변 사람을 초대할 수 있었다. 초대 인원은 학생 한 명당 네 명으로 제한되었고, 주로 친지, 기독교도, 이화학교 학생인 한국인 여성을 초대했으며, 교장을 통해 초대장을 보내야만 했다. 손님맞이는 제복이 아닌 일반 한복 차림으로 하고, 합창, 기도, 성경 봉독, 찬양, 설교 후에 까막잡기 놀이와 화로에 구운 음식을 먹는 순서로 이루어져서 학생들은 모두 이날을 고대했다.

김마르다와 이그레이스는 1906년 1월 25일, 만 3년의 교육과정을 성공적으로 이수하고 간호사 모자를 쓸 수 있었다. 그리고 소수의 선교 간호사 외에는 간호학교 졸업자가 없었기 때문에 선배로서 후배 간호학생들을 가르치기 시작했다. 교사진이 부족했기에 학생이면서 교육에 참여한 것은 세브란스병원 간호학교 1회 입학생인 김배세도 마찬가지였다. 김배세는 최초의 여의사인 박에스더의 동생으로 오랫동안 병원 일을 돕기도 했고 이화학당에서 공부도 했기 때문에 학생이지만 간호학교의 교재 번역과 강의를 담당했다. 김배세가 번역한《간호촬요》는 1908년 11월 15일과 30일, 2회에 걸쳐《예수교신보》에 발표되었다.《간호촬요》는 '운동과 공기', '숙식', '병을 막음', '손을 간수함', '정신', '속히 보는 재주', '판단함에 재주', '명령하는 재주' 등의 항목에 걸쳐 간호사가 알고 지켜야 할 중요한 원칙을 기술했다. 또한 막스웰과 포프(Maxwell and Pope)의《실용간호학(Practical Nursing)》번역을 진행했고 영문 간호지에서 발췌한 짧은 글들을 번역해 간호교육에 활용하도록 한 학생 역시 김배세로 추정된다.

가관식을 치르고 다시 3년이 지난 1908년 11월 5일, 김마르다와 이그레이스는 정식으로 졸업함으로써 한국에서 정규 간호교육을 받은 첫 간호사가 되었다. 1903년부터 꼬박 6년간 병원에서 일과 공부를 병행하며 노력한 결과였다. 원래 봄에 졸업식을 하려고 했지만, 질병으로 인한 결석을 보충하느라 11월에 이루어졌다. 1908년 초 홍역이 유행하여 일부 학생이 병에 걸렸으니 이로 인한 결석이었을 것이다. 초대 교장 에드먼즈는 결혼하여 남편을 따라 지방으로 가면서 보구여관을 그만두었고 그 후임으로 간호원양성소장이 된 선교 간호사 모리슨

(Morisson)은 이날 졸업생이 김마르다, 이그레이스, 정씨 부인까지 세 명이라고 했다. 정씨 부인은 보구여관 간호원양성소 학생으로 1907년 1월 예모식까지 했지만 그해 4월 사망한 정매티를 지칭한 것으로, 일종의 명예 졸업이 이루어진 것이었다. 김마르다와 이그레이스에게는 미국에서 제작한 졸업증과 황금핀이 수여되었다.

간호학생이 경험한 대한제국의 변화

김마르다와 이그레이스가 받은 간호교육은 여성에게 근대적 교육의 기회가 극히 드물었던 20세기 초의 한국에서 예외적인 경험이었다. 이들은 대한제국기 서울 한복판에 위치한 서양식 병원에서 일하고 공부하는 동안 교과과정만으로는 배울 수 없는 경험들을 했다. 그중 몇몇은 한국 역사에서도 큰 사건이었고, 이들 개인의 삶에도 적잖은 영향을 미쳤다. 대표적인 것이 1904년의 경운궁 화재와 대피, 1905년의 일본 견학, 1908년의 군대 해산과 남성 간호였다.

경운궁 화재

정동에 위치한 보구여관은 대한제국의 황궁인 경운궁(지금의 덕수궁)과 바로 인접해 있었다. 경운궁은 아관파천을 했던 고종이 민비가 시해당한 경복궁으로 가지 않고 거처로 정한 1897년 이후 대한제국 왕실의 중심이 되었다. 그러나 제대로 남아 있는 건물이 단 두 채에 불과했으므로 대대적인 공사를 거쳐 1902년에 왕궁으로 완공된 모습을 보였다. 1904년 4월 14일 경운궁에 커다란 화재가 발생했다.

화재는 밤 10시경에 시작되었고, 경운궁과 이웃해 위치하고 목재 한옥으로 이루어진 보구여관도 불이 옮겨 붙는 것을 우려하지 않을 수 없었다. 상황을 지켜보던 교장 에드먼즈는 밤이 깊어질수록 불길이 커지자, 자정에 네 명의 간호학생에게 간호복을 입고 환자 10명을 대피시킬 것을 지시했다. 걸을 수 없는 환자는 모두 업거나 들것에 실어 이동시키면서 인근에 거주하는 남성 선교사들과 미 공사관 주둔 해병대의 도움을 받기는 했지만, 화재라는 재난에 간호사 제복을 갖춰 입고 환자의 상태를 배려하며 대피시킨 경험은 간호학생들에게 환자의 안전을 최우선으로 해야 하고 위급한 상황에도 '간호사'여야 하는 자신을 인식하는 새로운 경험이 되었을 것이다.

이날 화재는 경운궁의 서북쪽을 제외한 대부분의 목조 건물을 소실시켰다. 다행히 보구여관에 옮겨 붙지는 않아 다음 날 모두 보구여관으로 복귀했다.

일본 견학

1905년 가을, 보구여관 간호학생 두 명이 교장 에드먼즈와 함께 일본을 여행했다. 방문한 지역은 규슈의 나가사키, 오무라, 고쿠라 등이었으며, 이들 도시에 위치한 여러 육군병원과 민간병원, 해외선교부 여학교와 맹아학교 등을 견학했다.

학생들에게 이 일본 여행과 견학은 예정된 것이 아니었다. 에드먼즈

가 여러 병원과 학교를 방문하기 위해 일본 여행을 할 것이라는 소식
이 알려지자, 간호학생 두 명이 경비는 본인 부담으로 할 테니 자신들
도 일본에 데려가 달라는 의지를 적극적으로 밝혀 이루어진 것이었다.
해외여행은 물론 장거리 여행도 거의 해본 적이 없는 학생들은 일본으
로 가는 뱃길에 멀미로 힘들어했고, 일행 모두 일본어를 하지 못했기
때문에 거의 몸짓으로 의사소통을 해야 했다. 그렇지만 막상 일본에
도착하자 매우 활기차게 견학을 이어갔고, 50병상 규모의 큰 병원을
방문한 후 그날의 경험에 대한 질문을 받았을 때 두 학생은 아주 세밀
하게 관찰한 것을 대답하여 에드먼즈를 놀라게 하기도 했다. 이 두 명
의 간호학생이 누구였는지는 분명하지 않다. 그렇지만 이미 간호학생
의 중도 포기가 이어지고 있었기 때문에 충실하게 재학하고 있던 김마
르다나 이그레이스가 포함되었을 가능성이 높고, 방문한 학생은 한국
에 돌아와 이에 대해 발표할 기회를 여러 번 가졌기 때문에 간호학생
모두 그 경험을 공유할 수 있었다.

  간호학생들이 방문한 지역 중에 나가사키는 규슈 서쪽의 항구와 강
이 만나는 지점으로 17세기 중반부터 포르투갈과 무역을 시작해 일본
이 서양과 직접 교류를 해온 곳이었고, 19세기에는 동아시아의 주요
석탄 공급항이자 1903년까지는 러시아의 부동항이었으며, 20세기 초
에는 조선업의 중심지가 된 곳이었다. 나가사키와 가까운 오무라 역시
항구도시이면서 일본 기독교의 중심지 역할을 한 곳이었다. 고쿠라는
인근 공업 지대의 중심지로 군수 공업이 발전한 곳이었다. 조선 여성
의 해외 방문이 거의 없던 시절에 일본에 가서 서양과의 문물 교류가

활발한 항구도시를 둘러보고 육군과 민간의 병원, 선교계 여학교와 맹아학교를 방문한 것은 간호학생 모두에게 인상적인 경험이었을 것이다. 이들은 이 여행을 통해 후발 제국주의 국가로 발 빠르게 변화를 겪고 있던 일본사회를 생생하게 목격할 수 있었다.

대한제국 군대 해산

1905년 을사조약으로 대한제국의 외교권을 박탈하고 통감부를 설치하여 내정을 장악한 일본은 1907년 대한제국 군대를 강제 해산했고, 그 과정에서 이에 저항하는 대한제국 군인과 일본군 사이에 전투가 발생했다. 7월 31일 대한제국 군대를 해산한다는 내용의 위조된 순종의 조칙이 내려졌으며, 다음 날인 8월 1일 일제는 동대문 훈련원에 병사와 장교를 소집하고 이 군대 해산 소칙을 낭독한 후 즉석에서 한 사람 한 사람씩 계급장을 떼었다. 주위는 이미 일본군 헌병이 중무장한 채 도열, 대한제국 병사를 포위하고 있었다. 이 과정에서 시위대 1연대 1대대장 박승환이 자살했고, 분노한 시위대가 무기고를 부수고 무장해 남대문 주변에서 일본군과 시가전을 벌였다. 300여 명의 시위대원이 항전에 참여하면서 남대문에서 서소문에 걸친 지역에서 대한제국군 2개 대대와 이들을 진압하려는 일본군 사이에 오전 9시경부터 약세 시간에 걸쳐 치열한 전투가 이어졌다. 그렇지만 일본군에 비해 화력이 열세였던 대한제국 군인은 패하고 말았고, 68명의 전사자와 100여명의 부상자, 516명의 포로가 발생했다.

뜨거운 여름날 남대문 부근에서 시가전이 발생하자 남대문 정거장

(지금의 서울역) 맞은 편에 위치한 세브란스병원의 의사 에비슨과 자원 조수들은 급조한 적십자 옷을 입고 폭탄이 폭발한 병영으로 가서 부상병에게 응급처치를 한 후 병원으로 데려왔다. 수레로 이송된 27명을 포함해 42명의 부상병이 세브란스병원에 들이닥쳤고, 화상환자 5명이 추가되었다. 부족한 일손을 돕기 위해 한국인들과 선교사들이 모여들었다. 시가전이 발생한 것을 알고 있었던 보구여관에서는 준비하고 있을 테니 도움이 필요하면 알리라고 세브란스병원에 인편을 보냈고, 세브란스병원에서는 즉시 와달라고 요청했다. 김마르다와 이그레이스, 소장 에드먼즈, 의사 커틀러는 네 대의 인력거에 나눠 타고 급히 세브란스병원으로 갔다.

시급히 수술을 해야 할 부상자가 많았기 때문에 두 개의 수술대를 사용했는데, 침상이 부족해서 부상병을 마룻바닥에 눕혀 두었다가 수술대로 옮기곤 했다. 큰 수술은 에비슨이 집도하고 고학년 의학생이 도왔지만, 크지 않은 수술은 의학생들끼리 해냈다.

남녀 간에 내외하는 것이 바람직한 한국에서는 일반적으로 여성 간호학생은 남성 환자를 거의 간호하지 않고 있었다. 보구여관은 여성과 어린이만을 대상으로 했고, 세브란스병원에서도 간호학생은 대체로 여성만을 보살폈다. 그렇지만 수십 명의 부상병이 한꺼번에 들이닥친 세브란스병원은 대혼란이었고, 응급처치와 응급수술이 이어지는 상황에서 한국인 간호학생이 어떻게 해야 할지는 분명했다. 일본군과 싸우다 다쳐서 응급 상황에 처한 부상병들이 눈앞에 있는데 남녀 간의 내외가 우선일 수는 없었다. 한국인 여성으로서 익숙하고 바람직한 관습보다, 부상자를 응급처치하고 돌보아야 한다는 것이 우선이었다. 간호학생들은 부상병을 간호하기 시작했고, 이날 간호학생들의 활약에 대해 한 목격자는 이렇게 회고했다.

특히 한국인 (여성) 간호사들의 지칠 줄 모르는 에너지와 능력은 칭찬받아 마땅하다. 한국인 여성이 보통은 남성을 간호하기를 회피하고 내켜하지 않는지를 고려하면, 철저한 훈련과 기독교의 가르침이 영향이 얼마나 컸는지 알 수 있는데, 그로 인해 한국인 여성 간호사들은 서구 최고의 능력을 가진 간호사에게도 과업이 되었을 일들을 아주 훌륭하게 수행할 수 있었다.[13]

이날 이후 간호학생들은 남성이라는 이유만으로 환자를 거부하지 않았다. 또한 한국인 간호학생들이 척척 일을 해내는 모습을 많은 한국인과 외국인이 목격하고 감탄한 날이기도 했다.

8일 후에 이토 통감이 일본군을 이끌고 와서 부상당한 한국인 군인을 모두 이송해갔고, 이들을 돌보던 모든 사람들, 특히 한국인 의학생과 간호학생과 조수들은 비통한 눈물을 흘렸다.

졸업 이후의 김마르다

김마르다는 졸업 후에 서울 보구여관과 동대문부인병원, 평양 광혜여원에서 간호사로 일하면서 후배들을 교육하고, 간호사들의 조직에 참여했으며, 틈틈이 전도하고 봉사했다. 보구여관 간호원양성소는 발전을 거듭해 1908년에는 최초의 한글 간호학 서적인 《간호교과서》 상권을 출간하는 등 한글 교재가 풍부해졌고, 1909년에는 8시간 교대근무체제로 운영되었다. 그렇지만 여전히 교사가 부족해서 세브란스병원에서도 강의와 실습을 받았으며, 간호학교 교장인 선교간호사, 졸업생인 한국인 간호사, 서양인 의사와 한국인 의사, 이화학당 교사, 고학년 학생이 총동원되었다. 학생 수는 잘 늘지 않아 수습생 6명, 1학년 3명, 2학년 1명, 3학년 1명이 전부였다.[14] 김마르다는 매주 '간호학 총론(general nursing)'을 강의했고, 1910년에는 초급 해부학과 생리학도 가르쳤다.

1910년 6월 10일 세브란스병원 간호학교의 제1회 졸업식을 마친 후에 세브란스병원 간호원회가 조직되었다. 회원은 선교 간호사 그리고 보구여관과 세브란스병원 간호학교 졸업생인 한국인 간호사였다. 이 자리에 참석한 한국인 간호사는 세 명으로, 보구여관 간호학교 1회 졸업생 김마르다와 2회 졸업생 김엘렌, 세브란스병원 간호학교 1회 졸업생 김배세였다. 이그레이스는 평양 광혜여원에서 일하고 있었기 때문에 참석하지 못했다. 세브란스병원 간호원회는 이후 정기 모임을 통해 친목을 다지고 전문가로서 자기계발을 위한 노력을 기울였다. 1911년에는 《미국 간호전문지(American Journal of Nursing)》에 간호계의 지도자로 미국 간호협회 초대 회장을 지낸 이사벨 롭(Isabell Robb, 1859~1910)을 추모하는 글을 한국 간호사의 이름으로 기고하기도 했는데, 김마르다는 세브란스병원 간호원회의 이러한 활동을 함께 했다.

한국 최초의 한글 간호학 교재《간호교과서》의 표지와 내지. (장로회신학대학교)

1912년에 보구여관 간호원양성소는 평양 광혜여원으로 이전했다. 김마르다도 평양으로 옮겨가 1910년부터 광혜여원에서 일하고 있던 이그레이스와 만났다. 김마르다와 이그레이스는 광혜여원과 간호원 양성소를 이끄는 주축이 되었다. 김마르다는 수간호사 겸 사감으로 광혜여원의 간호와 간호학생 교육을 담당했고, 이그레이스는 선교 의사를 도와 진료소 일과 왕진을 담당했다. 1913년 3월 7일 평양에서 열린 보구여관 간호원양성소 제4회 졸업식에서 이그레이스는 간호원양성소의 약사(略史)를, 김마르다는 미래를 발표하며 졸업생 이희망의 앞길을 축복했다. 1회 졸업생 두 명이 간호학교의 과거를 정리하고 미래를 제시한 것이다.

이후 김마르다는 서울 동대문부인병원으로 돌아갔다. 동대문에 위치한 볼드윈진료소에서 발전한 동대문부인병원은 1912년부터 간호학교를 운영하고 있었다. 동대문부인병원 간호부양성소는 여성전문병원의 특성을 살려 학생들이 산파 면허시험을 볼 수 있도록 준비시켰으며, 이후 한신광 등 여러 졸업생이 산파 면허시험에 합격했다. 김마르다는 동대문부인병원에서 임상실무와 간호교육을 지속했다.

김마르다는 간호사로서 환자 간호와 병원 운영, 후배 교육으로 바빠 일하면서도 전도에 열심이어서 병원에서 일하지 않는 시간에는 가가호호 방문하면서 전도했다. 그리고 새로 어머니가 되어 가족을 일구었다. 가난한 어린이 두 명을 데려다 입양해 기르고 교육시킨 것이다. 남편의 가정폭력을 겪으며 잃어버린 두 자녀에 대한 그리움을 입양한 자녀에 대한 사랑으로 승화한 것으로 보인다.

졸업 이후의 이그레이스

이그레이스는 보구여관 간호원양성소를 미혼으로 입학해 기혼으로 졸업했다. 재학 중에 결혼을 한 것이다.

1907년 1월 30일 수요일, 보구여관 간호원양성소의 3년 수료를 기념하는 제2회 행사가 있었다. 1회에는 적합한 명칭이 없었지만 2회에는 간호사 모자 착용을 기념하는 의식이라는 뜻으로 '예모식'이라는 명칭도 생겼다. 최초의 감리교 교회인 정동 제일교회에서 약 300명의 내외국인이 참석한 가운데 성대하게 치룬 이날의 예식에서 선배인 김마르다와 이그레이스는 두 명의 예모생 정매티와 김엘렌을 이끌었고, 두 예모생은 제단에 무릎을 꿇고 보구여관과 세브란스병원의 간호교육을 이끌고 있던 에드먼즈와 쉴즈로부터 간호사가 착용하는 흰색 모자를 받았다. 모자를 쓰는 관례가 성인으로 인정받는 의식으로 간주되며, 모자를 통해 남성의 신분과 지위 등이 표현되던 조선에서 젊은 여성이 간호사의 모자를 쓰는 이 예식은 특별한 것으로 여겨졌다.

이날 화제의 중심은 예모식 후에 기독교식으로 진행된 이그레이스의 결혼식이었다. 보구여관 간호원양성소 학생 김마르다, 이그레이스, 정매티, 김엘렌 중에 미혼자는 이그레이스뿐이었고 나머지는 모두 기혼이었다.[15] 보구여관을 운영하던 선교사들은 6년의 간호교육과정을 마치는 데 미혼보다는 기혼, 특히 젊은 과부가 적합하다고 판단하고 있었다. 미혼자는 6년의 과정을 마치지 못하고 결혼을 하기 때문이라는 이유였는데, 이전에 선교계 병원에서 일하던 한국인 여성들이 결혼을 하면서 일을 중단한 것은 사실이었다.

이그레이스의 결혼은 당시로서는 아주 드물게 남성이 여성에게 직접 청혼하고, 여성이 숙고하며 주변 사람들과 논의하고, 당사자 간 합의하는 과정을 거쳐서 이루어졌다. 그 시작은 수원의 감리교 전도사이자 삼일학교 설립자인 이하영(1872~1952)이 이그레이스에게 직접 청혼한 것이었다. 이하영은 상당 수준의 한학 교육을 받은 수원 사람이었다. 수원에서 선교가 본격화된 1902년경부터 감리교회에 출석했고, 교회 매일학교에서 남학생을 가르쳤다. 이화학당을 설립한 선교사 메리 스크랜턴은 수원에 감리교회가 설립되자 여자학교를 설립하고 여학생을 가르쳤으며, 1903년에는 이화학당에서 여학생을 가르치던 이경숙이 파견되어 여자매일학교를 운영했는데, 이하영은 이 여자매일학교에도 관여했다. 이하영은 수원 감리교회와 여학교를 매개로 이화학당과 연결되어 이화학당 구내에 위치한 보구여관과 간호원양성소, 그리고 이그레이스를 알게 된 것으로 보인다. 이하영이 이그레이스에게 청혼한 구체적 배경은 알려져 있지 않다. 그렇지만 열성적인 감리교 신자 이하영에게 재혼 대상자가 감리교 신자여야 한다는 것은 중요한 조건이었을 것이고 감리교 신자로 감리교 안에서 교육받고 일하는 이그레이스는 그 면에서 적합했을 것이다.

이하영의 청혼을 받은 이그레이스는 한 달간 혼자 생각하다가 교장 에드먼즈에게 이를 알렸다. 에드먼즈는 이하영과 결혼할 경우 이그레이스의 교육과 경력이 중단되는 것을 가장 먼저 염려했던 것 같다. 이그레이스가 결혼하면 가정주부로 살기를 원하는지를 이하영에게 확인해야 한다고 조언했기 때문이다. 이그레이스와 이하영, 선교사들이 함께 하는 자리가 마련되었고, 이그레이스는 이하영에게 그동안 간호원양성소에서 교육받아 온 것과 졸업을 앞두고 있다는 사실을 상기시켰다. 그리고 이그레이스가 결혼한 후에도 졸업할 때까지 보구여관에서 계속 일하기로 한다는 합의가 이루어졌다. 이그레이스가 자신보다 열한 살 연상이고 사별한 아내와의 사이에서 태어난 아들이 있는 이하영을 이성으로 사랑해서 결혼을 결심했는지는 확실하지 않다. 그러나 이그레이스는 이 결혼을 선택했다. 당시 한국에서 결혼은 누구나 나이가 들면 해야 하는 절대적인 과정이었으며, 이그레이스가 보구여관에서 알고 지낸 주변의 한국 여성은 간호학생, 의사인 김점동, 전도부인 등 모두가 기혼이었다. 이하영은 나이 차가 있고 아들이 있는 홀아비였지만, 노비였던 자신에 비해 신분이 좋았고, 무엇보다 같은 감리교 신자이자 학교도 설립하고 이끌어가는 사람이었다. 그리고 이그레이스에게 결혼 후에도 계속 공부하고 일할 수 있도록 하겠다고 약속한 인물이었다. 노비 출신에 25세로 혼기가 지난 자신이 영영 결혼을 하지 않는다면 모를까, 결혼을 한다면 이보다 좋은 기회가 오리라는 보장은 없다는 생각이 이그레이스가 결혼을 결심하는 데 크게 작용했을 것이다.

결혼식 후에 이그레이스는 20일간의 휴가를 받아 남편, 의붓아들과 함께 인력거를 타고 수원의 남편 본가로 갔다. 휴가를 마친 후에는 보구여관으로 돌아와 학업을 계속했다.

이그레이스는 1908년 11월에 보구여관 간호원양성소를 졸업하고 서울에서 일하다가 1910년에 남편 이하영과 함께 평양으로 이주했다. 이그레이스는 평양 광혜여원에서, 이하영은 평양 이문골 교회에서 새 출발을 한 것이다. 광혜여원은 평양 기홀병원에 이어 1898년에 개원한 선교계 여성 전문병원이었다. 광혜여원의 전임의사인 로제타 셔우드 홀은 1897년에서 1898년까지 보구여관의 전임의사였기 때문에 이그레이스와 알던 사이였다.

이그레이스는 평양의 유일한 한국인 간호사로 마취간호사 겸 수간호사 겸 서양인 의사와 조선인 환자 사이의 통역이라는 중요한 역할을 했다. 이그레이스가 폐렴으로 아파서 일을 할 수 없을 때에는 통역만이라도 대신할 사람을 따로 구해야 병원이 운영될 수 있을 정도였다. 이그레이스는 가정에서도 분주했다. 1912년에는 의붓아들과 자신이 낳은 두 아들까지 세 아들의 어머니이기도 했다.

감리회 선교부에서 이하영의 부임지에 대해 결정할 때에도 이그레이스가 평양에서 계속 일할 수 있도록 배려할 정도로 이그레이스의 역할은 중요했다. 이하영이 1914년에 장로목사가 되어서 서울 동대문교회로 옮긴 후에도 이그레이스는 한동안 평양에 남아 병원 일을 계속했다.

이그레이스는 1914년에 조선총독부의 의생(醫生) 면허를 취득했다. 일제는 식민지 조선의 의료기반이 부족한 것을 한의(韓醫)를 제한적으로 인정함으로써 보충하려는 목적으로 1913년에 의생규칙을 반포했다. 의생규칙에서는 20세 이상으로 2년 이상 의업에 종사한 사람이 이력서를 제출하면 면허를 발급받을 수 있도록 하여 1914년 1월부터 3개월간 약 6000명이 의생 면허를 발급받았다. 이 의생 면허는 주로 한의에게 발급되었고 성별이 나타나 있지 않아 그동안은 모두 남성이라고 알려져 있었다. 그러나 그중 적어도 두 명은 여성이라는 것이 확인되었다. 그중 한 명이 10월 15일 관보에 제2905호 의생 면허자로 나온 이구례(李具禮), 본명 이복업이 아니라 자신을 의료인으로 성장시킨 이름을 한자로 바꾸어 등록한 이그레이스였다.

이그레이스는 보구여관과 세브란스병원, 그리고 광혜여원에서의 경력과 평양 자혜의원에서 산과를 이수한 것을 근거로 의생 면허를 받은 것으로 보인다. 이그레이스는 특히 다양한 환자와 수술을 경험한 인물이었다. 이그레이스가 간호학생이던 때에 약 16병상 규모였던 보구여관에는 정식 수술장은 없었지만, 하루 평균 12명 외래 환자의 네 명 중 한 명의 비율로 크고 작은 수술을 필요로 했기 때문에 외과적 경험을 많이 할 수 있었다. 이그레이스는 그곳에서 절단, 고관절 절제, 백내장 제거, 대형 자궁근종 적출, 복부 절개, 근치 골반조직 수술, 인공분만 등을 경험했다. 거기에다 세브란스병원에서 임상실습을 하면서 다양한 환례를 경험했고, 수술장에서 집중적인 훈련을 받은 경력을 가지고 있었다. 이그레이스는 평양 광혜여원에서 환자를 직접 관찰하고 돌보는 간호사일뿐만 아니라 의사의 보조자로도 활동을 했다. 한의사를 제도적으로 활용하고자 만든 의생제도가 간호학교를 졸업한 이그레이스에게 폭넓게 일할 수 있는 기회를 준 것이다.

이그레이스는 의생 면허를 받은 이후 이를 활용해 독립적인 진료와 처치로 일의 범위를 확대했다. 항상 적극적으로 일하고 성실했던 이그레이스는 의생 면허를 받음으로써 더욱 사람들의 존경을 받았고 광혜여원에서 일하던 로제타 홀이나 메리 커틀러 등의 선교 여의사는 이그레이스를 독립적으로 일할 수 있는 동료 의사로 간주했다.

이그레이스는 1915년에 평양 광혜여원 일을 그만두었다가 1916년에 다시 함께 일을 했다.[6] 의사 로제타 홀은 이그레이스를 이의생(Mrs. Yi-wi-sang)이라고 하면서 이의생이 그만두고 커틀러 의사도 휴가를 가면서 자신이 홀로 과로하고 고생했다고 불평했다.[17] 이그레이스가 복귀하자 병원에서 독립적으로 일하도록 해서, 홀과 커틀러가 휴가나 병가 등으로 인해 둘 다 병원에 있던 기간이 6주밖에 되지 않았음에도 이그레이스가 6개월간 일한 덕분에 병원 전체 실적이 그다지 떨어지지 않을 수 있었다. 또한 홀 의사는 한 달간 다른 지역에서 일을 하는 동안 아예 이그레이스가 자신을 대신하도록 했다. 이들은 왕진도 따로 나가서 1917년에는 왕진 180건 중에 홀과 이그레이스가 약 절반을, 나머지는 커틀러가 했다.

1917년 7월, 이하영은 평남 진남포 신흥리교회 담임목사로 부임했다. 담임목사 부인으로서의 역할이 중요해진 이그레이스는 평양을 떠나 진남포로 이주했다. 그렇지만 신흥리교회 담임목사 부인으로서의 삶은 그리 오래 가지 못했다. 이하영이 1919년의 만세 시위를 주도하여 10개월간 옥고를 치르고 출옥한 후 신흥리교회로 돌아가지 못한 것이다. 이하영은 평양지방 순행목사가 되었고, 이그레이스는 평양으로 돌아와 광혜여원에서 일했다. 이후 이하영은 조선총독부로부터 '불령신인'으로 지목되어 지속적으로 감시당하고 활동의 제약을 받았다. 부인인 이그레이스도 그 어려움을 함께 겪었을 것이다. 이하영은 1923년에는 강원도 강릉으로 옮겨 4년을 시무했고, 1927년 임시 휴직 상태에 들어갔다가 1931년에 자원 은퇴하고 수원으로 돌아와 수원 종로교회의 원로목사가 되었다. 이그레이스는 남편과 함께 수원으로 돌아와 수원 성곽의 남문인 팔달문에서 멀지 않은 거북바위 밑에 개인 의원을 내고 일하며 가족을 부양했고, 수원 지역 최초의 여의사로 알려지게 되었다.

1945년 해방 이후, 이하영은 좌익 인물들과 함께 수원군 인민위원회 위원으로 활동하다가 집행부 의장단에 선출되었고, 1946년에는 민주주의 민족전선 수원군위원회의 상임위원 중 한 명으로 선임되어 수원지역 교회 좌우 대립의 중심에 서게 되었다. 그러나 곧 조직이 와해되면서 우익이 주도권을 장악했고, 이하영과 가족은 수원 종로교회를 떠난 것으로 보인다. 이렇게 이하영이 어려움을 겪던 중인 1947년 1월 10일, 이그레이스는 만 63세로 사망했다. 그리고 이하영도 한국전쟁 중인 1952년에 사망했다. 이하영에게는 2008년에 건국훈장이 추서되었다.

김마르다와 이그레이스는 한국 최초의 간호사인가?

김마르다와 이그레이스는 한국에서 처음으로 교사, 학제, 학년별 교과과정 등을 갖춘 간호학교인 보구여관 간호원양성소에 1903년 1회로 입학하여 1908년 1회로 졸업하고 임상실무에 종사한 간호사이다. 한국에서 간호사 면허제도가 시작된 것은 1914년 조선총독부령으로 '간호부규칙'이 제정, 공포되면서부터이기 때문에 면허 소지자는 아니었고, 이후에도 면허를 발급받지는 않았던 것 같다. 1876년 개항 직후부터 일본인을 비롯한 외국인 의사들이 우리나라에서 서양 근대식 병원을 설립하여 운영했고, 이들 병원에서 일하는 조선인이 있었다. 그중에는 서양 과학과 의학에 대한 지식에 근거해 자연현상과 인간을 이해하고, 병원을 방문한 환자의 상태를 살피고 불편함을 덜어주며 외국인 의사와의 의사소통을 돕는 조선인이 있었다. 그런 면에서 초기의 서양식 병원을 살펴보면, 김마르다와 이그레이스 이전에 활동한 인물들이 나타난다.

조선 정부에서 운영한 서양식 병원인 제중원, 한성 피병원, 광제원, 대한국적십자사 병원, 대한의원의 경우를 살펴보자. 이 중 가장 먼저 세워진 제중원에서는 서양인 선교사나 간호사뿐 아니라, 다섯 명의 관기(官妓), 제중원 의학당 학생 등이 환자를 간호하고 진료를 보조하며 병원이 운영될 수 있도록 했다. 1895년 콜레라가 유행했을 때 서울에서 임시로 운영된 피병원에는 서양인 간호사, 서양인 선교사 외에도 조선인 남녀 기독교인, 관청에서 고용한 조선인 등이 있었다. 1899년 창설 당시에는 한의술을 위주로 하는 구료병원이었지만 1905년 한의술과 서양 의술을 병행하는 기관으로 성격이 바뀐 광제원에는 일본인 간호부가 고용되었고, 1905년 설립된 대한국적십자사 병원에는 조선인 남성이 있었으며, 기존의 광제원·의학교 부속병원·적십자사 병원 등을 통합해 1907년 설립된 대한의원에서는 일본인 간호부와 조선인 간호부가 있었다. 그리고 이들 병원에서는 간호사가 부족했기 때문에 환자의 친지가 직접 환자를 돌보았다. 이 중에 가장 먼저 설립된 제중원에서 관기들이 일하게 된 배경과 경과를 통해 조선시대 관비 중에 선발되어 교육받고 일했던 여성의료인 의녀(醫女)제도의 흐름이 근대 이행기 서양식 병원에서 이어지다 사라진 모습을 살펴보겠다.

제중원에서 일한 관기(官妓)

제중원은 1885년에 조선 정부가 서울 재동에 설립한 서양식 병원이다. 개항 이후 조선 정부에서는 서양식 병원을 운영할 준비를 하고 있었고, 정부에서 운영하던 대민 치료와 구료 기관인 혜민서와 활인서가 1882년에 폐지되면서 새로운 정부 병원 설립의 필요성은 더욱 커졌다. 그러나 외국인 의사의 높은 급여가 주요 제한점이 되어 시작하지 못하고 있었는데, 미국 공사관 소속 의사인 알렌(Horace N. Allen, 1858~1932)이 조선 정부에 매력적인 제안을 했다. 자신은 조선 정부의 급여를 받지 않을 테니, 조선 정부에서 병원으로 사용할 부지와 건물, 기타 필요한 인력과 경비를 대면 일을 시작하겠다는 것이었다. 알렌은 미국 북장로교 소속 선교사였지만 조선에서 선교를 허용하지 않았기 때문에 미국 공사관 의사의 자격으로 1884년에 입국한 인물이었다. 알렌은 조선에서 선교를 할 수 있는 기회를 찾고 있던 중에, 갑신정변에서 심한 자상을 입은 민영익의 치료를 의뢰받았다. 민영익은 민비의 친조카이자 조정의 주요 인물이었으므로 알렌은 민영익을 매일 왕진하며 치료하는 데 공을 들였고, 민영익은 알렌뿐 아니라 여러 의원의 치료도 받고 보신탕을 먹는 등 가능한 모든 방법을 동원하여 무사히 나을 수 있었다. 알렌은 민영익이 부상에서 회복한 것이 좋은 기회라고 생각해 조선 정부에 서양식 병원 설립을 제안했고, 조선 정부에서는 이를 받아들여 한국 최초의 정부 운영 서양식 병원인 제중원이 개원했다. 제중원은 40병상 정도 규모에 하인 처소, 외래 진찰소, 수술실, 약국, 일반병실, 외과병실, 여자병실, 특등실, 각종 창고, 주방 및 난방시설을 두루 갖추고 있었다. 의사는 알렌 한 명이었고, 부지와 가옥은 갑신정변을 주도했다가 청군에게 살해당한 홍영식으로부터 조선 정부에서 몰수한 재산이었으며, 기타 업무를 맡은 조선인도 모두 조선 정부에서 파견했고, 알렌의 급여를 제외한 운영비도 조선 정부에서 지원하는 병원이었다.

제중원 설립 초기에 일하던 사람은 의사인 알렌뿐 아니라 기타 업무를 맡은 조선인까지 모두 남성이었다. 조선 정부에서 파견한 사람들은 알렌을 도와 간호 업무, 약국 업무, 기타 병원 운영 업무를 담당했다. 그런데 양반 여성이 진료를 받으러 올 때는 남녀가 내외하는 조선 문화에 따라 의사인 알렌을 제외한 모든 남성이 자리를 피해야 했기 때문에 병원의 원활한 운영에 걸림돌이 되었다. 아직 선교가 인정되지 않고 있던 조선에서 본인이 행하는 의료가 얼마나 중요한지 잘 알고 있던 알렌은 여성 환자가 계속 찾아오게 하면서 병원을 효율적으로 운영할 수 있는 방법을 찾았고, 그 해결책으로 관기를 교육시켜 일하도록 하는 방법을 조선 정부에 제안했다. 조선에서는 관비 중에 의녀를 선발하여 교육시켜 여성 의료인으로 활동하게 해왔으므로, 누군가가 알렌에게 관기를 정부에 요청하여 활용하라고 조언을 했던 것 같다.

알렌은 조선 정부에 제중원의 일을 도와줄 여성을 보내달라고 요청했다. 조선 정부에서는 황해도와 평안도 감영에 13세에서 16세 사이의 총명한 관기를 뽑아 올리도록 해 8월 5일에 다섯 명의 관기를 제중원으로 보냈다. 이렇게 지방 관아 소속 관기 중에 총명한 소녀를 선발하는 것은 의녀 교육 대상자를 선발하던 방법이었다. 의녀의 선발과 교육을 담당하던 혜민서가 폐지되면서 의녀 제도도 사라진 지 불과 3년밖에 되지 않아 조선 정부에서는 서양식 병원에서 요청한 여성 인력을 의녀와 유사하게 생각하고 그에 준하여 선발했던 것 같다.

알렌은 "이들 소녀들에게 여자의학생(female medical student)의 이름을 붙여주고 순결한 생활(pure lives)을 영위하여, 간호사(nurses)가 되도록 할 것이다"[18]라는 계획을 세웠다. 그리고 제중원 도착 다음 날부터 필요한 교육을 받으며 업무를 시작하게 했다. 이들은 "총명도 하고 또한 필요한 기술 습득에도 퍽 영리"[19]하다는 평가를 받으며 간호와 약제의 일을 했다. 그렇지만 이 중 두 명은 관리와의 관계가 문제되어 곧 해직되었고, 나머지 세 명은 조선 정부가 12월 1일에 위안스카이(袁世凱, 1859~1916)에게 넘겼다. 위안스카이는 1882년 임오군란을 진압하러 조선에 와서 1885년 '조선주재 총리교섭통상사의 전권대표'가 되어 최고 권력가로 군림하기도 했지만 청일전쟁에서 패한 후 귀국했고, 이때 조선 정부에서 제중원에서 일하던 관기 세 명을 위안스카이에게 넘긴 것이다. 이들 관기가 위안스카이에게 넘겨질 때, 이들뿐 아니라 이들의 어머니들까지 알렌을 찾아와 중국으로 가지 않게 해달라, 차라리 알렌의 하녀가 되게 해달라고 울며 간청했지만 소용 없었다. 1885년 조선 정부 최초의 서양식 병원인 제중원에서 서양인 의사로부터 교육받으며 간호사와 제약사의 업무를 하던 다섯 명의 관기, 조선 의녀제도의 잔상은 이렇게 4개월도 되지 않아 사라졌다.

보구여관에서 활동한 여메례

1887년에 설립된 한국 최초의 여성 전용 서양식 병원인 보구여관은 미국 감리교 해외여성선교부에서 운영했으며, 여기서 파견된 여성의사가 진료를 담당했다. 보구여관은 초기부터 한국인 여성의 도움을 받아 운영되었는데, 보구여관에서 서양 의학을 배우며 일했던 여성 중 한명이 여메례(1872~1933)였다. 여메례는 열두 살 때 감리회 선교사이자 이화학당 설립자인 메리 스크랜턴의 양녀가 되어 기독교와 영어 교육을 받았고 1888년 세례를 받으며 메리(Mary)라는 이름으로 불렸다.

여메례가 보구여관의 일을 돕기 시작한 것은 1890년대 중반부터로 추정된다. 보구여관에는 출범부터 여의사 메타 하워드를 도왔던 봉선이 어머니 '사라' 등 여러 조선 여성이 일하고 있었다. 여메례는 "전도부인, 간호원, 통역인, 진료소 조수(bible woman, nurse, interpreter and dispensary assistant)" 등 여러 역할을 했다. 여메례는 1897년 봄에 과로로 쓰러져 두 달간 쉬어야 했고, 회복한 후 자신이 하던 일 중 가장 어려운 간호 업무, 구체적으로는 투약, 체온 측정과 기록, 환자 대하기를 조선인 소녀 두 명에게 가르쳐 대신하도록 했는데, 그중 한 명이 이복업, 즉 이그레이스였다. 기타 업무는 보구여관에서 잡일을 돕던 두 여성에게 세탁일을 그만두는 대신 나누어 하도록 했는데, 그중 한 명이 김마르다였다.[20] 즉 여메례는 김마르다와 이그레이스에게 처음 간호를 가르친 조선인 선생이었다.

이후에도 여메례는 보구여관과 볼드윈진료소에서 계속 일하면서 선교 여의사들에게 교육을 받아[21] 약제실에서 조제를 담당하고, 진료도 돕고, 왕진도 나갔으며, 1901년경부터는 보구여관이나 볼드윈진료소에 의사가 없을 때에는 대신 진료를 담당하기도 했다.[22]

1903년 보구여관에서 간호학교를 시작할 때, 여메례는 교회에서 보호여회를 결성하여 여성신자를 조직화하고 이화학당에서 러빙소사이어티(Loving society)를 만들어 여학생을 규합하는 등 여성 지도자로 성장하고 있었다. 여메례는 조선인 남성과 함께 '간호원'이라는 용어를 만들고, 간호학생이 지켜야 할 규칙을 번역하는 등 간호학교의 출범에도 기여했다.

보구여관에서 중요한 역할을 하고 있던 여메례는 왜 김마르다나 이그레이스와 달리 보구여관 간호원양성소에 입학하지 않았을까? 보구여관의 간호학생은 보구여관에서 기숙하며 12시간 교대근무 체제 안에서 교육을 받아야 했는데, 이미 지도자로 활발하게 활동하고 있던 여메례가 많은 시간과 노력을 기울여야 하는 간호학교를 다니기는 어려웠을 것이고 큰 의미도 없다고 판단했을 것이다. 이후 여메례는 더욱 여성교육에 힘을 기울여 1906년 엄귀비의 후원으로 설립된 진명여학교의 개교를 돕고 총교사로 활동했다.

2장

박자혜

궁녀, 간호부, 산파, 그리고 독립운동가

신채호의 부인으로 조명 받은 산파 박자혜

1928년 12월 12일, 일간지 《동아일보》에 한 산파에 관한 기사가 사진과 함께 실렸다. 기사의 제목은 〈냉돌(冷突)에 기장(飢腸)쥐고 모슬(母膝)에 양아(兩兒)제읍(啼泣), 신채호 부인 방문기〉, 요즘 말로 풀자면 "추운 방에서 굶주린 배를 쥐고 두 아이가 엄마의 무릎에서 울고 있다, 신채호 부인 방문기"이다. 이 기사의 주인공인 신채호의 부인은 박자혜이고, 박자혜의 정면 사진이 산파 영업을 하는 집을 배경으로 함께 실렸다. 경성 시내 인사동 69번지 거리에 위치한 박자혜의 집에 걸린 간판은 크게 한자로 '産婆', 그리고 그 밑에 작게 한글로 '산파'라고 써서 한자를 잘 알지 못하는 사람도 읽을 수 있도록 했으며, 양옆에 주소와 산파 박자혜의 이름을 한자로 표기했다.

이 사진은 일제강점기 개업 산파에 대해 알 수 있는 희귀한 자료이다. 임산부의 산전·분만·산후 관리를 전문으로 하는 산파에 대해 새로운 여성 직업으로 소개하거나 특정 산파 개인에 대한 인터뷰 형식의

1928년 12월 12일 《동아일보》에 실린 기사. 신채호 부인 박자혜가 생계의 어려움을 겪고 있다는 내용과 함께 박자혜와 산파 영업을 하는 집의 사진이 실려 있다.

글이 신문과 잡지에 실린 적은 여러 번 있었지만, 산파가 어떤 식으로 홍보 내지는 영업을 했는지를 알 수 있게 해주는 시각 자료는 이 《동아일보》 사진이 유일한 것으로 알려져 있다.

　기사 내용은 박자혜의 산파로서의 활동에 초점을 둔 것이 아니라, 신채호 부인 박자혜와 두 아들의 어려운 상황을 절절하게 알리고 있었다. 신채호는 성균관 박사 출신으로 《황성신문》 논설위원, 《대한매일신보》 주필 등으로 활약하다가 1910년 중국으로 가서 언론, 저술, 임시정부, 의열단 활동 등을 통해 독립운동에 매진한 인물로 1928년 5월에 체포되어 재판을 받고 있었다. 조선총독부의 엄격한 언론 통제하에서 독립운동가에 대해 직접 다루기 힘들었던 언론은 신채호의 상황을 알리는 대신, 부인 박자혜와 두 아들이 경제적으로 매우 어려운 형편이라는 것과 그래서 신채호의 옥살이 뒷바라지도 제대로 하지 못한다는 점을 중심으로 보도했다. 요컨대 박자혜가 인사동에서 하는 산파업이 수입원이지만 손님이 별로 없어서 겨울인데도 방에 불을 때는 날은 한 달에 4~5일에 불과하고 '삼순에 구식', 즉 한 달에 아홉 끼니밖에 밥을 지어먹지 못할 정도로 어려우며 집 월세는 석 달이나 밀려 있는, 그래서 추운 중국의 다롄 형무소에 있는 남편 신채호가 솜옷을 보내달라는데도 보내지 못하고 있다고 했다.

그런데 기사 중에 "간판은 비록 산파의 직업이 있는 것을 말하나 기실은 아무 쓸 데가 없는 물건으로 요사이에는 그도 운수가 갔는지 산파가 원체 많은 관계인지 열 달이 가야 한 사람의 손님도 찾는 일이 없어 돈을 벌어보기는커녕 간판 붙여 놓은 것이 도리어 남부끄러울 지경"이라는 문장이 있다. 정말 여기에 쓰인 대로 산파가 많아서 박자혜를 찾는 사람이 거의 없었을까?

전근대 조선에서 출산은 주변 여성들의 도움을 받아 치르는 여성의 일이었다. 난산의 경우 의원이 출산을 돕는 약을 처방하는 등 관여하기도 했지만 분만 현장에는 들어가지 않았으며, 산파가 기술적으로 출산을 유도하는 경우도 있었지만 극소수였다. 개항 이후 분만이 무사히 이루어져 인구가 증가해야 부국강병해지므로 출산을 돕는 산파가 필요하다는 주장이 이어졌고, 1910년에는 사립 조산부양성소가 세워지기도 했다. 일본에서는 19세기 후반부터 산파제도를 시작했는데, 조선에 거주하는 일본인의 수가 늘어나면서 일본인 산파의 수도 늘어났다. 정상분만의 경우 산파의 도움을 받지 않으려는 경향은 여전히 있었지만, 출산 자체가 많았고 난산도 많았던 만큼 산파에 대한 수요는 높았다고 할 수 있다. 한편, 의사 중에 산과를 포괄하는 의사도 있어서 제왕절개 등을 하는 경우도 있었지만 워낙 수가 적어서 보통의 여성에게는 거리가 먼 존재였다.

이 기사가 나온 1928년의 경우 조선의 인구는 총 1918만 9699명, 면허가 있는 산파는 총 1122명으로 인구 1만 7103명당 산파 1명이었으니 결코 산파가 많았다고 할 수 없다. 그중 일본인 등 외국인을 제외하면 조선인은 1866만 7334명, 그리고 조선인 면허 산파는 138명이었으니 조선인 13만 5270명에 조선인 산파 1명에 불과했다.[1] 즉 일제강점기 산파는 단순히 그 수에 있어서나 인구 대비로 보아서나 절대적으로 적은 수였고, 그중 조선인에게 의사소통이 편안한 조선인 산파는 더더욱 드문 존재였다. 따라서 산파가 많아서 손님이 없을지도 모른다는 기사의 글은 사실이 아니었다. 오히려 산파는 한 달 수입이 40~50원에서 70~80원까지 되는, 여성 직업 중에 수입이 좋은 편으로 알려져 있었다.

이렇게 산파가 부족하고 수입도 좋은 직업이었음에도 박자혜가 경제적으로 매우 어려웠던 이유는 무엇일까? 짐작할 수 있는 이유는 크게 두 가지다. 첫째, 이 기사에 실린 대로 박자혜에게 조산을 요청하는 경우가 적었기 때문이다. 신채호는 1910년에 중국으로 망명한 이후 가장 강경한 대일투쟁의 최일선에서 활동하는 인물이었고, 그러한 신채호의 부인 박자혜를 일경이 지속적으로 감시하고 활동을 방해했기 때문에 박자혜에게 조산을 요청하는 사람이 적었을 것이다. 둘째, 박자혜가 그나마 얻은 수입을 자신과 두 아들을 위해서만 쓰지 못하고 지속적으로 남편과 여러 독립운동가를 지원하는 등 독립운동과 사회활동을 했기 때문에 지출은 상대적으로 많았을 것이다.

박자혜가 일제강점기 여성 직업으로 수입이 좋았던 산파임에도 불구하고 경제적으로 매우 어려운 상황은 중국에서 신채호를 만나 결혼하면서부터 시작되어 1943년에 사망할 때까지 지속되었다.

궁중의 아기나인

박자혜는 1895년 12월 11일 경기도의 중인 집안에서 태어났다. 아버지의 이름이 박원순이라는 것 외에 가족이나 집안 상황에 대해서는 알려진 것이 없다. 다만 궁녀로 입궁해 성장기를 아기나인으로 보낸 것, 숙명여학교와 조선총독부의원 간호부양성소와 조산부양성소에서 교육받는 내내 궁중이나 관의 지원을 받은 것, 여러 번 박자혜의 친정 형편이 어렵다고 기술된 것으로 보아 경제적으로 여유가 없는 집안 출신이라는 것을 짐작할 수 있다.

궁녀는 궁중에 머물면서 정5품의 상궁(尙宮)에서 종9품 나인까지 내명부의 품계와 급료를 받은 궁중여관을 말하는데, 정식 관직자라는 뜻에서 궁관(宮官)이라고도 했다. 궁녀는 평소에는 궁궐의 일상생활과 의식주와 관련된 일을 하고, 제사나 축하연 같은 공적인 행사가 있을 때에는 직책에 따라 임무를 수행했다. 궁녀는 소속 부서에 따라 지위가 달랐는데, 왕을 직접 보좌하는 지밀의 지위가 가장 높았고, 궁중에서 소용되는 복식이나 장식물 자수를 담당하는 수방과 왕족의 옷 만들기를 담당하는 침방이 그다음이며, 세수간·세답방·소주방·생과방 소속은 지위가 낮았다. 그 외에도 궁중에서 일하는 여성으로 무수리나 비(婢) 등이 있어서 궁녀를 보조하면서 여러 일을 했다.

궁녀는 관비 중에 선발하는 것을 원칙으로 대개 10세 전후의 소녀들이 입궁했으며, 아기나인은 상궁으로부터 예절과 언어, 걸음걸이 등의 궁중 법도와 한글, 기본적 유교 소양을 익혔다. 특히 임금을 직접 모셔야 하는 지밀 소속의 경우 《동몽선습》, 《소학》, 《내훈》, 《열녀전》을 배우는 등 높은 수준의 교육을 받았고, 수방에서는 궁중에서 소용되는 복식이나 장식물 자수를, 침방에서는 왕족의 옷 만들기를 배우는 등 필요한 기술도 배웠다. 그리고 20세 정도가 되면 왕과의 혼례라는 상징성을 갖는 관례를 행하고 정식 나인, 즉 궁관이 되었다.

궁녀가 되면 관직과 더불어 급여를 받고 일반 여성은 누리기 어려운 경제적 보상, 인정과 권력까지도 누릴 수 있었기 때문에 조선 후기로 가면서 점차 양인이 연줄로 입궁하는 경우가 늘어났다. 조선 말에는 기존 궁녀를 통해 주로 그들의 친인척 중에 선발했으며 특히 지밀이나 수방과 침방 소속 궁녀는 양인이나 중인 출신이 많았던 것으로 알려져 있다. 또한 조선 후기로 가면서 궁녀의 수가 늘어나서 고종 31년(1894)

에는 480명에 달했다.

　중인 집안에서 태어난 박자혜는 1900~1904년 사이에 인맥을 통해 궁궐에 들어가 지밀이나 침방, 수방 소속으로 교육과 훈련을 받았던 것 같다. 조선 말 중인 출신은 대개 6~10세 사이에 지밀이나 침방, 수방 소속으로 입궁했기 때문이다. 그렇지만 관례를 하고 정식 나인이 되기 전에 궁녀 신분에서 벗어난 것으로 보인다. 1910년 일제는 조선 왕실의 예산과 직원을 따로 정한 황실령 제34호 '이왕직 관제(李王職官制)'를 재가(裁可)하여 공포했고, 한 달 뒤에 궁내부 소속 고용원 340명과 원역(員役) 326명을 해직시켰다. 박자혜가 열일곱 살이 되던 1911년 1월 31일의 일이었다.

　박자혜가 궁에서 성장하며 교육받던 시기의 대한제국은 1904년 러일전쟁, 1905년 을사보호조약, 1910년 한일병합조약이라는 격변을 겪고 있었다. 그리고 그 한가운데에 있던 조선 왕실은 국내외 정세의 변화에 따라 매우 불안정한 내리막길을 걷고 있었다. 박자혜는 궁녀로 성장하고 교육받던 궁궐이라는 공간에서 대한제국이 몰락하는 격변과 불안정을 경험하며 국가와 왕실에 대한 객관적 시각과 제국 열강에 대한 이해가 높아졌을 것이다.

숙명여학교의 여성교육

　박자혜는 17세가 되던 1911년 초에 궁녀 신분을 벗어나 숙명여학교 기예과에 입학했다. 숙명여학교는 근대적 여성교육을 강조하던 사회적 분위기를 기반으로 고종의 계비이자 영친왕의 어머니인 엄귀비가 사재를 들여 1906년 진명여학교와 함께 설립한 명신여학교에서 이어진 곳이다. 당시 여성교육의 중요성에 대한 강조는, 여성이 근대적 교육을 받으면 근대적으로 남편을 내조하고 자녀를 교육함으로써 가정이 근대화되고 나아가 국가 또한 자주적인 근대화를 이룰 수 있다는 인식에서 비롯되었다. 1886년에 설립된 이화학당을 비롯해 1905년까지 약 17개의 여학교가 설립되었지만 대부분 서양인 선교사가 설립한 것이었고, 1905년 을사늑약 이후 민족사립학교가 전국적으로 설립되었지만 대부분 남성을 대상으로 했기 때문에 선교계를 기반으로 하지 않은 근대적 여학교가 필요하다는 주장이 이어지고 있었다.

1906년 4월에 엄귀비가 총재로 있던 한일부인회 발회식에서 명문 집안의 딸들을 모아 가르칠 여학교를 세우자는 발의가 찬동을 받아 명신여학교가 시작되었다. 즉 황실이 후원하는 귀족여학교 설립이 구체화된 것이 명신여학교였고, 서양식 교육을 하는 진명여학교와 차이를 두고자 했다. 명신여학교는 11세에서 25세까지 양반가 여성을 대상으로 학생을 모집했지만, 학생 모집에 난항을 겪어 입학식에 참석한 학생은 다섯 명밖에 되지 않았다. 명신여학교를 귀족여학교로 운영하려는 계획에 차질이 생기던 차에 순종이 즉위하고 영친왕이 황태자로 책봉된 지 몇 달 만에 강제로 일본으로 보내지면서 앞으로 영친왕을 모실 궁녀들에게 근대교육을 시켜야 할 필요성이 제기되었다. 조선 왕실에서는 1908년 1월에 궁녀 16명을 명신여학교에 입학시켰다. 그리고

1909년에 명신여학교는 숙명여학교로 명칭을 변경했다.

박자혜가 숙명여학교에 다니던 시기의 보증인은 상궁이자 숙명여학교를 졸업한 조하서(1880~1965)였다. 조하서는 네 살 때 경복궁에 입궁한 상궁으로, 근대교육을 받은 궁녀가 필요하다는 왕실의 판단에 따라 1908년 명신여학교에 입학해 1911년에 본과를 2회로 졸업했다. 아기나인이었던 박자혜가 숙명여학교에 입학하고 그 보증인이 먼저 숙명여학교에서 교육을 받은 상궁 조하서였던 것은, 박자혜가 비록 더 이상 궁녀는 아니었어도 여전히 조선 왕실에서 필요로 하는 인력으로 교육을 받았다는 것을 보여준다. 또한 보증인 조하서와 학생 박자혜와의 관계는 궁중에서 상궁과 아기나인이 스승과 제자 같은 관계였음을 연상시킨다. 조하서는 박자혜보다 열다섯 살이 많았고, 이미 관례를 치른 어엿한 상궁이었으므로 아기나인 박자혜에게 궁중 예절과 법도를 가르치던 스승이었을 가능성이 있다. 그렇지 않더라도 상궁 조하서가 숙명여학교를 졸업하면서 숙명여학교에 입학하는 박자혜의 보증인이 된 것은 조하서와 박자혜가 왕실의 필요에 따라 근대적 교육을 받은 인력이라는 역할에 있어서 선임자와 후임자 같은 관계로 선발되고 교육받았음을 보여준다.

박자혜는 숙명여학교 기예과 3년 과정을 밟고 1914년 졸업했다. 기예과의 학과목은 수신(修身), 일어독본, 습자, 조선어 및 한문, 산술, 가사, 재봉, 양재, 자수, 조화, 편물, 도화 등으로 한글과 한자와 일어에 대한 읽기와 쓰기를 기반으로 했고, 재봉, 양재 등 실업과목의 비중이 컸다. 실업과목은 가정의 운영을 담당하는 여성에게 기본적으로 필요하다고 여겨지는 것들이었지만 다른 한편으로는 왕실의 침방과 수방에서 배우는 내용과 연결되는 것이기도 했다. 숙명여학교는 교원 중에 일본인이 많았는데, 한국어를 잘하지 못하는 일본인 교사와 일본어를 잘하지 못하는 조선인 학생 사이에 의사소통이 되지 않아 일본인의 집안일을 돕는 조선 여성이 통역을 하는 해프닝이 발생하기도 했다. 일제는 가정에서 여성의 역할을 강조해 여학교 교육에서 실기교육을 강화하고 있었고, 숙명여고 교장으로 재직한 이정숙 역시 졸업생이 직업을 가지고 사회에 기여하는 것은 좋지 못하며 가정주부가 되는 것이 바람직하다는 것을 공공연하게 주장할 정도로 보수적 가치관을 고수하고 있었다.

이렇게 일본인이 주도적으로 운영하고 교육에서 가정주부의 역할을 중시하던 숙명여학교였지만 학생들은 상당한 민족의식과 반일감정을 가지고 이를 집단행동으로 표출하는 기개가 있었다는 것을 보여주는 특별한 사건이 1911년 11월 일본 메이지 천황의 생일에 발생했다. 메이지 천황의 생일을 축하하는 학교 측에 반발하여 3학년 학생들은 등교를 거부하고, 1·2학년 학생 대다수는 천황 생일 축하로 특별히 배급받은 과자를 발로 밟고 화장실에 버려 버린 것이다. 왕실의 아기나인으로 유교적 규범과 순종을 배우며 성장한 박자혜가 1학년일 때의 일이었다. 대한제국의 궁궐에서 왕실이 몰락하고 나라가 어이없이 일제에 귀속되는 경험을 했던 박자혜는 열일곱에 궁궐 밖 여학교에서 선배, 동료와 함께 민족의식과 반일감정을 선명히 표출한 이 사건을 통해 일제의 식민지가 된 조선과 조선인으로서 자신과 주변인을 재인식하고 저항의식을 키울 수 있었을 것이다.

조선총독부의원에서의 간호교육과 조산교육

박자혜는 스무 살이 되던 1914년에 숙명여고 기예과를 졸업했다. 일제강점기 숙명여고 졸업생은 대부분 결혼해 전업주부로 살았고, 직업을 가진 경우 교사가 많았지만, 박자혜는 다른 길을 선택했다. 박자혜는 조선총독부의원 간호부과로 진학해 1916년에 졸업했고, 이어 조산부과에 진학해 1917년에 졸업했다.

조선총독부의원은 1907년에 대한제국 최대 규모로 설립된 대한의원이 이어진 곳으로, 설립될 때부터 일본인 의사와 간호사로부터 필요한 교육을 받으며 일하는 조선인 간호사들이 있었고, 1910년 '대한의원 의학강습소 규칙'이 발표된 이후 규정에 의거한 간호교육과 조산교육이 이루어지고 있었다. 박자혜가 입학한 1915년에는 1911년에 제정된 조선총독부령 제19호 '조선총독부의원 의학강습소 규칙'을 기반으로 의과, 조산부과, 간호부과가 운영되고 있었다. 간호부과의 수업 연한은 1년 반으로 입학 조건은 17세 이상 25세 이하이고 신체 건강하고 품행이 방정해야 했고, 수업 연한 4년의 보통학교 졸업 내지는 그 정도 수준의 학력을 갖추어야 했다. 조선인 여성만 입학할 수 있다는 조항을 개정하여 조선인과 일본인 모두 입학할 수 있게 했지만, 실제 간호부과 입학생은 모두 조선인이었다. 입학 정원은 간호부과와 조산

조선총독부의원 전경. (국립춘천박물관)

부과 각각 학기당 30명으로 늘렸지만 자격을 갖춘 지원자가 적어서 정원을 채우지 못했다. 예를 들어, 1915년 간호부과의 입학생은 6명, 조산부과의 입학생은 5명에 불과했다. 아직 정규 보통학교가 얼마 되지 않는 데다가 여학생은 더욱 소수여서 1912년의 경우 공립보통학교에 입학한 여학생은 전국 총 1578명에 불과했다. 이러한 상황에서 '직업'을 갖기 위해 고등교육을 받으려는 보통학교 졸업 내지는 그 정도의 학력을 갖춘 여학생을 모집하는 것은 어려운 일이었다. 특히 경성에 위치한 '병원'이라는 낯선 장소에서 일본인들에게 둘러싸여 수년간 숙식하면서 공부해야 하는 간호와 조산교육을 받겠다는 지원자는 더 적었다. 조선총독부에서는 학생을 유치하고자 수업료를 면제했을 뿐 아니라 조선인 학생은 학자금도 받을 수 있게 했는데 그 액수는 간호부과 학생의 경우 월 6원 50전이었다. 그 대신 학자금을 받은 학생은 졸업 후 2년간 조선총독부의원장이 지정하는 일을 해야 한다는 의무복무제도가 있었다.

박자혜는 보통학교 이후 과정인 숙명고등여학교를 졸업했기 때문에 보통학교 4년 졸업 수준을 요구한 간호부과 입학에 충분한 학력을 갖추고 있었다. 박자혜가 다른 숙명여학교 졸업생처럼 교사가 되는 길을 밟지 않고 간호부과에 입학하기로 한 배경은 두 가지를 생각할 수 있다. 첫째, 근대적 교육을 받은 여성인력을 필요로 했던 조선 왕실의 의도이다. 궁녀제도는 폐지되었지만 조선 왕실은 유지되고 있었고 상궁과 아기나인을 숙명여학교에 입학시켜 근대적 교육을 받게 하고 왕실에서 필요한 인력으로 활용하고자 했던 연장선에서 박자혜에게 여성 의료인 교육을 받게 했을 가능성이다. 왕실에서는 선교계에서 운영하는 보구여관이나 세브란스병원보다는 관립인 조선총독부의원의 간호교육이 더 적합하다고 판단했을 것이다. 둘째, 궁녀로 성장하면서 일과 관련된 교육을 받고 일을 하면서 급여를 받는 데 익숙했던 박자혜 본인의 개인적 여건에 따른 판단이다. 사립이든 관립이든 간호교육을 받으면 졸업 후에 바로 직업을 가져 경제적으로 독립할 수 있다는 점은 같았지만, 사립인 보구여관이나 세브란스병원에서 간호교육을 받으려면 기독교 신자여야 했고 학자금도 내야 했다. 그에 비해 조선총독부의원에서는 종교적 제한이 없는 데다가 학자금까지 받으며 공부할 수 있었다. 박자혜는 공부도 더 하고, 의식주를 해결하면서 학자금도 받고, 졸업하면 직업을 가지고 자립할 수 있는 조선총독부의원 간호부과에 1915년 4월 제8회로 입학했다.

3개 학기 1년 반 과정이었던 조선총독부의원 간호부과 교과과정에는 매 학기 수신과 일어가 포함되어 있었다. 조선총독부는 모든 정규교육의 교과과정에서 일어와 수신을 필수로 하여 일본제국 신민으로서 일어 능력과 가치관을 갖추도록 했다. 더군다나 조선총독부의원은 대다수 의사, 간호부, 산파가 일본인이었으므로 이들로부터 제대로 배우고 조선인 환자와 일본인 의사 사이의 통역이라는 중요한 역할을 하려면 일어 실력이 중요했다. 기타 교과목은 수학, 해부학, 생리학, 간호학, 붕대법, 소독법, 기계취급법, 수술개보법, 위생학, 구급법, 실습 등으로 이루어져 있었다.

조선총독부의원 부속 의학강습소 간호부과 학과표[2]

학기	학과
1학기	수신, 일어, 해부생리학대의, 간호학, 붕대학대의, 실습, 수학
2학기	수신, 일어, 소독법, 간호학, 기계취급법, 수술개보법, 실습, 수학
3학기	수신, 일어, 위생학대의, 간호학, 구급법, 실습, 수학

박자혜는 1916년 10월, 1년 반의 교과과정을 마치고 졸업했는데, 간호부과 졸업자는 총 여섯 명이었다. 박자혜가 졸업한 1916년까지 조선총독부의원 간호부과는 8회에 걸쳐 총 41명의 간호부를 배출했는데, 모두 조선인이었다.[3] 1914년 제정·반포된 '간호부규칙'에 의해 관공립 간호학교 졸업생은 간호부 면허를 받았으므로 박자혜 역시 바로 간호부 면허를 받을 수 있었다. 1916년 조선의 간호부 면허 소지자

는 모두 186명으로 대다수가 일본에서 간호교육을 받거나 자격을 인정받은 일본인으로 조선인은 41명에 불과할 때였다. 박자혜는 졸업 후에 조선총독부의원을 비롯해 어느 곳에서나 간호부로 일할 수 있었지만 바로 조산부과에 입학했다. 조산부과를 졸업하면 산파 면허를 받을 수 있었는데, 여성의 산전·분만·산후 관리를 담당하는 산파는 간호부보다 수입도 좋고 일의 여건도 좋은 직업으로 여겨졌다.

1916년, 조선총독부령 제35호 '조선총독부의원 및 도 자혜의원 조산부 간호부 양성규정'이 반포되어 조선총독부의원과 각 도 자혜의원의 조산교육과 간호교육이 통일되었고, 박자혜는 이 규정에 따라 조산교육을 받았다. 조산부과는 만 17세 이상 30세 이하의 '신체 건전하고 품행 방정한 여자'로 간호부과를 졸업하거나 일어, 산술, 해부 및 생리, 간호법 등의 시험을 보아 간호부과 졸업 정도의 실력을 인정받으면 입학할 수 있었다. 수업 연한은 1년으로 수신과 일어는 물론, 수학, 해부학, 생리학, 소독법, 태생학, 산파학, 육아법, 실습 등의 교과목을 통해 정상분만과 이상분만의 구별, 정상분만의 처치, 산욕의 주의점, 소독법 등을 교육받아서 분만 개조와 신생아 관리를 책임지는 산파로써 알아야 할 지식과 기술을 습득했다.

조선총독부의원 및 도 자혜의원 조산부과 학과표[4]

학기	학과
1학기	수신, 소독법, 일어 또는 조선어, 조산법, 해부 및 생리, 실습
2학기	수신, 실습, 일어 또는 조선어, 조산법, 육아법

교과목 중에 '일어 또는 조선어'가 있는 이유는, 환자 중에 일본인과 조선인이 모두 있었으므로 조선인 학생은 일어를, 일본인 학생은 조선어를 배우도록 해서 모든 환자와 의사소통이 가능하도록 하기 위해서였다.

조선인 학생은 월 7원의 학자금을 받을 수 있었고, 이 경우 졸업하고 만 1년간 정해진 일을 해야 했다. 박자혜는 1917년 10월 조선총독부의원 조산부과를 제7회로 졸업했는데, 졸업생은 일본인 한 명과 조선인 여섯 명 등 총 일곱 명이었다. 1917년까지 조선총독부의원 조산부과는 7회에 걸쳐 총 38명의 졸업생을 배출했는데, 그중 일본인은 두 명에 불과했고 나머지 36명은 조선인 학생이었다. 비록 조선총독부의원의 의사를 비롯한 주요 의료진은 거의 일본인이었지만 환자는 조선인이 많았고 간호부과와 조산부과의 학생은 대다수 조선인이었으므로 박자혜는 자신과 같은 조선인 여성과 공부하고 조선인 환자를 대상으로 하면서 조선인으로서의 정체성을 유지할 수 있었다. 1917년 조선의 산파 면허 소지자는 모두 648명이고 그중 대다수는 일본에서 조산교육을 받거나 자격을 인정받은 일본인으로 조선인 산파 면허 소지자는 총 23명에 불과했다. 조선총독부의원에서 간호교육과 조산교육을 받은 박자혜는 식민지 조선에서 여성이 받을 수 있는 최고 수준의 보건의료 전문가 교육을 받은 것이었다.

박자혜는 조선총독부의원 조산부과를 졸업하고 바로 조선총독부의원 산부인과에서 일하기 시작했다. 1917년 당시 조선총독부의원은 전체 직원 258명에 연 입원환자 수 7만 8975명, 연 외래환자 수 27만

4604명인[5] 조선 최대 규모의 병원이었다. 조선총독부의원에는 1907년 대한의원으로 출발할 때부터 산부인과가 있었는데, 조선총독부의원으로 변경하고 시설을 확장하면서 분만실을 설치했고, 1910년대 산부인과 의사는 일본인 4명으로 외과 의사와 같은 수일 정도로 산부인과를 중요하게 운영하고 있었다.

삼일운동 참여와 중국 유학

박자혜가 조선총독부의원 산부인과에서 일한 지 약 1년 반이 지난 1919년 3월 1일, 삼일만세운동이 시작되어 전국을 휩쓸었다. 삼일운동에는 전국의 남녀노소가 참가했지만, 이를 촉발하고 전파하는 데는 학생들이 큰 몫을 했다. 특히 경성의학전문학교 학생이 적극 참가하여 1919년 4월 20일 자로 구금된 학생 가운데 가장 많은 수인 31명, 검거되어 판결을 받은 학생 중에서도 가장 많은 수인 30명에 달했다. 이 중에 여럿이 퇴학을 당하고 옥고를 치렀으며, 이후 다양한 경로로 독립운동에 투신했는데 이미륵, 한위건, 우상규 등은 중국으로 망명해 임시정부에서 활동을 했다. 또한 서울 시내 여학생들이 만세운동을 전개하는 와중에 이애주, 탁명숙 등의 세브란스병원 간호사가 참여했으며, 3월 5일의 만세 시위에 세브란스병원 간호사 11명이 군중에 섞여서 부상당한 사람들을 치료하다가 잡히기도 했다.

만세운동에 참가했다가 심각하게 부상을 입고 병원으로 이송된 사람도 많았는데, 만세운동의 중심지인 종로와 가까운 조선총독부의원도 마찬가지였다. 조선총독부의원에서 일하고 있던 박자혜는 평화적 시위에 참여했다가 무참히 탄압당한 동포와 주변 학생과 간호사들을 목격했다. 박자혜는 정동제일교회 목사이자 민족대표 33인의 한 사람인 이필주와 연결되어 병원 안의 조직을 맡게 되었다. 3월 6일 오후 6시경 비밀리에 간호사들을 모아 설득해 네 명의 간호사가 뜻을 같이하기로 했고 이들은 간우회(看友會)를 조직했다. 간우회는 유인물을 작성·배포했고, 3월 10일에는 병원 밖으로 나가 만세를 부르며 가두시위에 참가했다. 박자혜는 그 밖에도 1918년 경성의전을 졸업한 의사 김형익 등과 연락을 하고, 시내 다른 병원 직원의 동조를 받아 일본인 환자의 진료와 간호에 대한 태업을 이끌다가 경찰에 체포되었다.

박자혜 등 검거된 조선총독부의원 간호사들은 당시 원장이었던 하가 에이지로(芳賀榮次郎)가 신병을 인수하여 유치장에서 나올 수 있었다. 그렇지만 결국은 모두 병원을 떠났고, 삼일운동과 관련된 조선인 의사들도 모두 이런저런 이유로 병원을 떠났다.

박자혜는 병원을 사직하지 않고 아버지의 병환이라는 거짓 이유를 대고 병원을 떠났다. 그리고 더 큰 활동과 배움을 위해 중국으로 갔다. 박자혜가 정상적인 사직 절차를 밟지 않은 것은 의무복무기간이 남아 있어서 일반적인 사직이 허용되지 않았기 때문일 것이다. 조선총독부의원 간호부과와 조산부과를 학자금을 받으며 다닌 조선인 학생에게는 각 2년과 1년의 의무복무기간이 있었다. 박자혜는 간호부과와 조산부과를 모두 학자금을 받으며 다녔기 때문에 도합 3년의 의무복무

기간이 있었고, 그중 약 절반인 1년 반 정도를 일한 상태였다. 의무복무기간을 마치지 않고 일을 그만두면 학자금을 반환해야 했는데, 박자혜에게 그런 큰돈이 있을 리가 없었다. 박자혜는 만주에 있는 지인에게 거짓 내용의 전보를 치게 해 '길림성에 계신 아버님이 병환 중이라 병간호를 해드리러 갔다 오겠다'는 이유를 대고 2주간의 휴가를 얻었다. 그리고 서울역에서 만주행 열차를 타고 만주 지역에서 가장 큰 도시인 펑톈(지금의 선양)으로 갔다. 박자혜는 펑톈에서 조선인회(朝鮮人會)를 이끌면서 독립운동가들과 교류하고 있던 우응규를 찾아가 도움을 청했다. 박자혜는 조선에서 여성이 받을 수 있는 가장 높은 수준의 보건의료 분야 교육을 마친 상태였지만, 더 공부하기를 원했다. 조선에서는 조선총독부의원은 물론 세브란스병원에서도 여성에게 의학교육을 받을 수 있는 기회를 주지 않았지만, 중국에서는 가능했다. 박자혜는 우응규로부터 협화대학 편입학을 주선하는 편지와 차편을 도움 받아 베이징으로 갔다. 베이징에 위치한 협화대학은 이전부터 조선인들과 연결되어 있어서 일석 변영태(1892~1969)가 만주의 신흥학교를 졸업한 후 1년간 수학하기도 했고, 세브란스의전을 졸업한 이용설이 1919년 가을부터 협화대학 부속병원에서 외과 의사로 근무하기도 했다. 협화의대는 1919년 중국 최초로 8년제 임상의학과 간호본과 교육을 개설한 상태였다.

박자혜는 베이징에서 협화의대 의예과에 입학하여 생활하던 중에 흥선대원군의 외손녀이자 고종의 조카인 조계진을 만났다. 조계진은 시아버지 이회영(1867~1932)이 경술국치를 당해 전 재산을 처분하고

6형제를 비롯한 일가를 모두 데리고 중국으로 이주해 독립운동에 투신할 때 함께 와서 일가와 조선인의 독립운동을 뒷바라지하고 있었다. 조계진의 시어머니인 이은숙은 박자혜와 단재 신채호의 중매를 섰고, 박자혜는 베이징의 봄이 시작되는 4월 신채호와 혼인했다.

단재 신채호와의 결혼

삼일독립운동에 참여했다가 베이징으로 온 26세의 박자혜와 저명한 언론인이자 독립운동가인 41세 신채호는 1920년 4월에 결혼해 신혼생활을 시작했다. 둘 다 혈혈단신으로 베이징에 와 있었으니 주변 독립운동가들이 이들 결혼의 주례이자 증인이었다.

신채호는 1895년 16세에 풍양 조씨와 결혼한 적이 있어서 초혼은 아니있다. 그렇지만 신채호는 1898년 성균관에 들어간 이후 주로 서울에서 지냈고 조씨는 충청도 청원군에서 시부모와 지냈다. 결혼 15년 만인 1909년에 태어난 첫아들이 모유가 부족해서 신채호가 분유를 구해 왔지만 서양 근대교육을 받은 적이 없는 조씨가 분유를 제대로 먹이지 못해서 아이가 사망했다고 하며, 이 일을 계기로 소원했던 부부의 관계는 돌이킬 수 없게 되었다. 신채호는 서울 집을 팔고 그 돈으로 조씨 부인에게 논 다섯 마지기를 사주어 친정으로 돌려보내면서 부부의 연을 끊었다. 혼인과 이혼에 대한 공식 신고제도가 없었기에 이렇게 위자료를 주고 친정으로 돌려보내는 것은 정식 이혼으로 간주되었다.

박자혜와 신채호의 결혼사진. (위키미디어커먼스)

그리고 신채호는 1910년 4월 중국으로 간 이후 10년간 독립운동과 저술 활동에 매진하면서 혼인하지 않고 있었다.

박자혜와 신채호가 결혼하게 된 구체적 이유는 분명하지 않다. 물론 직접적 계기가 된 것은 이회영의 아내인 이은숙의 중매이다. 이회영과 이은숙은 10년간 홀아비로 독립운동에 매진하고 있던 신채호에게 아내의 뒷바라지와 가족이 필요하다고 생각했을 것이다. 베이징 지역 독립운동가들을 지원하고 이끄는 역할을 하고 있던 이은숙은 집안의 어른인 여성으로서 박자혜와 신채호의 중매를 섰다. 원래 중매혼은 혼인 당사자의 부모가 혼인을 결정하지만, 고국을 떠나 있는 신채호와 박자혜의 혼인을 부모들이 결정했을 리는 만무하다. 형식은 중매혼이었지만 배우자 선택의 주체가 본인들이라는 점에서 신채호와 박자혜의 결혼은 자유혼에 가까운 것이었다.

　박자혜와 신채호는 모두 상대방이 배우자로 적합하다고 생각했을 것이다. 신채호의 경우, 학문적 출발은 한학과 유교였지만 조선의 자주개혁과 독립을 위해 단발을 실천하고 한글 전용의 보급을 주장하는 등 사상과 실천 모두에 있어서 가장 진보적인 면이 있는 인물이었다. 가정에서부터의 개혁과 변화도 중요하게 여겨서 1908년에 속간된 순한글 월간지《가정잡지》의 편집과 발행을 담당했는데, 속간사에서 "이 잡지가 가정교육의 목탁이 되어 전국 2000만 동포의 가정의 변혁함을 일으키고 문명한 새 공기를 받아 새 나라 백성이 되게 하고자 함"이 의무이자 목적이라고 밝힐 정도로 변화된 가정을 새로운 국가 국민의 출발이라고 여기며 중시하고 있었다. 조선의 일반적 가치관으로는 신숙주의 후예로 유서 깊은 양반에 성균관 박사 출신인 신채호가 중인의 딸이면서 궁녀로 자란 박자혜를 부인으로 맞이하는 것은 적합하지 못하다고 여길 수도 있었다. 박자혜는 여학교를 졸업하고 간호교육과 조산교육을 받은, 당시 드물게 높은 수준의 근대적 교육을 받은 여성이자 삼일운동에 참여했다가 중국으로 건너 온, 민족의식까지 투철한 사람이었다. 신채호는 박자혜를 독립운동에 투신한 자신과, 개혁의 출발점으로서 가정을 이해하고 지지해주는 부인이 될 수 있을 거라고 여겼을 것이다. 신채호가 1921년 베이징에서 발행한 한문체 잡지《천고》의 창간호인 제1권 1호에서 "독립운동 시 희생자 독립운동 유혈지 의사 여사(독립운동 당시 피를 흘리신 의사와 여사)"라고 하며 남녀 독립운동가를 모두 언급한 것에서도 그가 여성 독립운동가를 높이 평가했다는 것을 알 수 있다. 신채호의 개혁에 대한 인식과 중국에서의 독립운동은, 양반과 중인의 신분 차이라는 기존의 관습을 뛰어넘어 박자혜가 훌륭한 반려자감이라고 판단하게 했을 것이다.

박자혜는 왜 신채호를 남편으로 맞이했을까? 추측할 수 있는 첫 번째 이유는 준비 없이 간 베이징 생활의 어려움이다. 박자혜가 베이징으로 건너간 것은 미리 계획한 것이 아니라, 삼일운동에 참여한 이후 결정된 것이어서 특히 경제적인 부분을 뒷받침할 여력이 없는 상태였다. 숙명여학교 교육은 왕실의 도움으로 이루어졌고, 조선총독부의원의 간호교육과 조산교육은 학비까지 받으며 마칠 수 있었지만, 중국에서 의예과와 본과를 마치고 의사가 된다는 것은 지속적인 자원 없이는 어려움이 클 뿐만 아니라 혈혈단신으로는 타국에서 생활조차 힘들다는 것을 박자혜는 절감하고 있었을 것이다. 두 번째 이유는 중매자에 대한 신뢰이다. 가난한 집안 출신에 아기나인으로 자랐고 홀로 중국에 온 박자혜에게는 개인적 상황을 의지하거나 상의할 친지가 없었다. 베이징에서 만난 조계진은 박자혜가 모시던 왕가의 혈통으로 흥선대원군의 외손녀, 고종의 조카, 순종의 외사촌이었다. 또한 조계진의 시가는 경제적으로나 사회적으로나 가장 높은 위치에서 모든 것을 버리고 조국 독립을 위해 일가 모두가 중국으로 이주한 집안이었다. 더 이상 궁녀는 아니었지만 조선의 백성으로서 믿고 따르기에 충분한, 더군다나 삼일운동에 참여한 박자혜로서는 믿고 따라야 하는 중매로 받아들였을 것이다. 관례를 거친 정식 궁관이라면 궁을 떠났어도 혼인하는 것은 있을 수 없는 일이었지만 박자혜는 아니었고, 왕가와 직접 닿아 있는 최고의 집안에서 중매한 결혼에 대해 박자혜는 이를 따라야 하며, 적어도 거절할 이유가 없다고 생각했을 것이다. 세 번째 이유는 당시 이미 저명한 저술가이자 독립운동가였던 신채호에 대한 존경과 신뢰이다. 신채호는 성균관 박사이자 언론인이자 사회활동가로 유명한 인물이었다. 1910년에 중국으로 건너간 이후에도 언론인으로 활동하며 독립운동에 적극적으로 나서고 있었다. 조국 독립에 대한 가치관, 활동영역, 업적 모두에서 앞서 있는 신채호를 박자혜가 믿고 따랐음을 다음과 같은 회고에서 짐작할 수 있다.

당신은 늘 말씀하셨지요. 나는 가정에 등한한 사람이니 미리 그렇게 알고 마음에 섭섭히 생각 말라고. 아무 철을 모르는 어린 생각에도 당신 얼굴에 나타나는 심각한 표정에 압도되어 과연 내 남편은 한 가정보다도 더 큰 무엇을 위하여 싸우는 사람이구나 하고 당신 무릎 앞에 엎드린 일이 있지 않습니까?[6]

신채호는 박자혜와 결혼하고 나서 더욱 활발하게 활동했다. 논설, 국내 독립운동 소식, 내국시문, 해외잡감 등 다양한 내용을 묶은 순한문 월간지 《천고》를 발행해 중국인들에게 조선의 독립활동을 알렸고, 《중화일보》에 논설을 쓰기도 했다.

1921년 1월 15일에는 장남 신수범이 탄생했다. 42세가 될 때까지 자식이 없던 신채호에게 장남의 출생은 큰 기쁨이 아닐 수 없었다. 그렇지만 이듬해인 1922년에 부부는 헤어져 신채호는 베이징에 남고 박자혜는 임신한 상태에서 큰아들 수범을 데리고 조선으로 돌아왔다.

박자혜가 혼자 아들을 데리고 조선으로 돌아온 이유는 경제적 어려움으로 알려져 있다. 경제적 기반이 없던 세 식구가 타국에서, 그것도 가장이 독립운동에 투신한 상황에서 생활하기 어려웠을 테니 이는 사실일 것이다. 그렇지만 또 다른 이유도 생각해볼 수 있다. 신채호는 "저술에 전념할 때는 처자의 존재까지 잃어버리고"[7] 일하는 성격인 데다가, 〈조선혁명선언〉을 집필하여 1923년 1월 발표하는 등 더욱 강경하고 적극적으로 독립투쟁에 참여하고 있었다. 조선 독립이 최우선이고 이를 위해 모든 노력을 다하고 있던 신채호에게 가족과 함께 있는 것은 자신의 행동에 제약이 될 수도, 가족을 위험에 빠뜨리는 것일 수도 있었다. 거기다가 경제적 상황도 좋지 않았다. 부부 관계가 나빠서 헤어진 것이 아니었기 때문에 이들은 중국과 조선에서 생활하면서도 각별한 부부의 연을 이어갔다. 서로 계속 연락하고 지냈을 뿐 아니라, 특히 민족운동과 관련된 사람들은 박자혜를 신채호의 부인으로 존중하고 교류를 가졌으며, 박자혜는 신채호의 조선 내 연락책이자 협조자로 활동했다.

박자혜가 1922년 조선으로 돌아올 때는 임신한 상태였지만, 이때 뱃속에 있던 아기는 안타깝게도 무사히 태어나지 못했거나 출생 직후 사망한 것으로 보인다. 이후 어디에서도 박자혜가 귀국 당시 임신 중이었던 아이에 대한 언급은 없다.

조선에서의 산파 활동과 독립운동 참여

박자혜는 조선으로 돌아온 후 몇 년간은 친지의 집을 옮겨 다니며 지냈으며, 1923년에 산파 일을 시작한 것으로 보인다. 1922년 12월 18일에 제1131호의 산파 면허를 받았기 때문이다.

조선총독부에서는 1914년 '간호부규칙'과 '산파규칙'을 제정해 간호부와 산파의 면허제도를 시작하고 그 자격 기준을 제시했다. 산파는 임신부와 산욕부와 신생아를 대상으로 이상이 없을 때의 처치, 이상이 있을 때 의사에게 의뢰 또는 응급처치, 사산증서 등의 교부 등 크게 세 가지를 업무로 했다. 산파 면허를 받을 수 있는 사람은 산파 시험에 합격하거나, 조선총독이 인정하는 조산교육을 받은 20세 이상의 여성이어야 했다. 간호부 면허를 받을 수 있는 사람은 간호부 시험에 합격하거나 조선총독이 인정하는 간호교육을 받은 18세 이상의 여성이어야 했다.

박자혜는 조선총독부의원에서 교육받고 졸업했기 때문에 따로 시험을 볼 필요 없이 간호부와 산파 면허를 받을 수 있었다. 그렇지만 졸업 후 조선총독부의원에서 일하면서 굳이 필요하지 않았기 때문에 산파 면허를 신청하지 않은 것으로 보이며, 그러다가 개업하기 위해 면허를 신청했던 것 같다. 개업하지 않고 병원에서 일하기는 어려웠는데, 삼일운동에 참여했다가 중국으로 가서 독립운동가와 결혼한 박자혜를 채용할 병원을 찾기도 어려웠거니와, 병원에서 일하는 것은 아이를 키우기에도, 이런저런 활동을 병행하기도 어려웠다. 그에 비해 산파는 조산 요청이 있으면 산모가 있는 곳에 가서 분만을 도와주고 수수료를 받았기 때문에 상대적으로 자유로웠다. 박자혜가 조산교육을 마친 1917년 산파는 648명이었지만 대다수 일본인이어서 조선인은 23명에 불과했고, 5년이 지난 1922년에도 상황은 크게 변하지 않아 산파 면허 소지자 총 731명 중 조선인은 27명에 불과할 때였다.

박자혜는 산파로 생계를 유지하면서 사회활동을 계속하고 독립운동에도 참여했다. 그중 두드러진 것이 보천교(普天敎)의 부인선포사 활동과 독립운동의 연결이다. 보천교는 동학 접주이기도 했고 증산교와도 관계가 있었던 차경석(1880~1936)이 1921년에 선포한 종교로, 1922년에는 《보광》이라는 잡지를 발행하고 1924년에는 《시대일보》를 인수해 운영할 정도로 교세를 확장하고 있었다. 보천교는 1923년 여 방주제를 조직하고 직제를 확대했고, 1924년에는 공적이 우수한 자를 선화사로 임명하고 60명의 남자 수위간부와 동등한 대우를 할 정도로 여성이 적극적으로 활동할 수 있었고 교단에서도 이를 인정했다. 박자혜는 선화사였는데 그만큼 보천교에서 적극적으로 활동하고 인정도 받았다는 뜻이다. 박자혜의 보천교 활동이 대외적으로 알려진 계기는 1925년의 소위 '보천교 권총단 사건'이었다. 이것은 조만식과 한규숙이 보천교 조직을 이용해 독립 군자금 30만 원을 모아 만주로 보내려다 체포되었는데, 체포 당시 권총 2자루를 소지하고 있었던 사건이다. 세간에 떠들썩하게 알려진 이 사건의 주요 인물인 조만식을 보천교의 수위간부였던 한규숙에게 소개한 사람이 바로 박자혜였다. 박자혜의 보천교 활동은 종교적인 것만이 아니었고 독립운동과 밀접하게 연결되어 있었던 것이다.

그 외에도 박자혜는 무장 독립운동가를 적극 지원하고 작전에 참여했는데, 나석주의 동양척식회사와 식산은행 투탄사건에서 이것이 드러났다. 신채호는 의열단을 기반으로 점점 더 적극적인 무장 투쟁에 나서고 있었는데, 1926년 12월 나석주가 중국에서 신채호로부터 폭탄 두 개를 받아 귀국하여 조선은행과 동양척식회사에 각각 한 개씩 투척하고 일경과 대치하다가 자결했다. 이때 서울이 초행이었던 나석주에게 길을 안내하고 도움을 준 사람이 박자혜였다.

박자혜는 1927년 초 중국에 가서 신채호를 만났다. 아들의 사진을 보내달라는 신채호의 편지를 받자 아예 아들을 데리고 베이징으로 간 것이다. 신채호는 좋지 못한 여건에서 독서와 집필에 열중하다가 안질이 악화되는 고통을 겪었고, 다시는 고국에 있는 아들을 못 볼까 봐 박자혜에게 사진을 보내달라는 편지를 보냈다. 신채호는 독립운동의 가장 최전선에서 의열단 활동을 하며 언제 체포될지, 언제 사망할지 알 수 없었기 때문에 그리운 아들을 사진으로나마 보고 간직하고 싶었을 것이다. 돌이 지나 아버지와 헤어진 아들 신수범은 여덟 살이 될 때까지 아버지를 본 적이 없었는데, 박자혜는 아들이 아버지의 얼굴이라도 알고 지내야 한다고 생각했을 것이다. 그리고 가능하면 가족이 함께 지낼 수 있기를 바라며 아들을 데리고 중국으로 갔을 것이다.

부부와 아들은 1개월간 베이징에서 함께 지냈지만, "다른 곳에 뜻을 두었던 신채호가 그 처자에게 구속을 받고자 아니했으니"[8] 박자혜는 다시 아들 신수범을 데리고 조선으로 돌아왔다. 그리고 둘째 아들 신두범을 출산했다.

박자혜는 1927년 동짓달 그믐날 서울의 중심지 인사동에 월세로 방한 칸을 얻고 산파 간판을 달아 본격적으로 영업을 시작했다. 남편 신채호가 가족에게 얽매이고 싶어 하지 않고 그럴 수도 없는 상황임을 베이징에서 확인하고, 두 아이를 데리고 살아야 한다는 현실이 절박했기 때문일 것이다.

신채호는 1928년 4월 무정부주의동방연맹대회에 참석해 활동하는 등 점점 행동 투쟁에 나섰다가 1928년 5월 타이완에서 체포되어 7개월간 구속되었고, 1929년 5월에는 조선총독부 경찰에 체포되어 치안유지법 위반과 유가증권 위조 등의 혐의로 10년형을 언도받고 뤼순 감옥에 수감되었다. 독립운동가의 활동을 직접 선전할 수 없었던 조선의 언론은 독립운동가의 가족을 조망함으로써 독립운동을 간접 지원하곤 했는데, 신채호가 체포된 이후 박자혜는 《동아일보》 등의 신문지상을 통해 열혈 독립운동가 신채호의 부인, 어렵게 두 아들을 키우며 남편을 뒷바라지하는 여성으로 소개되기 시작했다.

서두에 언급한 1928년 12월 12일 자 《동아일보》 기사는 박자혜와 두 아들의 경제적 어려움을 강조했다. 한 달 6원 50전인 방세가 석 달이나 밀려 있고, 불도 잘 때지 못하고 끼니 거르기가 태반이며, 추운 다롄의 뤼순 감옥에 수감되어 있는 신채호가 솜옷을 보내달라고 했지만 형편이 안 되어 보내지 못한다는 것을 자세히 기술했다. 남편 신채호로부터 "내 걱정은 마시고 부디 수범 형제 데리고 잘 지내시며 정 할수 없거든 고아원으로 보내시오"라는 편지를 받은 "박 여사는 한층 더

수운에 잠기어 복받치는 설움을 억제할 길이 없이 지내는 중"일 정도로 어려운 상황이라는 내용이었다.[9] 그렇지만 아들을 제대로 교육시키고 싶다는 것은 신채호가 아버지로서 품은 가장 큰 소망이었고, 박자혜는 어려운 형편에도 아들 교육에 최선을 다해 큰아들 두범은 고등보통학교를 거쳐 실업전수학교까지 진학시켰으며, 둘째아들 두범도 보통학교에 보냈다.

박자혜와 두 아들의 사정이 신문지상에 소개된 이후, 걸출한 독립운동가의 가난한 가족에게 위로와 격려의 금액 기부가 이어졌다.《동아일보》에 보도된 것만 해도 이름을 밝히지 않은 독지가 5원, 또 다른 독지가 1원, 강계 동인의원 김지영 10원, 이천군 박길환 5원, 정주군 이승연 5원, 제3의 독지가 10원 등이었다.[10]

박자혜는 산파 영업을 하며 두 아들을 키우고 복역 중인 신채호를 뒷바라지했다. 뤼순 감옥에 갇힌 신채호가 박자혜에게 보낸 편지글은 '박자혜씨'로 시작한다. 남편이 부인의 성명을 직접 언급하며 서신을 시작하는 경우가 거의 없던 당시에 이러한 표현은 신채호가 박자혜를 아내이자 어머니로서뿐만 아니라 개인으로 인정하고 존중하고 있었음을 보여준다. 그렇지만 신채호는 두 아이를 부양하며 곤궁하게 살고 있는 박자혜에게 무리한 요구를 하기도 했다. 조선 정부에서 편찬한 편년체 역사책《국조보감》을 보내달라고 한 것이다. 50여 원에 달하는 값비싼 책자를 구입할 방법이 없던 박자혜는《조선일보》주필을 거친 사장 안재홍에게 부탁했지만《조선일보》도 연이은 정간 조치 등으로 경영에 어려움을 겪고 있던 터라 안재홍도 책을 보내지 못했다. 이후 신채호로부터 연락이 끊어지자 박자혜는 책을 보내지 못해서 신채호가 서운해 소식을 끊은 것으로 생각하고 마음을 졸이기도 했다.[11] 신채호는 열악한 여건의 수감 생활이 길어지면서 건강이 악화되었다. 1935년 형무소 당국에서는 신채호를 가석방시키고자 했지만, 신채호는 보증인이 친일파라는 이유로 이를 거절했다. 그리고 석방을 1년 반 정도 남겨둔 1936년 2월 18일, 박자혜는 신채호가 위독하다는 연락을 받게 된다.

신채호의 죽음과 둘째아들의 죽음

1936년 2월 18일 화요일 오후 1시경, 인사동 집으로 아들 신수범에게 한 통의 전보가 배달되었다. 신채호가 뇌출혈로 의식불명이며 생사가 위독하다는 내용이었다. 불과 한 달여 전에 건강하게 잘 지내고 있다는 신채호의 편지를 받은 터였다. 박자혜는 급하게 주변에 연락해 돈을 마련하고 다음 날 큰아들 신수범, 신채호의 오랜 동지 서세충과 함께 기차를 타고 뤼순으로 출발했다.[12] 당시 경성실업전수학교 1학년에 재학 중이었던 큰아들 신수범은 아버지 신채호가 위독하다는 전보를 받았을 때 어머니 박자혜의 반응을 훗날 상세히 전했다.

전문을 보신 어머니께서는, 그 자리에서 즉시 앉은 채 방성통곡, 그러고는 넋 잃은 사람처럼 절망과 슬픔 속에 잠기고 말았다. 이 동안에 종로 경찰서에서 형사 두 명이 왔다 갔다. 어머니께서는 한참 만에 잠에서 깨어난 듯 정신을 가다듬고 세수를 하신 위에 의연한 자세로 잠시 무엇인가 생각에 잠겼다가, 나를 데리고 수표동의 고 신석우(전 『조선일보』 사장이셨던 이분은 나에게 대부가 된다)씨 댁으로 걸음을 옮겼다. 소식도 알려야 하겠지만, 당장 어찌할 바를 몰라 그분과 선후책을 의논해야 했던 것이다. 아니, 모든 일을 맡아서 처리해 주십사고 떼를 쓰러 갔다는 것이 옳을는지도 모르겠다. 그 당시 우리집은 말할 형편조차도 못 되었던 것이다. 수중에 돈이 있었다면 쌀말 값이나 되었을까.[13]

여비는 《조선일보》 사장을 지낸 신석우와 《동아일보》, 《중앙일보》에서 각출하여 마련했다. 그리고 당시 보석 중이던 서세충이 신채호 가족과 함께 다녀오기로 총독부 경무국의 양해로 결정되었다. 19일 오후 3시에 서울역을 출발하는 열차에 박자혜, 신수범, 서세충 세 명이 탑승했다. 그때도 일본인 형사 둘이 따라붙어 이들을 감시했다. 이들은 20일 밤중에 뤼순역에 도착하여 21일 아침에 면회를 신청했으나 면회 절차가 까다로워 오후 2시가 되어서야 신채호가 있는 독방으로 안내받을 수 있었다. 추운 겨울날 불기 없는 시멘트 바닥에 의식이 없는 채 누워 있는 신채호의 모습에 박자혜는 "부복하여 오열"할 뿐이었다. 형무소장, 의사, 간수가 입회한 상태였고, 곡성이 나면 바로 면회가 중단된다는 조건이어서 마음대로 울 수도 없었다. 의사는 길어야 자정을 넘기지 못할 것이라고 했지만 임종을 지키지도 못했다. 3시경에 면회 시간이 지났다며 세 사람은 쫓겨났고, 이튿날 아침 신채호의 임종 소식을 듣게 되었다. 전날 오후 4시경, 즉 세 사람이 쫓겨나고 약 한 시간 후에 신채호는 임종했다. 규정상 사망한 지 24시간이 지나야 시신을 내줄 수 있다고 해 오후 4시가 되기를 기다렸는데, 막상 시간이 되자 형무소 업무가 끝났다는 이유로 신채호의 시신은 23일이 되어서야 가족에게 인도되었다. 그리고 바로 화장터로 가서 화장을 마친 후 유골함을 모시고 세 사람은 귀국길에 올랐다.[14] 24일 오후 3시에 서울역에 도착했을 때, 홍명희, 여운형, 정인보 등 독립운동 지도자들과 언론인 30여 명이 기다리고 있었다.

박자혜는 오동나무함에 담기고 흰 보자기로 싼 유해를 품에 안고 기차에서 내렸다.[15] 유해는 신채호가 자란 충북 청원군 낭성면 귀래리 고드미 부락, 현재 충북 청주시 상당구 낭성면에 모셔졌고 각지에서 갹출하여 장례를 치렀다.

신채호의 사망 이후, 박자혜는 홀로 두 아들을 데리고 생활을 이어가야 했다. 그러나 박자혜도 밤중에 아기를 받으러 갔다가 감기에 걸린 이후 천식이 생겨 건강이 좋지 않았다. 게다가 상주가 되니 생명을 받아야

신채호의 유골을 안고 귀국한 박자혜. (《동아일보》, 1936.2.25.)

하는 산파로서는 꺼려지게 되어 더욱 손님이 줄고 경제적으로 어려워졌다. 박자혜는 신수범과 신두범 형제를 데리고 살고자 애썼지만 일제가 중일전쟁과 태평양전쟁을 잇달아 일으키면서 사회적으로나 경제적으로나 조선 전체가 더욱 어려운 상황이 되었다.

진중하고 모범적이었던 형 신수범에 비해 밝고 활달했던 둘째아들 신수범은 아버지 신채호를 한 번도 만난 적이 없었다. 그리고 1942년 열여섯의 나이에 영양실조로 사망했다. 박자혜는 1944년 조국 광복을 보지 못하고 사망했다. 50세의 나이였다.

일제강점기 간호교육의 기준이 되었던 관공립 간호교육

1907년 대한제국 최대 규모로 설립된 대한의원에서는 간호부 견습생의 형태로 간호교육을 하다가 1910년 2월 1일 내부령 제5호 '대한의원 부속의학교 규칙'을 제정했는데, 여기에 기술된 내용이 한국 최초의 간호교육제도라고 할 수 있다.

'대한의원 부속의학교 규칙'에는 의학과, 약학과와 함께 산파과와 간호과가 있었고, 수업 연한은 산파과와 간호과 모두 2년이었다. 입학 자격은 18세 이상 25세 미만의 품행이 방정하고 신체검사 및 입학시험에 합격한 자로 입학시험과목은 국문오륜(國文五倫)과 행실(行實)의 독서, 그리고 간단한 국문의 작문으로 특별한 학력에 대한 요구는 없었었다. 그 외에 학기시험, 학년시험, 졸업시험에 관해 규정하고 수업료는 무료이며 식비, 피복비 및 잡비를 지급하는 대신 졸업 후 1년을 의무적으로 일하도록 했다. 교육과정은 다음 표와 같다.

대한의원 부속의학교 간호과 학과표

학년	학기	학과
1학년	1학기	수신, 해부학대의, 생리학대의, 소독법 및 실습, 수학, 일어
	2학기	수신, 해부학대의, 생리학대의, 간호학 및 실습, 붕대학 실습, 기계취급법, 수학, 일어
2학년	1학기	수신, 수술개보 및 소독법, 병실장치법, 간호학 및 실습, 붕대학 실습, 기계취급법, 일어
	2학기	수신, 수술개보 및 소독법, 구급법, 간호학 및 실습, 붕대학실습, 기계취급법, 일어

대한의원 부속의학교 간호과의 매 학기 공통과목이었던 수신은 일본 근대교육에서 매우 중요하게 여긴 윤리, 도덕에 관한 과목이었다. 일어도 매 학기 공통과목이었는데, 조선인 학생에게 일어를 교육해 일본인 의료진 그리고 일본인 환자와 원활하게 의사소통하고 일본인 의료진과 조선인 환자 사이에서 통역 역할을 하도록 하기 위한 것이었다. 수학, 해부학, 생리학은 1학년 1학기와 2학기의 공통과목으로 서양 근대 자연과학을 이해하기 위한 것이었고, 1학년 1학기에 소독법 이론교육과 실습을 통해 병원체에 의한 감염을 효과적으로 차단할 수 있도록 했다. 1학년 2학기부터 2학년 2학기까지 간호학 이론과 실습, 붕대학 실습, 기계취급법이 교과목에 포함되어 간호학과 졸업생이 외상환자에 대한 붕대법을 잘 시행하고 의료기계를 다룰 수 있도록 했다. 2학년 1학기에는 병실장치법을 통해 병실의 환경과 위생 관리를 할 수 있도록 했다. 이상의 1910년 대한의원 간호과 규정은 한국 최초로 간호교육에 대해 입학 기준에서부터 교과과정, 학비, 시험, 졸업에 이르기까지 제도적으로 규정했다는 점에서 의미가 있다.

1910년 일제강점 이후 대한의원은 조선총독부의원으로 명칭이 변경되었고, 각 도에는 자혜의원이 자리 잡으면서 조선총독부의원은 관공립 의료기관의 정점에 위치한 명실상부 조선 최대이자 최고의 의료기관이 되었다. 지방의 자혜의원에서도 견습 형식의 간호교육이 이루어지고 있었는데, 조선총독부에서는 부족한 간호부 양성이 시급하다고 판단해 1913년 각 도 자혜의원의 임무를 "질병의 진료와 조산부 및 간호부 양성"으로 정하고 '조선총독부령 제94호 조선총독부 도 자혜의원 조산부 및 간호부 양성규정'을 반포해 전국 13개 도 자혜의원에 간호부과를 설치하고 간호교육을 하도록 했다. 이때 조선총독부에서 간호교육에 특별히 주의하도록 한 것이 몇 가지 있는데 첫째, "풍속습관과 수학의 정도가 다른" 일본인 여성과 조선인 여성을 함께 교육하는 데 각별히 주의할 것, 둘째, 학생의 능력을 고려해 이론적으로 어려운 부분은 피하고 실무에 있어서 필요한 부분을 상세히 가르치면서 소독법을 확실히 교육할 것, 셋째, 일본적십자사에서 나온 교과서를 사용할 것, 넷째, 일본인에게는 조선어를 조선인에게는 일본어를 가르쳐서 의사소통이 원활하도록 할 것, 다섯째, 나이·기술·경험·인격이 앞선 일본인 간호부가 교육을 보조하고 학생의 평소 행동에 주의하며 교육자는 모범이 되도록 할 것 등이었다. 이러한 내용은 일제 초기 관립 간호교육에서 실무와 일본인과의 관계가 중시되었음을 보여준다.

　　조선총독부에서는 "종래 간호부의 자격 및 그 업무의 범위 등에 관한 규정이 없어서 간호에 관한 학술, 기능에 익숙하지 않은 자가 있어서 위생상 위해를 초래"한다는 것을 근거로 1914년 '조선총독부령 154호 간호부규칙'을 공포하고 시행했다. 간호부규칙은 간호부 면허를 받을 수 있는 자격을 규정했는데, 18세 이상의 여성이어야 하고, 조선총독부의원이나 도 자혜의원의 간호부과를 졸업하거나, 조선총독이 지정한 간호학교를 졸업하거나, 조선총독이 정한 시험에 합격해야 했다. 그런데 간호학교가 조선총독의 지정을 받으려면 조선총독부의원이나 도 자혜의원 간호부과 정도의 간호교육을 한다는 것을 인정받아야 했고, 조선총독이 정한 시험은 조선총독부의원이나 도 자혜의원의 간호부과 교육내용을 기준으로 했으므로, 간호부규칙에 의해 조선의 간호교육 기준은 조선총독부의원이나 도 자혜의원의 간호교육이 된 것이다.

조선총독부의원과 도 자혜의원에서 각각 별도의 규정에 기반하여 이루어지고 있던 간호교육은 1916년 '조선총독부령 제35호 조선총독부의원 및 도 자혜의원 조산부 간호부 양성규정'이 반포되고 시행되면서 통일을 이루게 되었다. 조선총독부의원 간호부과는 정원 40명, 도 자혜의원 간호부과는 도 장관의 인가를 받아 자혜의원장이 정원을 정하도록 했고, 17세 이상 30세 이하의 신체 건전하고 품행 방정한 여성이 보통학교 4년 졸업 또는 그 정도의 일어와 산술 입학시험 합격, 1년 반의 기간 동안 3학기로 구성된 수업 연한, 매 학기 21주에 매주 30시간 기준의 교수시간, 조선인 생도는 월 7원 이내, 일본인 생도는 월 8월 이내의 학자 급여와 의무연한 2년을 기준으로 했다. 학과표는 다음 쪽에 나오는 표와 같다.

3학기 1년 반의 교과과정에서 수신, 산술, 일어 또는 조선어, 간호법은 매 학기 공통이고 학기별로 차이가 나는 교과목은 하나밖에 없는 상당히 단순한 교과과정이었다. 수신을 매 학기 필수로 하여 일본 제국에 대한 충성을 강조한 것은 일제강점기 모든 정규교육에서 공통이었으

1916년 '조선총독부령 제35호 조선총독부의원 및 도 자혜의원 조산부 간호부 양성 규정'의 간호부과 학과표

학기	학과
1학기	수신, 간호법, 일어 또는 조선어, 해부 및 생리, 산술
2학기	수신, 산술, 일어 또는 조선어, 실습, 소독법, 간호법
3학기	수신, 산술, 일어 또는 조선어, 실습, 위생대의, 간호법

며, 산술이 매 학기 공통이 된 것은 간호부가 약물과 기계 등을 다룰 때 수학적 계산이 매우 중요했기 때문일 것이다. 일어 또는 조선어가 매 학기 필수과목이 된 것은 조선인 학생은 일어를, 일본인 학생은 조선어를 배워서 일본인과 조선인이 모두 있는 의료진과 환자 사이에서 원활한 의사소통이 이루어지도록 하기 위해서였다. 그 외에 제1학기에는 해부 및 생리학을 통해 기초의학 지식을 익히고, 2학기에는 소독법을 배워 감염관리가 이루어지도록 하며, 3학기에는 위생대의를 배워 포괄적인 환경과 건강관리까지 배우도록 했다.

이상의 1916년 간호교육 규정은 이후 여러 차례 개정되면서 입학 조건, 수업 연한, 교과과정 등이 변화했지만 수신을 필수로 실무를 중시하는 기조를 유지하며 일제강점기 간호교육의 기준이 되었다.

3장

정종명

가장 유명한 산파이자
최초의 여성 공산당원

여자 고학생의 어머니에서 수형인으로

1924년 12월 19일, 일간《조선일보》는 크리스마스를 닷새 앞두고 그에 관한 기사를 성모자(聖母子) 그림과 함께 실었다. 조선 전체에 기독교 교회당, 포교소, 강의소 다 합해도 4000개가 되지 않고, 기독교 신도 수는 35만 명 남짓으로 전체 인구의 약 2퍼센트에 불과하던 때에 일반인에게 크리스마스의 유래와 의미를 알리는 내용이었다.[1] 그런데 이 크리스마스에 관한 기사와 함께 '여자고학생상조회'와 그 대표인 정종명을 소개하는 기사와 사진이 나란히 실렸다. '여자고학생상조회' 는 경성지역 남자 고학생들이 설립해 운영하던 상조단체 '갈돕회'의 여자부를 정종명이 주도하여 발전·독립시킨 것으로, 가난한 여자 고학생들이 공동생활을 하면서 수익사업을 통해 경제적으로 자활함으로써 학업을 계속하고 서로 의지하는 것을 목표로 하고 있었다. 일간지의 같은 면에 〈메리크리스마스, 일천구백이십팔년 전에 예수가 탄생하신 이 명절〉이라는 제목의 기사와 아기 예수를 돌보는 온화한 성

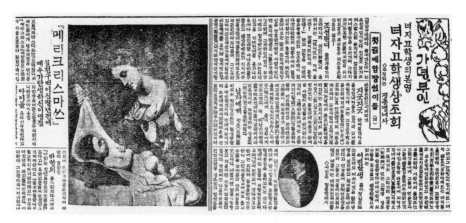

1924년 12월 19일 《조선일보》에 크리스마스에 관한 기사와 여자고학생상조회를 소개하는 기사가 함께 실렸다. 아기 예수를 돌보는 성모마리아 그림과 여자 고학생을 이끄는 정종명의 사진이 나란히 배치된 것이 눈길을 끈다.

모 마리아의 그림, 〈여자 고학생의 본영 여자고학생상조회 — 주장되는 정종명 여사〉라는 제목의 기사와 정종명의 사진을 나란히 배치한 것은, 여자 고학생들을 이끄는 정종명은 예수의 어머니 마리아에 견줄 만한 인물임을 시각적으로 암시하는 것이었다.

　이후 정종명은 조선에서 가장 유명한 간호부이자 산파가 되었다. 정종명이 유명해진 것은 새로운 여성 직업으로 알려지던 간호부이자 산파이면서, 여자고학생상조회·정우회·근우회·신간회 등의 쟁쟁한 사회단체를 설립하고 이끌어갔을 뿐 아니라, 조선 여성의 억압받는 상황을 노골적으로 비판하는 유명한 대중강연자였고, 최초의 여성공산당원으로 일제의 감시와 제재 대상이 되었으며, 유명한 사회주의자와의 연애 및 동거로 가십거리까지 제공한 대표적인 '신여성'이자 빼어난 '여성 지도자'였기 때문이다.

이후 10여 년 동안 조선의 각종 신문과 잡지에 오르내리던 정종명의 독사진이 다시 일간지에 크게 실렸는데, 이번에는 조선공산당 재건 공작회 사건으로 3년 복역을 마치고 만기 출옥한다는 기사의 주인공으로 게재되었다.

1924년 여자 고학생을 보살피는 성모 마리아 같은 여성에서 1935년 만기 출옥하는 수형수에 이르기까지의 10여 년은 조선 여성을 자유롭게 하고 식민지 조선을 해방시키고자 정종명이 열정적으로 삶을 불태운 시간이었다.

열아홉 살 청상과부

정종명의 법적인 생년월일은 1896년 3월 5일, 출생지는 경성부 본정, 즉 충무로로 알려져 있다.[2] 그러나 실제로는 그보다 2년 빠른 1894년에 출생한 것으로 보인다. 당시에는 생년월일을 실제보다 늦게 신고하는 경우가 흔했는데, 아기가 태어났다고 관청에 출생신고를 하는 것이 일반화되지도 않았고, 영유아 사망률이 높아 아이가 별 탈 없이 자라는지를 지켜보다가 출생신고를 하는 경우가 많았기 때문이다.

정종명은 성장기 언젠가 두창(痘瘡, smallpox)을 앓았다. 일본 명칭인 '천연두'로도 알려져 있는 두창은 감염력이 강한 호흡기계 전염병으로, 면역력이 없는 어린이를 중심으로 유행하여 고열과 피부 발진에 시달리다가 사망하는 경우가 많았으며, 다행히 병에서 회복되어도 후

유증으로 피부의 흉터가 얼굴에 많이 남아 곰보라고 불렸다. 두창 유행이 심각했던 조선시대에는 왕실의 왕자와 공주 중에도 두창으로 사망하는 경우가 많았고, 자녀를 두창으로 잃은 선조가 허준에게 《언해두창집요(諺解痘瘡集要)》를 저술하도록 한 후 내의원에서 간행(1608)하여 민간에 전파해 그 피해를 줄이고자 했다. 두창의 예방법으로 일찍이 동서양에 알려져 있었던 인두법(人痘法)은 두창 환자의 바이러스를 건강한 사람에게 감염시켜서 면역력을 얻게 하는 방법으로 실제로 이를 시행하다가 사망하는 경우도 많은 위험한 방법이었다. 영국의 에드워드 제너(Edward Jenner, 1749~1823)가 개발한 우두법은 우두(牛痘)에 걸린 소의 바이러스를 건강한 사람에게 감염시켜서 면역력을 얻도록 하는 방법으로 개항 이후 조선에 확산되었다. 1895년 온 국민이 우두접종을 의무적으로 받도록 규정한 '종두규칙'이 반포되고 우두접종에 필요한 인력이 양성되어 예방접종을 받는 인구가 늘어났지만, 두창 예방접종이 무료로 되고 의무 접종이 시작된 것은 1908년이었다. 따라서 정종명이 어릴 때에는 두창에 걸리는 아이도 많았고, 곰보가 되는 경우도 많았다. 어릴 때 두창을 앓고 곰보가 된 정종명에게 훗날 붙여진 별명 중의 하나가 '정곰보'였다.

정종명의 집안에 대해서는 구체적으로 알려진 것이 없지만, 아버지는 일찍이 러시아로 떠난 후 연락이 두절되어 홀어머니가 생계를 꾸려가야 해서 경제적으로 상당히 어려웠다. 정종명은 자신의 성장기를 "빈궁과 고독과 학대로 다진 인생의 최하층에서 나는 태어나서 소녀시대, 청춘시대를 모조리 보내었다"라고 표현했다.[3] 그렇지만 정종명이

학대만 받은 것은 아닌 것 같다. 열한 살에 배화학당에 입학해서 서양식 근대교육을 받을 수 있었던 것이다. 배화학당은 미국 남감리회 여성 선교사인 조세핀 캠벨(Josephine Campbell, 1853~1920)이 1898년 경성 종로의 내자동에 창설한 여학교로, 초기에는 학생 모집이 어려워서 주로 고아나 어려운 가정의 어린이를 무료로 교육시키고 있었는데 이는 당시 설립된 대다수의 여학교가 마찬가지였다. 정종명이 다니던 즈음 배화학당은 교육 목적을 '지식과 신앙을 함께 지닌 여성 배양'에 두고, 학생들에게 한문, 영어, 성경, 역사, 자수, 도화, 수신, 국어, 일어, 지리, 이과, 체조를 가르쳤다. 비록 4년 만에 학업을 중단했지만 정종명은 배화학당을 다니면서 당시 조선 여성으로는 드물게 근대적 교육을 받으며 조선을 넘어선 세계에 대해 배울 수 있었다.

정종명은 당시 결혼 적령기였던 17세에 결혼을 했다. 상대는 대한의원 통역이었던 박씨 성의 인물이었다. 그리고 19세에 아들 박홍제(朴弘濟)를 낳아 어머니가 되었다. 그렇지만 정종명은 "당자의 의사와 개성을 무시"한 결혼생활이 행복하지 않아 이혼을 염두에 둘 정도였다. 그런데 남편이 병으로 사망하면서 정종명의 결혼생활은 3년 만에 끝나고 열아홉 나이에 아들 하나를 둔 청상과부(靑孀寡婦)가 되었다.

혼자가 된 정종명은 아들을 데리고 친정으로 돌아갔다. 비록 정종명이 과부의 수절이 절대적이었던 양반 가문 출신도 아니고 1894년 갑오개혁 이후 과부의 재가가 이전보다 자유로워졌다고는 하지만, 여전히 '일부종사(一夫從事)'와 '삼종지도(三從之道)'가 강력한 덕목으로 남아 있던 시기였다. 한 번 결혼을 했으면 남편이 사망했어도, 특히 자식이 있으면 더욱 시가의 일원으로 사는 것을 바람직하고 당연하게 여기는 분위기에서 정종명은 아들을 데리고 친정으로 돌아간 것이다. 기독교계 여학교를 다녔던 정종명은 열아홉 나이에 어린 아들을 키우며 '시집 귀신'이 되어 사는 것이 부당하다고 생각했을 것이다. 또한 불행한 결혼생활의 연장선인 시가에서의 삶이 싫었을 것이고, 시가가 가난해서 의지하기 어려웠을 수도 있고, 또 다른 이유가 있을 수도 있다. 어쨌든 혼자가 된 정종명이 어린 아들을 데리고 친정으로 돌아온 것은 가난하지만 친정에서 사는 것이 자신의 삶에서 더 나은 선택이라고 판단했기 때문일 것이다.

정종명은 친정으로 돌아온 후 "청상의 고독과 비애에 한갓 울고 있을 때가 아니란 생각으로" 집안에 머무르지 않고 스물한 살에 기독교 전도부인이 되었다. 미혼이나 남편이 있는 경우보다 과부가 가사의 부담에서도 사람들과의 만남에 있어서도 제약이 적었기 때문에 전도부인 중에는 과부가 많았고, 기독교계 학교인 배화학당에 다녔던 정종명이 전도부인이 된 것은 상당히 자연스러운 선택으로 보였다. 정종명은 "맹렬히 성경을 옆에 끼고 다니면서 가정과 가두에서 전도를 했다. (…) 야소교에 대하여는 일신을 바쳤었다"라고 회고할 정도로 열정적으로 전도활동을 했다. 그렇지만 사회주의 사상가들을 만나 이에 관한 공부를 하면서 "차츰 사회사상에 대한 세례를 받게 되매 전도부인이란 그 우상적 직업을 발길로 차버리고" 기독교와 결별했다. 정종명이 어떻게 사회주의와 연결되어 종교를 버렸는지는 분명하지 않다. 다만 초기 사회주의자들의 출현에 대한제국 폐망을 전후한 시기에 북간도와

연해주로 망명한 사람들과 연결점이 있다는 점에서, 러시아로 건너가 소식이 끊겼다는 정종명의 아버지와 어떤 관계가 있지 않았을지 조심스럽게 추측할 수 있을 뿐이다. 전도부인을 그만둔 정종명은 간호교육을 받고 간호사가 되는 길을 선택했다.

세브란스병원과 조선총독부의원에서의 간호교육과 조산교육

정종명은 만 21세 혹은 23세였던 1917년에 세브란스병원 간호부양성소에 입학했다. 남편이 사망하고 친정은 가난했던 정종명이 어린 아들을 데리고 살아가려면 경제적 기반을 갖추는 게 최우선이었고, 그 방법으로 간호교육을 받고 간호사가 되기로 한 것이다. 이러한 선택을 한 배경에는 우선 배화학교의 교육이 작용했을 것이다. 배화학교의 설립자 조세핀 캠벨은 미국 시카고의 간호학교를 졸업한 후 1886년 중국에서 남감리회 선교사로 활동을 시작한 여성이었다. 1897년 조선에 와서 선교와 교육을 하면서 중국인 양녀 여도라(Dora Yui, 余小姐)와 함께 진료와 간호도 했고, 1898년에 배화학당을 설립해 1912년까지 교장을 지냈다. 정종명은 배화학당에서 캠벨과 여도라에게 직접 교육을 받았기 때문에 환자를 돌보는 간호사의 일에 대해 익숙하게 생각했을 것이고 선교계에서 시작된 간호교육에 대해서도 정보가 있었을 것이다. 또한 사망한 남편 박씨가 대한의원에서 일했기 때문에 더욱 서양 의료와 병원을 익숙하게 생각했을 것이다.

당시 서울에는 정규 간호학교가 조선총독부의원, 세브란스병원, 동대문부인병원 등 3개 병원에 있었다. 정종명은 그중 세브란스병원 간호부양성소에 입학했다. 조선총독부의원이 그보다는 수업 연한도 짧고 급비 액수도 많았지만 입학 자격이 까다로웠다. 보통학교 4년 졸업 이상의 학력을 갖추거나 그 정도 수준의 일어와 산술시험에 합격해야 했던 것이다. 비록 일어가 배화학당의 교과과정에 포함되어 있기는 했지만 한일병합 이전 선교계 학교에서 일어 교육은 비중이 높지 않았으므로 4년간 교육을 받았다고 해도 일어로 된 교과서만 사용하고 일어 교육을 원칙으로 했던 보통학교 4년 졸업 수준의 일어 시험에 합격하기는 어려웠을 것이다.

세브란스병원과 동대문부인병원의 간호학교는 입학 조건이 비슷했지만, 선교회 연합 병원인 세브란스병원이 규모도 크고 다양한 지원을 받아 간호교육 여건도 빠르게 안정되고 있었다. 배화학당에서 4년간 교육을 받은 20대 초의 과부인 정종명은 세브란스병원에서 요구하는 간호학생으로 아주 적합한 조건을 갖추고 있었다. 당시 세브란스병원 간호부양성소의 입학 자격은 첫째, 품행이 방정하고 연령이 18세 이상이며 부모의 동의서와 목사 또는 교사의 추천서를 갖춘 자, 둘째, 보통학교 졸업자와 고등보통학교 1년 이상을 수학한 자 및 그와 동등 이상의 학력을 갖춘 자, 셋째, 간호학을 수학하기에 적당한 신체 및 정신을 갖춘 자 등이었다. 이 중 부모의 동의서를 요구한 것은 간호학생이 되면 집을 떠나 병원에서 기숙해야 했으므로 부모의 협조가 전적으로 필요했고, 특히 집안 사정이나 결혼을 이유로 학업을 그만두는 것을 방

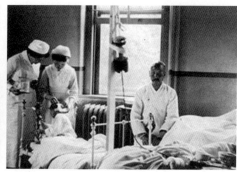

세브란스병원 전경(왼쪽)과 세브란스병원에서 실습을 받는 모습(오른쪽). (연세대학교 간호대학)

지하기 위한 것이었다. 미혼 여성은 학교를 다니다가 또는 졸업하고 얼마 되지 않아 결혼하면서 일을 그만두는 일이 많았기 때문에 초기 간호학교에서는 학생으로 젊은 과부를 선호했는데, 정종명은 모든 면에서 세브란스에서 요구하는 조건을 갖춘 학생이었다. 목사 또는 교사의 추천서를 갖추라는 것은 기독교인이거나 학교교육의 배경을 갖추어야 한다는 뜻이었으므로 세브란스에서 요구하는 학력과 조건을 갖춘 지원자가 부족했던 시기에 배화학당에서 4년간 교육을 받고 전도부인으로 활동한 경력이 있는 정종명은 간호교육을 받기에 아주 적합한 지원자였다.

간호학교 지원자가 요건을 다 충족한다고 해도 바로 입학하는 것이 아니라 먼저 3개월의 연습생 기간을 거쳐야 했다. 연습생 기간에 간호의 요령과 일어, 영어, 한문 등을 배우면서 병원 생활을 해보고, 배운 것과 병원 적응을 평가해 정식 입학이 결정되었다.

4월 1일에 정식 입학하면 3년의 교과과정을 밟아야 했는데, 교과과정은 크게 강의와 실습으로 구분되었다. 강의 교과목 중에 일어와 영어가 매년 공통으로 포함되었기 때문에 서양인, 조선인, 일본인이 모두 있었던 세브란스병원의 의료진과 환자 사이에서 원활하게 의사소통을 할 수 있었다. 그리고 1학년 때 실용간호학, 해부학 및 생리학, 세균학 및 실험, 화학, 붕대법을 배우고, 2학년 때 실용간호학, 해부학 및 생리학, 약물학, 산과학, 구급법, 세균학 및 실험, 화학 및 실험, 내과 및 외과 간호, 안마술 및 전기요법을 배우며, 3학년 때 수술조역, 내과 및 산과간호, 소아과, 이비인후과, 안과, 피부과, 자양분 조리법, 산과학, 관리법을 배웠다. 즉 저학년에는 기초의학 및 과학을, 고학년에는 구체적이고 실무에 적용되는 분야별 의과학과 간호학을 배우도록 구성되어 있었다.

세브란스병원에서 3년간의 간호교육을 통해 정종명은 서양 자연과학과 의학에 대한 체계적이고 깊이 있는 지식과 기술을 갖추고, 병원의 서양식 기숙사에서 생활하면서 서구식 문화와 공동생활의 규범 등을 익힐 수 있었다.

정종명이 세브란스병원에서 공부하고 일하던 시기의 경험은 생생한 글로 남아 있다. 정종명은 1920년에 〈간호부 생활〉이라는 글을 여성지 《신여자》 2호에 발표했다. 《신여자》는 한국 최초의 본격적 여성지로, 창간호부터 3회에 걸쳐 이화학당, 세브란스병원 간호부양성소, 정신여학교 생활에 관한 재학생의 자필 글을 실었다. 《신여자》를 창간하고 주간도 겸했던 김원주(1896~1971, 훗날 필명이자 법명인 김일엽으로 알려지게 된다)는 이화학당에서 교육을 받고 동대문부인병원에서 간호교육을 받은 적이 있으며, 일본에서 유학하던 중에 삼일운동 소식을 듣고 귀국해 만세운동에 참여한 이후 일제강점기 대표적인 여성운동가이자 신여성 중 한 명으로 알려진 인물이었다. 《신여자》에는 나혜석, 박인덕, 김활란, 김명순, 차미리사 등 당대의 쟁쟁한 신여성이 필진으로 참여했는데, 정종명이 여기에 글을 실은 것은 이들과 교류가 있었고 같은 부류의 여성으로 여겨진 것이라고 할 수 있다.

200자 원고지 33매 분량의 글에서 정종명은 먼저 세브란스병원 간호부 기숙사 환경과 간호부의 일에 대해 소개한 다음, '기침과 식사', '주간직무', '야간의 로맨스'로 나누어 하루의 시작부터 잠자리에 들기까지의 일과를 자세하게 기술했다. 정종명은 서양식으로 잘 갖추어진 기숙사, 식당, 병원 여건, 동료 간의 각별한 애정과 신뢰, 그리고 매일뿐 아니라 매주의 일정도 미리 계획하여 이루어지는 생활에 대해 자못 자랑스러운 어투로 자세히 묘사했다. 간호직에 대해서는 "어떠한 나라에서는 존경을 받고 어떠한 나라에서는 멸시를 받는 신산하다면 신산하고 고상하다면 고상하다고 할 직업"인데 "정신이나 육체 두 가지로 다 노동하는 직업"이라고 설명했다. 그리고 "병원의 규칙은 다른 데와 달라서 상하지별과 규칙이 엄중하옵니다. 그리하여 병실 안에서는 부장과 의사가 시키는 대로 명령을 맞추며 구구이 학과를 공부하는 터인가 시간이 여간 총총하지 않습니다"라며 위계와 규칙이 엄격하고 명령에 따라 분주하게 일하고 공부하는 어려움을 솔직하게 표현했다. 특히 "정신이나 육체 두 가지로 다 노동하는 직업"이라고 강조한 부분에서 사회주의자로서 간호직을 바라본 정종명의 시각을 알 수 있다.

정종명은 재학 중에 공부도 열심히 했지만, 학생 대표로서 집단행동을 이끌기도 했다. 병원 간호인력의 중요한 역할을 하던 간호학생의 대우 개선 문제를 들고 학생 20명을 이끌고 동맹휴학을 일으킨 것이다. 구체적인 이유와 경과가 알려지지는 않았지만, 아직 학생들의 동맹휴학이 거의 발생하지 않았던 시기였기에 사건의 반향은 컸을 것이다. 이 동맹휴학을 이끈 것이 영향을 미쳐서인지 정종명은 졸업 후에 다른 동문과는 달리 선교계 병원이 아닌 곳에서 일했고, 산파가 되기 위한 교육도 선교계 병원이 아닌 조선총독부의원에서 받았다.

세브란스병원 간호부양성소 학생 시절 정종명에게 가장 영향을 많이 미친 사건은 1919년의 삼일운동이었을 것이다. 초기 사회운동가들과 교류했던 정종명은 삼일운동의 준비 과정에서부터 적극 참여했다. 1919년 2월, 보성법률상업전문학교 학생 강기덕이 여러 학생들을 시위에 참여하도록 규합하다가 일제의 주목을 피하기 위해 세브란스병원에 입원하자 정종명은 강기덕이 외부와 원활히 연락을 지속할 수 있도록 도왔다. 또한 세브란스병원 제약주임이자 삼일 독립선언서에 서명한 민족대표 33인 가운데 한 명인 이갑성의 중요한 서류를 맡아두었다는 혐의로 경찰서에서 고초를 겪기도 했다. 검거된 명단에는 남아 있지 않지만, 세브란스병원의 다른 간호부와 학생들과 함께 직접 만세시위에도 참여했을 것이다. 또한 남대문 앞에 위치한 세브란스병원에는 삼일운동으로 부상당한 많은 환자들이 입원해 치료를 받고 있었고, 그들은 입원 중에도 일본 경찰의 심문을 받았기 때문에 많은 시간 임상실습으로 환자를 돌보면서 지내던 정종명은 동포들이 삼일운동에 참여하고 부상당하고 심문받는 과정을 똑똑히 목격했을 것이다. 그러던 중 정종명의 어머니 박정선이 만세시위에 나섰다가 체포당하는 일이 벌어졌다. 1919년 11월 28일 경성 안국동 6거리 광장에서 벌어진 시위에서 만세를 부르다가 체포된 것이다. 박정선은 시위 참여뿐 아니라 독립운동 단체인 대동단과 연계되어 있다는 이유로 1년형을 선고받고 수감생활을 했다. 정종명은 옥고를 겪는 어머니에 대한 안타까운 마음을 "오후 열 시에는 전기등이 일시에 꺼지고 왕내와 담회를 그치고 다 각각 (기숙사) 제방으로 헤어져서 (…) 또 어떤 사람은 그 무슨 일로 철창 속에 갇혀 있는 부모 생각으로 눈물을 흘리고"라며 간접적으로 표현했다.[4] 이렇듯 경성 한복판에서 삼일운동의 물결을 생생하게 겪으면서 정종명은 독립에 대한 열망과 일제에 대한 저항의식을 키워갔다.

1920년 3월, 정종명은 세브란스병원 간호부양성소를 제10회로 졸업했다. 대다수의 다른 졸업생은 세브란스병원이나 선교계 병원에서 일했지만 정종명은 산파가 되기로 결심했다. 산파는 간호부보다 보수가 좋았고 정해진 근무 일정에 매이는 것도 아니어서, 경제적 자립이라는 측면에서나 생활의 자유로움이라는 측면에서 모두 유리했다. 1914년 '산파규칙'이 반포·시행된 이후 산파 면허를 받으려면 조선총독부에서 지정한 조산학교를 졸업하거나 산파 면허 시험에 합격해야 했다. 별도의 교육을 받지 않고 산파 면허 시험에 합격하기는 어려웠기 때문에 대부분 어떤 식으로든 교육을 받아 면허를 취득했다. 선교계에서는 동대문부인병원 간호학교에서 교과과정에 조산교육을 포함해 졸업 후 시험을 통해 산파 면허를 취득할 수 있도록 하고 있었다. 그렇지만 이미 간호학교를 졸업한 정종명이 다시 간호학교에 입학할 필요는 없었고, 조선총독부의원 조산부과에 입학하는 방법을 택했다. 그리고 그 과정의 생활과 비용은 경성 관수동에 위치한 김용채 병원에서 간호부로 일하면서 해결했다. 김용채는 관립의학교와 조선총독부의원 의학전문학교를 졸업하고 일본제대부속병원에서 유학한 후 조선총독부의원에서 근무한 실력 있는 의사였다. 1919년 삼일운동 이후 조선총독부의원을 그만두고 서울 관수동의 청계천 근처에 개인 의원을 개원해 성업 중이었다. 세브란스 간호학교를 졸업한 정종명이 모교 병원이나 선교계 병원이 아니라 조선총독부의원 출신 의사의 병원에서 일한 것은 사회주의자로서 생각이나 행보가 더 이상은 기독교 신자를 전제로 하는 선교계 병원에서는 일하기 어려웠을 것이고 더구나 동맹휴학을 이끌었던 전력이 있기 때문일 것이다. 그 대신 삼일운동에 참여한 공통점이 있는 민족의식을 공유하는 의사가 운영하는 병원, 그리고 연건동에 위치한 조선총독부의원과 도보로 30분 남짓인 거리여서 일과 학업을 병행하기에 부담이 없는 곳에서 일하기로 했을 것이다.

당시 조선총독부의원 조산부과는 간호부과 졸업 내지는 졸업 정도의 자격자를 입학시켜 1년 과정으로 운영되었다. 학기는 4월 1일에 시작되어 이듬해 3월 31일까지였으며, 4월부터 10월 20일까지의 첫 학기에는 수신, 소독법, 일본어 또는 조선어, 조산법, 해부 및 생리, 실습을, 10월 21일부터 3월까지의 2학기에는 수신, 실습, 일본어 또는 조선어, 조산법, 육아법을 이수하도록 했다. 1년 과정 수료 후에 졸업시험에 합격하면 졸업증서를 수여받고 별도의 시험 없이 경무총장의 산파면허를 받았다.

산파 개업과 조선간호부협회 창립

정종명은 조산부과를 수료하고 산파 면허를 취득하자마자 경성 사대문 안의 중심인 안국동에서 조산 일을 시작했다. 당시에는 산모가 산파가 있는 곳에 가서 분만하는 것이 아니라 산파가 산모의 집에 가서 분만을 도왔기 때문에 별도의 시설이 필요하지는 않았다. 정종명이 산파 면허를 취득한 1921년 조선의 면허 산파는 모두 641명이었지만 그중 615명이 일본인이었고 조선인은 25명에 불과했다. 조선 최고의 사립병원인 세브란스병원에서 간호교육을 받고 조선 최고의 관립병원인 조선총독부의원에서 조산교육을 받은 면허 산파라는 배경은 정종명에게 경제적 자립 기반뿐 아니라 사회적으로도 당당하게 자기 주장을 할 수 있도록 하는 주춧돌을 제공했다. 이후 정종명은 줄곧 산파로 활동했고, 자신을 소개할 때나 남이 소개해줄 때나 항상 제일 먼저 '산파'임을 명시했다.

정종명은 세브란스 간호학교가 조선총독부의 지정을 받기 전에 졸업했기 때문에 간호부 면허를 받으려면 별도의 시험을 봐야 했다. 그렇지만 관공립 병원에서만 간호부 면허 소지자를 취업 조건으로 했고 사립병원에서는 그런 제한이 없었기 때문에 관공립이나 조선총독부 지정 간호학교를 졸업하지 않은 경우에는 그다지 간호부 면허 취득을 위해 별도의 시험을 보는 분위기는 아니었다. 정종명은 간호부 면허를 취득하지 않았던 것 같고, 실제 간호부로 일한 것은 김용채 병원에서의 1년 정도가 다였지만 세브란스 간호학교를 졸업한 간호부로서의 정체성이 있었다. 정종명은 동대문부인병원 간호부양성소 졸업생 한신광 등과 함께 '조선간호부협회'를 창립해 활동했다. 조선간호부협회는 1924년 1월에 출범한 조선인 간호부만의 단체로서, 회원의 권익 향상 활동과 함께 적극적으로 대중과 만나 사회적 역할을 하고자 했다. 즉 회원의 현실적 문제에 도움이 될 수 있도록 구직 알선도 하면서, 대중을 대상으로 보건교육도 하고, 다른 사회단체와 연합해 수재민에게 구호를 제공하는 등의 활동을 했다. 이렇게 조선인 간호부만으로 구성해 사회봉사 활동을 한 것은, 서양인 선교 간호사가 주도해 선교계 간호학교 졸업생들과 함께 1923년에 출범시킨 '조선간호부회'가 선교계 간호학교의 수준 향상을 통해 국제간호협의회에 가입하고 국제적으로 인정받는 것에 주요 관심사를 둔 것과는 차이가 있었다. 조선간호부회는 회원과 활동의 범위를 선교계 내부로 하고 있었기 때문에 10여 년간 정규 기관지 《조선간호부회보》를 내는 등 꾸준히 활동했음에도 불구하고 사회적 관심을 받지는 못했다. 그에 비해 조선인 간호부만의 단체이며 적극적으로 사회봉사 활동을 했던 조선간호부협회는 실제 몇 년 활동하지 못했지만 여러 번 일간지에 소개될 정도로 사회적 관심을 끌었다.

조선간호부협회 활동 중에 정종명이 가장 두드러진 것은 1926년 12월에 발생한 세브란스병원 파업에서 진상을 파악하고 중재에 나선 것이다. 세브란스병원 간호부와 간호학생 들은 학생을 차별하는 보모의 태도 개선, 기숙사 음식의 양과 질 개선, 밤간호 조역군의 부활, 환자의 음식물을 간호부가 나르도록 한 새로운 규정 폐지 등 네 가지 사항을 병원에 요청하며 파업에 들어갔다. 병원에서는 요구 조건의 논의와 별도로 주동자 간호부 3인의 해직을 결정했고 이에 대해 간호부들은 파업을 계속하는 것으로 저항했다. 사건이 장기화되고 사회적 이슈가 되면서 조선간호부협회는 사건 진상 조사에 들어갔고, 정종명은 조선간호부협회 간부이자 세브란스 간호부양성소 선배로서, 그리고 학생 시절에 동맹휴학을 주도해본 경험자로서 이 사건을 담당했다. 정종명은 "형편에 따라서는 사회적 문제를 일으키는 동시에 조선의 직업부인을 위하여 세브란스병원 간호부의 내면생활을 세상에 폭로하여 적극적으로 대항할 방침"이라고 발표하는 등[5] 파업하는 간호부와 간호학생의 입장을 적극 지지했다.

　정종명은 이후 여러 사회운동조직의 설립과 운영에 참여하고 대중 강연으로 이름을 날렸다. 그렇지만 당시 조선에서 여성이 받을 수 있는 최고 수준의 보건의료 전문가 교육을 받고 계속 산파로 일했음에도 불구하고 자신의 전문성을 발전시켜 활동한 흔적은 뚜렷하게 드러나지 않는다. 다만 1930년에 잡지 《삼천리》에서 산아제한을 주제로 다양한 인물의 주장을 실었을 때, 정종명도 참여했다. 미국에서는 간호사인 마가렛 생어(Margaret Sanger, 1879~1966)가 여성 건강을 위한 산아조

절운동을 활발하게 펼치며 이름을 날리고 있었고, 일본에서도 산아제한에 관한 논의와 운동이 활발해지고 있었으며, 조선에서도 경제 상황이나 우생학적 이유와 관련해 출산조절에 대한 이야기가 나오고 있었다. 정종명은 여성이 자녀가 많아서 일할 기회를 갖지 못하고 건강도 잃으며 영아의 건강에도 좋지 못한 경우가 많은 데 비해 산아제한에 대한 논의는 시기적으로 늦어졌다고 하면서 다음과 같이 주장했다.

실로 나는 산파(産婆)의 직업(職業)을 가지고 잇는 관계(關係)로 임부(姙婦)도 만히 취급(取扱)하여 보고 또 영아(嬰兒)도 만히 취급(取扱)하여 보앗는데 ○○과 생후사망(生後死亡)으 영아율(嬰兒率)이 놀랍게 만흔데는 경해(驚骸)를 지나서 엇더케든지 이 폐해(弊害)을 제거(除去)할 방책(方策)을 생각하여 나지안을 수 업섯습니다. 물론(勿論) 우리가 지금(只今) 문제(問題)삼으려 하는 산아제한(産兒制限)이 우리 처지(處地)로 보아 사회대중(社會大衆) 물(物)히 무산모(無産母)와 영아(嬰兒)들을 완전(完全)히 구제(救濟)하는 수단(手段)이 되리라고는 밋으려고도 아니하고 또 불가능(不可能)한 일이겟지만 그러터래도 이만한 정도(程度)의 유익(有益)한 일에로도 지금(只今) 처지(處地)에 잇서서 실행(實行)하는 것이 필요(必要)할 줄 암니다. 그런데 이 문제(問題)를 이에 문제(問題)로 제출(提出)하기 전(前)에 위선(爲先) 말하여 들 일은 산아조절(産兒調節)을 가장 유효(有效)하게 하자면 태아(胎兒)를 경우(境遇)에 의(依)하야, 즉(卽) 모체(母體)가 허약(虛弱)할 때 또 나은 자녀(子女)의 생성장(生成長) 문제(問題)될 때 등(等) ○○ 식혀도 조타은 현행법률(現行法律)의 일절(一節)을 개정(改正)하는 것을 바랍니다. 그래서야 약효불충분(藥效不充分)으로 가령(假令) 회임

(懷姙)을 하엿슬지라도 그를 ○○할 수 잇슬 것이 아님니까?[6]

즉, 산아제한이 가난한 모성과 영아 문제에 대한 완전한 해결책은 아니지만 유익하므로 실행할 필요가 있다, 무엇보다 모성 건강이 좋지 않을 때 그리고 출생 이후 성장에 문제가 있을 때는 낙태를 시킬 수 있도록 법률을 개정해야 한다는 주장을 펼쳤다. 모자보건상 합당한 근거가 있을 때 낙태가 가능하도록 법적 근거가 마련되어야 한다는 정종명의 주장은 산파로서 합당한 것이었다. 그렇지만 이 이상 산파로서의 적극적인 활동은 나타나지 않는다. 정종명은 보건의료 전문가로서의 지식과 경력을 발전시키기보다는, 식민지 조선 여성의 어려움을 해결하는 방안으로 사회주의 운동 조직을 확충하고 대중에게 계급투쟁을 설파하는 데 더 주의를 기울였다.

여자고학생상조회 대표이자 유명 대중강연가

정종명은 산파로 자리 잡으면서 적극적으로 사회활동을 전개했는데, 특히 여러 사회 조직을 창립하고 운영하는 데 적극 참여했다. 그중 제일 먼저 설립하여 지속적으로 이끌어나간 조직은 '여자고학생상조회'였다. 1920년에 경성 지역 남자 고학생의 상조단체로 만들어진 '갈돕회'에서 1922년에 여자부를 두었는데, 이를 정종명이 주도하여 여자고학생상조회로 발전·독립시킨 것이었다. 여자고학생상조회는 가난한 여자

◇女子苦學生相助會發會式
女子苦學生相助會(愛會式)은 디뎡과갓치 재작이십이일 오후여달닉반에 종로즁앙청년회관에 열니엇는데 유현숙(劉賢淑)씨의 식샤(式辭)와동회회댱뎡죵명(鄭鍾鳴)씨의 회의경과보고(經過報告)와 기타여러유지의 축사 祝辭와 림배세(林培世)씨의 자미잇는 독창이잇슴녀 동월시경에 무사히폐회되엇는데 임상자는 사오빅명가량이오 여러유지문톄로부터 삼빅원의 동졍금이 잇섯다더라 (사진은그날발회장의광경)

1922년 6월 22일 종로에서 열린 여자고학생상조회 발회식을 소개한 기사.(《동아일보》, 1922.6.24.)

고학생들이 공동생활을 하면서 수익사업을 하여 학업을 계속하고 서로 의지하는 것을 목적으로 했다. 정종명은 회의 운영에 필요한 기부금 유치를 위해 1922년 6월 22일 종로 중앙청년회관에서 여자고학생상조회 발회식을 400~500명이 참석한 가운데 성대하게 했다. 먼저 정종명이 회장으로서 경과를 보고하고, 이어서 여러 유지의 축사, 그리고 독창 등을 한 시간 반에 걸쳐 진행하여 300원의 기부금을 받는 성과를 냈다. 여자고학생상조회는 "광화문통 18번지의 온돌 두 칸 마루 두 칸을 사무소로 하여 회원 30여 명이 매일 수양(修養) 통학과 학자에 채우기 위하여 노동에 종사"했는데 "유지 부인들의 독지 기부에 의하여 재봉침 두 대를 놓고" 이를 이용해 학자금과 생활비를 마련했다. 즉 "보통학교와도 연락하여 여아용 모자와 통학복, 운동복, 간호부용복,

천막 등을" 만들어 판매한 것이다.[7] 그렇지만 상조회원들이 아무리 삯바느질을 하고 수를 놓고 뜨개질을 하는 등 애를 써도 임금이 워낙 저렴했기 때문에 그 수익으로 학비와 생활비를 충당하는 것은 무리였다.

정종명은 여자고학생상조회가 지속될 수 있도록 각고의 노력을 기울였다. 자신의 산파 수임료, 독지가로부터 받는 기부금, 그리고 전국 각지의 순회강연에서 벌어들인 입장료 및 기부금을 모아 후배 여성들이 공부하고 독립할 수 있도록 지원했다. 이 중 정종명이 가장 힘을 기울인 것은 대중강연이었다. 정종명의 대중강연에 관한 첫 기록은 1923년 7월 5일 경성고무여자직공조합에서 개최한 파업에 관한 연설회이다. 경성 경운동 천도교당에서 저녁 8시부터 시작한 입장료 30전의 연설회에 정종명은 유일한 여성 외부 연사로 참여했다. 연설의 제목과 내용은 알려져 있지 않지만, 경성노동연맹회에서 후원했다는 점과 다른 연사들도 사회주의 운동가였다는 점에 비추어 볼 때, 경성고무 여자 직공들의 열악한 노동 현실을 밝히고 파업의 정당성을 호소하는 내용이었을 것이다.

정종명은 이후 여자고학생상조회의 존재를 알리고 경제적 기반을 마련하기 위한 순회 대중강연을 본격적으로 전개하였고 뛰어난 논리와 열정으로 열렬한 호응을 얻었다. 1923년 여름, 정종명이 23세의 강아영, 18세의 주영애를 이끌고 시작한 여자고학생상조회의 지방 순회강연은 7월 17일 함경도 청진을 시작으로 회령, 종성, 부령, 나남, 경성, 명천, 길주, 임명, 성진, 북청, 함흥, 원산을 거쳐 8월 10일 철원에 이르기까지 함경도의 14개 도시를 아우르도록 계획되어 있었다. 그런데 워낙 인기가 있어서 예정을 넘겨 8월 말까지 진행되었다. 강연의 주제는 '아들과 딸을 똑같이 사랑하라', '여자의 번민과 고통', '여성운동으로 본 남성', '빈자와 여성' 등 주로 조선 여성의 억압받는 현실을 직시하고 남녀평등을 주장하는 것이었다. 강연회의 수익도 좋았는데, 예를 들어 8월 22일 철원에서 개최된 강연회에서 정종명은 '우리의 급무는 교육'이라는 제목으로 "열변을 토하야 천여 청중의 갈채를 박하얏으며" 현금 약 92원과 금반지 1개의 기부금을 받는 성과를 거두었다.[8]

정종명 일행은 북조선 지방에서의 강연을 성황리에 마치고 경남 북천과 웅천 등 남쪽 지방에서 강연을 이어 갔지만 9월 말에 중단되고 말았다. 9월 22일 김해에서 동행하던 신용기와 함께 일경에 체포되었기 때문이다. 이들은 경성으로 압송되어 사회주의 관련 혐의로 15일 구류와 함께 심문을 받았는데 경찰이 목표로 한 인물이 고려공산당 당원인 신용기여서 정종명은 방면될 수 있었다. 이로 인해 3개월 이상 성공적으로 이어지던 여자고학생상조회의 지방 순회강연은 중단되었지만, 이 지방 순회강연을 통해 뛰어난 대중연설가로 인정받은 정종명은 이후 여타 강연회에서도 주요 연사로 활동했다.

정종명은 이듬해인 1924년 2월에 여자고학생상조회 순회강연을 재개했는데, 연설 외에 음악 공연을 추가했다. 저녁 7시경 지방 청년회장의 사회로 시작해 특별 게스트가 악기 연주나 독창을 한 후 연자 세 명이 각각 강연을 마치면 기부금을 걷고 11시경 끝나는 형식으로 진행했다. 강연 중에 여자고학생상조회의 상황에 대한 설명은 다른 연자가 담당하도록 하고 정종명은 마지막 연자로 여성문제에 관한 내용을 두 시간 정도 연설했다. 즉 전체 행사 비중의 절반 정도를 담당할 정도로 정종명의 강사로서의 열의와 설득력이 높았던 것이다. 정종명은 대중강연 주제를 주로 여성문제에 관한 것으로 선택했는데, 조선 여성이 사회적으로나 경제적으로나 억압받고 있다는 것과 이를 극복하기 위하여 행동으로 나서야 한다는 것을 솔직하고 열정적으로 표현해 인기가 높았다. 대중매체가 확산되어 있지 않던 시기에 대중강연은 한꺼번에 많은 사람을 만나 품고 있는 생각을 알리고 설득할 수 있다는 점에서도 매우 효과적인 방법이었다. 2월 18일에서 3월 24일까지 40일 동안 황해도와 평안도의 약 21개 지역에서 이어진 릴레이 강연은 무척 성공적이었다. 청중의 숫자도 많았을 뿐만 아니라 금전적으로도 큰 이익을 남겨서 총 수입은 1634원 30전에 달했으나 그중 비용으로 쓴 돈은 130전에 불과해 1500원이 넘는 이익을 남길 수 있었다. 1924년 조선인 목수의 임금이 2원 남짓이었으므로 한 번에 70원이 넘는 순수익을 내며 이틀에 한 번꼴로 40일간 진행한 이 대중강연은 그야말로 대성공이었다.

여러 사회운동 조직의 창설

정종명은 1923년 6월 출범한 코민테른 극동총국 산하 꼬르뷰로 국내부 공산청년회에 유일한 여성 회원으로 가입해 한국 최초의 여성 공산당원이 되었다. 정종명은 사회주의자로서 사상과 신념에 따라 행동하면서 활발하게 여러 조직의 창립과 운영에 참여했다. 1924년 11월에는 사회주의 사상단체인 북풍회에 참여하고 북풍회의 월간 사상잡지《해방운동》의 기자로도 활동했다. 또한 1926년 4월 북풍회를 비롯한 4개 사회주의 운동 단체가 합동으로 결성한 '정우회'에 참여하고 상무집행위원으로 피선되는 등 활동을 계속 이어갔다. 정종명이 쓴 글은 거의 남아 있지 않은데, 그 이유는 뛰어난 대중연설가로 글보다는 대중강연에 힘쓰기도 했고, 글이 불온하다는 이유로 일제가 삭제해서 때문이기도 하다. 예를 들어 1924년 12월 잡지《신여성》에서 '갑자를 보내면서'라는 제목으로 유명 인사들의 한해를 회고하는 글을 실었는데, 〈처음으로 큰 흉년을 당하고〉라는 제목의 정종명의 글은 전문 삭제되었다.[9]

정종명은 식민지 조선 여성이 겪는 억압에 대한 해결을 도모하는 맥락에서 여러 조직에서 활동했는데, 그중 첫 번째가 여성동우회였다. 여성동우회는 일제의 통치정책이 상대적으로 온건해진 1920년대에 사회운동 조직이 활성화되던 중에, '부인의 해방'을 기치로 사회주의 여성운동을 지도할 사상단체로 창설되었다. 1924년 5월 10일 여성동우회 발기총회에서 정종명은 집행위원으로 선출되어 적극적으로 활동했다. 여성동우회는 국내 사상운동 단체 중 유일한 여성조직으로 자리 잡으며 회원이 70여 명으로 늘었는데, 회원 중에 학생이 가장 많고 간호사의 숫자도 많았다는 점에서 정종명이 이끌고 있던 여자고학생상조회와 조선간호부협회 등과 밀접하게 연결되어 있었음을 짐작할 수 있다. 특히 여자고학생상조회는 사회주의 사상을 가진 학생들의 모임으로 정착하고 있었다.

사회주의자로서 정종명의 여성운동은 일제강점기 여성운동 조직의 정점인 근우회(槿友會)로 이어졌다. 근우회는 1927년 5월 좌우 합작 형태로 설립된 일제강점기 최대 규모의 여성운동 단체로, 정종명은 창립 총회에서 중앙집행위원으로 선출되었다. 정종명은 선전조직부를 맡아 활발하게 활동해 9월에는 상무집행위원이 되었고, 여러 지방 지회의 설립과 운영을 지원했으며, 1928년에 종로서에서 근우회 전국대회를 금지시켰을 때 경찰과 교섭을 시도하는 등 리더십을 발휘했다. 1928년 7월에는 중앙집행위원장에 선출되고 의장을 맡는 등 근우회를 주도했다.

정종명은 1927년 2월 좌우 합작 최대 규모의 항일운동조직 신간회(新幹會)가 창립될 때에도 함께 했다. 그렇지만 신간회는 1929년 12월 민중대회의 좌절 이후 새로운 집행부가 종래의 노선을 수정해 일제와의 직접적 충돌을 피하려 하자 합법주의 노선과 사회주의 노선의 내부 갈등으로 대립이 이어졌다. 1929년 신간회 중앙집행위원으로 선출된 데 이어 1930년에는 신간회 중앙상무위원으로 선출된 정종명은 신간회 해소론에 동참했고, 결국 1931년 신간회 조직은 해산되었다. 정종명은 근우회 역시 해산되도록 했고, 좀더 노동자와 농민에 밀착한 운동을 벌여나갔다. 그리고 1928년에 해체된 조선공산당을 재건하기 위한 준비에 참여했다.

일제의 탄압

정종명의 강연은 사회주의자로서의 색채를 분명히 했다. 강연 제목도 여성의 문제를 감정적으로 표현하던 것에서 '현대사회와 무산여성', '현대 경제조직과 여성해방', '현 사회제도와 여성해방' 등에서 보여지듯이 사회주의자로서 계급과 경제구조에 대한 인식을 기반으로 여성해방을 주장했다. 그리고 "우리 여성은 현모양처가 되기 위하여 노력하는 것보다는 무산대중과 악수하여 근본적으로 현 사회제도를 파멸시키어 이상향을 건설하여야 되겠다"[10] 또는 "우리 여성을 해방함에는 무엇보다도 먼저 현대 경제조직을 개혁하려는 사회운동자와 악수를 하여가지고 무산계급해방운동에 노력하여야 된다"[11] 등 노동계급과 연합한 계급투쟁의 방향을 제시했다.

사회주의적 색채와 일제에 대한 항거 의식이 짙어진 정종명의 강연은 일제의 주요 감시 대상이 되어 제재를 받았다. 일제는 조선사회에 대한 감시의 일환으로 규모가 크거나 주의를 요하는 강연회는 모두 경관을 배석시켜 강연 내용과 분위기를 감시하다가, 거슬리는 내용이 나오거나 분위기가 고조되면 강연자에게 주의를 주거나 강연을 중단시키곤 했다. 식민지 조선의 상황을 직시하여 드러내고 이를 해결하기 위해 적극적 투쟁의 필요성을 강조하는 정종명의 강연은 일제의 감시 대상이 되어 심한 제재를 받았다. 예를 들어 1924년 2월 27일 황해도 옹진에서 있었던 여자고학생상조회 순회강연에서 정종명은 '현대사조와 조선여성'이라는 주제로 강연을 하다가 삼일운동에 대해 언급했다. 그러자 현장에 있던 경찰이 독립운동을 선동하는 것이라며 강연을 중지시켰다. 경찰의 제지에 400~500명의 청중은 분개했고, 정종명은 중지명령에 굴복하지 않고 항거하다가 경찰서에 구금되었다.[12] 이후 정종명의 강연에 대한 경관의 감시와 제재는 반복되었다. 1924년 3월 24일 평양에서 열린 신흥청년동맹의 순회강연에서는 '여권확장'이라는 주제로 강연을 하다가 배석 경관의 주의를 받아 불과 15분 만에 강연을 마쳐야 했고,[13] 9월 26일 경성에서 열린 여자청년회 주최의 여자토론회에서는 "탈선된 좌경에 가까운 말을 했다고 익일 아침에 종로 경찰서 고등계에 불리워서 장시간의 취조를 받았다".[14] 그리고 10월 1일 경성에서 열린 조선여성동우회 주최의 여성해방 강연회에서는 일본인 경찰이 공공연히 입회했을 뿐 아니라 청중 중에 일본인과 조선인 형사 각 2명씩 비밀리에 잠복하여 감시했다. 정종명은 '여성해방의 목표'를 제목으로 "여자의 지위를 말하던 중 혁명 및 기타의 수단으로 현제도를 파괴하야 우리의 이상을 실현하지 않으면 안되겠다는 말을 했다고 두 번이나 주의를 받았으나 종시 고치지 못"하고 "우리여성을 해방함에는 무엇보다도 먼저 현대경제조직을 개혁하려는 사회운동자와 악수를 하여가지고 무산계급해방운동에 노력하여야 된다는 것을 힘있게 부르짖을 때에 옆에 앉아 있던 경관의 중지를 받아 도중에 말을 그치고"[15] 중단해야 했다.

정종명은 일경의 요주의 인물이 되어 이듬해인 1925년 3월 《동아일보》 주최 전조선여자웅변대회에서는 유일하게 경찰의 제지로 연단에 올라가지도 못했다.[16] 그렇지만 정종명은 기회가 될 때마다 강연을 계속했고, 주장은 더욱 선명해졌다. 1925년 11월 25일에 마산청년연합회 주최로 개최된 여성문제 강연회에서 '여성이 본 사회상'이라는 주제로 단독 강연을 하면서 사적유물론에 입각해 모계사회에서 부계사회로의 변화를 설명하고 "무산자로서는 남녀노소가 모두 협력하여야 할 것을 역설하여 만장청중에게 무한한 감동을 주었다".[17]

정종명의 활동에 대한 일제의 감시와 탄압은 계속되었고, 신문에서는 이러한 정종명의 활동과 일본 경찰의 제재, 그리고 청중의 정종명에 대한 지지를 계속해서 보도했다. 1926년 4월 1일 황해도 재령에서 개최된 여성문제 대중강연회에서는 '천하의 난해사'를 주제로 강연하면서 "우리는 언론자유가 없다 주의가 심함으로 만족히 말씀드릴 수 없다 하며 장시간을" 토론하여 "경관은 모든 것이 다 불온하다 하여 중지로 해산명령"을 내렸고, 청중들은 "박수로써 연사에게 동정을 표" 했다.[18] 이어 전남 광양과 순천에서 강연을 하다가 경관으로부터 중지명령을 받는 등[19] 정종명의 대중강연에 대한 일제의 제재가 이어졌다. 1927년 평양에서 평양여성동우회가 주최한 강연회에서는 '조선여성의 과거와 현재'에 대해 강연하다가 "입회 경관으로부터 돌연 해산명령"을 받았다. 이에 대해 1000여 명의 청중이 격렬히 항변하자 "경찰측에서는 연사의 말이 불온하다는 것이 해산의 이유―공산주의를 선전한다 하여 중지"했다고 밝혔다. 청중은 이러한 경관의 해산명령에 항의했지만 결국 집회는 해산되고 정종명은 검속되었으며, 경찰은 이후 예정되어 있던 도내 강연까지 금지했다.[20]

일제로부터 독립을 추구하는 조선인에 대한 압박이 심해지면서 정종명은 점차 대중강연을 통해 자신의 주장을 펼치고 대중을 설득할 기회를 잃게 되었다. 정종명의 대중강연에 대한 마지막 기록은 1930년 10월 23일 경남 동래에서 '여성운동의 근본문제'를 강연하다가 갑자기 경찰의 제지를 당한 사건이다. 이후 정종명은 1931년 조선공산당 재건사건으로 검거되어 3년간 옥살이를 했고, 그 후에는 한층 강압적이고 노골적으로 진행된 일제의 식민통치로 강연을 할 기회조차 얻지 못했다. 그러나 1920년대 전국 각처에서 진행되고 그중 70여 회의 강연에 관한 기록이 신문 등에 게재되면서 정종명의 이름은 조선에 널리 알려졌고, 일경과의 마찰은 오히려 정종명을 당대의 대표적인 여성 사회주의 운동가로서 명성을 떨치게 했다.

"누이, 식모, 애인, 어머니"

정종명은 여러 조직의 설립자이자 지도자로서, 그리고 여성해방을 주장하는 대중강연가로 이름을 떨쳤지만 열정과 실천이 조직 활동과 대중강연에서만 나타났던 것은 아니다. 정종명이 처음 설립한 단체가 여자고학생상조회였고 이를 한결같이 이끌고 지켜낸 점에서 알 수 있듯이, 정종명은 사람과 가까웠고, 사람과의 연대와 사랑에 적극적이었으며, 사람을 도울 기회가 있을 때 주저하지 않았다.

가난한 집안 출신에 경제적으로 의지할 배경이 없던 정종명에게 산파로 얻은 수입은 아들을 키우고 자신이 원하는 활동을 하는 데 중요한 기반이기도 했지만, 정종명은 이 수입을 다른 사회운동가들을 위해서도 아낌없이 사용했다. 필요한 경우 자신의 옷을 전당포에 잡혀서라도 그들이 끼니를 거르지 않고 추위에 떨지 않도록 일상을 같이 하며 돌보았을 뿐 아니라, 일제에 저항하다 붙잡히면 옥바라지를 하고, 입원하면 병상을 지키고, 그리고 사망하는 경우 제대로 장례식을 치를 수 있도록 했다. 이러한 정종명의 성품과 행동, 이에 대한 주변의 평판은 다음의 글들에서도 잘 나타나 있다.

> 그는 누구에게나 귀여움을 많이 받고 존경도 많이 받을 만큼 남을 몹시 친애합니다. 누가 회관에서 앓던지 혹은 유치장이나 감옥 같은 곳에 가면 그 구조가 많습니다. 물론 물질이 없으니 마음대로 못한다 하여도 이것 때문에 분주하는 양을 우리는 늘 보고 있습니다. 우리가 일찍 저 제동에서 소위 사회운동 회관생활을 할 때에 우리는 그의 밥도 많이 뺏어 먹었으며 그의 의복도 많이 잡혀 먹었습니다. 그의 직업이 산파인 때문에 며칠에 한 번씩 몇 원이 생기면 우리 회관에 석탄을 사오고 전등을 켰습니다. 그때 우리는 이 정씨를 누이라 하고 식모라 하고 애인이라 하고 혹은 어떤 의미에서 어머니라고 한 일도 있습니다.[21]

> 정여사는 모든 사회운동가의 보모였다. 누구나 회관에서 앓는다 하면 산파를 하여서 겨우 수입된 1, 2원 돈을 쥐고 가서 약도 사다 다리어 주고 미음도 써 주고 누가 검거되었다면 총총한 거름을 구류된 곳에 옮기어 수지고 의복이고 차입하여주기에 분주한다.[22]

정종명은 이와 같이 사회운동가들을 먹이고 재우고 아플 때 돌보았다. 또한 지방에서 검거된 독립운동가가 징역을 살기 위해 경성에 도착하면 마중 나와서 격려하고, 재판장에 방청객으로 참석하여 격려했다. 또한 서대문 교도소에 수감되어 면회조차 허락되지 않는 인물을 추운 초봄에 창밖에서 기다렸다가 눈이 마주치면 몇 시간이고 서서 지켜보는 것으로 위로하고, 때로는 아들 박홍제까지 데려 오기도 했으며, 붉은 철쭉꽃을 들고 기다리다가 수감자와 눈이 마주치면 노래를 부르며 응원하기도 했다. 또한 형무소에서 구금된 인물의 건강 문제가 심각한 경우 치료받을 수 있도록 중간 역할을 했다.

정종명은 사회운동가들의 일상과 검거와 재판 옥살이까지 지켜보며 격려하다가 사망하는 경우 그 이후까지 돌보았다. 일본 유학생으로 국내 강연회 도중 사망한 정우영의 사망 1주기에는 유일한 여성 참여자였고, 1925년 8월에는 사회주의 운동가 전일(全一)의 장례를 주도했다. 1928년 1월 여성운동가 박원희가 사망하자 35개 단체가 연합하여 준비한 사회단체장의 준비위원 중 한 명으로 활동하면서 신문기자와의 인터뷰에서 안타까운 마음을 표현하고 영결식에서는 "눈물 섞인 애도사"를 낭독했다.[23] 1929년 이정수의 장의에는 재정부장으로 나섰으며, 1930년 남강 이승훈이 사망하여 사회장을 치를 때도 준비위원 중 한 명으로 참여했다.

그중 사회주의 운동가 채성룡을 장례까지 뒷바라지한 일화는 유명하다. 러시아와 베이징에서 활동하던 채성룡은 1928년 1월에 입국하다가 신의주에서 체포되었다. 정종명은 일면식도 없던 채성룡이 서대문 형무소에 도착했을 때 먼발치에서 목례로 첫인사를 나눈 후 3년간 수감생활을 하는 동안 여러 차례 면회를 하며 위로했다. 채성룡이 수감 중에 결핵이 악화되어 말기 환자로 세브란스병원에 입원했을 때에도 수차례 병문안하며 고통스러운 투병 과정을 지켜보았고, "제3기 폐병이라 하야 호흡이 자못 곤란해 보였다. 그날 맥박은 130으로부터 140도까지 쳤었다고 신열도 40도를 상하했으니 이미 여간히 중태인 것이 아니다"라며 그의 마지막 투병을 구체적으로 회상했다. 채성룡이 숨지던 날, 원하는 사이다를 사다주는 것밖에는 해줄 수 있는 것이 없음을 안타까워했고, 임종 후에는 국내에 친인척이 단 한 명도 없는 그를 위해 앞장서서 장례를 치렀다.

자신의 감정에 솔직했던 정종명은 이성과의 연애로 항간에서 꼽는 '신여성'의 한 명으로 알려지기도 했는데, 그중 일생을 통틀어 이성으로 가장 사랑했던 사람은 신용기(1901~1948, 신철이라는 이름으로 알려짐)로 알려져 있다. 신용기는 중국과 일본에서 대학을 다녔으며 블라디보스토크의 이르쿠츠크군정학교를 졸업한 공산주의자였다. 1923년 4월 국제공산당 이르쿠츠파의 조선공산당 조직 책임비서로 조선에 돌아와 활발하게 활동하며 조선공산당, 북풍회, 신흥청년동맹, 조선인민당 등의 단체를 조직하고 중앙 최고집행위원 등을 역임했다.[24] 정종명은 신용기가 1923년 조선에 들어온 지 얼마 되지 않아 알게 되어 곧 동지가 되었고, 9월 함께 지방 순회강연을 하다가 체포되기도 하면서 연인으로 알려지게 되었다.

정종명은 경성 죽첨정(현재의 서울 서대문구 충정로 근처)에서 신용기와 동거했다. 정종명은 과부이고 신용기는 미혼이었기 때문에 이들의 연애와 동거는 불법은 아니었다. 그렇지만 혼인하지 않은 남녀의 동거 자체가 문제시되던 시기이자 과부의 재가를 좋게 볼 때가 아니었고 특히 젊은 과부의 성생활은 사회적 감시와 관찰의 대상이었으므로 정종명과 신용기의 연애와 동거는 세간의 가십거리가 되기에 충분했다. 더군다나 정종명은 곰보에 아들도 있는 연상의 과부였고, 신용기는 피부가 희고 171센티미터의 훤칠한 장신에 여러 나라에서 공부하고 돌아온 지식인 청년이라는 점에서 두 사람의 연애와 동거는 즉각 소문거리가 되었다. 신철의 동창이자 동지였던 이가 두 사람이 동거하는 것을 모르고 신철의 집을 찾아갔다가 신철의 연인이 곰보에 연상인 정종명이어서 놀랐는데, 아파서 누워 있는 정종명을 신철이 친절한 어조로 "많이 괴롭소? 아직도 배가 결리나요" 하고 위로하며 배를 쓰다듬어주는 것을 목격하고 다정한 관계에 감동받았다고 회고했다.[25] 신용기와 정종명의 애정이 각별했지만 1920년대 조선사회에서는 가까운 사람조차 둘의 연인관계를 받아들이기 어려워했던 것이다.

신용기가 러시아로 가면서 둘은 헤어지게 되었다. 이후 정종명은 조선농민총동맹 중앙집행위원위원이었던 천두상과 연인이 되었다고 하지만, 신용기가 다시 조선으로 돌아오면서 둘은 가까운 동지관계를 유지했다. 특히 신용기가 1929년에 일경에 붙잡힌 후 치안유지법 위반으로 징역 2년을 언도받고 복역하는 과정에서 정종명은 적극적으로 도움을 주고자 노력했다.

외아들 박홍제와 나란히 수감

1930년에 정종명에게 가슴 아픈 일이 발생했다. 열아홉에 낳아 홀
몸으로 키워온 외아들 박홍제가 일경에 체포된 것이었다. 정종명은 자
신의 신념에 따라 아들 박홍제가 적극적인 사회운동가로 성장하기를
바랐지만 문학에 재능이 있던 박홍제는 어머니의 뜻대로 하지 않았고,
그 과정에서 겪은 어려움을 정종명은 다음과 같이 표현했다.

> 우리 사회의 제일선에 나서는 투사를 만들려고 가정의 교양과 학교의 교육을
> 그 방면으로 옮기기에 갖은 애를 다 써왔으나 그 아이는 기어이 문학방면으
> 로 달아나려 합니다. 형금은 시나 동요나 소설을 쓰는 것에 열중하더군요. 물
> 론 무산계급적 문예를 건설하는 일군이 되리라고 믿기는 하나 그렇더라도 어
> 쩐지 섭섭합니다. 내 자신이 운동에 몸을 바친 관계로 이제 다시 내 배를 통
> 하여 자녀의 생산이란 매우 바라기 어려운 노릇같이 생각되는 터이므로 기왕
> 있는 자식이나 내 성격, 내 사상에 맞는 인물을 만들려 했으나 (…) 이미 자식
> 의 뜻이 그러한 이상 이후에 더 진로에 대하여는 이래라 저래라 간섭을 아니
> 하겠습니다. 과거 수년의 경험을 볼지라도 간섭하는 것이 좋은 일이 아니더
> 군요. (…) 제 자식 거북하기에 여기에서 붓을 놓습니다.[26]

박홍제는 문학에 재능과 열정이 있어 10대의 나이에 일간지《동아
일보》에 3회에 걸쳐 동화를 연재하기도 했고, 문예지《소년운동》과
《소년조선》을 창간하기도 했다. 어떠한 삶의 길을 걸을 것인가를 놓

고 모자간에 갈등이 있었지만, 정종명은 어머니로서 본인의 삶을 통해서, 그리고 추운 날 서대문 형무소 밖 길에서 몇 시간이고 서서 독립운동가를 위로하도록 한 것에서 나타난 삶에 대한 교육은 박홍제를 문학과 사회운동을 결합한 청년으로 성장시켰다. 박홍제는 수해로 발생한 이재민의 구제를 위한 연주회와 소인극을 주도하여 기금을 모으는 등 활발하게 활동하다가, 1930년 〈무산청년에게 줌〉이라는 제목으로 착취당하는 무산계급이 함께 궐기해야 한다는 내용의 무허가 삐라와 출판물을 여러 학교와 각지에 살포한 혐의로 일경에게 체포되었다. 박홍제는 이 격문 사건으로 징역 1년 6개월을 언도받고 아직 미성년자여서 김천 소년감으로 이송되어 수감되었다. 정종명은 외아들이 사회운동가로 성장하기를 바랐고 그렇다면 체포되고 수감되는 것을 면할 수 없었지만, 아직 십 대인 아들의 체포와 실형은 어머니로서 마음 아픈 일이 아닐 수 없었을 것이다.

그런데 아들 박홍제가 수감되어 있던 도중 정종명이 또다시 일제에 검거되었고, 이렇게 저렇게 빠져나올 수 있었던 이전과 달리 이번에는 정식 재판과 유죄 판결을 피하지 못했다. 선명하게 저항하는 사회운동가 정종명은 일제에게 눈엣가시와 같은 존재여서 어떻게든 위법 행위를 찾아내고자 혈안이 되어 있었다. 그간 심문, 증인 등의 자격으로 여러 차례 경찰서에 드나들고 가택 수색을 당하기도 했지만 뚜렷한 잘못이나 결정적 증거가 없어서 풀려나곤 했는데, 1931년 조선공산당 재건 움직임이 포착되어 관련 인물들이 대대적으로 검거된 사건은 빠져나올 수 없었다. 정종명은 십수 명의 용의자와 함께 용산경찰서 고등계에 피

검되었고 사건은 점차 확대되어 관계자가 94명에 달했다. 정종명은 8월 15일 서대문 형무소에 수감되었고, 조선공산당의 뿌리를 뽑고자 하는 일제의 치밀한 수사는 시간을 끌고 해를 넘겨 1932년 10월에 가서야 본격적 취조가 시작되었으며, 1934년 3월에야 공판이 시작되었다.

검거에서부터 조사가 진행되고 재판이 이루어지기까지 수십 번 신문지상에 보도될 정도로 조선을 들썩였던 이 사건에서, 정종명은 매번 주동자로 기사의 제목이나 사진을 장식했다. 일제는 사회주의 운동의 뿌리를 뽑고자 이 사건에 공을 들였고, 취조 과정에서 다섯 명이 사망할 정도로 극심한 고문도 자행했다. 일제는 조선에서 공산당이 더 이상 활동하지 못하도록 하기 위해 전향을 강요하며 60명의 피고인 중 8할로부터 전향서를 받아냈다. 특히 "피고들 가운데서 수경급으로 대표자라고 할만한 강문수와 정종명"의 전향서는 필수적이었다. 결국 정종명도 전향서를 제출했고, 친일 신문에는 이를 대대적으로 보도했다.[27] 그리고 정종명은 징역 3년을 언도받았다.

정종명은 옥살이를 하면서도 감옥 안에서 분만하는 산모의 해산을 돕는 등 산파로서의 역할을 했다. 그리고 1935년 7월 26일, 여성운동을 함께 하던 많은 동료들이 서대문형무소 앞에서 꽃다발을 준비해 기다리고 있다가 정종명의 만기 출옥을 환영했다. 정종명은 이후 행보를 궁금해하는 사람들에게 일단 건강을 회복한 후 산파 일을 계속하겠다는 뜻을 밝혔다. 그러나 가혹한 취조와 수감생활로 나빠진 건강 회복이 여의치 않아서 경남 동래로 내려가서 가을을 보내야 했다. 겨우 몸을 추스린 후 경성으로 올라와 가회동에서 개업해 "쪼들리는 생활에

1931년 서대문 형무소에 수감됐을 때 찍은 정종명의 감시대상인물카드. (국사편찬
위원회)

얽매이어 지내며 때때로는 산파의 천직을 가지고 출산부들의 괴로운
동반"이 되어주었다. 정종명을 비롯한 대부분의 독립운동가에게 살아
남는 것 외에 활동을 꾸릴 여지가 거의 없었던 힘든 시기였다. 정종명
은 여전히 산파로 일하며, 그리고 "때때로는 비판사(批判社)에 나와 여
사 독특의 대 기염을 토하곤"[28] 하는 것으로 일제 말을 견뎠다.

해방 이후의 행적

1945년 8월 15일 조선은 해방되었다. 말과 행동의 자유를 되찾은
정종명은 활동을 재개해 1945년 12월 서울에서 좌익 계열 여성단체
로 결성된 조선부녀총동맹에서 활동했다. 조선부녀총동맹은 행동강

령으로 조선 여성의 완전한 해방, 조선 여성의 국제적 제휴, 여성의 경제적·정치적 평등권의 획득, 생활개선 등을 내세우고 전국적인 조직을 갖춰나갔다. 그러나 정종명은 오래지 않아 삼팔선을 넘어 북한 지역으로 갔다. 미군정의 사회주의 계열 인사에 대한 탄압이 강화되면서 많은 인물이 북한으로 갔고, 정종명도 마찬가지였던 것 같다. 정종명은 북한에서 활동을 계속해서 함경남도 대표 자격으로 중앙위원에 선출되었고 1947년에는 함흥에서 부인운동을 펼쳤으며, 1948년에는 북조선민주여성동맹 간부로 활동했다. 그러나 그 이후 정종명의 행적은 남한과 북한 그 어느 곳에서도 확인되지 않는다. 1948년에 쉰을 훌쩍 넘겼으니 건강이 좋지 않아 더 이상 활발한 활동을 하지 못하다가 사망했을 수 있다. 아니면 더 이상 북한에서 활동할 자리를 갖지 못하고 사라졌을 수도 있다. 북한에서 벌어진 공산당 분파 간의 치열한 권력 다툼 끝에 해외파들이 주도권을 잡고, 국내파들은 대부분 지위를 잃고 숙청당하면서 많은 사회주의자들이 지워졌기 때문이다.

4장

한신광

'간호부'를 알린 모자보건사업의 개척자

'간호부이자 산파' 한신광

1924년 1월 25일 자《동아일보》기사는 경성 인사동에 위치한 태화여자관의 모자보건사업에 대해 자세히 소개하면서 이 사업을 담당한 두 명의 여성 사진을 실었다. 당시 신문에 사진이 실린 인물 중 드물게 정면을 바라보며 환하게 웃고 있는 이들은 미국인 선교 간호사 엘마 로젠버거(Elma T. Rosenberger, 한국 이름 로선복), 그리고 한국인 간호사이자 조산사인 한신광이었다.

미국 감리교회 여성들의 헌금과 후원으로 1921년에 문을 연 태화여자관은 한국 최초의 사회복지관으로 여성과 어린이를 위한 다양한 사업을 시도했고, 1924년에는 모자보건사업을 시작했다.《동아일보》기사에 따르면 태화여자관의 태화진찰소사회봉사부에서 시행하는 사업은 크게 진료소 운영, 가정 방문, 집단보건교육의 세 가지로 구성되어 있었다. 담당자는 총 네 명으로 여의사 두 명과 미국인 간호사 로선복, 그리고 산파 한신광이었다. 특히 한신광은 산파로서 가정분만을 조산

1924년 모자보건 및 공중보건 사업을 위해 가정방문에 나선 로젠버거와 한신광. (《한국근대
간호역사화보집》)

하고, 빈곤한 집에서 해산하는 경우와 그 아기는 특별히 더 잘 살펴겠
다고 강조하며 다음과 같이 전했다. "일반 가정에서 해산 때 신고하는
일이 있으면 빈부귀천을 물론하고 가서 구호하되 더욱 빈곤하여 남의
행랑살이 하는 사람의 집 같은 데를 순회하여 사회봉사에 힘쓰겠다는
데 그렇게 가보아서 순산한 어린아해는 그 진찰소 영아부에 사진을 박
아 두었다가 그 이듬해 봄에까지 역시 건강하면 어미니와 어린아해에
게 상을 줄 터이라".[1]

 태화여자관 모자보건사업의 주요 인물이었던 한신광이 신문에 실
린 것은 이번이 처음이 아니었다. 그는 여러 차례 전국적 웅변대회에
서 인정받은 여성 웅변가로, 그리고 1923년에 산파 시험에 합격한 조
선인 여성 세 명 중 한 명으로 이미 신문지상에 보도된 적이 있었다.

《동아일보》 1925년 3월 18일 자 기사 〈간호부의 생활〉. 간호부 모자를 쓰고 약을 따르는 한신광의 모습이 실려 있다.

그렇지만 산파로서 하는 일이 구체적으로 소개된 것은 이 기사가 처음이었는데, 그것도 다른 산파처럼 산모가 있는 집에 가서 조산을 돕고 수수료를 받는 것이 아니라, 태화여자관 소속으로 무료 조산을 하고, 가정을 방문하여 양육법을 지도하며, 집단보건교육을 하는 모자보건 전문가로 소개되었다.

그리고 약 1년 후, 한신광은 다시 한번 《동아일보》 기사의 주인공이 되었는데 이번에는 간호사로서 하는 일을 소개하는 내용의 기사였다. 기사의 제목은 〈간호부의 생활〉로, 간호부가 어떤 일을 하는 사람이고 어떤 보람과 어려움이 있는지를 설명했다. 사진 속의 한신광은 흰 제복을 입고 머리에는 간호부의 '갓'을 쓰고서 약을 따르는, 오늘날 우리에게도 낯설지 않은 간호사의 모습이다.

이렇게 한신광이 산파로도 간호부로도 소개될 수 있었던 것은 1923년 동대문부인병원 간호부양성소를 졸업하고 이어서 산파 면허 시험에 합격했기 때문이었다. 한신광은 1924년 태화여자관에서 모자보건사업을 시작했을 뿐 아니라 1925년에는 조선간호부협회를 창립해 초대 회장을 지냈고, 해방 이후에는 조산부협회장을 지내는 등 평생을 간호사이자 조산사로 산 인물이다.

성장과 삼일운동 참여

한신광은 1902년 7월 23일 경남 진주에서 아버지 한인수와 어머니 정경애의 여섯 자녀 중 다섯째로 태어났다. 그렇지만 형제자매 여섯 중 세 명이 어릴 때 홍역으로 사망해 오빠 한규상, 한신광, 그리고 남동생 한종상 등 삼남매가 성장했다. 두창, 홍역, 이질 등의 감염병이 계속 유행하고 치료 수단이 변변치 못했던 시기였기에 태어난 아이의 절반 정도만 살아남아 성인이 되는 것은 흔한 일이었다.

한신광의 집안은 내로라할 양반가도 부자도 아니어서 세 칸짜리 초가집에 온 가족이 살았다. 그렇지만 교육열이 높아서 1898년에 태어난 한신광의 네 살 위 오빠 한규상은 여섯 살 때부터 글방에 다니다가 호주에서 온 선교사가 진주에 설립한 학교에 입학했고, 한신광과 동생 한종상도 같은 학교를 다녔다.

19세기 말 조선에는 미국, 영국, 독일, 호주 등에서 온 다양한 선교부가 각기 활동하고 있었다. 이들은 조선에서 선교가 경쟁적으로 이루어지면서 인적·재정적 낭비가 심해지는 것을 막고 단시일 내에 기독교를 전파하기 위해 1893년 '예양협정(Comity Arrangement)'을 맺어 조선 전체를 지역에 따라 나누고 지역별 담당 선교부를 정했다. 이에 따라 부산과 경남 지역은 호주 장로교 선교부(Australian Presbyterian Mission)의 선교구역이 되었고, 진주 지방은 호주 선교부의 관할지역으로 기독교가 전파되었다. 1905년 10월에 진주에 도착한 호주장로회 선교의사 커를(Dr. Hugh Currell) 부부는 여타 선교사처럼 의료와 교육을 통해 기독교를 전파하기 위해 1906년 진주성 북문 안에 있는 '마방집'(사람과 말이 같이 숙박할 수 있는 여인숙)을 사서 학교를 열었다.

이 학교는 진주에 처음으로 생긴 근대적 학교였고, 호기심이 강했던 한신광의 어머니는 장남 한규상을 입학시켰다. 그렇지만 한규상의 입학 당시에는 가족 중에 기독교인이 없었고, 단골 점쟁이가 드나들고 가족 생일이나 명절에는 소경이 와서 경을 읽곤 하는 지극히 일반적인 모습의 조선 가정이었다. 그러다가 한규상이 기독교계 학교에 다니면서 미신을 배척하고 점쟁이와 소경에 의지하는 것에 반발하자 어머니가 교회에 다니기 시작했고, 곧 가족 모두가 기독교를 열심히 믿는 집안이 되었다.

진주교회학교는 짧은 시간에 발전해 1909년에는 남녀 모두 다닐 수 있는 '사립 광림학교'로 학부 인가를 받았다. 한신광은 여덟 살 때 광림학교에 입학했다. 여자는 글을 알면 못 쓴다고 아버지가 반대했지만 어머니가 아들과 마찬가지로 딸도 학교에 다니게 한 것이다. 한신광은 진주교회 예배당 아랫방에 차려진 교실에서 벽에 붙여 놓은 창호지에 적힌 'ㄱ, ㄴ, ㄷ'을 배우는 것을 시작으로 여러 가지 교육을 받았다.

광림학교는 독립운동가 안확이 교사로 재직하기도 하고 1910년 한일병합의 소식을 듣자 선생과 학생 전원이 모여 종일 대성통곡하는 등 민족의식이 강한 학교였다. 오빠 한규상은 광림학교에 다니면서 국채보상운동의 모금을 돕는 등 애국의식이 강한 청년으로 성장했고, 한신광도 광림학교에 다니면서 민족의식이 커졌다.

한신광은 보통학교 4년, 고등과 4년을 거쳐 열여섯 살이 되던 해인 1917년 3월 광림학교를 졸업했다. 졸업 후 1년간은 선교계에서 운영한 유치원에서, 그리고 2년간은 광림학교 보통과에서 학생을 가르쳤다.

오빠 한규상은 1913년에 광림학교 고등과를 졸업하고 서울로 유학을 가서 한국에서 가장 먼저 시작된 선교계 중등교육기관인 경신학교에 입학했다.[2] 그런데 한규상이 열여덟, 한신광이 열네 살이었던 1915년 3월 15일, 61세의 아버지가 위암으로 사망했다. 진주의 호주 선교회가 운영하는 병원에서 위암 진단을 받고 세 시간에 걸쳐 수술을 했지만 암종은 제거하지 못한 상태에서 증상이 일시적으로 좋아졌다가 결국 황달 등의 여러 장애가 오고 사망한 것이다. 초가집 한 채뿐이던 가세는 급격히 기울어 한규상의 서울 유학 비용을 감당하기가 매우 어렵게 되었다. 그렇지만 어머니가 밥장사, 떡장사 등의 행상을 하면서 학비를 마련하기 위해 애쓴 덕분에 한규상은 어찌어찌 고학을 이어갔고, 사립 보성학교로 옮겨 1917년에 졸업했다. 졸업 후 한규상은 진주로 내려와 외국인 선교사의 한국어 교사로 취직해 매달 30원의 월급을 받앉고, 한신광도 광림학교 선생으로 근무하면서 집안 형편은 나아지고 있었다.

1919년 3월 1일 서울에서 삼일운동이 시작되었고, 몇몇 인물이 독립선언서와 격문을 소지하고 진주로 돌아와 3월 18일 장날에 만세운동을 하기 위한 준비를 했다. 기독청년회 간부였던 한규상은 진주 만세운동의 주모자 22명 중 한 명이었고, 담당한 시장 구역에서 대한독립 만세를 선창하고 독립선언서를 낭독하다가 체포되었다. 한신광은 오빠 한규상, 그리고 광림학교 선배이자 같이 광림학교 교사로 근무하고 있던 박덕실의 지도를 받아 사람들에게 태극기를 나누어주고 만세운동에 참여하도록 설득하는 등 준비 과정에서부터 함께 했고, 만세시위 현장에서 일경에게 체포되었다. 미혼인 한신광은 땋은 머리에 댕기를 드리우고 있었는데, 경찰서 유치장에 들어갈 때 일본인 형사가 댕기를 풀고 속치마 끈까지 끊어버려서 옷을 붙들고 유치장 생활을 해야 했다. 유치장은 좁고 수용된 사람은 많아서 앉을 자리조차 없을 정도로 비좁았으며 반찬도 없이 주먹밥을 손으로 받아먹어야 하는 열악한 상황이었다. 십 대였던 한신광 등은 단순 가담자로 분류되어 약 한 달 만에 풀려났고, 한규상과 박덕실 등 주모자 22명이 진주형무소로 이감되었다가 재판을 통해 6개월에서 3년까지의 징역형을 언도받았다. 한규상은 1년 6개월, 그리고 박덕실은 6개월 형을 받았다.

한신광이 경찰서에서 풀려날 때 어머니가 울타리 밖에 서 있다가 오빠는 안 나오는데 왜 너만 나오느냐고 하며 나오지 말고 경찰서에 다시 들어가라고 소리칠 정도로 어머니의 장남에 대한 사랑은 대단했다.

비록 어머니로부터 그런 소리를 들었지만 한신광이 집으로 돌아오자 동네 사람들이 다 찾아와서 고생 많이 했다고 위로도 해주고 과일이나 고기 등을 사다주고 해서 마음이 퍽 흐뭇했고 풀려나온 것이 도리어 무안하고 불미스럽다는 생각이 들 정도였다고 한다.

한신광은 어머니와 동생을 부양하며 수감된 오빠를 뒷바라지할 수 있는 방법을 모색했다. 그리고 생계에 도움이 되면서 계속 공부를 할 수 있는 방법을 찾아 그해 여름 상경해 일과 공부를 병행할 수 있는 동대문부인병원 간호부양성소에 입학했다.

동대문부인병원 간호부양성소 졸업과 산파 면허 취득

한신광은 동대문부인병원 간호원양성소에 입학한 이유를 다음과 같이 회상했다.

진주 배돈병원의 간호원으로 와서 있는 세브란스 출신 최명애 씨가 간호원으로 있을 때, 나와 사랑하는 형제로 정하고 대단히 정답게 지내던 때, 내가 병원에 놀러가면 간호원들이 흰 유니폼에 흰 갓을 쓰고 병실에 왔다갔다 하는 모습이 어찌나 깨끗하고 신성하여 보이는지 꼭 천사 같이 보였다. 간호원의 손은 언제나 깨끗하고, 간호원의 얼굴은 언제나 희고 깨끗하고, 간호원의 복장은 언제나 깨끗했다.

그 깨끗한 손으로 그 말라빠지고 여윈 손을 잡고 맥을 보고 위로하여주는 모습이 몹시도 신성하고 거룩하여 보였다. 그리하여 나는 그때 진주 광림여학교 교원생활을 하고 있을 시절인데, 공부하고 싶은 생각도 나고 밖으로 좀 나가 보고 싶은 생각도 있을 때라, 그만 학교생활을 집어던지고 서울로 올라가서 동대문 부인병원을 찾아갔던 것이다.[3]

한신광은 진주 배돈병원의 최명애 등 간호사와 가깝게 지내며 호감을 갖고 있다가 공부도 하고 서울도 가고 싶어서 동대문부인병원에서 간호교육을 받게 되었다고 했다. 그 외에도 한신광이 간호교육을 받기로 결정한 배경에는 두 가지가 있었다.

첫째, 한신광은 서양식 의료와 병원에 익숙했다. 한신광이 다니던 진주교회와 광림학교는 호주 장로교의 선교 의사 커를이 시작한 곳이었다. 커를은 진주에서 선교를 하면서 진료도 함께 시작해 1913년에는 내과, 외과, 이비인후과, 치과와 41병상 규모를 갖춘 배돈병원을 설립했다. 한신광은 교회와 교육과 의료가 밀접하게 연관된 진주교회의 신자로 성장하면서 서양의료를 친숙하게 여기고 있었다. 또한 아버지가 배돈병원에서 위암 진단을 받고 입원해 수술을 받는 과정을 모두 지켜보았다. 비록 아버지는 사망했지만 위암 환자를 적극적으로 치료하는 서양의료는 한신광에게 깊은 인상을 남겼을 것이다.

둘째, 동대문부인병원은 한신광에게 여러모로 이점이 있는 병원이었다. 배돈병원과 마찬가지로 선교계 병원이면서도 운영자가 모두 여성이고 환자도 여성과 어린이를 대상으로 해서 고향을 떠나 서울의 병원에서 생활해야 하는 한신광과 가족에게는 믿을 만하게 느껴졌을 것이다.[4] 또한 선교회를 통해 들어온 기부금으로 교육 비용을 충당하고 있었기에 학자의 부담이 없다는 것도 큰 이점이었다.

동대문부인병원은 1887년 서울 정동에 설립된 한국 최초의 여성 전문 서양의료기관인 보구여관에서 이어진 곳이었다. 그런데 보구여관이 위치한 정동은 궁궐과 가깝고 외국 공사관이 많아 평범한 조선인이 이용하기에는 지리적으로 좋지 않아 일반인이 이용하기 편한 동대문 지역에서도 진료를 시작했고, 이 진료소가 잘 되자 병원으로 강화해 나갔다. 보구여관에서 1903년에 시작된 간호학교는 평양의 광혜여원으로 옮겨갔으나 1912년 동대문부인병원의 현대식 병원 건축을 계기로 다시 서울에서도 이어지고 있었다. 선교계에서는 릴리안해리스기념병원(Lillian Harris Memorial Hospital)이라고 부른 동대문부인병원은 점점 널리 알려져서 전국에서 환자가 왔고, 1916년에는 산부인과 병동과 유아 병동이 별도로 설치되었다.

1917년의 경우, 동대문부인병원의 연간 입원환자 수는 총 476명으로 이 중 외국인은 9명뿐이고 나머지는 모두 조선인이었으며, 총 입원 일수는 4972일로 환자 1인당 입원 일수는 10.4일이었다. 외래 환자는 8578명, 그리고 324회에 걸쳐 왕진이 이루어질 정도로 활발하게 운영되고 있었다. 간호학교 입학자의 교육 수준도 점점 높아져 신입생은 모두 중등교육을 마쳤을 정도였다. 그렇지만 여전히 지원자가 적고 중도 탈락도 많아서 1학년이 4명, 2학년이 5명, 3학년이 3명 등 재학생 수는 모두 12명이었다.[5]

한신광이 입학하던 무렵 동대문부인병원의 간호부장이자 간호학교 교장은 엘리자베스 로버츠(Elizabeth Roberts)였다. 의사는 메리 스튜어트(Mary Stewart)와 안수경이 있었다. 안수경은 조선총독부 의학강습소 청강생 출신으로 1918년에 조선에서 여성으로는 처음 의사면허를 취득한 세 명 중 한 명이었다. 그 외에도 보구여관 간호학교를 졸업한 원경애 수간호사가 "흰 양장에 흰 갓을 쓰고 갓 위에 새카만 우단 테를 둘러서 쓰고" 일하고 있었으며, 예모식을 한 선배 간호학생은 "시퍼런 양장에 흰 앞치마를 입고 흰 갓을 쓰고" 있었다.

한신광은 동급생 여섯 명과 학교생활을 시작했다. 처음 3개월은 수습생으로 한복에 앞치마를 입고 청소, 밥상 나르기, 심부름, 산모 피기저귀 빨래, 어린이 똥기저귀 빨래 등을 해야 했다. 한신광은 "공부하러 간 사람을 심부름하는 뽀이 노릇을" 시키는데 "싫증이 나고 너무나 고생스러워" 함경도 청진에서 온 강혜숙이라는 동급생과 "몰래 빠져 달아날 궁리를 했다". 이것을 수간호사가 알게 되어 둘은 벌을 받았고 석 달을 참고 나니 제복을 입고 모자를 쓰는 의식을 하게 되었다. 그리고 정식 간호학생이 되어 병실에 들어가 "환자의 열도 보고 약도 주고 하니까 이제부터는 간호원 같은 감이 생기고 위안이 되고 취미가 생기게 되었다."[6]

동대문부인병원은 4층 규모의 여성과 어린이 전문병원이었다. 2층은 산과와 어린이 병동으로 분만실 1개, 분만 병동 5병상, 영유아 병동 5병상, 어린이 병동 7병상, 2인실 2개, 1인실 1개, 그리고 소독실이 있었다. 3층은 내외과 병동으로 9인실 1개, 소녀용 병동 6병상, 2인실 1개, 1인실 2개, 수술실, 드레싱룸, 간호감독 사무실이 있었다. 4층은 간호사 기숙사였다.[7] 환자 중에 산모가 많아 하루에 10여 차례의 분만이 있을 정도였지만, 간호인력은 수간호사 1명, 간호학생 10여 명, 그리고 견습생까지 다 합해야 20여 명에 불과했다. 간호학생은 푸른색 제복에 흰색 앞치마를 착용하고 12시간씩 주야간의 맞교대 근무를 하면서 환자들을 돌보았다. 주간 근무는 아침 7시에서 저녁 7시까지였는데, 학기 중에는 강의까지 들어야 했다. 밤번은 한번 시작하면 한 달간 지속됐는데 오후 4시에 일어나서 준비와 저녁 식사를 하고 저녁 7시에 근무를 시작해서 아침 7시까지 일했다. 학년이 올라가면서 힘든 일은 아래 학년에게 위임하고 좀 더 책임 있는 일을 하게 되면서 조금씩 여유가 생겼다. 2학년이 되면 1학년에게 이런저런 일을 넘기면서 좀 나아졌고, 3학년이 되면 졸업반이라고 병실이나 수술실에서 책임 있는 일을 맡으면서 많은 일상적 업무를 1, 2학년 학생에게 위임했고 학과 수업은 거의 듣지 않았다.

졸업하고 2년 후에 한신광은 앞서 언급한 《동아일보》 기사 〈간호부의 생활〉에서 간호교육을 받던 시기의 생활에 대해 다음과 같이 회고했다.

처음 들어가서는 푸른 간호부 복장에 흰 앞치마를 입고 흰 갓을 쓰고 의사의 약 심부름 같은 여러 가지 일에 퍽 괴로워 그리 달가운 재미를 얻지 못하였답니다. 넉 달이나 다섯 달에 한 번씩 돌아오는 한 달 동안의 밤번(야번)이 있는데 매일 밤 인적이 끊기고 쥐 소리 새 소리 하나 들리지 않는 만뢰가 고요한 밤에 병실에서 나오는 신음소리만 들었을 뿐이오. 혼자 전등 밑 책상 앞에 앉아 병자의 전령소리에만 귀를 기울이며 잠이 오는 것을 억지로 깨어 가면서 이 병실 저 병실로 돌아다니는 때는 여윈 몸에 무서운 때가 퍽 많았다고 합니다. 급한 환자가 있으면 밤이 깊도록 옆에서 시종을 했으며 급한 산모 같은 이가 있으면 황급한 맘에 이로 손을 놀릴 수 없어 아무리 추운 겨울이라도 땀이 흘렀으며 밤 중에 별안간 죽음 길을 떠나는 송장이 생길 때는 그 무서운 모양이 죽은 그림자가 신체 위에 비칠 때며 뻣뻣하여진 송장을 혼자 염을 할 때에는 뼈끝이 송연하여지는 두려움은 한입으로 말할 수 없답니다. 가끔가끔 그런 참상을 볼 때마다의 느낌은 무엇이라 형언할 수 없었다고 합니다. 그때만 하여도 간호부의 대우가 그리 높지 않아서 매일 환자가 내어 놓는 피 묻은 붕대를 빨며 대소변 같은 것까지도 받아서 치우는 등 참 손대기 싫은 그런 일까지도 할 때에 간호부의 생활이 비참하다고 느낀 때가 한두 번이 아니었다고 합니다.[8]

학생 때의 밤 근무 기억은 무척이나 생생했는지, 50년이 지난 후에도 한신광은 추운 겨울날 솜두루마기를 입고 상급생과 둘이서 밤번을 서다가 밤 10시쯤 미역국을 끓여서 산모들에게 먹이고 난 후에 먹던 흰쌀밥과 미역국이 아주 맛있었다고 회고했다.[9] 당시에는 일회용품이 거의 없었으므로 학생들은 일하는 틈틈이 더러워진 붕대도 빨고, 환자가 사망하면 염도 하고 시체실로 운반도 해야 했다. 한 달에 한 번 외출이 있었지만 외출 시간은 두 시간뿐이었고, 방학에도 강의가 없을 뿐 병원 근무는 학기 중과 다름없이 해야 했다.

한신광은 동대문부인병원에서 간호교육을 받으면서 계속 가족을 뒷바라지했다. 1920년 4월 27일, 오빠 한규상이 감형을 받아 출감했다. 그리고 광림학교 교사이자 함께 삼일운동을 주도하여 6개월 징역형을 받았던 박덕실과 그해 12월 28일 진주 봉래동 교회에서 결혼식을 올렸다. 간호학교는 방학이었지만 강의가 없을 뿐 병원에서 계속 일해야 했고 휴가도 없었기 때문에 한신광은 오빠의 결혼식에 참석하지 못했다. 대신 올케를 위한 금반지와 오빠를 위한 모자를 사서 보내며 서운한 마음을 달랬다.

한신광은 1923년 봄 동대문부인병원 간호원양성소를 졸업했다. 학생 때는 푸른 유니폼에 흰색 민무늬 모자를 썼지만, 졸업식 날에는 흰 유니폼을 입고 흰 모자에 검은 테를 두르고 흰색 신발을 신었다. 예배실에서 졸업식을 한 후에는 선교 의사인 병원장이 자신의 집으로 학생들을 초대해 서양식 식사를 하는 것이 관례였다.

한신광은 졸업 후 보구여관이나 다른 선교계 병원에서 일하지 않고 수창동(현 종로구 내수동)에 위치한 광제병원[10]에서 간호사로 일했다. 그리고 산파 면허 시험을 준비했다. 1914년부터 시행된 간호부와 산파 규칙에 의하면, 관공립 학교나 조선총독부 지정 학교의 졸업생은 바로 면허를 받을 수 있었지만, 그렇지 않은 경우에는 별도의 면허시험을 봐야 했기 때문이다. 동대문부인병원 간호부양성소는 조선총독부 지정을 받지 못했기 때문에 졸업 후에 별도로 시험에 응시해서 합격해야 간호부 면허를 받을 수 있었는데, 관공립이 아닌 병원에서 일하는 데는 면허가 필수적이지 않았기 때문에 관공립이나 조선총독부 지정이 아닌 간호학교를 졸업하고 나서도 간호부 면허를 받지 않는 경우가 많았다. 그렇지만 산파는 대부분 개업하여 활동했고, 개업하려면 반드시 면허가 있어야 했다. 동대문부인병원은 여성 전문 병원으로 분만이 많았기 때문에 산파 시험을 준비하기가 용이했다.

한신광은 1923년 6월 경기도 위생과에서 주최한 산파 시험에 합격했다. 합격자 21명 중 18명은 일본인이었고, 조선인은 경기도 출신 윤영자, 전라남도 출신 박복남, 그리고 경상남도 출신 한신광 셋뿐이었다.[11] 1923년 조선의 면허 산파 총 758명 중에 716명이 일본인이고 조선인은 42명에 불과했는데 한신광은 그중 한 명이 된 것이다. 《동아일보》와 《매일신보》는 이들 세 명의 이름을 보도하며 축하했다.

산파 시험에 합격한 한신광은 어머니와 동생 한종상을 서울로 불러 함께 살면서 동생을 배재고등보통학교에 입학시켰다. 그리고 이후 4년간 동생을 뒷바라지해 졸업을 시켰고, 일본에 유학 간 오빠도 뒷바라지했다. 한신광은 생활비와 동생과 오빠의 학비를 벌기 위해 열심히 일했다. 병원이나 태화여자관에서 근무했고, 근무 외 시간에는 산파로 일했으며, 외국인에게 한국어를 가르치는 등 세 가지 일을 함께 했다.

이후 한신광은 조선간호부협회와 태화여자관에서 활동하면서 간호사로서의 역할에 대한 신념이 더욱 확고해졌다. 그리고 간호부로서의 자부심과 사람들에게 보건교육을 하겠다는 미래에 대한 결심을 《동아일보》의 〈간호부의 생활〉에서 다음과 같이 표현했다. "처음에는 간호부 생활이 퍽 참담한 듯한 느낌을 가졌었습니다. 그러나 지금은 사회에 접촉하면서 간호부의 생활은 참으로 신성한 것이라고 생각합니다. 앞으로는 시골 농촌 같은 데까지라도 가서 위생사상을 보급하려고 합니다".[12] 또한 한신광의 조산사로서의 경험과 직업관은 여성지 《신여성》에도 소개되었다. 《신여성》에서는 '직업부인의 경험과 감상'이라는 주제로 여교사, 간호사, 여기자, 여의사, 보모, 산파 등 6가지 직업에 종사하는 여성의 글을 실었는데, 그중에 산파 한신광의 글이 포함된 것이다.[13] 한신광은 〈내 경험보다 남에게 희망〉이라는 제목의 글에서 조선의 영유아 사망률이 높은 이유가 해산할 때 산파를 부르지 않아 출산과 산후관리가 비위생적인 탓이 크다는 것을 다섯 가지를 근거로 설명했다. 그리고 산파를 써야 하는 이유를 산전관리에서 산후관리에 이르기까지 다섯 가지로 나누어 설명했다. 덧붙여서 산파가 갖추어야 할 조건으로 침착함, 희생정신, 자선감, 책임감, 철저한 소독 등 다섯 가지를 열거한 후 "산파가 자신으로도 이 직업이 결코 천하거나 가벼운 것이 아니고 그와 같이 귀중한 일인 줄을 자각하여야 될 것입니다"라는 말로 마무리했다.[14]

대중연설가로서의 활동

대중매체가 발달하지 않았던 일제강점기에 대중강연은 다양한 애국청년과 지사들이 대중과 만나 새로운 지식과 정보를 전달하고 변화를 설득하는 방법이었다. 한신광은 동대문부인병원 졸업 이후 대중강연을 시작했다.

한신광은 1923년 봄, 교회 청년조직인 엡윗청년회를 통해 연자로 활동하기 시작했다. 1923년 4월 16일, 동대문교회에서 웹웟청년회 주최로 열린 '사업을 성취함에는 근면이냐, 재능이냐'라는 주제의 남녀 연합토론회에 연자로 참여한 것이다. 여섯 명의 연자가 가(可)와 부(否)로 나뉜 이날의 토론회가 남녀연합이 될 수 있던 것은 한신광 때문이었는데, 나머지 다섯 명의 연자는 모두 남성이었기 때문이다. 약 한 달 후인 5월 29일에도 엡윗청년회는 동대문교회에서 '사회를 발전함에는 도덕이냐, 법률이냐'를 주제로 토론회를 개최했는데, 이날도 한신광은 다섯 명의 연자 중 한 명으로 참여했다.

6월 12일에는 종로 중앙청년회관에서 '의약간(醫藥看)여자기독청년회' 주최로 위생대강연회가 열렸다. 이 강연회는 유료로 일반인은 30전, 학생과 여성은 반액의 입장료를 지불해야 했다. 주최 측인 '의약간여자기독청년회'는 그 명칭과 동대문부인병원 내에 본부를 두고 있었던 사실로 보아 기독교도이면서 의사, 약사, 간호사로 보건의료직에 종사하는 여성들의 모임이었던 것 같다. 발표자는 여의사 정자영, 간호사 한신광, 그리고 신묘석 세 명이었다. 도쿄여의전을 졸업한 개원 여의사 정자영은 '소아양육과 사회의 관계'라는 제목으로, 신묘석은 '무궁화'라는 제목으로, 그리고 한신광은 '우리의 삼용(蔘茸)'이라는 제목으로 발표했는데, 한신광은 대표적 전통약재인 삼과 용의 효과에 대해 설명한 것으로 보인다.

한신광은 1923년 6월에 산파 면허를 취득했지만, 일반적인 산파 면허 소지자의 경우처럼 바로 개업하지는 않고 본격적으로 대중강연에 뛰어들었다. 청주의 사립 정명학교에서는 "남선 각지의 문화발전을 도

모하자"를 표방하며 "경성 여자계에서 명성이 높은 손메리 여사, 이명
준, 이재순, 한신광 등 여류 음악가와 여류 웅변가를 망라하여 지방순
회 음악강연단을 조직"했다. 그리고 7월 28일 경성을 시작으로 인천,
천안, 예산, 홍성, 충주, 조치원, 청주, 괴산, 충주, 대전, 강경, 이리, 전
주, 군산, 정읍, 고창, 송정리, 광주, 나주, 광양, 해남을 거쳐 8월 28일
목포에 이르기까지[15] 한 달간 경성, 인천, 충청도와 전라도의 22개 주
요 지역을 모두 망라하는 순회강연을 한 것이다. 이 순회강연의 성격
은 두 번째 지역이었던 인천에서의 프로그램으로 확인이 된다. 첫 번
째 강연자는 한신광으로 '여성 독립의 제일보'를, 두 번째는 이명준으
로 '사활의 노(路)'를, 세 번째는 손메리로 '우리의 갈길'을 주제로 강연
했고 이재순의 독창으로 이어졌다.[16] 즉 이 순회강연은 여성 해방을 전
파하기 위한 대중강연이었으며, 8월 27일 군산에서 강연회를 감시하
고 있던 경찰에 의해 중단되고 연사 세 명이 조사당하는 등[17] 어려움을
겪었다.

논리적이고 유창한 연설로 유명해진 한신광은 이후에도 여러 강연
에 초청받고 기꺼이 응했다. 그해 겨울에는 근화학교 교장 차미리사가
조직한 교육협회 초청으로 전국 순회강연 멤버가 되어 호남지방을 맡
아 유명 독립운동가 김산과 함께 순회강연을 하기도 했다.

1924년 7월 5일에는 조선여자교육협회에서 주최하고 시대일보사
에서 후원하여 중앙청년회관에서 열린 제1회 여자연합현상토론회에
참가했다. 입장료 30전을 받고도 1000여 명의 청중이 들어찰 정도로
관심을 끌었던 이날 토론회의 주제는 '생활 개조는 어디로부터, 가정

으로? 사회로?'였고, 여러 여성단체를 대표하는 여덟 명의 여성이 가정 측과 사회 측으로 나뉘어 연설을 했다. 한신광은 조선여자청년회 대표로 참가해 '생활 개조는 가정으로부터'를 연설했고, 다섯 명의 유명 인사로 구성된 판정단의 판정 결과 1등을 차지했다.[18]

10월 28일에는 여자기독교청년회 주최로 '사회의 원동력이 돈에 있느냐, 사람에 있느냐'라는 주제로 종로 중앙기독교청년회에서 여자토론회를 개최했다. 입장료 20전으로 열린 이날의 토론회는 여섯 명의 여성이 양편으로 나뉘어 토론했는데, 한신광은 사회의 원동력이 돈에 있다는 편에 섰다.[19]

1925년 2월 5일에는 조선여자청년회 산하 조선여자학원에서 개최한 신춘남녀토론회의 연자 중 한 명으로 참가했다. 저녁 7시 경성 경운동 천도교기념회관에서 입장료 30전을 내고 관객 200여 명이 입장한 가운데 열린 토론회의 주제는 '우리 사회에서 최선 개척할 방면이 남자사회냐, 여자사회냐'였고, 남자라는 편에 여성 셋, 여자라는 편에 남성 셋이 연자로 나섰는데, 한신광은 남자라는 편에서 연설했다.[20] 또한 6월에는 조선여자기독교청년회에서 주최하여 1000여 명의 방청객이 참석한 가운데 종로 청년회관에서 열린 여자토론회의 토론자로 참여했다. 주제는 '여자 해방의 요도(要道)는 교육? 경제?'였고 먼저 세 명의 연자가 각각 교육과 경제 편에서 주장한 후 "한신광 양이 등단하여 조리 있고 해박한 변론으로 만장의 인기를 취케 한 후에 우레와 같은 만장의 박수 속에 본 연사는 끝을 맞고" 마무리 토론을 하는[21] 중심적 역할을 했다.

조선간호부협회 출범

한신광은 간호사 단체 결성을 주도해 조선간호부협회를 창립하고 초대 회장으로 활동했다. 조선간호부협회는 한신광과 김금옥, 정종명 등 경성에서 활동하던 여덟 명의 조선인 간호부의 발기로 1924년 1월 26일 창립되었다. 한신광은 1923년 동대문부인병원 간호부양성소를 졸업했고 정종명은 1920년 세브란스병원 간호부양성소를 졸업했지만 대다수의 간호사처럼 병원에서 일하는 것이 아니라 둘 다 산파 면허를 취득해 한신광은 태화여자관에서, 정종명은 개업하여 활동할 때였다. 창립총회는 오후 7시 서울시 인사동 중앙예배당에서 간호부와 간호부협회 창립에 찬성하는 인사가 참석한 가운데 개최되었다. 초기 회원은 약 30명이었다.

조선간호부협회는 조선 최초도 유일한 간호사의 단체도 아니었다. 바로 1년 전인 1923년에 창립된 '조선간호부회'가 있었기 때문이다. 그런데 조선간호부회는 서양인 선교 간호사의 모임을 모체로 서양인 선교 간호사와 선교계 간호학교 졸업생을 회원으로 만들어진 단체였고, 서양인 선교 간호사가 계속 회장을 지내는 등 주도적으로 이끌어가고 있었다. 조선간호부협회를 창립한 한신광과 정종명 둘 다 대표적인 선교계 간호학교를 졸업했기 때문에 조선간호부회의 존재를 몰랐을 리는 없다. 그렇지만 국제간호협회 가입을 목표로 선교계 간호학교의 교육 수준 향상에 관심을 두고 활동하던 조선간호부회는 조선사회의 일반적 현안에는 직접적 관심을 기울이지 않았고, 대중매체에서도 조선간호부회의 창립이나 활동에 주의를 기울이지 않았다. 반면 조선간호부협회의 주도적 발기인인 한신광, 김금옥,[22] 정종명은 모두 조선의 독립과 여성해방 등 사회 현안에 적극적인 인물이었다. 즉 조선간호부협회와 조선간호부회는 출발부터 구성원의 면모까지 차이점이 드러난다고 할 수 있다. 조선의 현실에는 직접 관여하지 않고 있던 조선간호부회와 달리 조선간호부협회는 조선인 간호사만으로 구성되어 식민지 조선과 여성의 문제를 직접적으로 제기하고 해결하고자 했던 모임이었다.

한신광은《동아일보》기자와의 인터뷰에서 "조선에 간호부가 생긴 지는 이미 오래이나 아직까지 간호부의 천직을 위하여 간호부 자신이 활동할 일이 별로 없었던 것을 유감으로 여기던" 중 다음과 같은 취지에서 조선간호부협회를 창립했다고 밝혔다.

우리 조선간호부는 이때까지 병원의 고용살이를 하는 외에 아무 것도 사회를 위하여 일한 것이 없습니다. 우리도 우리의 천직을 하기 위하여는 우리끼리 상당한 기관을 만들어 가지고 사회적으로 활동할 필요가 있다 하여 이번에 간호부협회를 발기한 것이올시다. 우리는 비록 아무 힘도 없으나 다만 크리미아의 여신 나이팅게일의 정신을 본받아 조금이라도 사회를 위하여 일하고자 합니다.[23]

즉, 간호부가 직업인으로 일하는 것 외에도 사회적 활동을 해야 전문직으로서의 역할을 다하는 것이라고 보고 조선간호부협회를 조직했다는 것이다. 그리고 구체적 사업으로 보건교육, 보육사업, 간호직 알선의 세 가지를 계획했다. 이 중 보건교육과 보육사업은 간호사로 서의 전문성을 활용해 일반인을 대상으로 펼치는 대사회 활동, 그 리고 간호직 알선은 간호사 회원의 요구에 부응하는 대회원 활동이 었다.

조선간호부협회는 창립 1주년 기념식을 통해 적극적인 홍보 활동 을 펼쳐나갔다. 1925년 1월 31일 경성 천도교기념관에서 거행된 제 1회 창립기념식에 많은 대중이 참석하도록 협회에서는 초대권 500여 장을 배부했는데, 《동아일보》에 두 번이나 기사화되어서인지 1000명 이상이 참여해 대성황을 이루었다. 행사는 1부 기념식과 2부 여흥으 로 구성되었는데, 1부에서는 조선간호부협회가 만들어진 동기와 1년 간의 활동을 정리했고, 2부에서는 바이올린 연주, 이중창, 무용 공연과 함께 간호부의 생활과 협회의 사업을 홍보하는 연극을 공연했다. 간 호부의 생활을 담아낸 연극의 제목은 〈회원중으로 향촌생활과 도시생 활〉로, 농촌지역에 병원이 거의 없었던 시기였으므로 간호부의 향촌 생활은 농촌지역에서 보건간호사업을 전개하는 내용이었을 것이다. 그리고 협회의 사업을 홍보하는 마지막 순서의 사회극 〈본회 사업〉에 서 "동회의 창립된 동기와 장래 사회에서 봉사적 정신과 희생적 실행 으로 나아갈 사업을" 표현함으로써 협회의 창립 취지와 지향점을 일반 대중에게 생생히 전달했다.[24]

조선간호부협회의 대사회 활동은 1925년 여름의 위생강연과 재해 구호에서 구체적으로 펼쳐졌다. 협회는 7월 4일 종로 중앙청년회관에서 위생강연을 개최했는데, '중앙위생조합연합회'의 후원을 받고 입장료 10전의 유료 강연회로 진행했다. 세 가지 보건교육과 음악공연을 번갈아가며 진행했는데, 먼저 의사 김전식이 '육체의 정신'을, 여의사 유영준이 '유영과 해수욕'을, 그리고 의사 박창훈이 '가공할 화류병'을 주제로 강연했다.[25] 관변단체 성격이 강했던 중앙위생조합연합회의 후원과 입장료 등을 받고, 세 명의 의사로 연자를 구성한 점으로 볼 때 재정적으로 어려웠을 조선간호부협회의 경제적 기반을 마련하기 위해 개최한 행사로 추정된다.

위생강연회를 개최하고 얼마 되지 않아 홍수로 한강 연안에 심각한 재해가 발생하자 조선간호부협회는 구호활동에 참여했다. '을축년 홍수'라고 기록되기도 한 1925년의 홍수는 전국적으로 커다란 피해를 입혔는데, 특히 7월 16일 기록적 폭우가 쏟아지면서 한강 제방이 무너지고 숭례문 앞까지 물이 차오르는 등 심각한 피해가 발생해 익사자만 400여 명에 가옥 1만 2000여 호가 유실되었다. 조선간호부협회는 출범한 지 불과 1년 반이 지났을 뿐이었지만, 사회주의 계열이자 대표적 여성단체로 정종명, 김금옥 등의 주요 회원이 함께 활동하던 여성동우회, 경성여자청년동맹과 연합해 수재민을 위한 구호활동을 펼침으로써 '사회를 위하여 일하고자' 하는 설립 취지를 실천했다.

대중연설가로서 한신광의 활동은 조선간호협회 창립 이후로도 계속되었다. 그리고 일반직 사회문제와 여성문제에 관한 것에서 점차 간호사이자 조산사로서 전문적인 내용을 담게 되었다. 1924년 9월에 서울청년회 개최로 열린 산아제한에 관한 남녀토론회에 한신광은 여덟 명의 연자 중 한 명으로 참가했는데, 산아제한에 반대하는 입장이었다.[26] 한신광의 토론 내용이 구체적으로 알려져 있지는 않지만, 이날 토론회에 대해 월간지《개벽》에서는 "기혼 여자는 산아 고통을 맛보았으니까 제한을 주장함이 가하겠고 미혼 여자는 그 고통을 아직 맛보지 못했으니까 제한 불가를 주장"할 것이라고 하면서 "특히 한신광양은 산파이니까 영업상으로 보아도 부를 절대 주장할 것이다. 그러나 미혼 여자로 산아주장을 하는 것은 용기가 어지간하다"라고 했다.[27] 즉 조산을 돕는 산파인 한신광이 산아제한에 반대하는 것은 당연하지만 미혼 여성으로 산아제한 토론회에 참여하는 것 자체가 매우 특별하다고 평가한 것이다.

1925년 3월 동아일보사는 전국의 여성단체나 기관을 대표하는 인물 12명을 연자로 하여 전조선 여자 웅변대회를 개최했다. 경운동 천도교기념관에서 입장료 10원을 받고 각각 2000여 명의 청중이 참가한 가운데 이틀간 열린 대회에서 다음 순서와 같이 12명의 연자는 대체로 여성문제와 이를 타개하는 방법에 대한 내용으로 웅변을 했고, 또 다른 산파이자 조선간호부협회 회원이었던 정종명은 경성여성동우회 대표로 연설하려다 경찰에게 제지당해 기회를 얻지 못했다. 한신광은 조선간호부협회를 대표하는 인물답게 '병인과 간호'라는 주제로 연설했다.[28]

1925년 동아일보사 주최 전조선 여자 웅변대회 순서[29]

1. 조선에 나타난 부인직업에 대하여 (김순복, 경성여자기독교청년회)
2. 금전의 용도 (최호경, 개성여자교육회)

3. 현대 경제조직의 결함 (문영숙, 평양 남산현 여자엡윗청년회)

4. 역경에 선 여자들이여 (노순열, 조선여자청년회)

5. - (정종명, 경성여성동우회) ※ 경찰이 연설 금지시킴

6. 병인과 간호 (한신광, 조선간호부협회)

7. 남녀평등을 부르짖노라 (김화진, 평양정의유치원)

8. 우리의 최대 결점이 무엇이냐 (진경선, 경성배화여학교)

9. 사회 개조의 근본책을 논함 (최경애, 광주수피아여학교)

10. 울타리의 매화 (임순의, 대구신명여학교)

11. 우리의 희망 (임명숙, 평양정의여고)

12. 현모양처주의는 무엇? (한신극, 경성정신여학교)

웅변대회의 첫날 마지막 연자로 참가한 한신광이 15분간 실시한 연설 내용의 속기록은 다음과 같다.

문제를 말하기 전 말에는 세가지 구분이 있으니 하나는 혀로 하는 것이오, 하나는 뇌로 하는 것이오, 하나는 맘으로 하는 것이외다. 그러나 제일 잘하는 말은 실제로 경험하여 자각한 말이 제일이외다. 가가(價價)가 없는 병인과 간호는 재미없을 것이나 병석에 누워서 신음하면 이 문제가 재미있겠습니다. 속담에 사람은 병의 주머니라 안 앓은 사람은 한 분도 없을 것입니다. 사람이 한번 나면 한번 죽는 것인데 그 대개는 병으로 죽습니다. 한 국가에 병자가 없지 못하면 간호도 없지 못할 것이외다. 여러분 병만 들면 우리의 자유는 잃어버리는 것이외다. 우리에게 무엇이 요구입니까. 약과 의사가 필요하기 전에 간호자를 요구하여야 되겠습니다. 간호자는 병자의 모든 것을 대신합니다. 먹여주고 입혀주고 마치 병자는 유아요, 간호자는 어머니외다. 그러면 병자를

어떻게 인도해야 되겠습니까. 어머니가 유아를 예술적으로 인도하는 것과 같이 예술적으로 해야 되겠습니다. 간호자는 희생적 태도와 봉사적 정신이 아니면 아니됩니다. 간호자는 병자의 생사를 쥐고 있습니다. 간호자는 전문 기술을 가진 간호부라야 됩니다. 사람이 병을 얻으면 세상만사가 귀찮습니다. 하물며 보통 병자도 이와 같거늘 사회적 병인은 누가 간호하여야 되겠습니까? 사회적 병인도 우리가 간호할 의무가 있습니다.[30]

한신광 연설의 요지는 "간호인은 병자를 위하여 희생하고 봉사할 작정으로 하여야 한다는 말을 비롯하여 병자에 대한 간호인의 책임을 조리 있게 설명하고 병자와 간호인은 마치 어린아이와 어머니와도 같이 병자를 좌우하는 것은 간호인인 즉 그 책임이 얼마나 중요하고도 크냐" 하는 것,[31] 그리고 더 나아가 간호사는 병자 개인뿐 아니라 사회적 병의 원인도 간호할 의무가 있다는 것이었다. 간호사의 전문성을 역설하면서 대사회 활동도 간호의 역할임을 주장한 이날 연설은 조선간호부협회를 출범시키고 초대 회장을 지낸 한신광의 간호와 간호사에 대한 생각을 잘 드러내주었다.

1925년 동아일보사 주최 전조선 여자 웅변대회 한신광의 사진과 연설의 속기록. (《동아일보》, 1925.3.23.)

태화여자관의 보건간호사업 시작

한신광은 1924년 태화여자관의 모자보건사업을 시작했다. 태화여
자관은 미국 감리회 여성의 헌금과 후원으로 1921년 서울시 인사동
에서 여성과 아동을 대상으로 사회사업을 시작해 남감리회, 미감리회,
그리고 북장로회 등 세 개 선교부 연합운영체로 정착했다. 초대 관장
메리 마이어스(Mary Myers)는 간호사가 참여하는 모자보건사업을 초
기부터 계획하고 있었고, 1923년 제2대 관장으로 부임한 선교사 로라
에드워즈(Laura Edwards)는 태화여자관 사업을 "생명을 주고, 치료하고,
구원하는" 세 가지 통로로, "부녀자와 어린이들의 상한 마음과 정신
과 몸을 대상으로" 한다고 표현하며[32] 모자보건사업의 추진을 재확인
했다. 그리고 1921년부터 동대문부인병원에 부임하여 한국어를 익히
고 있던 미감리회 선교 간호사 엘마 로젠버거(한국 이름 로선복)가 태화
여자관에 부임해 공중위생 및 아동보건부(Public Health and Child Welfare
Department) 책임으로 한신광과 함께 모자보건사업을 준비했다. 이들
은 태화여자관의 작은 방에 있던 잡동사니를 치우고 모자보건사업에
필요한 장비를 구비했다. 그리고 조선 여성에게 건강검진 등 질병예방
의 개념을 전파해 환자 발생과 의료비용 지출을 줄이고자 했다.

한신광이 어떻게 태화여자관에서 일을 시작하게 되었는지는 구체
적으로 알려져 있지 않다. 그렇지만 로젠버거가 1921년에 동대문부인
병원에 부임했을 때 한신광이 간호부양성소 학생이었으니 그때부터
서로 알았을 것이다. 한신광은 활달하고 적극적인 성격인 데다가 서양

인 선교사에게 한국말을 가르치는 부업을 할 정도로 영어도 잘했고, 산파 면허도 취득한 여성이었다. 한국에 온 지 불과 2년 만에 모자보건 사업을 시작하게 된 로젠버거에게 현지인이면서 간호사이자 산파 면 허를 가진 한신광은 믿음직스럽고 훌륭한 파트너였을 것이다.

태화여자관 공중위생 및 아동보건부 사업의 의료인력은 로젠버거 와 한신광, 그리고 선교여의사 로제타 홀과 도쿄여자의학전문학교를 졸업한 현덕신이었다. 이들은 동대문부인병원에서 배우거나 일했다 는 공통점을 가지고 있었는데, 로젠버거와 한신광이 태화여자관의 보 건사업 전반을 담당했고, 홀과 현덕신은 동대문부인병원에서 일하면 서 태화여자관 영유아 클리닉에 참여했다. 이들의 주요 사업 대상은 임산부와 영유아, 그리고 아이를 키우는 어머니였다. 월요일부터 금요 일까지 평일 오전에는 가정방문을 해 가정 위생과 어린이 양육법을 교 육하고, 가정에서 해산하는 경우 무료로 분만을 돕고, 수요일 오전과 기타 월, 화, 목, 금 오후 두 시간씩 태화여자관에 내원하는 다섯 살 미 만 어린이를 무료로 진찰해서 건강 상태를 확인하고 필요한 경우에는 약값만 받고 치료해 주었으며 상태가 심각한 경우에는 선교회 병원으 로 보내기도 했다. 그리고 매주 토요일 오후에는 한 시간씩 가정위생 에 관한 집단교육을 했다.

가정방문은 전적으로 로젠버거와 한신광 담당이었는데, 이들은 태 화여자관의 모자보건사업을 사람들에게 알리기 위해 가정방문에 힘 을 기울였다. 처음에는 추운 겨울날 집 안에 들어가는 것조차 어려울 정도로 애로가 컸지만 얼마 후 네 가정을 설득할 수 있었고, 그중 한 엄마가 아이를 진찰소에 데리고 왔다. 조선인 간호사이자 산파 면허까지 취득한 한신광은 어머니와 아기에게 접근하기 아주 좋은 인물이었다. 곧 진찰소로 직접 방문하는 사람이 늘었고, 집으로 방문해달라는 요청도 늘어서 모두 방문하기 힘들 정도가 되었다. 한신광과 로젠버거는 1924년 1년 동안 583곳의 가정을 방문했고, 토요일에는 자모회를 40회 실시하여 위생교육을 했다. 그러니까 평일 오전에는 매번 두세 집을 방문하고, 거의 매주 토요일마다 자모회를 개최해 보건교육을 한 것이다. 가정방문에서는 영유아의 위생적 양육을 위해 목욕을 시켜야 한다는 것을 강조하면서 1년간 290회의 목욕을 실시했다. 가정방문을 하면서 한 집 걸러 한 집에서는 영유아 목욕을 시킨 것이다. 기타 학교 보건사업도 했는데 매월 8회 주로 선교계 학교를 방문해 위생에 관한 보건교육을 하고 500여 명의 학생을 대상으로 건강검진을 하며 건강상태를 살폈다.

태화여자관의 모자보건사업은 점차 확대되었다. 1927년에는 자체 목욕탕을 만들고 매주 이틀을 '목욕의 날(bathing day)'로 정해 그날 오후에는 어머니가 아이를 데리고 와서 목욕시키도록 했다. 유료로 했음에도 불구하고 하루 평균 30~40명, 최대 70명까지 목욕을 했을 뿐 아니라, 일주일에 하루를 따로 정해 거리의 아이들을 데려다가 무료로 목욕을 시켰다. 1928년에는 우유급식소(milk-station)를 설치하여 무료로 우유를 보급했고, 젖소가 귀하고 콩을 많이 재배하는 조선의 상황을 반영하여 콩으로 두유를 만들어 보급하기도 했다.

서울 인사동에 위치한 태화여자관의 모자보건사업은 5월의 '아동건강회(baby show)'를 통해 전국적으로 유명해졌다. 대회에 참가한 영유아의 건강을 진단한 후 점수를 매겨서 시상한다는 것은 조선에서 처음 있는 일이었다. 1923년 5월 1일 제1회 어린이날 선언식이 개최되는 등 '어린이'가 따로 분류되고 존중되어야 하는 존재라는 인식이 확산되면서, 태화여자관에서는 1924년 5월 3일 생후 3개월에서 5세까지의 영유아를 대상으로 하는 무료 건강진단을 최초로 실시했다.

이날 행사에는 500여 명의 영유아가 몰려들어 주최 측의 예상을 뛰어넘는 대성황을 이루었다. 이후 태화여자관에서는 매년 5월 무료 어린이 건강진단 행사를 개최했고, 이는 사회적으로 큰 관심을 끌며 태화여자관의 모자보건사업을 알릴 뿐 아니라 근대적 양육의 개념과 지식을 전파하는 역할을 했다. 이듬해인 1925년에는 아동건강 강조행사로 발전시켜 5월 15일과 16일 양일간 아동건강과 위생에 대한 강연회를 하고 영유아 건강검진을 한 후 등급을 매겨 시상했다. 영유아 건강검진은 의사 네 명과 간호사 로젠버거 그리고 한신광이 담당했다. 위생에 대한 강연회 연자는 둘이었는데 먼저 의사 유영균이 '예방에 대하여'라는 주제의 강연을 한 후 한신광이 '건강후원회란 무엇이냐'를 주제로 강연을 했다.[33] 이렇게 태화여자관에서 한신광의 활동은 가정방문, 영유아 클리닉 운영, 아동건강회의 건강검진과 보건교육을 아우르는 포괄적인 것이었다.

결혼과 일본 유학

한신광은 1925년 일본 와세다대학 정경과 2학년에 재학 중이던 천용근과 결혼했다.[34] 1897년 출생인 천용근은 한신광보다 다섯 살 위이고 고향은 같은 경남 진주였다. 한신광과 천용근이 어떻게 결혼하게 되었는지는 알려져 있지 않다. 그렇지만 천재로 유명했던 천용근과 전국적으로 인정받는 여성 연설가였던 한신광이 같은 진주 출신으로 서로를 알고 있었을 가능성은 높다. 또한 오빠 한규상이 일본 동경의 제일실업학교 건축전수과에서 유학하면서 사회주의 계열의 조선인 청년들과 활발하게 교류하고 있었으므로, 동향에 한 살 차이이면서 사회주의 사상을 가지고 있던 도쿄 유학생 천용근을 동생 한신광과 연결했을 가능성도 있다.

한신광은 결혼하고 일주일 만에 남편과 함께 일본으로 갔다. 태화여자관의 모자보건사업, 조선간호부협회 초대 회장으로서의 활동, 여성 연설가로서의 활동 등으로 바쁘게 지내던 한신광의 삶은 결혼과 도일로 일단 마무리 짓게 되었다. 그렇지만 한신광은 일본에서 남편을 내조하며 가정주부로만 지낸 것이 아니라 향학열을 불태우며 활발하게 활동했다. 한신광은 도쿄에 위치한 사립 성석고등여학교를 졸업한 후 도쿄여자대학에 입학하여 사회학을 공부했다. 또한 다른 일본 유학생 등과 활발하게 교류하며 무산계급 해방운동과 여성해방을 목표로 창립된 사상단체인 삼월회를 해체하고 재도쿄 조선여자청년동맹을 창립하는 데 적극적으로 기여했다.[35] 남편 천용근도 조선과 일본을 오가

한신광과 첫째 아들. (《조선일보》, 1928.11.27.)

며 북풍회, 일월회 등 사회주의 계열 단체에 참여해 활동했다.

한신광은 1927년에 조선으로 돌아왔다. 도쿄여자대학을 졸업하기 전이었지만 남편 천용근이 와세다대학 정경과를 졸업하고 첫아이를 임신하면서 귀국을 결정한 것으로 보인다. 부부는 고향 진주에서 천용근은 진주 진명학원 강사로 일하면서 신간회 진주지회가 설립될 때 간사로 선출되어 활동했고 한신광은 첫아이를 맞이할 준비를 했다. 그렇지만 천용근의 결핵이 심해져서 사회생활이 어렵게 되자 이듬해인 1928년 가족은 다시 경성으로 이주했다. 남편이 경제활동을 못하고 병원과 요양원을 오가야 했기 때문에 한신광은 다시 가장이 되었고 병원비까지 더해져 늘어난 지출을 감당할 수 있도록 수입을 늘려야 했다. 한신광은 태화여자관으로 돌아가지 못하고 한일저축은행에 입사했다. 그리고 근무시간이 아닐 때는 산파로 활동해 부수입을 얻어서 친정어머니와 아들까지 가족을 부양하고, 투병하는 남편을 뒷바라지했다. 그리고 일본에서 귀국해 평안남도 도립 의학강습소에서 의학공부를 하던 오빠 한규상의 학비도 보탰다.

조선 여성의 경제권 주장

가족을 부양하기 위해 은행원과 산파라는 두 가지 일을 병행하면서도 한신광은 근우회, 경성여자소비조합, 신간회 등의 조직에 참여하고 적극적으로 사회활동을 했다. 이 시기 한신광이 조선사회와 여성에게 제시한 과제는 '경제'였다. 그것도 여성의 일상과 밀접한 관계가 있고 구체적인 경제활동이었다.

한신광은 좌우를 망라해 설립된 여성단체인 근우회에 참여하여 경성지회 임원을 지냈다. 한신광은 1929년에 근우지에 〈근우운동과 재정방침에 대하여〉라는 글을 냈다. 침체된 근우운동에 첫 번째로 필요한 조건이 사람이고, 두 번째가 돈이어서 근우회의 재원인 회비를 잘 내야 한다는 내용이었다. 또한 여성의 경제적 각성을 목적으로 1929년 8월에 발족한 경성여자소비조합의 창립위원으로 참여했으며 감사를 지냈다. 경성여자소비조합은 각 방면의 여성을 망라해 회원의 출자로 구성한 여성경제기관으로 여성운동의 침체를 타개하고자 했다. 또한 한신광은 좌우합작으로 결성된 사회운동단체인 신간회에서도 경기지회 위원을 지내기도 했다.[36]

1930년 1월에 잡지 《별건곤》은 '여자가 본 남자 개조점'을 주제로 유명한 여류 인사들에게 각자 생각하는 조선 남성의 주요 문제점을 제기하도록 했다. 한신광은 〈가정경제를 주부에게〉라는 제목의 글을 통해 가정의 지출 중에 가사와 관련된 것은 따로 떼어 주부에게 맡기고 결혼 후에는 아내 이외의 여성을 좋아하지 말라고 주장했다.[37] 이어 2월에는 '내가 만일 언론계에 있다면'이라는 주제로 다섯 여성계 인물의 인터뷰를 실었는데, 한신광은 한일은행 소속으로 인터뷰에 응하며 "일반 여성들에게 경제적 의식을 넣어줄 만한 기사를 일반이 널리 알기 쉽게 보편적으로 써서 기재했으면 합니다. 남자들은 경제에 관한 지식이 충분하지만 여자들은 아직 거기에 대한 상식조차도 퍽 박약합니다. 그러나 강좌 같은 것을 시행한다 하여도 일부분에 지나지 못하고 아무리 하여도 언론계에서 취급하는 것이 가장 보급의 힘이 클 줄로 압니다" 라고 여성 대상 경제기사의 확대를 주장했다.[38]

여성의 경제적 권리를 주장하는 한신광의 논리는 일본 의회에서 여권확장의 안이 상정된 것을 계기로 1931년 잡지 《혜성》에 발표한 〈확장되는 여성의 권리와 조선 안에서의 실제〉라는 제목의 글에서 잘 나타난다. 잡지에는 '남자 정조문제(형법상)와 여자 상속문제(민법상)와 여자 공민권문제(정치적)'에 대해 여섯 명의 글이 실렸는데, 한신광은 기혼 여성을 준금치산자로 하여 남편의 동의가 없으면 재산상 아무 권리를 행사할 수 없고 더구나 상속에 대해서는 전혀 권리가 없는 현실을 비판하고 여성의 경제적 자주권을 주장했다. 또한 남자의 정조에 관한 제도가 있다면 남자가 함부로 방종하지 못할 것이라고 주장했다.[39]

조직과 글을 통해 여성의 권리를 위해 활동하고 있던 한신광은 1930년에 징역 1년 집행유예 6개월을 언도받았다. 그해 1월 경성에서 일어난 여학생 시위와 동맹휴교를 근우회가 배후에서 지도했는데 한신광이 그중 한 명이라는 이유로 검거되어 조사받은 결과였다. 일제의 식민지 조선에 대한 압박이 강도를 더해가고, 특히 가장 배타적으로 조선 독립의 논리를 전개하고 활동하고 있던 사회주의 계열 조직과 인사에 대한 탄압이 노골적으로 강화되기 시작한 시기였다.

집행유예는 지나갔지만 그보다 큰 어려움이 한신광의 삶에 닥쳤다. 건강이 나아져 활동을 재개했던 남편 천용근이 결국 사망하고 만 것이다. 천용근은 사회주의자와 민족운동에 대한 탄압이 거세지던 조선을 떠나 만주로 가서 기자의 신분으로 활동했다. 일제 경찰은 천용근을 배일사상을 가진 급진 과격한 인물로 파악해 체포하고 엄중한 조사와 혹독한 고문을 가했다. 천용근은 심한 고문에 혼절하기까지 했고, 석방은 되었지만 고문의 후유증으로 1935년 3월 18일 만 38세의 나이로 사망했다. 한신광은 와세다대학을 졸업한 수재이자 독립운동에 뜻을 같이 했던 남편을 일제의 손에 원통하게 잃고 만 32세에 어린 아들 둘을 키워야 하는 홀어미가 되었다. 서울 관훈동에 거주하면서 저축은행 수금원으로 일하고 있던 한신광을 기자가 찾아가자 변함없이 씩씩하고 쾌활한 성격과 어조로 "이제는 넉넉히 (외롭고 슬플 때를) 금제하여 갑니다…. (옛날의 동지는) 왜 아니 그리워요…. 언제든지 나보고 나오라구 하면 나가렵니다"라고 하며 사회활동에 대한 의지를 표명했다. 기자는 "주인 한씨의 늙어가는 자태를 바라보고서 고요히 눈을 감았다. 그리고 타오르는 자기 반성에 나는 울었다…. 인생이란 무엇이나 종교와의 관계가 어떠한가 과학 인생 종교 이렇게 속으로 중얼거리면서 흡사히 무슨 철학자적인 걸음을 걷고 있는 것이 도리여 부끄럽고 우습다"라고 하며 남편이 독립운동으로 목숨까지 잃은 후에도 삶과 활동에 대한 강한 의지를 간직하고 있는 한신광에 대한 존경의 마음을 표

현했다.[40]

일제는 강압적 통치를 강화하면서 특히 사회적으로 명망 있는 조선인들을 관리하고 압박했다. 한신광 역시 조선총독부의 관리 대상이 되었고, 일제와의 타협을 피하기가 어려워졌다. 1936년 12월 조선총독부 사회교육과에서는 사회교육 관계자와 종교가인 조선 여성 39명을 조선호텔에 초대하여 사회교화진흥간담회를 개최했는데, 이날의 화제는 '가정상의 개선'과 '부인교화운동과 축전'으로 일제의 전쟁 확대에 조선이 찬성하고 동원되는 분위기를 조성하는 것이 목표였고, 한신광도 이 자리에 참석해야 했다.[41] 한신광은 은행에 근무하면서 연수입 2400원으로 동대문부인병원 의사 안수경이나 캐나다에서 유학한 간호사 이금전의 수입 2000원에 비해서도 높은 수입을 올리고 있었지만[42] 일제에 어느 정도 부응하지 않고는 지내기 힘든 서울 생활을 접고 오빠 한규상이 자리 잡고 있던 마산으로 내려갔다. 한규상은 1929년에 평안남도 도립 의학강습소를 수료하고 조선총독부 의사 시험에 합격하여 의사 면허를 취득한 후 1930년부터 경남 도립 마산병원 의무촉탁 겸 마산공의로 있다가 1933년에는 마산시 창동에 중앙의원을 개업하여 겸업하고 있었다. 한신광은 마산에서 조산사로 개업하여 산모들의 분만을 도우며 일제 말을 견뎠다.

해방 이후 여성운동가이자 보건전문가로서 활동

1945년 8월 15일 조선은 해방을 맞이했다. 일제강점기 내내 금지의 영역이었던 정치의 장이 개방되면서 한국인들은 정치에 적극 참여하며 새로운 조국을 그려내고자 했다. 마산에서 조산원을 하고 있던 한신광은 다시 적극적인 여성운동가가 되었다. 한신광의 활동은 우익 인사들이 신탁통치 반대 입장을 결집하며 설립한 조직인 독립촉성애국부인회를 통해 전국적으로 알려졌는데, 한신광의 입장은 좌익에 적대적인 것은 아니었다. 한신광은 1946년 6월 19일 열린 독립촉성애국부인회 각 도 대표의 지방종합보고에서 경남 대표로 소감을 피력했는데, 요지는 좌우 대립보다는 협력을 지향하자는 것으로 다음과 같이 말했다. "우리 여성의 좌우단체가 급속히 합작한다면 자연히 남성들도 따라오게 될 것이니 중앙에 있어서도 좌우여성 단체가 합치도록 노력해주기 바란다. 그리고 부녀 동맹이 좌우익단체라 하지만 그들에게서 취하고 배울 점은 배워야 한다."[43] 이어서 독립촉성애국부인회 중앙위원으로 좌익 여성운동 조직인 조선부녀총동맹의 유영준을 만나 여성조직의 통일에 대해 회담을 하는 등[44] 여성운동조직의 통일을 위해 노력했다.

한신광은 해방 이후 인구가 급격히 증가하면서 열악해진 보건 상황을 개선하기 위한 활동에도 힘을 기울였다. 해방 이후 일본, 만주 등에서의 해외동포 귀환과 북한 지역에서의 월남이 이어져 남한지역 인구는 1944년 5월 1641만 5361명에서 1946년 6월 1882만 7427명, 1948년 8월에는 1936만 9270명으로 불과 4년 동안 18퍼센트가 증가했다. 특히 경남 출신으로 일본에 갔다가 귀환해 고향에 정착한 수가 가장 많아서 1948년 3월 말 전국의 귀환동포 248만 2358명 중에 64만 3678명이 경남으로 파악될 정도였다. 그 결과 1944년 5월 241만 6093명이었던 경남의 인구는 1948년 8월 317만 8750명으로 늘어날 정도로 인구 증가율이 전국 평균보다 훨씬 높은 상황이었다. 귀환동포 중에는 당장 생활이 어려운 구호대상자가 전국적으로 145만 3123명이나 되었고, 그중 29만 8723명이 경남에 있었다. 이들은 각지의 귀환동포 수용소에서 생활하는 경우가 많았고, 그중에 실업자도 많았다. 1946년에 남한의 실업자 수는 총인구 약 1936만 명 중 105만 명이었는데 그중 55.9퍼센트인 58만 7000명이 이재민이었다. 계속 남한에서 살고 있던 취업자라 해도 극심한 통화팽창과 높은 물가로 생활이 매우 어려운 시기였다.

애국부인회 마산 위원장이었던 한신광은 귀환동포 수용소의 상황을 개선시키기 위해 팔을 걷었다. 마산에는 1946년에 이미 7~8개의 귀환동포 수용소가 있었는데, 수용 공간이 부족해 일본군 창고나 말 사육장의 마구간까지 사용하고 있었다. 수용소의 주거 환경은 매우 열악해서 한 창고 안에 15~20가구가 칸막이도 없이 맨바닥에 헌 가마니나 짚, 판자 조각 등을 깔고 비가 새는 지붕 밑에서 누더기 같은 이불과 담요를 덮고 자는 형편이었다. 귀환동포 대다수가 따로 수입이 없고 경제적으로 어려워서 끼니를 잇기도 힘든 상황이었다. 한신광은 마산 애국부인회 회원들과 함께 구제운동을 펼쳤는데, 우선 침구와 의류 수백 점, 쌀과 보리 수십 말을 마련해 귀환동포에게 나누어주었다. 그리고 해외에 살면서 한글을 익힐 기회가 없어 고국에 돌아온 후에도 잘 적응하지 못하는 사람들을 위해 한글 강습회를 개최했다.[45]

해방 직후 좌우 협력과 귀환동포 구호에 집중하던 한신광은 남북한 각각의 정부 수립과 이후의 좌우 갈등으로 급변하던 상황에서 자신의 판단에 따라 주장하고 행동했다. 1948년에는 UN위원단에게 "당신들은 우리나라를 독립시켜주기 위하여 중대한 사명을 지고 온 것이니 이 나라에 완전 자주독립을 시켜주기 전에는 못 가십니다"라고 설파하는 글을 신문에 내기도 했다.[46] 또한 여순사건이 동포애의 결핍으로 발생한 일이라며 "과년에 일어났던 여순동족상잔의 참극도 남북양단의 중고(重苦)도 결국 동포애의 결핍에 있는 것이다. 우리 삼천만 형제자매들이 서로 사랑만 한다면 어떠한 대내대외의 우환도 일시에 해결될 것이다. 사랑이란 모든 일의 기름이며 약인 것이라 새해는 모든 형제자매가 사랑 정신에 충분(充溢)하자"고 하며 박애정신이 모든 문제를 해결할 수 있다는 주장을 했다.[47]

1949년 반관반민 우익 여성단체로 결성된 대한부인회에서 한신광은 감사로 선임되었고,[48] 마산의 부인신문사 단원으로도 활동했다.[49] 한신광은 여성단체 활동에서 폭을 넓혀 대한민국 정부 수립 이후 처음 실시된 1950년 제2대 국회의원 선거에 대한부인회 소속으로 출마하기도 했다. 1948년 5월에 있었던 제1대 제헌국회의원 선거에 이어 1950년에 진행된 제2대 국회의원 선거 역시 1개의 선거구에서 1명의 국회의원을 뽑는 소선거구제였으며, 전국적으로 210개 선거구에 총 2209명이 출마해 평균 10.5대 1의 높은 경쟁률을 보였다. 한신광이 출마한 마산지역은 무려 23명의 후보자가 하나의 국회의원 자리를 놓고 혼전을 벌였다. 한신광은 다른 여성 후보였던 최봉선을 사퇴시키고 참모로 영입하는 등 여성 표를 결집하고자 노력했지만 5월 30일 91.9퍼센트의 높은 투표율을 보이며 치러진 국회의원 선거에서 총 650표를 얻어 마산지역 14위로 선거에 패했다.

혼전으로 치러진 국회의원 선거 결과를 채 추스르기도 전에 한국전쟁이 발발했다. 남북 각각의 정부 수립과 좌우의 대립 상황에서 발생한 한국전쟁은 전선이 남북을 오가면서 만 3년 이상 지속되었고, 전선뿐 아니라 후방에서도 '전쟁'이 이어지면서 군인과 민간인을 합해 약 520만 명의 사상자를 낳았다. 한신광은 마산지역에서 직접적인 전화는 피할 수 있었지만 피난민, 특히 전쟁 피해 부녀자의 구호를 위해 적극적으로 활동했다. 한신광은 전쟁 발발 초기부터 마산 월포국민학교에 수용된 피난민에게 수집한 의류 130점을 나누어 주는 등[50] 구호활동을 했다. 전쟁이 지속되자 한신광은 부산으로 가서 부녀사업 과장으로 활동했다. 그중 피난민 수용소에 있는 어린이와 의지할 곳 없는 부녀자 100여 명을 모아 설립한 모자원이 있었다. 당시 부녀행정 업무는 전쟁으로 인한 응급구호 및 원호사업에 집중되었고, 대거 양산된 전쟁 피해 여성의 복지 증진을 위한 시설로 모자원이 여럿 설립되었다. 당시에 설립된 모자원은 한국전쟁으로 인한 자녀 2명 이상을 가진 '전쟁 미망인'을 수용하는 것을 목적으로 하고, 수용보호기간을 3년으로 했다. 수용기간에 직업 보도, 기술 습득 등을 실시하여 취업을 지원함으로써 자급자립적 생활을 할 수 있도록 했고, 생계대책을 마련했거나 수용보호기간이 3년을 넘거나 자녀가 18세가 되면 퇴소하는 것이 원칙이었다.

한신광은 전쟁의 혼란 속에서 넓은 인맥으로 오빠 한규상의 목숨도 구할 수 있었다. 진주 적십자의원 원장이었던 한규상은 진주가 북한군에 점령되었을 때 인민군 부상자를 치료했는데, 이후 국군이 진주를 탈환하면서 인민군 부역자로 몰려 위험에 처하게 되었다. 마산의 대한부인회 회장이었던 한신광은 진주의 대한부인회 회장을 통해 한규상이 삼일운동으로 복역하고 이후 항일운동에 참가한 인물이라는 증거를 대서 풀려날 수 있도록 했다.[51]

대한간호협회, 대한조산협회 활동과 은퇴

한신광은 여성단체 활동뿐만 아니라 대한간호협회와 대한조산협회를 통한 전문직 활동도 활발히 했다. 해방 이후 남한 미군정 간호국을 중심으로 출범한 간호협회는 한국전쟁 발발 이후에도 피난지 부산에서 총회를 정례화하고 회지를 창간하는 등의 활동을 이어나갔다. 특히 한국전쟁 발발 이후 대한간호협회를 통해 해외로부터 한국 간호사에 대한 지원이 이루어지면서 대한간호협회의 활동이 활발히 이어지는 데 도움이 되었다. 한신광은 피난지 부산에서 대한간호협회 활동에 참여했다. 1924년 조선간호부협회를 창립하고 초대 회장을 지낸 이후 26년 만이었다. 대한간호협회 경남지회 150명 회원을 대표하는 대의원으로 활동하고,[52] 1953년 5월 부산 광복동 중앙교회에서 열린 제7회 대한간호협회 정기총회의 나이팅게일 탄생 133주년 기념식에서 대표 기도를 했으며,[53] 대한간호협회 사업부장을 맡기도 했다. 그렇지만 한국전쟁 종료 후 서울에서 조산원을 개원한 이후로는 대한간호협회의 활동에는 적극적으로 참여하지 않고 대한조산협회에서 활동했다.[54]

한국전쟁이 끝난 후, 한신광은 서울로 거처를 옮겨 조산원을 개원하고 대한조산협회 활동에 적극 참여했다. 대한조산협회는 1946년 서울 인사동에서 한성산파회 발기회를 개최하고 경기도 보건후생부에 경기도산파회로 등록해 설립인가를 받음으로써 시작되었다. 1949년 6월 15일, 대한산파협회로 명칭을 변경하고 제1회 정기총회를 열었을 때 한신광은 마산에서 조산원을 하고 있었지만 부회장으로 선출되었고, 대한조산협회 경남지부 제2대 지부장을 지내기도 했다. 1952년 5월 24일 피난지 부산에서 개최한 제3회 정기총회와 1954년 서울에서 열린 제4회 정기총회에서도 부회장으로 선출되었다. 그리고 1956년 제7회 정기총회에서 제6대 회장으로 선출되었고 6년 후인 1962년 정기총회에서 제10대 회장으로 선출되었다. 한신광은 대한조산협회 회장을 하면서 일본 도쿄에서 개최된 가족계획지도요원 강습회에 회원을 파견했다. 그리고 강습회에 참석했던 조산사 회원은 정부 주도로 시작된 가족계획사업에서 지도자로 활동할 수 있었다.

한신광이 대한조산협회 활동을 하던 1960년대까지는 출산율은 높은데 병의원에서 출산하는 경우가 많지 않아 조산소가 상당히 번성했다. 한국전쟁 직후 한신광이 서울로 이주해 조산원을 할 무렵 서울의 조산원 수는 196개, 전국에는 총 546개가 있었다. 1957년 서울 629개, 전국 1202개까지 증가했던 조산원은 병의원에서의 출산이 늘어나면서 1970년 서울 197개, 전국 756개로 줄어들었고, 이후 지속적으로 감소했다. 일제강점기 간호사와 조산사 면허 소지자의 수도 비슷하다가 해방 이후 간호사의 수가 급격히 늘어나는 데 비해 조산사의 수는 천천히 늘어 1980년에 간호사 면허 소지자는 4만 373명인 데 비해 조산사 면허 소지자는 4833명으로 8배 이상 차이가 났고, 그 이후로도 격차는 계속 벌어졌다. 또한 조산사 면허와 간호사 면허가 별도였던 것에서 간호사 면허를 소지해야 조산사 면허를 취득할 수 있게 되어 대다수의 조산사가 간호사 면허도 소지한 사람으로 바뀌었다.

한신광은 1970년경 칠순이 가까워지면서 조산원을 그만두고 은퇴했다. 그리고 기독교도로서 봉사와 YWCA 할머니회를 중심으로 활동했다. YWCA 할머니회 회장이 되어 불우이웃돕기 운동과 고아원 방문 등을 했고, 서울 문화동 홍성장로교회 권사회 회장을 지내기도 했다. 1970년대에는 노인의 민간조직이 적었기 때문에 1972년에 20여 명의 회원으로 시작된 YWCA 할머니회와 회장 한신광은 자주 사회적 관심의 대상이 되었다. YWCA 할머니회는 초기에는 함께 여가 프로그램을 진행하는 활동을 위주로 했다. 예를 들어 1976년에는 서울 YWCA에서 130여 명의 할머니가 모여 노래, 간단한 무용, 점심 식사, 강연 등의 프로그램을 했다. 그러다가 점차 노인의 목소리를 대변하는 기회가 늘어났다. 당시 사회적 관심이었던 고부간의 문제에 대해 한신광은 시어머니가 일방적으로 섬김을 받으려 하거나 권위적으로 굴지 말고 자신이 할 수 있는 역할을 하며, 며느리를 사랑하고 이해해야 한다고 주장했다.[55] 또한 "며느리는 평생자식이라 사랑하고 일도 도와주고 아기나 집도 봐주고 하면 잡념도 없어지고 고부간이 화목해진다"고 하며 기존의 시어머니가 며느리를 대하는 태도를 바꿀 것을 주장했다.[56] 노인의 역할에 대한 한신광의 역할과 주장은 더욱 확장되어 여성단체협의회에서 노인의 소외감과 복지 문제를 논하기 위해 가진 모임에서 노인 대표로 참석하여 "국가를 위하여 자식을 훌륭히 키웠으면 대신 국가가 노인의 생활보장을 해주어야 한다"고 하며 노인 문제에 대한 국가의 책임을 강조했다.[57]

월 1회 정도 열리던 YWCA 할머니회는 시간이 지나면서 더욱 발전해 한 달에 두 번 모임을 가졌고, 한신광은 모임의 회장으로 회의 영역을 봉사 등으로 확대시켰다. 1년에 세 번은 양로원과 고아원을 방문해 물품을 전달하고 봄, 가을에는 여행을 하기도 했다. 이러한 자신의 삶에 대해 한신광은 "늙어서 친구가 있고 남을 위해 일할 수 있다는 게 얼마나 자랑스럽고 보람된 일인지 모른다"며 만족감을 표현했다.[58] 한신광은 팔순에 가까운 나이에도 YWCA 할머니회 회장, 서울 문화동 홍성 장로교회 권사회 회장으로 활동하면서 유료 양로원을 설립하는 꿈을 가지고 '한 나라의 새벽 빛 노릇'이라는 뜻의 이름에 걸맞게 살아가고자 노력했다. 이렇게 은퇴 이후에도 적극적으로 활동하고 있던 한신광은 1970년 4월 대한간호협회의 보건간호사업 공로 표창장을 받았고, 1979년 3월에는 삼일동지회에서 주는 태극반지를 받았다. 그리고 1982년 5월 6일 만 79세의 나이로 영면했다.

5장

이금전

최초의 간호유학생이 걸어간
지도자의 길

《영양과 건강》 출간

1932년, 《영양과 건강》이라는 책이 출간되었다. 세브란스병원 부원장이었던 반 버스커크(James D. Van Buskirk, 1881~1969)가 주도하여 의학지식의 대중화와 실천을 목표로 내고 있던 대중의학 서적 시리즈 중 한 권인 이 책은 영문 제목 "아동 영양 및 건강(Child Nutrition and Health)"에 나타나듯 영유아 양육에 관한 책이다. 가로 12센티미터, 세로 18센티미터 크기에 본문 164쪽으로 구성되었고, 가격은 35전인 이 책의 저자는 이금전이었다.

이금전은 이화학당 보통과와 고등과, 예과를 거쳐 1927년에 이화여자전문학교 문과를 제1회로 졸업한 후 세브란스병원 산파간호부양성소에 입학해 1929년에 졸업하고 간호부와 산파 면허를 취득했다. 그리고 캐나다의 토론토대학 공중위생학과에서 수학하고 귀국하여 태화여자관에서 모자보건사업을 하고 있었다.

《영양과 건강》의 서문을 쓴 세브란스의학전문학교 교수 구영숙

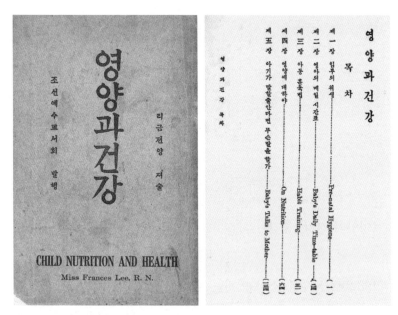

이금전이 쓴 《영양과 건강》 표지와 목차. (최용신기념관)

(1892~1876)은 "서양문명국에는 훌륭한 건강선전문과 영양학이 많이 있으나 반만 년 된 우리나라에는 조선여자의 손으로 조선영아를 위하여 또는 조선문으로 되어있는 책자는 이것이 처음이다"라며 이 책이 우리 역사상 처음으로 한국 여성이 한글로 저술한 어린이에 관한 책이라고 했다. 그렇지만 1670년경에 안동 장씨가 한글로 쓴 조리서인 《음식디미방》이 있고, 1809년에 빙허각 이씨(1759~1824)가 한글로 쓴 《규합총서》의 청낭결 편에서 양육에 관해 다루는 등 한국 여성이 쓴 한글책이 있고 어린이 양육에 관한 내용도 있기 때문에 이 기술이 모두 정확하다고 하기는 어렵다. 그렇지만 《영양과 건강》이 근대 서양과학 지식에 근거해 한국 여성이 쓴 최초의 서적이라는 것은 맞을 것이

다. '임부의 위생', '영아의 매일 시간표', '아동 훈육법', '영양에 대하여', '아기가 말할 줄 안다면 무슨 말을 할가' 등 다섯 개 장으로 구성된 이 책은 임신기간이 마지막 생리일로부터 280일임을 근거로 출산예정일을 계산하는 법을 구체적 예를 들어 제시하고, 감염병에 따른 환자의 격리기간과 환자와 접촉이 있었던 아이의 격리기간을 표로 보여주며, 11쪽에 걸쳐 '식료품의 성분 퍼센트와 그 칼로리'에 관한 목록을 제시하는 등 책 내용의 거의 전부가 당시로서는 최신 서양과학에 근거한 것이다. 아이를 낳고 키우는 모든 사람의 관심사인 양육에 관한 내용을 대중적으로, 그러나 최신 서양과학 지식에 근거하여 기술한 《영양과 건강》은 많은 사람의 사랑을 받아 20년이 지난 1953년에도 판매될[1] 정도였다.

출생과 성장, 이화여전 제1회 졸업생

이금전은 아버지 이원근과 어머니 박애덕의 1남 2녀 중 장녀로 1900년 6월 9일 서울 종로구 가회동 206번지에서 출생했다. 가회동은 경복궁과 창덕궁 사이에 위치한 동네로, 이금전의 집안은 경제적으로 여유가 있었고 일찍이 서양 문물에 친숙했다. 이금전은 세 살 때 두창에 감염되었고, 다행히 회복되었지만 발진에서 딱지가 떨어진 흉터가 얼굴에 남았다. 이금전이 열 살 무렵 딸 얼굴의 마마자국을 안타까워하는 어머니에게 이유를 물었을 때, 어머니는 친지가 우두접종의 부작용으로 사망하여 어린 이금전에게 우두접종을 시키지 못했고 그래서 두창에 걸렸다고 설명했다. 이금전은 이때 '딸이 두창 감염의 후유증으로 얻은 얼굴의 흉터를 슬퍼하는 어머니와 같은 경우가 없도록 감염병을 관리하는 공중보건 일을 하겠다'고 결심했다고 한다.[2]

이금전은 할머니의 영향으로 기독교도가 되었고, 열 살에 이화학당 보통과에 입학했는데, 이화학당은 1908년부터 보통과 입학 연령을 열 살로 제한하고 있었다. 이금전은 "다섯 살 때 신문을 죽죽 내리읽을 정도로 총명"하여 1학년을 건너뛰고 바로 2학년으로 학교생활을 시작했다. 보통과에서 수신, 일본어, 조선어 및 한문, 산수, 창가, 도화, 재봉, 수예, 체조, 이과 등을 배우고 고등과에 진학하여 수신, 일본어, 조선어 작문, 수학, 이과, 지지(地誌) 및 역사, 가사, 음악, 도화, 체조, 영어 등을 배운 후 1918년 6월 졸업했다. 그리고 바로 이화학당 예과에 진학하여 성경, 일어, 영어, 한문, 창가, 도화, 수예, 체조, 교육, 의학, 가사, 기하, 지지, 유년학 등의 과성을 배웠다. 이렇게 10년에 걸쳐 정규 학교에 다니며 국어, 한문과 영어, 일본어 등의 외국어, 수학, 과학, 세계지리와 역사, 예체능을 아우르는 교육을 받는다는 것은 당시 조선 여성으로서는 극히 드문 기회였다.

이금전이 이화학당 예과에 다니던 1919년, 삼일독립운동의 열기가 조선을 휩쓸었다. 3월 1일 만세 시위대는 이화학당 교문으로 와서 학생들의 시위 참여를 촉구했다. 많은 학생이 시위대에 합류하려 했지만 교장 프라이(Lulu E. Frey)를 비롯한 교사들의 만류로 대부분 포기했다. 그렇지만 고등과 1학년 유관순과 졸업반 유예도 등은 학교를 몰래 빠져나와 삼일운동에 적극 가담했다. 이들은 이후 수감되어 모진 고문을 당하는 등 고초를 겪었으며 유관순은 고문 후유증으로 1920년 9월 28일에 사망했다. 이화학당은 학생들의 삼일운동 참여, 재정적 곤란, 조선사회의 격변 등의 영향으로 1921년까지 졸업식 없이 학생들을 졸업시킬 정도로 어려움을 겪었다.

이금전은 이화학당의 예과 교육을 1920년 6월에 수료했다. 이금전은 더 높은 수준의 교육을 받고자 했지만 이화의 대학과는 운영에 난항을 겪고 있었고, 경성의학전문학교, 세브란스의학전문학교 등 조선의 대학에서는 여성을 받지 않았기 때문에 조선 안에서는 더 이상의 정규교육을 받기가 어려운 상황이었다. 이금전은 해외 유학을 선택했다. 1921년 중국으로 건너가 베이징에 위치한 옌징대학(燕京大學)에 입학하여 1924년 6월에 문리과를 수료했다. 옌징대학은 선교계에서 설립하여 운영하는 중국 최고의 사립대학으로 여자대학도 운영하고 있었으므로 줄곧 선교계 여학교에서 교육받아온 이금전이 이곳을 선택한 것은 자연스러운 것이었다. 그렇지만 건강이 나빠지면서 더 이상 베이징에서의 학업을 지속하지 못하고 조선으로 돌아왔다.

이금전은 계속 학업을 이어나갈 방법을 찾아 1925년 이화여자전문학교 문과 3학년으로 편입학했다. 그해에 이화학당은 대학과 및 대학예과를 이화여자전문학교로 개칭하고 문과 및 음악과를 신설한 상황이었다. 특히 영어 실력이 뛰어났던 이금전은 이화여전과 연회전문의 연합 영어웅변대회에 이화여전 대표로 나가기도 했다.[3] 그리고 1927년 이화여자전문학교 제1회 졸업생이 되었다.

개항기 조선의 두창 관리

두창의 영문 명칭은 스몰폭스(smallpox)이고, 일본에서 사용된 천연두(天然痘)라는 이름으로도 알려져 있다. 오래전부터 구대륙인 아시아, 유럽, 아프리카에서 지속적으로 유행하면서 수많은 생명을 앗아간, 감염률과 치사율 모두 높은 호흡기계 감염병이다. 유럽인이 아메리카를 발견한 이후 두창에 면역력이 전혀 없었던 신대륙 원주민 사이에서 폭발적으로 유행하면서 아메리카대륙의 인구 감소와 고유 문명 소멸을 야기하기도 했다.

개항 이후 조선이 보건의료 분야에서 가장 먼저 제도화를 통해 변화를 꾀한 분야는 감염병 관리, 그중에서도 감염률과 사망률이 높지만 효과적인 예방법이 있었던 두창 관리였다. 두창은 조선 왕실의 여러 왕자와 공주를 사망하게 할 정도로 전근대부터 유행도 피해도 심각했지만 예방 및 치료법의 효과가 확실하지는 않았다. 그러다가 영국인 의사 에드워드 제너가 두창에 걸린 소의 농액(膿液)을 인간에게 접종하여 면역력을 갖게 하는 우두법을 발견하고 이후 개발이 거듭되면서 두창의 효과적인 예방법으로 동서양에 전파되었고 조선에도 알려졌다.

조선 정부에서는 1895년 '종두규칙'을 발표해 누구나 두창 예방접종을 받도록 함으로써 두창을 관리하고자 했다. 두창 예방접종을 확대하려면 우두 백신이 제대로 공급되고 접종을 할 수 있는 전문가를 확보하는 게 우선이었다. 1880년대부터 우두접종 전문가 양성이 확대되고 접종약의 생산과 공급 체계가 갖춰지면서 문제는 해결되기 시작했다. 그렇지만 우두접종이 근거하고 있는 서양 의과학이 대중에게 잘 알려져 있지 않아 일반인의 우두접종의 원리와 필요성에 대한 이해는 부족했고, 백신의 질이 좋지 않은 등의 부작용도 많았으며, 강제적이고 고압적인 접종 강요, 비용 문제 등이 겹쳐 우두접종에 대한 사람들의 저항과 반발이 컸다. 특히 남성 우두접종 전문가가 여성 접종 대상자의 맨살을 접촉해야 하는 것이 남녀유별을 지향하는 조선사회의 규범에 어긋난다는 이유로 접종을 거부하기도 했다. 정부에서는 우두접종 전문가로 여성을 선발하여 교육시킨 후 각지에 배치함으로써 이를 해결하고자 했다. 1909년 첫 여성 종두인허원 25명이 양성되어 전국에 배치되었다. 비록 그중에 21명이 일본인이었고 조선인은 4명뿐이었지만 전국 10개 도에 1명에서 4~5명까지 파견되어 여성에게 두창 예방접종을 한 이들은 한국 역사상 여성이 감염병 관리 전문가로 선발되어 교육받고 실무에 배치된 첫 사례였다. 이후 일제가 위생경찰제도를 기반으로 두창 예방접종을 강제화하면서 우두 예방접종은 1년에 수만 건에서 수십만 건으로 늘어났고, 두창 환자의 격리, 감염병 예방을 위한 개인 위생의 실천 등이 확대되면서 두창 피해는 줄어들었다. 그렇지만 일제 말까지 매년 수천 명의 환자가 발생할 정도로 두창 유행은 반복되었다. 또한 우두접종 인력에 대한 정책도 변화해 의사, 간호부 등이 두창 예방접종을 하게 되었다.

세브란스병원 산파간호부양성소 졸업과 캐나다 유학

이금전이 간호교육을 받기로 결정한 것은 이화여전 입학 이후로 보인다. 당시 간호학교의 입학조건을 보았을 때 이금전은 이화여전에 진학하지 않고도 바로 간호교육을 받을 수 있었기 때문이다. 이금전은 이화여전 문과에 다니던 도중 세브란스에서 간호교육을 받고 보건의료 전문가로 활동하기로 결심한 것 같다. 이화여전을 졸업할 무렵 이금전의 장래 희망은 '세브란스병원 간호부장'으로[4] 구체화되어 있었는데, 졸업 동기 11명 중 7명이 교육자가 되기를 희망한 것과 비교하면 상당히 특이한 선택이었다. 그렇지만 선교계에서 운영하는 병원 중 가장 큰 병원이자 중심 병원인 세브란스병원의 간호부장은 식민지 조선의 여성이 희망할 수 있는 가장 권위 있는 지위 중 하나였다.

이금전은 1927년 세브란스연합의학전문학교 부속병원 산파간호부양성소에 입학했다. 세브란스 산파간호부양성소는 보구여관 간호부양성소에 이어 1906년 한국에서 두 번째로 설립된 간호학교로, 선교계 사립병원 중에 최대 규모였던 세브란스병원을 기반으로 해서 재정, 교수진, 임상실습 등의 교육여건이 좋았다. 1910년 1회 졸업생 김배세를 배출한 이후 간호교육을 지속하여 1927년까지 연평균 4명, 총 74명의 졸업생을 배출한 상태였다. 특히 1924년에는 선교계 간호학교 중에 처음으로 조선총독부 지정을 받음으로써 졸업생은 별도의 시험 없이 산파와 간호부 면허를 받을 수 있었다.

이금전은 세브란스 산파간호부양성소 입학 조건을 훌쩍 뛰어넘는 수준의 교육을 받은 지원자였기 때문에[5] 신입학이 아니라 편입학을 했던 것 같다. 간호부과와 산파과를 통합하여 3년 과정으로 운영되고 있던 세브란스병원 산파간호부양성소를 2년 만인 1929년에 졸업했기 때문이다.

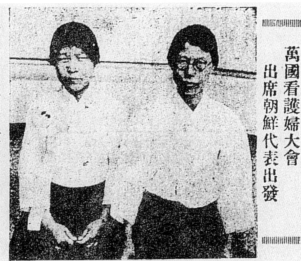

국제간호협외회 총회에 참석하는 조선 대표들의 기사 사진. 왼쪽이 이금전, 오른쪽이 이효경. (《중외일보》 1929.6.9.)

　　이금전이 재학했던 시기의 세브란스병원 산파간호부양성소 교과과정은 주 6일 하루 8시간을 기본으로 하면서 1학년은 교양과 전공이론을 배우고 2학년부터 임상실습을 시작해 점차 이론시간을 줄이고 실습시간을 늘리는 것으로 구성되어 있었다. 1학년 1학기에는 하루 6시간, 2학기에 4시간, 2학년 때 하루 3시간, 3학년 때 하루 2시간으로 이론수업 시간이 줄어들고 대신 임상실습이 2학년에 하루 5시간, 3학년에 하루 6시간으로 늘어나는 식이었다. 교양과목에는 수신, 일어, 영어, 산수, 식이요법, 재봉, 가사, 위생, 마사지, 붕대법 등이 있었고, 필수 전공이론과목은 기초간호, 해부생리, 약리학, 세균학, 개인위생 및 환경위생, 피부비뇨기관, 산과간호학, 간호윤리, 소아과간호학, 전염병간호학 등이 있었다. 교수진은 서양인 의사와 간호사, 조선인 의사 등으로 다양하게 구성되어 1928년에는 22명에 달할 정도였다.

1929년 세브란스 산파간호부양성소는 북쪽의 함경도부터 남쪽의 경상도까지 전국 각지 출신 10명을 졸업생으로 배출했는데 그중 서울 출신은 이금전 한 명이었다.[6] 그리고 이금전의 희망은 세브란스병원 간호부장에서 보건사업으로 바뀌어 있었다. 선교간호사들은 이금전을 후원하여 캐나다 토론토대학 공중위생학과에서 간호학을 전공한 후 선교계 보건간호사업을 이끌도록 준비시켰다. 이금전은 캐나다 토론토로 가는 길에 몬트리올에서 열린 국제간호협의회(ICN: International Council of Nurses) 총회에 조선간호부회 대표 중의 한 명으로 참석할 수 있었다.

1923년에 창립한 조선간호부회는 국제간호협의회(ICN)에 가입하기 위해 주의를 기울이고 있었다. 1925년에 가입 신청을 했지만 가입 결정이 1929년으로 연기되었고, 조선간호부회는 연기된 기간 동안 조선을 대표하는 간호사 조직으로 거듭나기 위해 노력했다. 조직을 확대하여 이전의 회장, 부회장, 서기, 회계, 출판위원, 광포위원 외에 교육 총무, 가사간호 총무, 공중위생 총무를 추가했고, 전국적인 조직이라는 것을 분명히 하기 위해 각 도에 산재된 선교계 의료기관의 간호기구가 조선간호부회에 소속되는 형태로 조선간호부회 정기총회에서 한해의 사업을 보고하도록 했다. 또한 영문 명칭을 'Nurses Association in Korea'에서 'Nurses Association of Korea'로 변경하여 조선의 대표 간호조직임을 드러내고 '조선간호부회 회칙과 세칙'을 제정하는 등의 조치를 취했다. 조선간호부회의 가입이 결정되는 캐나다 몬트리올의 제6차 ICN 총회에는 부회장 이효경, 통신서기인 선교간호사 쉐핑, 그리고 토론토에서 유학 예정인 이금전이 파견됐는데, 한국인 간호사가 ICN 총회에 참석하는 것은 처음이었다.

이들은 1929년 6월 8일 오전 10시 경성역에서 기차를 타고 부산으로 가서 일본행 배를 타고 현해탄을 건넜고, 13일에는 일본 요코하마에 도착해 '엠뿌레쓰업푸린스'라는 배를 타고 태평양을 건너는 긴 여정을 거쳐 캐나다에 갈 수 있었다. 그리고 7월 8~13일에 캐나다 몬트리올에서 열린 제6차 ICN 총회에 참석했지만 조선간호부회가 그토록 바랐던 ICN 가입은 성사되지 못했다. 1929년 3월에 일본에서 결성된 '일본제국간호부협회'가 ICN에 가입을 요청했고, 1국 1단체 가입을 원칙으로 하고 있던 ICN은 일제의 식민지 조선에서 결성된 조선간호부회가 아니라 일본 본토에서 결성된 일본제국간호부협회를 ICN에 가입시킨 것이다.

이금전은 ICN 총회 참석 후 몬트리올에서 남서쪽으로 약 550킬로미터 떨어져 있는 토론토에 가서 토론토대학 공중위생학과에 입학했다. 토론토대학 공중위생학과에서는 1918~1919년에 크게 유행하여 당시 세계 인구의 약 50분의 1에 해당하는 4000~5000만 명을 사망시킨 것으로 알려져 있는 스페인독감 유행 이후 증가한 보건간호사에 대한 수요에 부응하기 위해 1920년부터 보건간호학 전공자 러셀(E. K. Russel)이 록펠러재단의 지원을 받아 기존의 병원 중심 간호교육에 사회사업과 보건교육을 포함시켜서 세계의 보건행정 및 보건교육 지도자를 양성하는 '등대 프로젝트'를 수행하고 있었다. 러셀은 캐나다 최초로 대학에 기반한 간호교육을 실시하여 1928년에는 보건간호학이 보건위생학과의 전공학문으로 인정받을 수 있었다. 이금전은 이러한 배경을 가진 토론토대학 보건위생학과에서 1년간 세계적으로 앞선 수준 높은 보건학을 이론뿐만 아니라 보건 시찰 등을 통해 실무적으로도 배울 수 있었다. 이금전은 열심히 공부해 학생 전원이 참석한 보건시찰 후 제출한 리포트에서 가장 우수한 리포트 두 개 중 하나로 선정되기도 했다.

모자보건 전문가로서의 활동

토론토대학 보건위생학과에서 수학하고 돌아온 이금전이 활동을 시작한 곳은 서울 인사동의 선교계 사회복지관인 태화여자관이었다. 태화여자관은 3장의 한신광이 선교 간호사 로젠버거, 선교 여의사 로제타 홀 등과 함께 1924년에 본격적인 모자보건사업을 시작한 곳이었다. 한신광이 1925년에 결혼하고 일본으로 간 이후에도 로젠버거는 최유겸 등의 조선인 간호사와 함께 모자보건사업을 지속하고 있었다.

로젠버거는 자신이 외국인이어서 사람들의 신뢰가 부족하고 일을 하는 데 한계가 있다고 생각해서 능력 있는 조선인 간호사가 함께 하기를 학수고대하고 있었다. 이화여전과 세브란스병원 산파간호부양성소를 졸업하여 간호부 면허와 산파 면허를 모두 가지고 있고, 캐나다 토론토대학에서 공중위생학을 공부한 이금전은 보건간호사업을 하기에 훌륭한 배경을 갖춘 인물이었다. 로젠버거는 이금전이 태화여자관의 보건사업에 합류하여 든든하고 기쁜 마음을 다음과 같이 표현했다.

> 지난 2년 동안 외국에서 공중위생을 공부한 이로 이 사업을 충분히 알고 좋아할 뿐 아니라 기꺼이 참여할 한국인 간호사를 보내달라고 기도했습니다. 그런 여인이라면 자기 민족도 이해할 뿐 아니라 다른 나라의 경우도 공부했으니 자기 민족에게 꼭 필요한 공중위생 규정을 만들어낼 수 있을 것이기 때문이었습니다. 주님께서는 우리 기도를 들어주셔서 프랜시스 리를 보내주셨습니다.[7]

프랜시스 리(Frances Lee)는 이금전의 영어 이름이었다. 이금전 외에도 개성 남성병원 간호부양성소를 졸업한 천정현이 합류하고, 도쿄여자의학전문학교를 졸업하고 동대문부인병원에서 일하던 여의사 길정희(1899~1990)와 세브란스병원 의사 에비슨(O. R. Avison)이 적극 지원하면서 태화여자관의 보건사업은 본격적인 궤도에 오르게 되었다. 태화여자관 간호사들은 미국인 간호사 릴리안 왈드(Lillisan Wald, 1867~1940)가 뉴욕시 헨리가(Henry Street)에 설립한 인보관(settlement house) 간호단의 복장과 제도를 차용했다. 뉴욕 헨리가의 간호사들은 가정방문을 통해 병자 간호뿐 아니라 모자보건을 중심으로 가족 전체를 대상으로 하는 보건교육, 가정 관리, 일자리 사업 등 폭넓은 활동을

1920년대 후반 태화여자관 직원들. 앞줄 왼쪽에서 두 번째가 이금전. (태화기독교사회복지관)

했고, 이는 뉴욕시 방문간호사업(the Visiting Nurse Service of New York)으로 발전했으며 보건간호사업의 세계적 모범이 되었다.

1920년대에는 서울뿐만 아니라 공주, 개성, 인천 등 전국 각지에서 모자보건사업을 중심으로 하는 보건사업이 선교사들의 주도로 확대되고 있었다. 그중 서울에서 보건사업을 하고 있던 태화여자관, 세브란스병원, 동대문부인병원이 연합하여 1929년 경성연합아동건강회를 조직하며 사업의 질적·양적 성장을 꾀했다. 경성연합아동건강회는 '어린이에게 안전한 조선'을 목표로 종각 근처의 태화여자관, 서울역 맞은편의 세브란스병원, 동대문 근처의 동대문부인병원이 각각 인근 지역을 담당했다. 그리고 가정방문, 어머니 모임, 산전사업, 건아 클리닉, 학교에서의 건강진단과 건강강연, 목욕소, 두유 보급을 포함하는 우유보급소, 1년 1회 간호사들의 보건집담회(health conference), 1년 1회 유아주간 등 광범위한 사업을 했다. 그 결과 서울지역의 보건사업은 크게 확대되어 1930년에서 1932년 사이에 진찰소 방문 어린이가 1682명에서 3883명으로, 입원 치료는 150명에서 211명으로, 보건 상담은 3442명에서 4913명으로, 가정방문은 2651회에서 4135회로, 유아식 강좌는 915회에서 1917회로, 학교 강연회는 118회에서 445회로, 무료 목욕은 1258명에서 1782명으로, 우유 및 두유 무료보급 대상은 1만 7422명에서 2만 6354명으로, 자모회는 25회에서 51회로 증가했다.

1933년에는 사업 범위가 더욱 확대되어 감염병 예방접종, 산부인과와 치과 외래 등도 포괄했고 등록된 영유아 수가 800명에 달하게 되었다. 특히 1924년에 시작된 영유아 무료 건강진단과 건강아 선발은 큰 인기를 끌면서 매년 5월 정례적으로 개최되었다. 1935년에는 5월 7일 정동 제일예배당에서 어린아이 잘 기르는 법 지도회, 우량아 시상식, 만 다섯 살 유아 25명에 대한 졸업증서 수여식 등을 했다. "어머니가 다섯 해 동안 꾸준하게도 애기의 건강을 데리고 진찰 다닌 결과로 어머니의 정성이 나타나는 것"에 대한 졸업증서 수여식에서 이금전은 행사의 취지를 설명하기도 했다.[8]

활발하게 활동하던 경성연합아동건강회는 1935년 인사동 태화여자관에서 독립하여 정동으로 옮겨 갔다가, 이듬해인 1936년에는 동대문부인병원 내에 위치한 간호학교 건물로 본거지를 옮겼다. 태화여자관에서 독립한 배경에는 우선 아동보건 및 공중보건사업이 계속 확장되면서 태화여자관에서 수용하기 어려워진 것이 있었고, 둘째로는 미감리회·남감리회·북장로회 등 3개 선교부 연합으로 운영되던 태화여자관의 4대 관장으로 남감리회의 빌링슬리(Margaret Billingsley)가 취임하는 과정에서 빚어진 갈등이 있었다. 미감리회 소속이었던 로젠버거는 태화여자관의 공중위생사업을 포함한 서울연합소아건강구제회 사업을 독립시키고 이금전 등의 다른 간호사와 함께 태화여자관을 떠났다.

태화여자관의 보건간호사업이 독립하면서 꾀한 가장 큰 변화는 탁아소 운영이었다. 탁아소 설립은 서울의 유복한 집안의 부인들로 조직된 조선구제회(Korean Welfare Union)에서 운영자금의 반을 부담해서 운영할 수 있었다. '경성탁아소'는 서울뿐 아니라 전국적으로도 하나밖에 없는 탁아소였고 훌륭한 시설과 인력을 갖추고 있었지만, 사람들은 탁아소가 무엇을 하는 곳인지도 잘 알지 못하여 운영에 어려움이 있었다. 잡지 《삼천리》에서 경성탁아소를 취재하기 위해 방문했을 때 이금전은 선임 조선인 간호사로서 시설, 운영방침, 식단 등을 상세히 안내했다. 이금전은 경성탁아소에 대해 어머니가 일을 하거나 병에 걸리거나 사망하여 직접 돌볼 수 없는 영유아를 양육하는 곳으로 주간반과 주야간반으로 나뉘어 있고 주간반은 낮에만, 주야간반은 밤낮으로 영유아 양육을 담당하는 곳이라고 소개했다. 경성탁아소는 2층 양옥 건물에 전담 간호사와 우유와 두유를 비롯한 영양가 있는 이유식, 다양한 장난감과 악기 등이 구비된 놀이방, 영유아 개별 침상이 있는 방 등이 갖춰진 최고의 보육시설이었다. 그렇지만 탁아 비용이 주간의 경우

1개월에 15원, 주야간은 1개월에 25~30원으로 당시의 인건비를 고려할 때 매우 높았다. 따로 급여를 주지 않아도 잠자리와 먹을 것만 제공하면 집에서 허드렛일 할 사람은 얼마든지 구할 수 있을 정도로 일손이 흔하고 품삯이 저렴한 때여서 비용만 놓고 보면 집에서 사람을 써서 아이를 기르는 것이 경성탁아소에 맡기는 것보다 훨씬 나았다. 따라서 경성탁아소를 이용하는 것이 영유아 양육에 좋다는 믿음과 상당한 비용을 지불할 재력이 있어야 이용이 가능했기 때문에 설립한 지 1년이 지난 1937년에도 주간반에는 어린이가 없었고, 주야간반에 7명이 있을 뿐이었다.[9]

이금전은 1930년대 내내 태화여자관과 경성연합아동건강회, 경성탁아소 등에서 활동하면서 모자보건사업 전문가로서의 위치를 확고히 했다. 1938년 《동아일보》에서는 '여성조선의 기라군성(綺羅群星)'이라는 연재를 통해 각 분야의 여성 전문가를 소개했는데, 이금전은 모자보건사업 전문가로 다음과 같이 소개했다. "건강한 애기를 기르는 경성아동보건회 이금전 (…) 영아부를 조직하고 건강 진찰을 하며 자모회를 조직하고서 다달이 위생 강연도 하고 인공영양부에서는 젖이 없거나 부족한 애기들의 먹을 것을 준비하며 또는 여러 사립 소학교에 다니면서 아동 위생을 강화하며 회원의 가정을 방문하여 육아에 관한 상담도 합니다."[10]

이화여전과 세브란스 산파간호부양성소 졸업 등 당시 조선에서 여성이 받을 수 있는 최고의 전문직 교육을 받았고 캐나다 유학 경험까지 갖춘 이금전은 보건간호사업 실무자로 활동하면서 꾸준히 전문가로서의 학문적 역량을 발휘했다. 이금전은 조선간호부회에서 출판 관련 일에 특히 열의를 가지고 임했다. 서양인 선교 간호사들과 선교계 간호학교를 졸업한 조선인 간호사들로 구성된 조선간호부회는 1923년 창립 이후 회장은 선교 간호사, 부회장은 조선인 간호사가 맡는 형태로 운영되고 있었는데, 이금전은 1932년 부회장으로 선출되었고 지속적으로 교재 출판 등의 일을 담당했다. 조선간호부회는 큰 목표였던 ICN 가입이 무산되고 일본제국간호부협회의 산하조직이 되었지만 1930년대에도 활동을 지속했는데, 1925년에 창간된《조선간호부회보》를 1934년까지 발간하고,《실용간호학전서 상》(1925)과《실용간호학전서 중》(1930),《공중위생간호학》(1933),《간호사(看護史)》(1933) 등 3종의 간호교과서를 출간하는 등 출판 활동이 두드러졌다. 특히 한국 최초의 분야별 간호학 서적인《공중위생간호학》이 출간될 수 있었던 것은 이금전의 공이 컸다. 이 책은 메리 가드너(Mary S. Gardner)의 《공중보건간호학(Public Health Nursing)》(1925)과 제스 윌리엄스(Jesse F. Williams)의《공중위생의 적용(Public Hygiene Aplied)》(1925) 두 권에서 조선에서 필요한 부분을 발췌해 수정·보완하고 번역한 데다 조선의 보건간호 현황에 관한 기술을 추가하여 낸 책이었다. 출판에 참여한 사람은 총 다섯 명으로 전 과정을 책임진 사람은 선교 간호사 로젠버거였지만, 나머지 네 명의 조선인 중에 세 명은 각자 맡은 부분의 번역을 담당한 것과 달리 이금전은 유일한 조선인 간호사로 책 전체의 편집에 관여해 교정을 보고 내용을 수정·보완했다.

이금전은 간호학생 교육에도 참여했다. 태화여자관은 1928년부터 세브란스 산파간호부양성소의 모자보건 실습기관으로 학생들이 가난한 지역의 가정을 방문해 보건지도 및 생활지도, 물품 보급 등을 하도록 하고, 임산부 가정을 방문해 산전산후관리, 태아와 신생아의 건강관리, 육아법 등을 교육시키도록 했다. 이금전은 간호학생 실습지도를 담당하면서 보건 분야에 종사하는 간호사로서 역할 모델이 되었다. 또한 강의를 맡아서 1932~1937년에는 이화여전에서 간호학과 위생학 등을 가르치고, 1936년에는 세브란스 산파간호부양성소에서 보건간호학을 가르치기도 했다.

높은 학문적 역량과 실무를 연결해 실천하고 있던 이금전의 식견은 모자보건에 관한 글에서도 잘 드러난다. 1931년 8월 이금전은 《동아일보》 기고글에서 어린이들이 여름에 십이지장충에 걸리지 않도록 맨발로 다니는 것을 금해야 하는 이유를 '병이 걸리는 경로, 증세, 예방법, 없애는 법' 등으로 나누어 각각 과학에 근거해 상세히 설명했다.[11] 또한 여성지 《신여성》에 〈모유와 영양〉이라는 글을 통해 모유수유의 중요성을 역설했다. 이 글에서 이금전은 모유가 가장 좋은 이유를 "통계표를 보면, 모유를 먹고 자라는 아기의 삼 배 가량이 인공영양을 취한 아기의 사망률"이라며 모유수유와 인공수유 아기의 사망률을 비교해 제시하고, 이 외에도 고른 영양성분, 소화, 저항력, 정결, 상하거나 변하지 않음, 모성애를 발휘시키는 효력 등 구체적인 근거를 들어 모유수유의 우수성을 설명했다. 이어서 모유수유를 하는 데 필요한 것으로 영양가 있는 음식 섭취 등의 원칙을 제시하고, 출생 후 2일간은 하루에 네 번 먹이고 그 사이에 끓인 물 식힌 것을 먹이도록 하고, 3일부터는 의사의 지시에 따라 2·3·4시간마다 먹이는데 3시간이나 4시간마다 먹일 때의 시간을 명시했으며, 두 달 동안 체중이 잘 늘면 한밤중에 먹이는 것은 중지해라, 젖먹이기 전후에 젖꼭지와 아기 입안을 깨끗한 붕산수로 씻어라 등 매우 구체적인 모유수유 방법을 제시했다.[12] 그리고 1932년에 어린이 양육에 관한 대중용 의학서적인 《영양과 건강》, 1936년에는 《자모회공과》를 저술하는 등 모자보건에 관한 과학적 지식을 대중에 보급하는 데 기여했다.

이금전은 보건간호사업을 활발히 펼치던 1934년 가을에 결혼했다. 만 서른넷, 매우 늦은 결혼이었다. 배우자는 1920년 조선총독부에서 주관한 제1회 약제사 시험에 합격하고 종로에서 약국을 하고 있던 황호연이었다. 일반적인 여성이라면 결혼하고 아내, 며느리, 어머니로 살아갔을 20대와 30대 초반을 오로지 공부하고 일하면서 보낸 이금전이 늦은 나이에 결혼을 선택한 이유 중 하나는 모자보건사업을 하는 여성이 미혼인 것은 부적절하다고 여기는 사람들의 시선이었다. 이금전은 훗날 이에 대해 "가슴 쓰린 일은 지난날 처녀로서 간호사업을 하는 그에게 자녀는 몇이냐, 남편은 무엇을 하느냐고 묻는 바람에 마음이 흔들리는 일이었다"라고 회고했다.[13]

이금전이 활동하던 보건간호사업과 조선간호부회는 모두 선교계의 인적, 물적 지원에 기반하여 운영되고 있었다. 그러나 일제 말 일본과 서양과의 관계가 악화되어 서양인 선교사들이 모두 본국으로 돌아가고 선교본부로부터 사업비 지원이 끊어지면서 관련 활동이 극도로 위축되었다. 조선간호부회는 1930년대 중반 이후 활동이 중단되었고,

동대문부인병원의 보건간호사업은 1939년 신축 건물에 영아진찰실과 유치원을 두고 전담인력으로 간호사 두 명과 전도부인을 배치하는 등 운영을 지속하려고 노력했지만 결국 중단되었다. 이금전은 실무의 장이 줄어들자 선교사들의 귀국으로 공백이 커진 선교계 간호교육에서 역할을 하며 일제 말을 보냈다.

해방 이후 보건간호와 간호교육을 위한 노력

1945년 8월 15일 해방이 찾아왔다. 그리고 미국과 소련의 군대가 삼팔선을 경계로 각각 남과 북에 들어오면서 분단이 시작되었다. 남한에 진주한 미군정은 보건사업을 담당할 정부 부서로 중앙에는 보건후생부, 지방에는 보건후생국을 설치하여 일제강점기 경찰행정에서 다루던 보건위생 문제를 다루도록 했다. 그렇지만 일제강점기 보건의료의 주축을 담당하던 관립 병원과 각종 조직은 해방 이후 제대로 기능하지 못하고 있었고, 중심적 역할을 하던 일본인들이 본국으로 돌아가면서 보건의료 전반의 공백이 큰 상태였다. 보건의료 기반 시설과 인력이 매우 취약해서 1945년 미군정에서 파악한 남한의 병원은 총 181개, 의사 3381명, 치과의사 537명, 간호사 1163명, 조산사 943명에 불과해 기본적 보건의료를 구축하기도 어려웠다. 미군정은 일선 보건소와 국공립 병원을 증설하고 보건의료 전문인력을 늘리며 부족한 재정은 해외 원조를 통해 제공하면서 주로 감염병 예방과 퇴치를 중심으로 보건의료 활동을 지원했다.

미군정 초기 위생국에서 출발해 보건후생국을 거쳐 1946년 3월에 격상한 보건후생부는 산하에 17개 국(局)이 있는 최대 규모의 중앙 행정부서였고, 그중 하나로 간호사업국을 두었다. 미군이 참여하는 간호사업자문위원회에서는 주 1회 회의를 통해 간호사업국의 주요 사업을 심사했고, 간호사업국 산하에 간호교육과, 병원간호행정과, 산파과, 보건간호과, 등록과, 서무과 등 6개 과를 두었다. 미군정에는 영어 구사가 가능해 미군과 의사소통할 수 있는 한국인이 많이 기용되었는데, 간호사업국에도 세브란스 등 선교계 간호학교 출신으로 영어가 능통한 간호사가 여럿 기용되었다. 간호사업국장에 1936년 세브란스병원 산파간호부양성소를 졸업하고 호주 멜버른 로얄병원 간호학교에서 유학한 홍옥순[14]이 임명되었고, 간호사업국에서는 "기종사업자들의 재교육시키는 일 즉 병원간호행정과 간호교육자 강습교육 준비와 공급 산파와 보건간호부 강습 자격시험 면허등록 산호학교 병원 사회보건시설 순회시찰 조사 건의 통계작성 간호행정법규제정 간호협회 조직 간호부와 산파 보건간호부들의 후생사업 선전방송 강연과 포스타와 영화제작 등으로 분주 다사"했다.[15]

이금전은 미군정 간호사업 관련 업무의 통역과 사무를 돕다가 보건간호과장으로 임명되었고, 전국적으로 보건간호의 기틀이 마련될 수 있도록 노력했다. 즉 간호사들이 보건간호 강습을 통해 재교육을 받은 후 전국의 시 보건과 간호사업계의 직원으로 활동하게 함으로써 전국적 보건간호 체제의 틀을 짠 것이다. 공중보건 재교육을 위해 경성대학

안에 개설한 강습은 1945년 11월, 1946년 1월 등 2회에 걸쳐 6주씩 이루어졌다. 이금전은 손경춘,[16] 김정선[17] 등 보건간호사업 경험이 있는 간호사들과 함께 보건간호 강습을 이끌었고 강습을 마친 35명 중에 32명이 경기도 15명, 충북·충남·경남 3명씩, 강원·전북·전남·경북 2명씩 전국 각지에 배치되었다. 이들은 보건간호 실무와 보건행정 업무를 아울러 하면서 중앙에서 계획한 보건사업이 지방에서 이루어지도록 연결하는 역할을 했다. 구체적인 보건간호 실무로는 무의촌 순회진찰 협조, 모자보건 진찰소 협조, 가정방문과 응급조산, 예방접종 시행 협조 등이 있었고, 보건행정 업무로는 병원 간호행정상태 시찰, 간호학교 교육 실태조사, 고아원·양로원·이재민 구호소 및 일반 초등학교의 위생상태 시찰, 간호원 등록, 산파자격 및 개업실태 조사, 간호원회·산파회 조직 및 후원 등이 있었다.

그렇지만 이때 시도한 전국적 보건간호체계 수립은 곧 중단되고 말았다. 1947년 5월 남조선 과도정부가 수립되면서 보건후생부 조직이 축소되어 간호사업국은 간호사업과로 격하되고 서울시 간호사업계 하나만 남은 채 지방의 간호사업계가 전폐되어 각 도의 보건간호사들이 더 이상 보건간호사업을 계속하기 어렵게 된 것이다. 이 시기 보건간호의 명맥을 이어나간 중심 기관은 서울의 중앙보건소였다. 1945년 10월 서울 을지로 4가에서 국립중앙보건소라는 명칭으로 사업을 시작한 시범 보건소가 보건간호사업을 계속했고 보건소의 필요성을 인정받으면서 1947년에는 6개 주요 도시에 국립보건소를 하나씩 두게 되었다. 그리고 각 도에서도 점차 보건소 설립과 사업 시행을 확대했으며, 1956년 보건소법이 제정되어 시군별로 보건소를 설립하게 되면서 보건소는 전국을 포괄하는 정부 보건사업의 일선기관이 되었다.

전국적으로 보건간호체계를 수립하려는 노력은 중단되었지만, 간호사의 전문직 단체 설립은 성공을 거두었다. 1946년 11월에 '조선간호협회'가 발족했는데, 그 주축은 보건후생부 간호사업국장 홍옥순을 비롯해 미군정에서 활동하고 있던 한국인 간호사들이었다. "참다운 간호는 육신과 정신으로, 건전한 건국은 간호사업 발전에서"라는 국가적 차원의 구호를 내건 조선간호협회는 전국에서 200여 명이 참석한 가운데 서울 한복판인 명동 천주교회 강당에서 11월 11일부터 3일간에 걸쳐 성대한 결성식을 가질 수 있었다. 그리고 이 자리에서 이금전은 홍옥순, 김옥순과 함께 중앙위원으로 선출되었다.[18] 조선간호협회는 대한민국 정부가 출범하면서 '대한간호협회'로 명칭을 변경했고, 이금전은 절대적으로 부족했던 한글 간호학 교재가 나올 수 있도록 노력했다. 그 결과 대한간호협회에서는 1949년 《보건간호학》을, 그리고 1950년 《간호술》을 출간할 수 있었다.

한편, 해방 이후 보건의료의 패러다임이 일본식에서 미국식으로 변화하면서 보건의료계의 여러 인물이 미국 연수, 유학 등을 통해 미국의 보건의료를 익히고 돌아와 이를 남한에 적용하고 있었다. 이금전은 1948년 4월 하와이 한인회 초청으로 미국 호놀룰루에 가서 보건간호 교육 및 병원 간호관리 시정을 연구할 기회를 가졌다. 그리고 1949년 3월 세브란스 연합의과대학 고등간호학교 10대 교장으로 부임하여 간호교육에 전념했다. 일제강점기의 간호부양성소 제도는 1946년부터 폐지되고 간호교육은 중등교육 6년 졸업을 입학 자격으로 하는 3년제 고등간호학교로 통일된 상태였다.

1950년 6월 25일 한국전쟁이 발발했다. 북한군은 6월 28일에 서울을 점령하는 등 빠른 속도로 남진했고, 세브란스병원을 비롯해 고등간호학교 등도 남쪽으로 피난하면서 이금전도 남으로 가게 되었다. 전쟁 상황에서는 간호교육과 실무의 경계가 분명할 수 없었다. 이금전은 한국전쟁이 한창이던 1950년에서 1952년까지 고등간호학교 교장이면서 세브란스병원 11대 간호원장으로도 일했다. 정부에서는 1951년 1월 서울에서 남하한 종합병원들을 제주도와 거제도에 재배치해 현지인, 이재민 등을 주 대상으로 하는 구호병원을 설치했다. 거제도로 지정된 세브란스병원은 장승포초등학교를 빌려 피난민과 주민의 건강관리와 치료를 위한 구호병원을 열었다.

이금전은 세브란스병원 간호원장이자 전시 간호학교의 교장으로 간호교육의 맥을 이어나갔다. 1951년 2월에 '전시하 교육특별조치요강'이 발표되어 전쟁으로 중단된 교육을 재개하는 조치가 취해졌다. 5월에는 부산, 대구, 광주에서 전시연합대학을 운영하여 피난 중인 학생이 재적 학교의 구애 없이 수업을 받을 수 있게 했다. 전국 곳곳에 흩어져 있던 학생들은 신문광고, 지인과의 연락, 육군병원 수송트럭의 소식지 전달 등을 통해 전시학교 개교 소식을 듣고 거제도로 모였다. 세브란스 고등간호학교에서도 적십자·철도·춘천 간호학교 학생들이 같이 공부했다. 이금전은 정상 수업 운영이 어려운 상황에서도 압축수업을 진행하여 학생들이 1951년 8월에 조기졸업을 할 수 있도록 했는데, 압축수업이라고 해도 교과과정과 실습 일수를 지켜나갔다. 또한 함께 공부한 타 학교 학생들도 수료증을 받도록 하여 간호인력이 절실했던 전시 상황에서 간호학력을 인정받고 간호사로 일할 수 있도록 했다. 세브란스 간호학교는 12월에 정부로부터 전시학교 인가를 받았다.

이금전은 한국전쟁 중에 간호교육과 부상자 간호를 위해 헌신한 것을 인정받아 1953년 5월 보건사회부장관 표창을 받았다.

대한민국 간호계의 지도자로 활동

한국전쟁이 장기화되고 전선이 삼팔선 근처에서 고착되면서 대한간호협회의 활동은 부산을 거점으로 지속되었다. 이금전은 병원과 학교 일로 분주한 가운데에도 협회 활동에 참여하여 간호계의 현안을 해결하기 위해 노력했다.

한국전쟁 발발 이후 간호계의 큰 이슈 중 하나가 검정고시 형태의 시험을 통해 간호사 면허를 부여하는 것이었다. 1914년 '간호부규칙'으로 면허제도가 시작되면서 별도의 교육이나 경력이 없어도 시험에 합격하면 면허를 받을 수 있었다. 이렇게 검정고시 합격자에게 면허를 부여하는 것은 전문교육이 충분히 자리 잡지 못했으나 인력이 필요한 의사 등의 거의 모든 전문직 분야에서 시행되고 있었다. 해방 이후 간호교육을 정비하면서 1949년 검정고시제도를 폐지했지만, 한국전쟁이 발발하면서 간호사 부족이 두드러지자 1951년 제정 공포된 '국민의료령'에서 별도의 교육 없이도 자격시험에 합격하면 면허를 부여하도록 했다. 전쟁 상황에서 검정고시를 통한 면허 부여 자체를 반대하기 어려웠던 대한간호협회에서는 간호사의 수준을 유지하고자 자격시험을 도에 일임하지 않고 중앙정부에서 일괄적으로 시행하도록 보건부장관에게 건의하는 등의 노력을 기울였고, 이금전은 이를 위한 활동에 적극 참여했다. 종전 이후에도 간호사 면허 검정고시가 지속되었지만 이는 폐지되어야 하는 제도였고, 대한간호협회를 중심으로 지속적인 노력을 기울인 결과 1962년에 완전 폐지되었다.

이금전은 1954년 5월 대한간호협회 회장에 피선되어 이후 1958년 4월까지 만 4년간 4대 및 5대 회장을 역임하면서 대한간호협회가 간호사를 대표하는 전문직 단체로 자리 잡을 수 있도록 노력했다. 먼저, 1930년대에 조선간호부회의 기관지《조선간호부회보》를 간행했던 경험을 살려 1954년 7월부터 협회기관지《대한간호》를 정기적으로 발행할 수 있도록 했다. 또한《영양과 건강》등 저서를 내고《공중위생간호학》출간에 기여했던 경험을 살려 간호교육에 필요한 교과서를 마련하기 위해 노력했다. 간호학 교과서 출판은 대한간호협회뿐 아니라 보건사회부, 유엔한국재건단 등이 참여한 대한간호협회 교재출판위원회를 통해 이루어졌는데, 이금전은 여기에 참여하여 1954년《간호사(看護史)》, 1956년《해부생리》등의 교재가 출간될 수 있도록 했다. 또한 간호교육의 실습 활성화와 수준 향상을 위하여 간호고등기술학교 대항 간호실습 경기인 '전국학생간호술대회'를 개최하여 간호계의 큰 호응을 얻었다. 1954년 세계보건기구(WHO)가 정한 제3차 '간호원의 날'을 맞이해 열린 '전국학생간호술대회'에는 전국 간호학교가 참가해 개인과 단체로 나누어 간호술 숙련도를 경연하여 우승자를 가렸다. 상품은 협회 임원이 섭외하여 확보했는데, 이금전은 협회장으로서 탁상시계를 기증하기도 했다.

이금전은 단독 사무실이 없어서 여성단체총연맹 사무실 등 여기저기를 전전하고 있던 대한간호협회 사무의 안정화를 위해 자신이 원장으로 있던 중앙간호연구원 내에 협회 사무실을 두어 업무가 원활히 지속될 수 있도록 했다. 그리고 바자회를 개최하고 각 지부를 통해 회원 기성금을 모금하는 등 재정 확보를 위한 노력을 기울여 1956년 10월 서울 신촌 대지 209평을 매입하여 협회 건물 마련의 기반을 만들었다. 또한 대한간호협회의 사단법인 인가를 추진하여 1957년 7월 26일 공인받음으로써 의료법에 의한 간호사 중앙회가 되도록 했다. 그 과정에서 간호사에 대한 사회적 인식의 제고를 위해 일제강점기의 명칭인 '간호부'가 혼용되고 있던 것을 금지시키고 1951년 국민의료법에서 정한 '간호원'으로 통일했으며 협회의 명칭을 '대한간호협회'에서 '대한간호원회'로 개정하기도 했다.

1954년 5월, 간호교육자와 간호실무지도자를 길러내기 위한 전문기관으로 중앙간호연구원이 개원했고, 이금전은 원장으로 부임하여 간호계 지도자를 양성했다. 1953년 제정, 시행된 '교육공무원법'에 의하면 정교사는 대학 졸업자여야 했는데, 간호고등기술학교의 교사 중에 대학을 졸업한 인원은 소수에 불과했다. 그때까지 우리나라에는 대학에서 간호학을 가르치는 곳이 없어서 다른 전공으로 대학을 졸업하거나 외국에서 간호학을 전공한 소수만이 정교사 자격이 있었고, 자격을 갖춘 간호교육자 양성이 시급한 과제였다. 대학을 졸업한 교사가 부족한 것은 다른 분야에서도 마찬가지여서 '중앙교육자격검정위원회'에서 대학 졸업자가 아니어도 심사를 통해 정교사 자격을 부여하고 있었다. 간호계에서는 짧은 시간 내에 정교사 자격자를 배출할 수 있는 기관의 설립에 서둘렀고, 보건사회부 간호사업과 산하 조직으로 중앙간호연구원이 1954년 5월 서울시 을지로 4가 국립중앙보건소에서 개원했다. 중앙간호연구원의 재정은 유엔한국재건단, 한미재단, 록펠러재단 등의 원조로 이루어졌다.

중앙간호연구원의 수강자격은 간호고등기술학교 졸업 후 1년 이상 실무 경험이 있는 간호사로 했으며, 보건간호과와 기관간호과 각 15명씩 총 30명을 대상으로 1년 과정을 운영했다. 교육은 대학교수 초청 강의, 서울의 여러 종합병원과 군산의 개정농촌위생연구소 실습, 마산 국립 결핵요양원과 부산 일신산과병원 실습, 기타 여러 위생시설 견학 등으로 탄탄하게 운영되었고, 1957년까지 3년간 3회에 걸쳐 51명의 졸업생을 배출할 수 있었다. 그러나 중앙간호연구원은 오랜 시간 안정적으로 운영할 수 있는 건물도 자금도 없었고, 정부는 정교사 자격자가 결국 대학 졸업자여야 한다는 논리로 중앙간호연구원을 폐지했다. 간호교육자와 지도자 양성 기관의 필요성을 역설하며 중앙간호연구원 설립을 추진했던 대한간호협회에서는 폐지된 중앙간호연구원을 맡아 운영하기로 했고 이금전은 계속 원장을 맡았다. 1958년 7월에는 방학을 이용해 서울대학교 간호학교 강의실에서 강습을 진행했다.

20대 중반에서 40대 후반 나이의 교장, 간호원장, 수간호사 등 70여 명이 하루에 7시간씩 4주간 총 168시간을 교사론, 교육심리, 교육방법 등 8과목의 교직과를 이수하여 준교사자격증을 획득할 수 있었다. 그렇지만 보건사회부는 다시 폐지 명령을 내렸고, 중앙간호연구원은 1958년 12월에 문을 닫았다. 이렇게 1953년에서 1958년까지 중앙간호연구원에서 교육받은 120여 명의 간호사는 각지의 병원, 간호학교, 보건소, 국립보건원 등에서 간호교육과 간호행정의 지도자로 활동하여 간호 발전에 기여했다.

중앙간호연구원이 폐지된 이후 간호사 재교육은 국립중앙의료원과 국립중앙보건소로 이어졌다. 국립중앙의료원은 유엔한국재건단, 스웨덴, 덴마크, 노르웨이 등의 지원으로 1958년 한국 의료의 중심 기관으로 설립되었다. 이금전은 새로 설립된 국립중앙의료원 간호과장으로 부임하여 병원 간호사를 모집해 재교육 훈련을 했다. 한편 1956년 보건소법이 제정되고 전국의 시군구에 보건소가 설립되었다. 정부 보건서비스의 실행기관 역할을 하게 된 보건소의 간호사 훈련을 국립중앙보건소에서 담당해 1958년부터 실시했는데, 이금전은 이화여대 교수 손경춘 등과 함께 《보건간호지침》을 저술하여 보건소 간호사 실무의 방향을 제시했다. 1959년 보건사회부에서 출간한 《보건간호지침》은 보건소에서 일하는 보건간호사의 "활동기준을 제시하고 그 구체적 지도를 시도하여 엮은 것"으로 미국인 간호고문관과 한국인 간호사 세 명의 공동저서였다. '보건원의 사명', '보건교육', '학교보건', '전염병간호', '결핵사업', '기록과 보고' 등의 내용으로 이루어진 이 책에서 이금

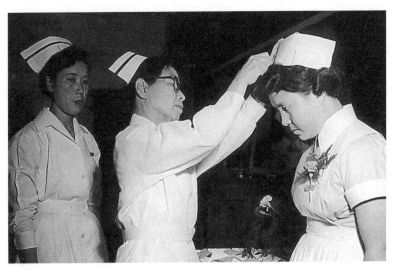

국립중앙의료원 간호학교 제2회 가관식, 이금전이 간호학생의 모자에 핀을 꽂아주고 있다. (대한간호협회)

전은 '보건교육'과 '학교보건' 편을 담당하여 보건소 간호사가 이 분야에서 알고 해야 할 내용을 기술했다.

간호교육, 행정, 조직을 아우르며 지도자로 일하고 있던 이금전은 그 공을 대외적으로 인정받아 연이어 상을 받았다. 1955년에는 서울시에서 광복 10주년 기념행사의 하나로 해방 후 사회 각 분야에서 기여한 19명의 여성에게 상을 수여했는데, 이금전은 의료계 공로로 표창을 받았다. 또한 1957년 4월 7일 제6회 세계보건일을 맞아 보건사회부에서 보건사업에 큰 공을 세운 12명에게 수여한 표창장과 감사장을 받았다. 그리고 1959년, 이금전은 간호계의 발전과 국민보건 향상을 위해 헌신한 점을 인정받아 나이팅게일 기장을 받았다. 나이팅게일 기장은 1920년부터 국제적십자사에서 간호활동이나 보건사업에 현저한 업적을 이룬 사람에게 국제 기념 메달을 수여하는 것으로 한국에서는 1957년 이효정이 처음으로 선정되었고, 이금전은 1959년 두 번째로 받은 것이다. 이금전의 나이팅게일 기장 수상은 한국 간호계의 명예를 국내외적으로 높이는 경사였다. 대통령 영부인 프란체스카 여사가 직접 기장을 전달했고, 일간지에서는 앞다투어 나이팅게일 기장 수상 소식을 보도하고 이금전의 행적에 관한 기사를 실었다. 그뿐만 아니라 5월 22일 대한적십자사 강당에서 거행된 수상 광경이 〈대한뉴스〉에 포함되어 TV가 없던 당시에도 전국 각지의 영화관 등에서 많은 국민이 생생하게 수상 광경을 보면서 간호사의 사회적 기여를 확인할 수 있었다.

은퇴와 《보건간호학》 저술

이금전은 1960년에 모든 공직에서 은퇴했다. 그러나 이후에도 보건 간호의 발전과 간호사의 지위 향상을 위해 노력했다. 1963년 7월 22~24일에 중앙의료원에서 열린 간호 사회과학 교육 세미나에서 발표한 '직업적 태도 및 간호원의 복장: 간호윤리 정신에 입각하여'에서 직업과 태도를 정의하고 간호사의 직업적 태도를 11가지의 문답 형식으로 검토한 후, "간호직업에 대한 태도는 항상 이 사업을 질적으로 향상과 발전을 시키는 데 목적을 두어 환자들에게 좀 더 좋은 봉사를 하며 동시에 간호원의 사회적 지위가 국내 국외에서 더욱 견고해져야 하겠

다"라는 결론을 내렸다.[19]

1965년 이금전은 한국을 떠나 자녀들이 있는 미국으로 이주했지만, 지속적으로 논문 작성과 저술에 힘을 쏟았다. 이금전의 본격적 논문으로 유일하게 알려져 있는 〈보건간호 면에서 본 결핵간호〉는 1966년 연세대학교 간호학연구소에서 발행한 《간호학회보》 1권에 실린 것이다. 이금전은 이 논문에서 한국의 결핵사업을 해방 전, 해방 후, 대한결핵협회, 세계 기독교 봉사회 등으로 나누어 살펴본 후, 가정방문을 통해 파악되는 한국 결핵환자의 특징을 기술하고 스칸디나비아와 세계보건기구의 결핵사업도 검토했다. 그리고 간호사가 결핵 환자를 면접할 때 알고 있어야 할 항목을 16개 항목으로 나누어 제시했다.

1967년에는 자신의 보건간호에 관한 지식과 경험의 집대성인 《보건간호학》을 완성해 출간했다. 보건 분야는 각 나라의 역사, 정치, 경제, 문화 등을 반영하며 고유성을 띠기 때문에 외국 서적을 그대로 사용하기가 특히 어려운데, 이금전의 《보건간호학》은 한국에 적합한 보건간호학 저서라는 성격을 분명히 하여 집필된 것이었다. 이금전은 서문에서 저술 배경과 목적을 "보건간호원에게 정부는 보다 광범한 공중보건의 지식과 연구 자료와 통계를 제공해줌으로써 소기의 과업을 완수하는데 그 기초사업으로 엮어 낸 것 (…) 그간 외서에만 의존한 보건간호학은 극소수의 간호원에게만 이해를 주었을 뿐, 거의 언어의 장벽으로 충분한 지식의 이해와 흡수의 진도가 시급한 현실의 요구에 뒤따르지 못했던 것이다"라고 밝혔다. 책의 구성은 크게 총론과 각론의 두 부분으로 나뉘었는데 "필수과목과 보건간호원이 체득해야 할 각과 보건간호와 관련성이 있는 과목만을 구별 종합해서 학생들이 이 한 책으로서 충분히 보건간호의 윤곽을 파악하며 그 내용을 충실히 이해하도록" 했다. 이금전은 이 책을 내는 의의가 한국 현실에 도움이 되도록 하자는 점이지만 "이 책의 어떤 부분은 외서를 번역한 곳이 있어 우리에게 참고로는 적당하나 우리 현실에 적용시키기엔 부당한 것이 다소 있음을 말해 두는 바이다"라며 저자로서 조심스러운 마음을 표현했다.

이금전은 《보건간호학》 총론에서 "보건간호의 역사적 고찰, 보건행정, 보건사업의 배경, 공중보건의 정의와 원칙, 보건간호 윤리, 공중보건의 발전원인과 보건소사업 계획 및 활동, 보건간호 직무 한계, 보건간호 가방 사용하는 법, 보건간호원과 보건소 업무, 보건간호 처무규정, 보건간호에 관한 면접, 응급처치, 환경위생, 보건교육, 보건간호 감독하는 법, 기록과 보고, 보건통계" 등을 폭넓게 다루었다. 각론에서는 "모성보건 간호, 가족계획, 영유아 보건간호, 학교보건, 학교보건간호, 산업보건간호, 결핵관리와 보건간호, 전염병관리와 보건간호, 소아마비병, 성병과 보건간호, 나병과 보건간호, 기생충학"으로 나누어 생애주기별 보건사업과 주요 이슈별 보건사업을 기술했다. 책의 맨 마지막에는 부록으로 의료법 등 주요 관계법규를 실어서 실무에 도움이 되도록 했다.

평생을 간호사로 활동한 이금전은 1973년 4월 17일 대한간호협회 창립 50주년 기념 최고 공로상 수상자 13명 중 한 명으로 선정되었다. 그리고 1979년에는 《대한간호》 100호를 기념해 〈대한간호의 발자취와 전망〉을 기고하여 한국 간호에 대한 변함없는 애정을 보였다. 이금

전은 이 글에서 한국 간호의 역사를 약술하고《대한간호》100호의 의
의를 짚었을 뿐 아니라 일차보건의료(primary health care)의 견지에서 간
호사의 역할과 보수교육의 중요성을 역설했다.

1900년 출생하여 평생을 한국 간호 발전에 헌신한 이금전은 1990년
5월 7일 영면했다.

6장

조귀례

대한민국 제1기 간호장교

제1기 간호장교 출범

1948년 8월 26일, 서울 중앙청 앞길에서부터 경복궁 안 경회루까지 교통경찰이 도열했다. 경회루 입구와 주변에는 헌병이 배치되었고, 군악대가 행진곡을 연주했다. 경회루에서 열리는 대한민국 첫 간호장교 31명의 소위 임관식 행사를 위한 준비였다. 8월 15일 대한민국 정부 출범에 이어 군 소속으로 군 병원 등에서 간호와 의무를 담당하는 간호장교가 탄생하는 날이었다. 카키색 점퍼 스타일 상의와 스커트에 카키색 개리슨 모자를 쓰고 흰색 단화를 신은 31명의 간호장교에게 차례로 소위 계급장이 부착되었다. 이범석 국무총리 겸 국방부장관을 비롯한 정부 주요 인사, 미군 고문단 요원, 서재필'을 비롯한 유명 인사가 참석한 가운데 이루어진 임관식에서 이범석 국무총리는 "간호장교가 국군 사기진작의 원인이 된다"라는 요지의 연설을 했고, 만 84세의 서재필은 이들을 '낭자군'이라고 칭하면서 대한민국 간호장교의 출발을 감격스러워 했다. 임관식을 마친 후에는 남산에 위치한 국방경비대를 방문하여 군의 주요 인물에게 신고했다. 송호성 국방경비대 육군 총사령관은 이들의 임관을 축하하고 함께 기념사진을 촬영했다. 이날 임관된 간호장교 31명의 이름은 다음과 같다.

김감은, 김영진, 김선애, 장경희, 김순봉, 문영분, 김재명, 이은상, 전성호, 차윤실, 이윤실, 최보배, 김영희, 양인실, 이경애, 김일복, 김종득, 조귀례, 최봉숙, 김정희, 김수남, 장기순, 이종화, 신옥분, 황영희, 홍복순, 장귀덕, 유호선, 김은순, 전옥희, 김미례

출신 학교는 물론 20대 초에서 30대 중반까지 나이도 다양하고 미혼자뿐 아니라 기혼자도 있던 이들에게 나이와 경력을 반영한 순서대로 110010번에서 110040번까지 군번이 부여되었다. 그중에 군번 110027번으로 1945년 경성제대 의학부 부속의원 간호부양성과를 졸업한 스물두 살 조귀례가 있었다.

경성제대 의학부 부속의원 간호부 양성과 입학

조귀례는 1926년 전라도 장성에서 출생했다. 1914년에 호남선이 개통되면서 역이 생겨나 교통의 요지가 된 장성에서도 조귀례의 집은 기차역에서 가까운 곳이었고 경제적으로 여유가 있어서 집에 일본식 욕조가 있을 정도였다. 조귀례는 장성의 유일한 정규 학교인 월평공립

보통학교를 다녔는데, 1935년경 조선 전역의 공립학교에서 한글 사용이 전면 금지되었다. 학교에서는 일어만 사용해야 하고 한국어로는 말도 해서는 안 되었다. 조귀례는 일어로 말하고 읽고 쓰는 것이 일본인 수준으로 유창해졌다.

월평공립보통학교 고등과를 졸업할 무렵, 경성제대 의학부 부속의원의 서무과에 근무하던 삼촌이 간호학교 진학을 권유했다. 경성제대 의학부 부속의원은 경성에서 가장 높은 '뾰죽당' 건물이고, 그곳의 간호학교에 입학하면 공부하면서 돈도 벌 수 있다고 했다. 대한의원 부속의학교 간호과 시절부터 시작된 관비 지급 규정이 일제강점기에도 이어져 관공립 간호학교 학생은 학비를 내지 않았을 뿐 아니라 기숙사비 무료에 별도의 학자금까지 받았기 때문이다.[2] 조귀례는 장성을 떠나 경성에서 공부하며 지내보고 싶었다. 거기에 더해 동네 아저씨가 '딸이 경성에서 취직해 돈을 벌어 보낸다'고 자랑하여 경성을 동경하는 마음에 부채질을 했다. 조귀례는 상경을 결심했다.

경성에 올라가 삼촌 집에서 지내다가, 삼촌의 소개로 경성제대 의학부 부속의원 정신과학교실 교수 핫토리 로쿠로(服部六郞)의 집에서 일을 돕게 되었다. 핫토리 로쿠로 교수는 조선인 환자와 학생을 차별하지 않고 존중하는 태도를 보여 조선인들 사이에서 신망이 있었는데, 성실하고 영민하며 일본어에 능통한 조귀례를 높이 평가해 경성제대 입학시험을 보도록 적극 격려했다. 경성제대 의학부 부속의원 간호부 양성과에 입학하려면 먼저 1. 신체 건전할 것 2. 품행이 방정하고 지조가 건실할 것 3. 고등소학교 또는 보통학교 고등과 졸업자 또는 이와 동등의 학력을 가질 것 4. 연령 15세 이상 25세 이하일 것 5. 배우자가 없고 가사와 관계가 없을 것 등 다섯 가지 조건을 충족해야 했다. 지원자가 입학원서에 이력서와 호적등본을 첨부한 서류를 제출해서 통과하면 입학시험을 보았는데, 시험과목은 일본어(강독, 작문, 받아쓰기 등), 산술, 구두시험, 체격검사 등 네 가지였다. 공립보통학교 고등과를 졸업했고 공부도 잘했던 조귀례는 별 어려움 없이 입학시험을 보고 합격했다.

조귀례는 1943년 4월 1일 경성제대 의학부 부속의원 간호부양성과에 입학했다. 동급생 60명 중에 조선인은 10명 정도에 불과하고 나머지는 모두 일본인이었다. 식민지 조선에서 최초이자 유일하게 학사학위를 부여하던 경성제국대학은 조선인과 일본인을 모두 선발하기는 했지만, 조선인 지원자가 많아 경쟁률이 훨씬 더 높았음에도 불구하고 일본인 학생을 많이 뽑았고,[3] 간호부양성과도 마찬가지였던 것이다. 조귀례는 원래 키가 큰 편이었는데, 입학하고 보니 조귀례뿐 아니라 조선인 학생은 신입생과 재학생 모두 체격과 용모가 좋았다. 경성제대 부속의원을 이용하는 조선인 환자는 최고위층이기 때문에 일본인 의사와 조선인 환자 사이에서 통역을 해야 하는 조선인 간호부는 외모를 중요하게 보고 선발한다는 소문이 있었다.

대한제국 최대 규모로 출범한 대한의원에서 이어진 경성제대 의학부 부속의원은 일제강점기 내내 병원 시설이 확장되어 임상연구동은 물론, 임상 각 과마다 별도의 병동이 있었다. 간호학생은 모두 기숙사에서 생활했다. 단층건물인 기숙사에는 일본식 목욕탕이 있었고, 일본식 다다미방과 조선식 온돌방이 있었으며, 일본인과 조선인 5~6명이 한방에서 생활했다. 조귀례는 일본식 난방기구인 코타츠가 있는 다다미방에 배정받았다. 이부자리는 본인이 가져와야 했는데 조카의 간호부양성과 입학을 기뻐한 삼촌이 고급 목면에 염색을 하고 좋은 품질의 솜을 넣은 최상급 이불을 보내주어 일본인 친구들까지 모두 부러워했다.

하루 일과는 아침 일찍 기상해 청소를 하고 아침을 먹는 것으로 시작했다. 그런데 기숙사에서 제공하는 식사가 밥과 일본식 된장국 정도여서 하루 종일 실습하고 공부해야 하는 한창 나이의 학생들에게는 양과 질 모두 부족했다. 1931년 만주사변, 1937년 중일전쟁, 1941년 태평양전쟁으로 일제의 전쟁이 확대되면서 식량을 포함한 모든 물자가 전쟁 수행 우선으로 배정·공출되어 모든 것이 전반적으로 부족한 시기였다. 일부 학생은 볶은 콩을 가지고 있다가 식사 시간에 상 아래에 놓고 먹기도 했다. 학생들이 배고픈 것은 병원에도 잘 알려져서 실습을 하다 보면 환자가 먹을 것을 주기도 했다.

간호학생은 2년 동안 4학기를 이수해야 했는데, 전쟁이 일제에게 불리하게 전개되면서 모든 것이 전쟁 수행을 위한 것으로 간주되었고, 교육에 있어서도 1941년에 '수업연한 임시단축령'을 공포하는 등의 조치가 이어지고 간호부양성소의 교과과정도 전시 총동원체제에 발맞추어 개정된 상태였다. 먼저, 조선인 학생은 일본어를, 일본인 학생은 조선어를 배워서 일본인 의료진과 조선인 환자 사이에서 의사소통을 담당하도록 하던 것을 모두 일본어만 배우게 했다. 그렇지만 수신과목에서 이루어지던 일본식 예절 교육은 여전히 매우 중시해서 다다미방에 앉아서 문 여는 법 등을 엄격하게 가르쳤다. 또한 학기가 올라갈수록 강의는 줄고 실습이 많아지도록 구성되어 1학기에는 주당 23시간, 마지막 4학기에는 월 3시간이었던 강의를 줄이고 실습을 더욱 늘렸다. 수신과 일본어, 실습 외의 교과목은 위생법규, 해부학, 생리학, 약리학 및 조제학, 소독법, 환자운반법과 체조, 위생학과 세균학, 일반간호법, 내과적간호법과 전염병간호법, 치료개보, 구급처치, 외과적간호법, 의료기계취급법, 붕대법 등으로 이루어져 있었는데, 그중 전쟁수행과 직접 관련된 환자 운반이나 붕대법 등에 대한 교육이 더욱 강화되었다. 일바지(몸뻬)를 입고 들것에 모의환자를 눕혀 운동장 옆 언덕받이에 만든 가(假) 방공호—깊이가 깊지 않아 실제 전시에는 사용할 수 없는 임시 방공호—로 실어나르는 연습을 반복해야 했고, 외과 담당 군의관 교수가 군복과 긴 장화에 긴 칼을 찬 차림으로 교실에 들어와서 붕대법을 가르치면서 '단단하지도 느슨하지도 않게 적당히' 붕대를 감는 것을 반복하여 강조했다.

정규 교과과정과 별도로, 학생들 사이에서는 선배가 한 사람씩 후배를 담당하여 학교생활에 적응하도록 돕고 공부를 가르치는 관행이 있었다. 경상도 출신의 박씨 선배가 조귀례를 담당하여 '점잖은 집안사람은 이렇게 저렇게 해야 한다' 하면서 어떻게 처신하고 언행하는 것이 좋은지를 많이 가르쳐주었다. 또한 주요 과목인 내과학과 세균학 등도 일대일로 가르쳐주었다.

경성제대를 포함한 관공립 간호학교와 조선총독이 지정하는 간호학교를 졸업하면 별도의 시험 없이 바로 면허가 나왔고, 이 면허장은 조선뿐 아니라 일본 본토, 만주, 중국 등 일제가 점령하고 있던 지역에서 모두 통용되었다. 또한 학자금을 받으면서 공부하는 대신 졸업 후에는 2년간 의무적으로 복무해야 했고, 이 기간을 채우지 못하면 재학 중에 받은 학자금을 반환해야 했다.

　재학 중 여유 있는 집안에서 장녀로 사랑받으면서 자라 활달했던 조귀례의 성격에 변화를 가져온 사건이 발생했다. 일제는 1940년부터 모든 조선인에게 창씨개명을 강요하고 있었는데, 조귀례 집안은 할아버지의 극렬한 반대로 창씨개명을 하지 않아 조귀례도 본명을 그대로 사용하고 있었다. 일본인 학생들의 조선인에 대한 차별은 흔한 것이었지만 그중에서도 심한 편이었던 한 동급생이 창씨개명하지 않은 조귀례에게 특히 못되게 굴었다. 조귀례는 참다 못해 이 동급생을 외딴 곳으로 불러내 다투다가 몸싸움까지 하게 되었고, 체격이 좋고 화가 머리끝까지 나 있던 조귀례가 결과적으로 일본인 동급생을 일방적으로 공격하는 형상이 되었다. 다툼이 생긴 배경은 무시되고 '조선인 학생이 일본인 학생을 일방적으로 폭행한 사건'으로 알려지면서 조귀례의 퇴학까지 거론되었다. 학교에서 쫓겨나고 싶지는 않았던 조귀례는 교사들을 찾아가 거듭 용서를 구했고, 두 달간 변소 청소라는 벌을 받고 퇴학은 면하게 되었다. 이후 조귀례는 일본인 학생들과의 마찰을 피해 독서에 몰입했다. 핫토리 로쿠로 교수의 연구실에서 다양한 소설책, 시집을 빌려다 읽으면서 '얌전한 문학소녀'로 변모했다.[4]

해방 이후 보건간호 활동

1945년 봄, 졸업한 조귀례는 경성제대 의학부 부속의원에서 일하기 시작했다. 이비인후과, 안과 외래에 배치되어 일하던 중 해방이 되었다. 정오에 라디오 방송에서 흘러나오는 일본 국왕의 항복 선언에 일본인들이 모두 통곡을 해서 병원은 울음바다가 되었다.

해방 다음 날인 8월 16일, 경성제국대학의 한국인 교직원들이 '경성대학자치위원회'를 결성했다. 17일에는 대학 정문에 태극기를 게양하고 '경성제국대학' 문패 위에 '경성대학'이라고 쓴 종이 간판을 붙였다. 의학부도 '제국' 두 글자 위에 흰 종이를 붙이고 부속의원 시계탑 건물의 일장기를 떼어냈는데, 그러자 그 아래 감추어져 있던 태극 문양이 드러났다. 대한의원이 출범할 때 있었던 태극 문양을 일제가 일장기로 덮어놓았던 것이다.

경성제대 의학부 부속의원의 의사와 모든 부서의 관리자급은 대다수 일본인이었는데 이들이 물러나면서 한국인이 관리자와 교수 역할을 하게 되었다. 일본인 간호부장도 물러나서 최효신[5]이 간호부장으로 활동하기 시작했다. 많은 수를 차지했던 일본인 간호사가 물러나면서 부속의원은 특히 간호사의 부족이 심각해져서 조귀례는 곧 수간호사가 되었다.

해방과 함께 조귀례가 맞닥뜨린 예상치 못했던 문제는 한국어를 배워야 한다는 것이었다. 일제강점기 내내 일본어가 공용어였을 뿐 아니라 일제 말에는 조선어 사용이 전면 금지되어서 이 시기에 학교를 다닌 조귀례에게는 모국어를 배울 기회가 없었다. 해방 이후 신문을 포함해 다양한 매체가 한글로 나와 당황했지만, 다행히 한글은 배우기가 쉬워서 곧 문제는 해결되었다.

해방 이후 미군정이 남한 지역을 통치했지만 여러 가지 혼란이 심했고, 그중에서도 '국립서울대학교 설립안'으로 경성제대를 비롯한 서울과 인근의 여러 고등교육기관이 극심한 갈등과 혼란을 겪었다. 미군정은 새로운 고등교육 정책을 채택하여 다양한 관공립 학교를 통합해 각 지역마다 하나의 종합대학을 설립하고자 했고, 1946년 시범적으로 경성대학과 경성의학전문학교를 비롯한 9개 관립 전문학교와 사립인 경성치과의학전문학교를 일괄 통합해 종합대학을 설립한다는 '국립서울대학교 설립안'을 발표했다. 이에 대한 반대가 좌우익 사상 대결로 연결되어 격렬하게 전개되었다. 경성대학 의학부 부속의원 역시 소위 국대안 파동과 좌우익 대립이 첨예하게 전개되는 한가운데에 있었다. 어느 날은 간호사 기숙사에 경성대학 학생들이 와서 여성도 차별받지 않고 공부를 많이 할 수 있어야 하고 아이도 나라에서 키워줘야 한다고 설명했다. 일하는 여성인 간호사들이 듣기에 좌우의 배경을 떠나 '멋진' 이야기였다.

병원에는 해방 후의 경제적인 어려움이 강하게 다가왔다. 일제 말 극심한 물자 부족에도 경성제대 의학부 부속의원은 일본제국이 식민지 조선에서 운영하는 최고의 의료기관이기 때문에 우선적으로 필요한 것을 공급받을 수 있어서 약이나 물품 부족을 심각하게 느낀 적은 없었다. 그렇지만 오히려 해방 이후 어려움이 커졌다. 이전에는 병원 약국에서 환자에게 필요한 약을 공급했지만 이제는 병원 약국에 약이 없어서 입원 환자의 경우에도 어디서든 알아서 약을 구해 와야 했다. 전국에서 최고 수준이었던 급여가 극심한 인플레로 형편없는 박봉이 되었고 그나마도 제대로 지급되지 않았다. 의사들은 별도로 개원을 해서 얻는 수입으로 살아가야 했고, 간호사들은 따로 돈을 벌 방법이 없었기 때문에 특히 어려웠다. 그러던 중에 접한 미국의 물자는 미국과 한국의 경제적 격차를 여실히 보여주었다. 미군정 관리들은 경성대학 병원을 많이 이용했는데, 미군 장교나 국방경비대 고급 간부가 입원하면 미군 식량 '레이션 박스'를 가져오곤 했다. 그 안에는 생전 처음 보는 초콜릿, 사탕, 통조림 등의 먹을 것이 가득했다. 조선을 지배하던 일본을 무너뜨리고 남한에 주둔한 미국의 존재감은 레이션 박스로 다가왔고, 그 안의 새롭고 풍요로운 먹거리들은 미국에 대한 동경을 불러일으켰다.

어느 날 미군정에서 주관하는 보건간호원 시험에 관한 소식이 전해졌다. 이 시험에 합격하면 미군정과 연결되어 안정적으로 급여를 받을 수 있다고 했다. 조귀례는 재정도 운영도 어려운 병원에 더 이상 계속 머물러야 할 필요가 없으며, 미군정과 연결되면 적어도 경제적인 면은 안정될 것이라고 판단하여 시험을 보고 합격했다.

조귀례가 합격한 시험은 미군이 한국인 보건전문가 양성을 목적으로 경성대학 안에 개설한 6주짜리 공중보건과정 교육 대상자 선발 시험이었다. 이는 보건의료 전문가와 설비가 부족하고 감염병 유행은 심한 남한의 문제를 해결하기 위해 개설된 것이었다. 교육은 1945년 11월과 1946년 1월 2회에 걸쳐 6주씩 이루어졌다. 보건간호 강습을 이끈 사람은 미군정 보건간호과의 이금전, 손경춘, 김정선 등이었는데, 이들뿐 아니라 도쿄에서 의학교를 졸업했다는 손씨 성의 의사가 예방의학을 가르치고 미군정의 간호장교도 참여하는 등 다양한 인물이 교육을 담당했다. 6주 과정의 교육은 이론 166시간과 실습 122시간으로 구성되었고, 이론 강의에는 영어 수업 18시간이 포함되어 있었다. 실습은 신설된 서울시립보건소에서 진행되었다.

제1회 강습 수료생은 21명, 제2기생은 14명으로 총 35명이었고, 그 중 32명이 1946년 3월 경기도 15명, 충북·충남·경남 3명씩, 강원·전북·전남·경북 2명씩 전국에 배치되었다. 이외에도 일제 말에 시작된 2년제 보건부(保健婦) 과정을 졸업한 14명에게 면허증이 지급되어 1명은 서울 중앙청 공무원 진료소(clinic), 1명은 마산의 국립 결핵요양원 간호책임자, 1명은 서울시 보건과에 임명되었으며, 나머지 11명은 전남·전북·충남·충북·경북 각 2명, 강원도 1명 등 각 도 보건과에 배치되었다.[6]

조귀례는 전라남도 보건후생부로 발령받아 광주로 가게 되었다. 근무지는 광주시 중심에 위치한 전남도청이었고, 숙소는 도보 10여 분 거리인 광주의학전문학교 부속병원(9월에 광주의과대학 부속병원으로 개칭) 간호사 기숙사로 정해졌다. 그렇지만 도청에서만 근무하는 것이 아니라 전남 전역을 돌아다니며 보건행정과 관련된 온갖 사업을 했고,[7] 감염병 유행이 심해지면서 이에 관한 사업이 가장 중심이 되었다.

해방 이후 해외동포의 귀국이 이어지고 인구는 늘어나는데 경제 상황도, 보건위생 관련 기반도 부족해 감염병이 크게 유행했다. 가옥, 일자리, 먹을 것, 상하수도 체계, 분뇨와 쓰레기 처리 등이 모두 부족했다. 상수도 시설이 있는 도시는 남한에 40개에 불과했고, 시설이 있는 도시에서도 시민 전체에게 상수도를 공급하지 못했다. 감염병이 창궐하기 좋은 조건이어서 이질, 장티푸스, 기생충병, 디프테리아, 말라리아, 뇌척수막염, 홍역, 두창, 일본뇌염 등이 흔했고 성병도 만연했다. 미군정은 남한에 감염병이 창궐하는 것을 막고 미군 건강에 해가 되지 않도록 감염병 예방과 차단을 위한 보건위생사업에 관심을 기울였다. 위생국을 신설하여 일제강점기 경찰이 담당하던 위생업무를 담당하도록 하고, 위생국을 보건후생부로 개칭했다가 보건후생국으로 격상·확대했다. 지방 행정에서 도 보건후생부가 보건후생국으로 격상되었고, 그 아래 의무과, 약무과, 예방의학 및 생정과, 위생시설과, 후생과가 있었다.[8] 도 보건후생국의 임무와 직능은 크게 22개로 나뉘어졌고, 그중 '전염병에 관한 사업의 감독 및 통제'가 주요 업무가 되면서 조귀례 역시 이와 관련된 활동을 주로 하게 되었다.

감염병 관리 사업으로는 발진티푸스 예방을 위한 DDT 살포, 일본뇌염 예방을 위한 모기 박멸 사업, 두창 박멸 운동 등이 전개되었다. 두창의 경우, 1945년 해방 이후 환자가 급증하여 1946년 4월에는 전국적으로 총 환자 수가 1만 9809명이나 되었다. 1946년 5월, 귀환 동포를 통해 콜레라가 부산에 상륙하여 부산, 대전, 인천 등으로 번져갔으며 6월에는 이남 전역에서 유행했다. 콜레라 환자는 탈수가 심해서 치료하려면 수액제가 필수였는데, 이 수액제가 부족하다 보니 치사율이

1940년대 후반 보건후생부에서
배포한 전염병 예방 포스터.
《한국근현대의료문화사》)

매우 높았다. 1946년 5월에서 11월까지 약 1만 5644명의 콜레라 환자
가 발생했는데 그중 1만 181명이 사망할 정도였다. 미군정은 각 도에
서 급하게 콜레라 예방 전단을 만들어 배포하고, 콜레라 예방 교육을
전개하도록 했다.

교육 내용은 다음과 같았다. "겁내지 말고 다음과 같이 호열자를 방
지하자. 파리를 죽이자. 파리채와 파리약으로. 음식물은 반드시 뚜껑
을 덮어 파리가 없는 장소에 보관하자. 소독하지 않은 물은 반드시
끓여 먹자. 음식 먹기 전과 대변 본 뒤에는 반드시 손을 씻자. 난데없
는 살인자가 되지 말고, 제각기 방역 규칙을 지켜 동족에게 균을 전염
시키지 말자. 이웃이나 가족 중에 설사하고 토하는 사람은 주저치 말
고 당국에 신고하자. 호열자는 결국 부주의한 사람에게만 전파하게
된다."

조귀례는 전남 각지를 다니며 환자의 오염된 배설물과 접촉한 손을
통해 콜레라가 전염되므로 끓인 물을 마셔야 하고 손을 깨끗이 씻어야
한다는 것을 목놓아 교육했다. 마이크도 없어서 콜레라 감염의 원리

와 예방법을 큰소리로 반복해 강조해야 했다. 젊은 여성이 돌아다니며 교육하는 것을 못마땅하게 여긴 어르신으로부터 '여자가 뭘 아느냐'는 불신의 소리를 듣기도 했지만, 사람들이 희생되지 않도록 예방법에 대해 설득하려 애를 썼다. 예방교육에 힘쓴 탓인지 1946년 전라남도의 콜레라 환자 발생은 777명으로 8개 도 중에서 충북과 강원을 제외하고 가장 적은 수였다.

그 외에 보건후생국 소속으로 복지에 관한 업무도 담당했는데, 그중 가장 큰 업무는 미국에서 온 구호물자를 필요한 곳에 배급하는 일이었다. 구호물자는 주로 헌옷, 양말, 장갑 등의 의류와, 분유, 옥수수가루 등의 먹을 것이었다. 보건행정의 제반 업무와 보건교육, 그리고 구호물자 배급까지 정신없이 일하면서 해를 넘겼다.

대한민국 초대 간호장교

남한과 북한에서 각각 단독 정부 수립이 진행되던 1948년 어느 날, 경성제대 부속의원 졸업 동기인 김종득으로부터 연락을 받았다. 대한민국 정부가 출범하면서 간호장교를 선발하니 함께 지원해 보자는 것이었다. 새로운 도전이었고, 스물두 살의 조귀례는 서울로 올라가 간호장교에 지원했다.

1946년 5월 1일 국방경비대가 설치될 때 생긴 총사령부 의무국은 한국 군사조직 최초의 의무부서였다. 이곳을 중심으로 대한민국 정부 수립 이후 군 의무조직 창설을 위한 준비가 이루어졌다. 독립된 군 병원이 없어서 군에서의 훈련 또는 사고로 발생한 환자는 서울 적십자병원 지하에 만든 100병상 규모의 임시 의료시설에 위탁하여 진료하고 있었는데, 1948년 5월 1일 서울 영등포 대방동의 옛 일본군 건물에 제1육군병원이 개원했다. 일반환자용 50병상, 감염병환자용 30병상 등 총 80병상에 군의관 8명, 위생병 23명 규모였다. 9월에는 각 의무부대를 통괄하는 제1의무단을 창설했고, 제1육군병원을 250명 수용 규모로 확대했다.

의사와 위생병만으로는 군 의무조직을 확대하기는커녕 현상유지도 힘들어 간호장교가 필요했지만 새로 출발하는 대한민국에는 간호장교 양성에 필요한 기반이나 지원을 제공할 여력이 없었다. 의무국에서는 미군정 간호사 출신으로 주한 미 경제협조처(ECA) 노동국 사회부장이었던 바로디(Miss Barody)와 스코트(Mrs Scott)에게 육군 간호장교단 창설의 필요성을 설명했다. 그리고 협조를 요청하면서 미군정청을 통해 한국 간호장교의 피복, 훈련과 교육에 필요한 시설, 교관요원 지원까지 미 육군에 부탁했다. 주한미군사고문단(KMAG)도 발 벗고 나서서 도왔다. 간호장교제도가 확립되어 있던 미국에서는 미군정 간호장교가 한국의 간호제도 구축을 뒷받침하다가 철수를 앞두고 있었으므로 미군을 대신해 한국의 국방을 떠맡을 군 의무요원 교육을 돕는 것은 당연히 해야 할 일이라고 판단하여 적극 협조했다.

미국의 지원 약속을 얻어내자 간호장교 모집은 적극 추진되었다. 미군 측과 협의 끝에 우선 간호사 면허를 소지한 여성을 모집해 단기간의 실무교육과 기본적 군사훈련을 시켜 군 병원에 배치하기로 했다. 지원자를 모집하기 위해 미군정청 보건후생부와 간호협회 등에 간호장교 제도 도입의 취지를 설명하고 협조를 요청했다. 부설 간호학교가 있는 종합병원에는 간호장교 후보생 제도의 탄생을 알리고 간호사들이 많이 지원하도록 홍보해달라는 협조요청 공문을 띄웠다.

150여 명의 응모자를 대상으로 한국인 여의사의 신체검사와 미국인의 면접을 거쳐 31명이 선발되었고, 이 중에 조귀례와 김종득이 포함되었다. 31명은 간호부이고 여성이라는 공통점 외에는 다양한 인물로 구성되었다. 나이는 20대 초에서 30대 중반까지, 미혼이 많았지만 자녀가 있는 기혼자도 여럿이었다. 출신 학교 역시 경성제대 의학부 부속의원 간호부양성과, 세브란스의학전문학교 간호부양싱소, 석십자 병원 간호부양성소 등으로 다양했다.[9] 이들 모두 면허가 있는 현업 종사자였기 때문에 예우 차원에서 훈련소 입소에 앞서 육군 소위로 임관한 후 교육을 했다.

간호장교 제도가 서둘러 추진되면서 미군 간호장교의 복제까지 차용했는데, 이는 새로 출범하는 대한민국 군대 전반이 유사한 상황이었다. 여름 정복은 카키색 점퍼 스타일 상의와 스커트 하의에 모자는 카키색 개리슨모, 그리고 흰색 단화였다. 겨울 정복은 흑갈색 모직 투피스와 다갈색 와이셔츠와 넥타이, 모직 게리슨모, 검정색 단화로 이루어져 있었다. 평상시 근무복은 흰 바탕에 연갈색 세로 줄무늬가 있는 면직 원피스, 모자, 그리고 흰색 단화였다.

임관식을 앞두고 간호장교 후보생 선발자들에게 군복, 군모, 군화를 비롯한 복장이 지급되었다. 제복을 준다고 해서 가 보니 미군장교의 중고 복장을 쌓아놓고 그중에서 각자 맞는 것을 찾아 입으라고 했다. 옷을 뒤져보니 체격이 큰 미군이 입었던 옷이어서 대부분 사이즈가 컸다. 그나마 키가 큰 편이었던 조귀례는 어느 정도 입을 만한 것을 찾을 수 있었지만, 키가 작아 상의가 무릎 아래까지 내려올 정도로 커서 난감해하는 사람도 있었다. 어찌어찌 각자 제복을 고르고 나니 간호장교 임관식이 8월 26일에 있으니 9시까지 복장을 갖추고 경복궁 앞으로 모이라는 지시가 있었다.

1948년 8월 26일, 조귀례는 몸에 잘 맞게 수선한 정복을 입고 경복궁으로 가서 대한민국 첫 간호장교로 임관되었고 군번 110027번을 받았다. 그리고 다음 날인 8월 27일 경기도 부평에 위치한 미군 382 후송병원 부설 훈련소에 입소하여 교육을 받기 시작했다. 원래는 교육을 마친 후에 임관이 되어야 하는데 임관을 받은 후 교육이 시작된 것은 간호장교 확보가 시급한 1기였기 때문이다.

교육은 미 836부대 간호장교 교육대에서 담당했다. 교육을 담당한 미국인 간호장교는 절도 있는 걸음걸이와 복장을 특히 강조했다. 오전에는 미군 군의관과 간호장교를 도와 근무하는 것으로 실무 교육을 받았고, 오후에는 기초 군사훈련을 받았다. 군사훈련은 제식훈련, 체력훈련, 사격훈련, 독도법에 이르기까지 폭넓은 것으로 육군사관학교의 전신인 국방경비대 사관학교 출신 김 소위 등의 장교가 담당했다. 이 교육은 11월 27일까지 꼬박 3개월간 지속되었다.

대한민국 정부 수립 이후 육군 의무국은 육군본부 의무감실로 편제가 변경되었다. 의무감 아래 행정과, 의무과, 약사과 등 3개 과를 두고, 의무과 산하에 병원계, 보건계, 치무계, 간호계, 수의계 등 5개의 전문 부서가 있었다. 이때 생긴 간호계가 한국 군 역사상 최초의 군 간호행정 부서였다. 초대 간호계장으로는 제1기 간호장교 중 한 명인 김선애 중위가 보직되었다.

훈련을 마친 조귀례는 김종득 등과 함께 충남 유성의 제2육군병원에 배치되었다. 제1기 간호장교 31명 중 약 10명은 서울의 제1육군병원에, 약 15명은 제2육군병원에, 그리고 수 명은 광주 근처에 급하게 설치된 야전병원에 배치되었다. 충남 유성의 제2육군병원에 가장 많은 간호장교가 배치된 이유는 10월에 발발한 여순사건[10] 이후 지리산 일대에서 벌어지고 있던 교전에서 발생한 부상자가 주로 제2육군병원에 이송되어 처치를 받고 있었기 때문이었다.

유성의 제2육군병원은 골진 얇은 철판으로 만든 길쭉한 반원형의 임시 건물로 미군이 쓰던 것이었고, 여름에는 무척 덥고 겨울에는 무척 추웠다. 조귀례는 제2육군병원에 부임하자마자 일에 뛰어들어야 했다. 제2육군병원은 창설된 후 곧바로 여순사건이 발발해 그 부상자를 받느라 진료실과 입원실 구분도 불분명한 상태로 운영되고 있었고, 오전 8시~오후 5시 근무에 야간에는 필요할 때 호출하는 것이 원칙이었지만 이를 지킬 수 없는 상황이었다. 소독제, 항생제, 붕대 등 모든 물품이 부족해서 부상병의 상처에 들끓는 구더기를 하나하나 핀셋으로 집어내야 수술을 시작할 수 있었고, 사용한 거즈와 붕대는 일일이 빨고 압력솥에 자비(煮沸) 소독을 해서 다시 사용했다.

여순사건 가담자들이 지리산으로 입산해 게릴라전을 펼치고 국군의 토벌작전이 계속되면서 부상자는 이어졌다. 육군은 전라도 남원의 초등학교를 징발해 임시 야전병원을 설치했고, 김명희 등 간호장교가 경찰병원 등에서 온 간호사와 함께 철모를 쓰고 군화를 신은 채로 근무했다. 가벼운 총상, 자상 환자는 야전병원에서 처치하고 수술이 필요한 중환자는 충남 유성의 제2육군병원이나 전남 광주의 제3육군병원으로 후송했다. 부상병이 여순사건 가담자나 빨치산 소속이면 병원에서부터 헌병이 따라붙었고, 중요한 치료가 끝나면 헌병이 호송하여 조사기관으로 데려간 후 감옥으로 가거나 총살당했다. 전남 장성 출신인 조귀례는 익숙한 전라도 사투리를 쓰는 부상자들에게 한층 안타까운 마음이 들었다. 그중 막내동생과 비슷한 나이의 어린 '반란군' 부상자가 있었는데 호송된 후 어떻게 되었는지 궁금했지만 알아볼 시간도 방법도 없었다.

제2육군병원에는 간호장교가 절대적으로 부족했다. 간호장교는 2년의 의무복무 기간이 있었지만 제1기 간호장교 중에도 1년이 되기 전에 전역하는 경우가 있었다. 제2기 간호장교 후보생 25명 중에 제2육군병원에 배치된 숫자는 10명도 되지 않았다. 기존 3개의 육군병원 모두 인력난이 심각해서 시급하게 간호장교가 배치되어야 했기 때문이다. 그렇지만 제3기, 제4기 간호장교가 배출되면서 제2육군병원으로의 부임이 이어졌고, 제1기인 조귀례는 1년이 되지 않아 한 파트의 선임장교라는 책임을 맡게 되었다. 지리산 일대에서 전투가 지속되는 상황에서 간호장교는 군의와 의무병과 부상병 사이에서 눈코 뜰 새 없이 바쁘게 일을 해야 했고, 임관이 몇 달밖에 차이가 나지 않는다 해도 군 체계에서 선임자로서의 책임은 막중했다. 원칙에 충실했던 조귀례는 스물세 살에 후배 간호장교를 비롯한 주변 사람들로부터 '아버지'라는 별명을 얻게 되었다.

초기 간호장교 배출

1948년 육군 제1기 간호장교 임관 이후 한국전쟁 시까지 간호장교 교육은 기수별로 다르게 이루어졌다.[11] 조귀례를 포함한 제1기 31명은 1948년 8월 26일 임관이 되어 27일부터 3개월간 경기도 부평의 미군 382 후송병원 부설 훈련소에서 미 836부대 간호장교 교육대의 주도 아래 교육을 받았다. 이후 세2기부터는 한국전쟁까지 간호장교 양성업무가 육군으로 이관되어 육군 제1의무단이 교육을 주관했으며, 제1의무단이 위치한 경기도 시흥(현 서울 금천구) 교육장에서 교육을 마친 후에 임관이 이루어졌다. 교육생 모집도 더욱 적극적으로 진행해서 거리에 모집 공고를 내고 신문광고도 했는데, 여중 졸업자 또는 동등 이상의 학력을 가진 19세 이상 30세 이하의 간호사 면허 소지자를 대상으로 했다. 지원자를 대상으로 3일에 걸쳐 신체검사, 구두시험, 필기시험(해부학, 간호학, 생리학)을 보아 제2기생 25명을 선발했다. 이들에 대한 교육은 1948년 12월 15일에 시작되었으며, 여순사건 부상자가 많아 간호장교의 보충이 시급했기 때문에 15일간의 군사훈련을 이수한 뒤 각 병원에 배치되어 근무하다가 1949년 2월 5일 수료식 날 소위로 임관되었다. 1949년 4월 22일에는 경기도 시흥에서 제3기생 20명에 대한 교육이 시작되었으며, 교육을 주관하는 제1의무단이 경기도 김포로 이동해 여기서 5월 25일 졸업하고 임관되었다.

　제4기생부터는 육군 군의학교가 교육을 담당하여 교육과정은 체계적이 되었지만 교육기간은 1개월에 불과했다. 1949년 10월 제4기생 14명이 임관되었으며, 1949년 12월 제5기생 30명이 임관되었다. 이렇게 1948년 8월부터 1949년 12월까지 총 120명의 육군 간호장교가 배출된 후 간호장교 양성은 잠시 중단되었다. 이 외에 1949년 4월 9일에는 해군 자체 양성 간호장교 제1기 20명이 임관되었다. 그리고 1950년 6월 25일 한국전쟁이 발발했다. 제1기부터 제5기까지 총 120명의 육군 간호장교 중에 전역자 등이 있어서 전쟁 발발 당시 현직에 있던 인원은 모두 108명이었다. 이들 108명의 육군 간호장교는 남한의 지상군 약 9만 5000명 규모에서 전면전으로 시작된 한국전쟁을 맞이했다.

한국전쟁

　1949년 12월 24일 대통령령 255호 육군병원직제가 제정되었다. 대한민국 정부 출범 이후 1년 남짓한 기간 동안 서울 영등포의 수도육군병원, 경기도 부평의 제1육군병원, 충남 유성의 제2육군병원, 전남 광주의 제3육군병원, 부산의 제5육군병원 등 5개 육군병원이 설립[12]되고 육군병원직제가 제정되면서 대한민국 육군 의무체계는 제도와 시설 마련이 일단락되었다. 간호장교의 근무지가 조정되면서 조귀례는 경기도 부평에 위치한 제1육군병원으로 전속되었다. 경성제대 간호부양성과 동기이자 제1기 간호장교 동기이며, 제2육군병원에서도 동료로 일했던 김종득과 함께였다.

제1육군병원에서는 영외 거주가 허용되어 거주할 방을 따로 얻었다. 얇은 철판 재질로 만들어져 여름에는 무덥고 겨울에서는 실외나 다름이 없어 추운 유성 제2육군병원 가건물에서 지내다가 따뜻한 온돌방에 누우니 살 것 같았다. 제1육군병원에는 미군 고문관이 자주 방문했는데, 동기 간호장교 중 한 명이 영어를 잘해서 의사소통에 큰 도움이 되는 것을 보며 영어를 배우고 싶다는 생각도 했다. 중환자 중에는 여전히 여순사건 관련으로 이송돼 온 부상자가 있었고, 그중에는 빨치산 포로 환자도 있었다. 제1육군병원에서는 제2육군병원에서와 달리 미군을 통해 약품, 붕대, 거즈 등의 보급품이 넉넉히 지급되어 사용한 붕대를 빨아서 소독해 다시 사용할 필요가 없었다. 이것만 해도 일이 줄고 환자 간호에 집중할 만했다. 이곳에서 조귀례는 육군 중위로 승진했는데, 소위로 임관된 지 1년 반 만이었다. 그러던 중 동기 김종득이 약물로 자살하는 일이 발생했다. 오랜 시간을 가깝게 지낸 친구이자 동료였던 이의 자살은 조귀례에게 큰 충격이었다. 그토록 가까웠던 친구가 왜 자신에게 언질 한마디 없이 유서 한 장 남기지 않고 자살했는지 이해할 수 없었다.

조귀례는 부평의 제1육군병원에서 근무하던 중 어느 장교와 가까워졌다. 간호장교는 일반 장교와 자연스럽게 만날 기회가 많았고, 서로에 대한 관심과 호기심이 발전하여 이성관계로 사귀는 커플이 여럿 나왔다. 그중에는 결혼으로 이어지는 경우도 있었는데, 간호장교가 결혼하면 제대하는 것을 당연하게 여기는 분위기여서 동기와 후배의 수가 하나둘 줄어들었다. 조귀례는 자신에게 호감을 표현한 인물 중에 김모 대위와 종종 만나 데이트하는 관계가 되었다. 둘 다 주말에 쉴 수 있었기 때문에 미리 약속해 일요일에 만나곤 했다. 키가 큰 편이었지만 달걀형의 얼굴에 피부가 곱고 어깨가 좁고 둥글어 특히 한복 맵시가 좋았던 조귀례는 기회가 있을 때마다 한복을 즐겨 입었고, 김 대위와 데이트할 때도 마찬가지였다. 두 사람은 서울 명동에서 만나 클래식 음악다방으로 유명했던 '돌체'에서 음악을 듣고, '취천루'라는 중국집에서 호떡을 먹곤 했다. 초여름에 접어들던 어느 날 조귀례는 명동을 지나다가 한 제화점에 들어가서 구두를 맞추었다. 무척 비싼 가격이었지만, 그 구두를 신고 김 대위와 나란히 걷는 모습을 상상하니 무리하지 않을 수 없었다. 그리고 6월 25일 일요일 오후에 구두를 찾으러 가기로 했다.

1950년 6월 25일 일요일 오전, 집에 있는데 스리쿼터 차량에 확성기를 달고 돌아다니며 휴가 장병과 외출 장병을 포함해 모든 군인은 귀대하라고 비상소집을 하는 소리가 들렸다. 남한과 북한의 경계인 삼팔선 근방에서 소규모 총격전이 자주 발생하곤 했기 때문에 그와 관련된 일로 짐작하고 서둘러 병원으로 갔다. 오후가 되면서 트럭과 앰뷸런스로 부상자가 이송되어 오기 시작하는데 총상 환자가 많았고 파편에 크게 다친 사람도 있었다. 소규모 총격전 수준이 아닌 전쟁이 발발했다는 직감이 들었다. 이튿날은 북쪽에서 포성이, 하늘에서 비행기

소리가 들리기 시작했다. 라디오에서는 "북한 괴뢰 도당이 남침해 왔지만 용맹한 우리 국군이 퇴치하고 있으니 동요하지 말라"는 방송이 이어졌다. 이송돼 오는 부상자 수가 점점 많아져서 부상자 처치에 병원 전체가 정신없이 매달려야 했다.

6월 28일 한강 다리가 끊어졌다는 소문이 들렸다. 국군이 북한군의 남침 속도를 늦추기 위해 한강의 철교와 인도교를 폭파한 것이다. 피난을 가야 했다. 부평의 제1육군병원은 일본 육군의 조병창이 있던 곳이어서 병기 수송을 위한 철도가 있었다. 이 철도를 이용해 부대 안으로 기차가 들어왔고, 병원에서는 서둘러 피난 준비를 했다. 중환자는 누울 수 있도록 열차 내부를 개조하여 태우고 군의관과 간호장교는 그 옆 칸에 탔다. 나머지 칸에는 병원 장비, 보급품, 일반 장병, 군인 가족을 가득 태웠다. 그 와중에 영외에서 기르던 새끼돼지까지 태운 군인도 있었는데, 사람과 꼭 필요한 물품을 싣기도 부족한 상황에서 자기 재산을 지키려 하는 모습에 눈살을 찌푸리지 않을 수 없었다.

기차는 부평을 출발해 대전을 거쳐 대구로 갔다. 대구에서 환자는 치료받을 수 있는 곳으로 보내고 일반인도 하차하게 해서 기차의 인원을 줄였다. 그리고 다시 대전으로 올라갔다. 피난 경로를 명확하게 지시받지 못한 기차는 가다 서다를 반복했고, 남으로 가다가 다시 북으로 가는 등 행로가 명확하지 않아 시간이 지나면서 불안감이 커졌다. 대전에서 다시 출발하여 7월 3일 전주를 거쳐 여수까지 얼마 남지 않은 지점에서 기차가 터널을 통과하려는 순간, 총성이 들렸다. 모두가 간담이 서늘해지는 순간이었다. 북한군이 공격한 것은 아니었고, 북한에 동조하는 세력이 남쪽 곳곳에서 게릴라전을 재개하여 기차를 공격한 것이었다. 다행히 큰 피해를 입지 않고 여수역에 도착했고, 일행은 여수항으로 가서 대형상륙함(LST)으로 갈아타고 마산으로 이동했다. 마산에서는 국립마산결핵병원에서 실습하고 있다가 한국전쟁이 발발하여 오도 가도 못하고 있던 세브란스 간호학교 졸업반 학생 여섯 명이 간호 인력으로 합류했다.

거의 한 달에 걸친 피난 끝에 7월 말 부산항에 도착했다. 준비되지 않은 상황에서 곧바로 부상자 처치라는 육군병원 업무를 재개해야 했다. 배에서 병원 장비와 취사도구를 내린 후 부둣가에서 노천병원을 시작했다. 부산 중심가에 제5육군병원이 있었지만 밀려드는 부상자를 감당하지 못하는 상황이었다. 부둣가 노천병원이 된 제1육군병원으로 환자를 가득 실은 배, 기차, 트럭이 연이어 들이닥쳤다. 환자를 수용할 장소가 부족해 인근 자갈치시장, 학교, 사찰을 수소문해 병원으로 활용해야 했다. 환자를 수용할 곳도 부족한데 군의관이나 간호장교의 잠자리가 마땅할 리 없었다. 잠깐 눈을 붙이려면 부두에 누워 별을 바라보며 노숙을 하거나 정박한 LST 안에서 옹색하게 잠을 청해야 했다.

다른 육군병원 역시 피난지에서 임시로 운영되었다. 서울 영등포에 있던 수도육군병원의 경우, 병상 수 80에 군의관 13명, 간호장교 15명, 위생병 212명 규모였는데 전쟁 발발 다음 날인 26일 이미 80병상이 다 차서 혜화동의 서울대학교 부속병원과 서울여자의과대학부속병원, 서대문의 적십자병원, 남대문 앞 세브란스병원 등 4개 병원을 인수해 환자를 수용시켜야 했다. 인력도 부족해서 수도육군병원에서 실습

1950년 8월에 경남 밀양의 학교를 개조해 만든 제6후송병원의 여학생(왼쪽)과 국군 부상자들(오른쪽). (대한민국역사박물관)

중이던 간호학생 20여 명과 세브란스 의대생 20여 명을 구호요원으로
차출했다. 그렇지만 전쟁 발발 3일 만에 환자가 3000명이 넘어섰고 수
도육군병원에서 가까운 성남중학교를 접수해 복도까지 환자를 수용
해야 했다. 주임이었던 장경희 간호장교는 외출·외박 장교를 비상소
집하며 밤낮을 가리지 않고 동분서주했다. 북한군이 서울로 들어오기
전에 환자를 수송할 방법을 찾다가 시내버스에 중환자를 싣고 수원의
도립병원으로 갔다. 도착해보니 이미 모두 피난을 떠나 병원이 텅 비
어 있었다. 거침없이 남쪽으로 내려오는 북한군을 피해 7월 3일 천안,
7월 6일 대전, 7월 8일 김천을 거쳐 7월 29일 울산에 도착해 한 학교에
환자를 분산 배치했다. 부상병을 간호하면서 정신없이 남쪽으로 오다
보니 어떤 간호장교는 북한군에 함락된 서울에 자녀를 두고 와서 생사
조차 모르는 경우도 있었다. 울산 주민들이 자원해서 세탁과 식사 준
비를 도와주었지만 전문가와 일반인을 막론하고 일할 사람이 부족한

상태였다. 수도육군병원에서 임상실습을 하다가 같이 피난을 온 간호학생들을 간호장교로 현지 임관하여 일하도록 했다.

전쟁 발발 이후 부족한 군 의료시설을 보충하느라 민간병원 징발령이 내려져 대학병원과 민간 종합병원이 모두 군 의료시설로 전환됐으며, 군의학교를 임시 폐교하고 야전의무단으로 바꾸어 7월 말에는 군 시설 병상수를 1만 4000여 개로 만들었다. 그리고 9월부터는 육군병원을 속속 창설하여 연말에는 2만 5000여 병상으로 전상자를 수용했다. 인력도 부족해서 민간병원에서 일하던 의사, 간호사뿐 아니라 간호사 경력이 있는 보건교사까지 동원령으로 입대하도록 했고, 단기간 교육한 후 현지 임관하여 현장에서 환자를 돌보도록 했다. 그 외에도 군인 가족과 여고생의 자원봉사가 소중하게 활용되었다.

전쟁이 장기화되면서 간호장교를 배출하기 위한 계획이 새로 세워졌고, 신문과 벽보 등을 통해 간호장교 모집 광고가 이루어졌다. 1950년 12월 21일 창덕궁 돈화문 안에 위치한 병사구 사령부에서 간호장교 시험을 치르기로 해 500~600명의 지원자가 모였다. 그런데 북한군이 남하하면서 후퇴 명령이 떨어져 일단 해산한 후 오후 5시까지 영등포역으로 모이도록 했다. 서울 풍문여학교 6학년 반정옥과 이화여학교 6학년 허록은 간호장교 시험을 보러 갔다가 이 지시에 따라 각자 집으로 가서 부모님께 작별 인사를 한 후 얼어붙은 한강을 걸어서 건너 영등포역으로 갔다. 영등포역에 모인 간호장교 지원자들에게는 전상자 후송열차에 탑승해 환자를 보살피라는 지시가 내려졌고, 이 후송열차를 타고 대구의 제1육군병원으로 가게 되었다. 이들 여학생 수백 명은 경북대 의대 강당에서 일주일 넘게 대기하다가 간호장교 시험을 보았다. 시험은 학과시험과 신체검사로 이루어졌는데, 신체검사는 기혼자를 가려내기 위한 특별검사와 육안으로 하는 질병 유무 확인이 진행되었다. 303명이 합격했고, 불합격자는 자유롭게 떠나거나 병원에 남아 무자격 보조원으로 일하거나 둘 중에 선택하도록 했다. 합격자는 부산으로 가서 대신동 여자의용군훈련소에서 미군 남자용 운동화와 작업복을 입고 제식훈련, 각개전투, 사격훈련 등의 기초군사훈련을 4주간 받았다. 군사훈련을 마친 후에는 부산 제3육군병원, 제5육군병원, 마산 제2육군병원, 수도육군병원 등에 배치되었다. 시급하게 간호인력이 필요한 상황이어서 군사훈련만 하고 간호교육은 하지 못한 채 간호장교 업무를 하도록 한 것이었다.

이후 간호장교 선발과 교육은 좀 더 체계적으로 이루어졌다. 간호사관생도 합격자를 A반과 B반으로 나누어, A반은 1951년 3월 7일 부산 동래의 육군군의학교(동래군 북면 청룡초등학교와 금정중학교에 위치)에 입교했고, B반은 6월에 입교했다. 부족한 간호장교를 신속하게 양성하기 위해 3년 과정을 2년으로 단축하여 하루 10시간 내지 12시간씩 교육과 군사훈련을 이어갔다. 추위와 배고픔으로 이탈자가 속출했지만 2년 후인 1953년 3월 14일 110명이 졸업과 동시에 임관되었다. 그리고 1952년 5월 마산 군의학교에 입교한 간호사관생도 제2기는 간호사관생도 제1기 임관 2주 후에 임관되었다. 1953년 10월 3일에는 제3기생이 임관되었으며, 1954년 11월 27일에는 제4기생이 임관되었다.[13]

피난민이 넘쳐나는 부산항에서 임시방편으로 운영되던 병원을 양산으로 옮기라는 명령에 따라 조귀례는 양산으로 이동했다. 1950년 8월 11일에 양산읍의 양산농업학교가 징발되어 병원으로 운영되었다. 그러던 중 9월 15일에 시작된 인천상륙작전이 성공하여 28일 서울이 수복되었고, 북진이 이루어졌다. 조귀례는 서울로 이동하라는 명령을 받았다. 트럭을 타고 서울로 이동하면서 전쟁의 참상을 고스란히 목격할 수 있었다. 전투와 폭격으로 처참한 산과 들 곳곳에서 수많은 비목(碑木)을 볼 수 있었다. 저 비목이 있는 곳마다 사망한 군인이 있고 그중에는 스물다섯인 자신보다 어린 사람도 많을 거라는 생각이 머리를 떠나지 않았고, 전쟁이 정말 무섭고 비극이라고 느껴졌다.

서울에서는 영등포의 수도육군병원이 파괴되어 소격동의 서울대학교 의과대학 제2부속병원(해방 이전 경성의학전문학교 부속의원)을 본부로 사용하고 있었다. 그리고 혜화동의 서울대학교 의과대학 제1부속병원, 서울역 앞의 세브란스의과대학 부속병원, 서대문의 적십자병원 등 큰 종합병원을 모두 군 병원으로 바꾸어 부상자 치료에 전념하고 있었다. 조귀례는 미군에게 지원받은 기초의약품을 미국 GMC 자동차와 스리쿼터 자동차에 싣고 다니며 각 군병원에 배급하고, 각 군병원의 인원과 부족한 물자를 파악해 보고하는 일을 담당했다. 각 병원의 부상자 치료가 차질 없이 이루어지도록 하려면 의약품과 물자를 제때 공급해야 했기 때문에 매일 서울 시내 군병원을 돌아다니느라 눈코 뜰 새가 없었다. 의약품과 물자는 미군에게서 공급받는다고 해도 부족한 인력은 따로 공급받을 경로가 없었으므로 계속 민간병원에서 일하던 의사와 간호사뿐 아니라 여학생 등도 활용했다.

전쟁 부상병은 계속 발생했지만 인천상륙작전 이후 국군이 연이어 승리하며 북진하고 있다는 소식에 머지않아 전쟁이 끝나지 않을까 하는 기대도 있었다. 11월 1일 창설되어 서울 재동국민학교에서 진료를 하던 제27육군병원은 북진하는 전선을 따라 올라가서 11월 14일 평양에 병원을 개설한 상태였고, 강원도 철원의 육군 결핵요양원도 국군이 접수하는 등 남한에서 올라간 군의관과 간호장교가 북한 곳곳에서 활동하게 되었다. 평양으로 간 제27육군병원의 간호장교는 13명이었고, 처음에는 평양연합기독병원 건물을 이용했다. 그런데 평양연합기독병원 건물이 예상보다 규모가 작아서 인근 학교 몇 개를 징발해 분원으로 사용하다가 김일성대학 의학부 부속병원을 이용하게 되었다. 김일성대학 의학부 부속병원은 평양의학전문학교 부속의원을 확충한 것이어서 복도에 차량이 다닐 수 있을 정도로 규모가 컸다. 남한에서 올라간 사람들은 병원 안에서 길을 잃곤 해 '크렘린'이라는 별칭으로 불렀다. 국군을 돕기 위한 북한 동포의 정성이 담긴 된장, 간장 등의 식료품과 담요 등 침구류가 많이 들어오고 민간 간호사와 간호학생의 봉사, 부녀자들의 빨래와 청소 등의 자원봉사에 도움을 받아 병원 운영이 이루어지고 있었다.

압록강과 두만강 연안까지 올라갔던 전선이 10월 말 중공군이 대규모 공세를 펼치면서 남으로 내려오기 시작했다. 국군이 접수했던 철원의 육군 결핵요양원에서는 제때 후퇴가 이루어지지 못해서 간호장교 소위 7명과 5명의 군의관이 북한군 포로가 되기도 했다. 이 중 한 간호장교는 탈출하여 남하하다가 부상을 입고 속초 야전병원에서 치료를 받은 후 다시 군대에 복귀하기도 했다. 평양의 제27육군병원도 바로 옆까지 포탄이 떨어지는 상황이 되었다. 환자를 후송할 수 있는 수단이 없어서 일단 움직일 수 있는 환자 500명과 선발요원 60명(장교 20명, 병사 40명)은 국군 차량에 타거나 피난민 달구지를 얻어 타거나 걸어서 피난하도록 했다. 움직이기 힘든 환자 300~400명과 일부 군의관, 선임간호장교 장경희 등이 병원에 남아 있는데 미군이 와서 곧 평양이 함락되니 급하게 후퇴할 것을 요구했다. 후송수단이 없어 중환자만 남은 상황임을 설명하자 10여 대의 앰뷸런스와 미군의 마지막 수송열차를 마련해주었다. 남은 인원은 이 열차를 타고 평남선을 따라 종착역인 진남포로 간 후 12월 4일 미국 항공모함 4척에 나누어 타고서 인천으로 향했다. 그런데 인천도 위험하다는 연락이 와서 그대로 서해를 따라 내려가서 남해를 거쳐 부산에 도착했다.

가을이 지나고 추위가 심해지면서 동상 환자가 속출했다. 빠른 북진에 비해 군복, 군화 등의 보급이 제대로 이루어지지 않아 많은 병사가 여름 옷차림으로 북한에 진격한 상태에서 겨울이 닥쳤고, 북한지역의 혹한은 예상을 뛰어넘는 것이어서 그 피해가 아주 컸다. 중국군이 한반도에 진입한 이후 국군과 연합군은 후퇴를 거듭해 전선은 계속 남하했다. 동부전선의 경우 12월 15일부터 열흘간 흥남항에서 대규모 철수가 이루어졌고, 12월 말이 되자 서부전선은 임진강까지 밀렸다.

서울도 다시 피난 준비를 서둘렀다. 한국전쟁 발발 직후의 후퇴보다는 질서가 있었지만 시간과 이송수단이 충분한 것은 아니었고, 북한지역에서부터 민간인의 피난이 이어져서 피난민의 규모가 훨씬 커졌다.

서울은 1월 4일에 북한군에 함락되었다. 조귀례는 서울에서 철수하는 군병원 인력과 물자를 실은 열차를 타고 대구를 거쳐 경주에 도착했다. 경주로 후퇴한 제18육군병원은 경주역 서쪽의 월성국민학교에 본부를 정하고 경주공고에 제1분동, 황남국민학교에 제2분동, 계림국민학교에 제3분동을 두었다.[14] 조귀례는 네 군데로 분산된 육군병원의 행정지원 책임자가 되었고, 특히 부족한 간호인력을 확보하기 위하여 동분서주했다.

홍남에서 배편으로 철수한 병력이 포항이나 부산에 도착하면 그 중 부상병은 기차, 트럭 등의 다양한 운송수단을 통해 군병원에 보내졌다. 특히 부상병이 기차로 한꺼번에 들이닥치면 정신을 차릴 수 없을 정도로 바빴다. 환자는 대체로 북한지역의 겨울 혹한에 심한 동상을 입은 병사였다. 동상 환자에 대한 치료는 특별한 것이 없었고, 동상이 심한 신체의 말단부위를 절단해야 했다. 분원 중 하나를 동상 수술 전담으로 정했는데, 그곳의 인력 중에는 경북대학교 의과대학 부속병원 외과의사로 동원명령을 받고 입대하여 배속된 임운홍 대위 그리고 같은 병원 간호사였다가 동원된 박필순 소위가 있었다. 경북대학교 의과대학 부속병원에서부터 수술장에서 손발을 맞추었다는 이들의 동상환자 절단수술은 너무나 신속하고 깔끔해서 감탄을 금할 수 없었다. 이 두 명이 수술을 시작하면 절단한 손가락과 발가락이 금방 양동이에 수북이 쌓이곤 했다.

부상자는 워낙 많고 인력은 부족하여 군의관 한 명과 간호장교 한 명이 세 개 교실의 환자를 모두 담당해야 했다. 우선적으로 군무원과 민간인 여학생들의 도움을 받았고, 그래도 부족한 인력은 덜 심각한 상태인 환자의 도움을 받았다. 경환자가 병실 실장도 하고, 치료할 때 조수 역할도 하는 식이었다. 그 밖에도 환자 각자의 경력에 따라 역할을 하여 이발사 출신은 환자들의 이발을 책임지고 목공 출신은 병원 시설의 수선과 보수를 도왔다.

경주의 육군병원 운영이 자리 잡히자 조귀례는 1951년 10월 5일 울산 제23육군병원 주임 간호장교로 발령받고 대위로 승진했다. 소위로 임관되고 1년 반 만에 중위로 승진한 후 다시 7개월 만에 다이아몬드 세 개인 계급장을 달게 된 것이다. 울산 제23육군병원은 한국전쟁 발발 이후 폭증하는 부상자를 치료하기 위해 설립된 병원 중 하나로 중학교 하나를 징발해 병원으로 사용하고 있었다. 어느 주말, 조귀례는 가까운 장생포항에 고래고기를 먹으러 가게 되었다. 식량 보급이 원활하지 않아 배고픔을 참으며 일하고 있던 터라 함께 일하는 군의관, 간호장교 최 소위, 일반병사 등과 GMC 차량을 타고 가서 오래간만에 배불리 식사를 했다. 그리고 주말을 장생포에 있는 집에서 보내고 울산의 학교로 돌아가는 학생들까지 탑승하여 차량은 꽉 찼고 조귀례는 뒷자리에 앉았다. 울산을 향해 한참 달리고 있는데 갑작스레 게릴라의 공격을 받았다. 총격이 쏟아지고 차량이 전복되어 군의관, 최 소위를 비롯해 수 명이 사망했다. 뒷좌석에 있던 조귀례는 전복하는 차량에서 붕 떴다가 정신을 잃었지만 곧 정신을 차리고 큰 부상 없이 살아남았다. 누구에게 언제 죽음이 닥칠지 예측하기 힘든 전쟁 중, 후방에서 부상자를 돌보는 간호장교라고 예외는 아닐 때였는데 천만다행한 일이었다.

한국전쟁 당시 간호장교들. (울산박물관)

한국전쟁 개전 후 1950년 말까지 6개월 동안 총 9만 3544명의 입원환자 중에 전투지역 10개 사단 소속이 72.8퍼센트였고, 이 가운데 89.2퍼센트가 외과환자일 정도로 전상자가 많았다. 1951년 1년간 전상 또는 질병으로 입원한 인원은 10만 5061명이었고, 1952년에는 전년도 이월환자를 포함해 누적 입원환자가 11만 1671명이었다. 휴전회담의 진척으로 전선이 소강상태였던 1953년의 입원환자 수는 전년 이월환자를 포함해 8만 7233명이었다. 이렇게 한국전쟁 3년 1개월 동안 발생한 총 입원환자는 무려 39만 7519명에 달했다.

한국전쟁 발발 당시 5개 육군병원과 1개 요양소에서 실제 사용 가능했던 병상은 2250병상 미만이었다. 그러나 한국전쟁 3년이 경과하면서 육군병원은 대폭 확대되어 1953년 7월 정전 당시 4만 2000병상으로 늘어나 있었다. 그뿐 아니라 각 후송병원과 이동외과병원, 치료대대 등을 합치면 10만 병상을 초과했다. 이렇게 군 병상이 늘어났음에도 전투 규모와 양상 등에 따라 환자가 폭증하여 병원이 만원인 경우가 많았다. 한국전쟁 중 병상 부족이 가장 심했던 1950년 9월의 평균 병상점유율은 무려 240.8퍼센트로 그달의 월간 수용능력이 연 36만 2640병상이었는데 재원환자 수는 연 87만 3420명이었던 것이다. 이렇게 병원 복도, 마당, 안팎을 가리지 않고 병상자가 밀어닥쳐 오면 이들에 대해 가장 먼저 해야 할 일은 처치를 하면 살 수 있는 사람을 가려내는 것이었다.

1951년 6월 휴전협정이 시작된 이후, 협상은 2년간 별 진전 없이 지속되었고 삼팔선의 남북을 오가며 국지전이 치열하게 계속되었다. 조귀례는 다시 제15육군병원으로 발령을 받아서 일하던 중에 1953년 7월 27일에 휴전을 맞이했다.

휴전 이후의 활동

휴전 이후 조귀례는 제5육군병원으로 발령을 받았다가, 1954년 3월 육군군의학교에서 간호사관생도 교육을 담당하도록 발령받았고, 2개월 만에 다시 제5육군병원으로 발령받았다가, 불과 며칠 만에 제1군사령부 간호계장이 되었다. 휴전이 되면서 군대 시스템의 정비가 이루어져서인지 인사발령이 잦은 시기였다. 휴전협상 이후 육군 편제를 전방과 후방 둘로 나누어 전방 관할 군대를 제1군, 후방 관할 군대를 제2군으로 하고 각각 군사령부를 두었다. 1953년 12월 15일에 창설된 제1군사령부는 강원도 인제군 관대리에, 제2군사령부는 대구에 위치하고 있었는데, 제1기 간호장교 동기이자 간호병과장이었던 황영희 소령이 제1군사령부를 맡아달라고 간곡히 부탁해 왔다.

1954년 5월 12일 조귀례는 제1군사령부 의무참모부 간호과장이라는 직함으로, 그리고 제1군사령부 의무참모부의 첫 간호요원으로 강원도 인제군 관대리에 부임했다. 첩첩산중으로 들어가니 제1군사령부의 사령관 백선엽 장군이 반갑게 맞아주었다. 담당 업무는 제1군사령부 산하 후송병원, 이동외과병원 등에서 일하는 간호장교의 인사와 교육을 책임지는 것이었다. 간호장교의 '풍기 단속' 또한 주요 업무였다. 다시 여러 병원을 분주히 돌아다녀야 했다. 그러다가 1954년 가을 강원도 원주에 제1군사령부 건물이 완공되어 인제에서 원주로 이동했다. 사령부 근처의 이동외과병원 간호장교 숙소에서 숙식했는데, 이곳도 퀀셋 건물이어서 강원도 한겨울의 추위를 힘겹게 견뎌야 했다.

1955년 봄에는 서울 대방동의 미 121후송병원에 파견되어 1년간 교육을 받게 되었다. 간호장교의 직무능력 향상을 위해 주한 미군병원에서 선진 간호기술과 지식을 습득하게 하는 프로그램을 시작하면서 조귀례를 비롯한 5명의 간호장교가 선발되어 첫 교육을 받게 된 것이다. 교육은 '현장교육(On the Job Training)' 방식으로 진행되어서 오전에는 미군병원에서 일하고 오후에는 실습 중심의 교육을 받았다. 교육 분야는 일반간호, 외과간호, 수술간호, 간호행정 등이었고, 기간은 52주, 즉 꼬박 1년으로 짜여 있었다. 미 군의관과 간호장교를 도와 실무를 익히면서 영어까지 배우는 이 교육 프로그램은 평가가 좋아 점차 미군 제43, 제44외과병원 등으로 확대되었고, 대신 교육기간은 26주, 외과간호의 경우 17주까지 줄어들었다. 교육받은 내용 중에 특히 물리요법과 마취간호가 인상적이었는데, 일제 말에 간호학교를 다니고 한국전쟁을 겪은 조귀례에게는 내용과 깊이 모두 절실히 필요한 것이었다. 특히 미군병원에서는 간호장교가 마취를 전문적으로 담당하는 것이 대단하게 느껴졌다. 조귀례는 파견교육 기간에 영어공부도 열심히 했다. 해방 이후 월등한 수준의 미국 의료를 접하면서 줄곧 영어를 해야겠다는 생각을 하고 있었지만 일에 쫓기다 보니 기회를 갖기가 어려웠다. 그러던 참에 다시 학생이 되니 시간적 여유도 있는 데다가 미군 간호장교와 같은 숙소를 사용해서 영어를 익히기에는 더할 나위 없이 좋은 기회였다. OJT를 제대로 받으려면 영어가 뒷받침되어야 한다는 현실적인 이유도 중요했다. 원래 어학 분야에 뛰어났던 조귀례는 열심히 영어 공부를 했고, 교육이 끝날 무렵 소령 진급과 동시에 미국 유학 대상자로 내정되었다.

조귀례는 52주간의 OJT 파견교육을 마친 후 1개월간 마산 군의학교 안에 부설되어 있는 육군부관학교 고등군사반에 입교했다. 군의관 4명, 의정장교 7~8명, 간호장교 5명이 같이 입교하여 장교로서 전시 상황의 지휘능력, 판단능력, 적응방법 등을 배웠다. 독도법 교육은 2~3명이 하나의 훈련조로 구성되어 GMC트럭에 탑승해 낯선 산모퉁이나 들판에 하차하여 지도 한 장, 나침반 한 개만 지참한 채 정해진 시간 안에 목표 지점까지 찾아감으로써 작전기술과 생존방식을 습득하는 것이었다. 지도와 나침반에 의지해 조원들과 상의하면서 특정 지점을 찾아가다 보면 이어진 들과 산의 풍경이 아스라했다. 더불어 조귀례는 고등군사반에서 치른 군사영어에서 1등을 해 같이 교육받은 장교들의 부러움과 질시의 대상이 되었다.

1955년 9월에 조귀례는 소령으로 진급하고 제2군사령부 간호과장으로 발령받았다. 그리고 12월 27일 하와이로 유학을 떠나게 되었다. 유학생으로 함께 선발된 군의관 3명, 간호장교 4명이 일행이었다. 조귀례는 처음 외국에 나가게 되어 설렘이 이만저만 아니었다. 미국 본토가 아니라 하와이로 간다는 점이 약간 실망스럽기도 했지만 분주하게 준비하느라 좋고 싫고를 곱씹을 겨를도 없었다. 정일권 참모총장에게 직접 출국신고도 하고 가족, 동료, 상사와 작별한 후 군용으로 이용되고 있던 김포공항에서 미군 수송기에 탑승했다. 수송기는 하와이로 곧바로 가는 것이 아니라, 일본 도쿄와 괌의 미군기지를 경유해 일반 군인을 내려주고 급유를 하느라 시간이 걸렸다. 하와이 호놀룰루 공항에 도착했더니 주 호놀룰루 영사관 영사가 나와서 환영해주었다. 조귀례와 일행은 호놀룰루에 위치한 트리플러 육군병원(Tripler Army Medical Center)에서 OJT 형식으로 오전에는 일하고 오후에는 실습을 하며 교육을 받았다. 트리플러 육군병원은 1907년에 설립된 이후 2차 세계대전을 거치면서 계속 확장되고 있던, 아시아태평양 전체에서 가장 큰 군병원이었다. 당시 한국과 미국의 차이는 군사와 의료뿐 아니라 모든 면에서 아주 컸기 때문에 병원에서 일하면서 배우는 것을 포함해 하루 하루가 새로운 경험이었다. 해방 후 혼란기와 한국전쟁을 거치면서 모든 것이 부족하고 어려워진 한국에 비해 모든 물품이 풍요로운 모습, 특히 냉장고를 비롯한 가전제품을 집집마다 갖추고 이용하는 모습은 문화적 충격으로 다가왔다.

조귀례는 1956년 9월에 귀국하여 처음에는 의무기지사령부에 발령 받았다. 육군본부와 국방부 등 유관기관 요로에 귀국 인사를 하고 부임하려는데 제36육군병원으로 전속 명령이 변경되었다. 그리고 병원 본부 간호 주임장교가 되어 휘하 군소병원 요원 교육과 시설 확충에 힘을 쏟았다.

1956년 연말에 조귀례는 제2군 간호과장으로 전속되어 대구에서 복무하게 되었다. 후방지역인 경상도, 충청도, 전라도 전체가 제2군 관할이어서 조귀례는 이 지역에 있는 모든 육군병원의 간호장교 관련 업무를 총괄하면서 인원 확충과 교육, 교육 시설 개선 등을 담당했다. 이곳에서 약 4년간 일하면서 가장 기억에 남는 업무는 간호사관생도 모집과 교육, 그리고 관할 군병원 시찰이었다.

간호사관생도 모집과 교육은 1951년부터 육군군의학교에서 이루어지다가 1955년부터는 장학생을 선발하여 전국의 일반 간호학교에서 위탁교육하는 제도를 추가해 시행하고 있었다. 위탁교육이 시작된 이유는 한국전쟁이 끝나면서 간호장교 퇴직자가 늘고 간호사관생도 지원자가 크게 줄었기 때문이다. 육군군의학교에서 교육받은 간호장교 임관은 제1기, 2기에는 100명이 넘었고 1953년 제3기도 90명이었지만 한국전쟁이 끝난 제5기부터는 50명 미만으로 줄었다. 간호장교 수요는 느는데 공급이 감소하자 인력수급에 비상이 걸렸고, 이를 타개하는 방안으로 일반 간호학교의 학생에게 장학금을 지급하여 그 학생이 졸업하면 간호장교로 임관하는 방법을 도입했다. 위탁교육제도는 큰 호응을 받아 지원자가 몰렸다. 1955년 서울대병원, 적십자병원, 교통병원, 서울시립병원, 경북대병원, 진주도립병원, 대전도립병원, 광주대병원, 군산개정병원, 전주도립병원 등 전국 10개 간호학교에서 총 335명의 위탁교육을 시작으로 1956년에는 연세대병원, 서울 성요셉병원, 서울 여의대병원, 대구 동산병원 간호학교가 추가되어 전국 주요 간호학교에서는 거의 다 간호사관생도 위탁교육을 실시하게 되었다. 그리고 1958년에 3년간의 위탁교육과정을 수료한 249명이 육군군의학교에 입교해 군사교육을 이수한 뒤 간호장교로 임관되었다. 그렇지만 위탁교육제도는 간호학교의 시설과 교수 부족 등으로 2년 후에 폐지되었고, 육군군의학교의 간호사관생도 교육도 중단되었다. 그 대안으로 1957년부터 전국의 5개 육군병원에 간호사관생도교육대를 설치하여 직접 간호사관생도 교육을 실시하게 되었다. 5개 육군병원은 서울 수도육군병원, 대구 제1육군병원, 부산 제3육군병원, 대전의 제63육군병원, 전주의 제98육군병원 등으로 각각 30명에서 50명까지 총 210명을 교육하게 되었다.

조귀례는 좋은 자질을 갖춘 지원자들이 간호사관생도에 지원하고 제대로 교육받을 수 있도록 노력했다. 각지의 여학교를 방문하여 졸업반 학생들에게 간호사관제도에 대해 홍보했다. 여학생들에게 좋은 인상을 주기 위하여 외모에도 신경을 쓰고 다녔다. 학생들에게는 간호사관생도로 선발되면 육군병원 내무반에서 생활하고 생도식당에서 식사하기 때문에 경제적 부담이 없고 오히려 월 3000원의 장학금을 지급받는다는 것과, 3년 과정을 수료한 후에는 검정고시로 간호사 면허를 취득한 후 간호장교로 복무하게 된다는 내용에 대해 소개했다. 또한 자신이 국군 제1기 간호장교로 한국전쟁을 거치며 사명감을 갖고 보람 있게 일한 것과 하와이 유학 경험 등을 들려주며 여학생들이 소명의식과 미래에 대한 꿈을 가지고 지원할 수 있도록 신경썼다. 열심히 홍보한 보람이 있어 여학생들의 반응이 매우 좋았는데, 어느 학교에서는 절반 이상의 학생이 간호사관생도로 지원했다가 부모들이 와서 다시 데려가기도 했다.

선발된 간호사관생도들은 간호장교 대위로 보직된 중대장의 보살핌 아래에서 생활했는데, 조귀례는 군의관, 간호장교, 외래강사로부터 수준 높은 교육이 이루어질 수 있도록 지원했다. 어린 여학생들에게 힘이 되도록 건빵, 양말, 속옷 등의 물품 지급에 이르는 사소한 것까지 신경을 쓰면서 간호장교로서 사명감과 군인정신을 갖추도록 조언도 아끼지 않았다. 그 결과 1960년에 제1기생 187명이 배출되었고, 그중 163명이 간호사 검정고시에 합격했으며, 또한 그중 131명이 군의학교에서 2개월간의 간호장교 후보생 교육을 마치고 15기로 임관되었다.

간호사관생도 모집과 교육 다음으로 기억에 남는 업무인 육군병원 시찰은 전국 각 도시에 산재한 군병원에 정말 바쁘게 돌아다니며 방문해야 했다. 조귀례는 제1기 간호장교이면서 행정과 관리 능력이 있고 사심 없이 일을 처리한다는 점을 인정받아 일찍부터 여러 군병원을 다니며 일했지만, 이 시기에는 말 그대로 전국 방방곡곡을 돌아다녔다. 도로 사정이 그다지 좋지 않을 때라 원거리 출장에는 주로 열차를 이용했고, 역에 가서 기차에 올라 한참을 가서 목적지 역에 내린 후에 다시 차량으로 이동하는 날이 이어졌다.

여기저기를 돌아다니며 바쁘게 지내던 어느 날, 모교인 전남 장성 월평국민학교의 상황에 대해 알게 되었다. 한국전쟁으로 교사가 모두 소실되어 전교생이 천막에서 2부제 수업을 하고 있다는 것이다. 문교부의 예산으로는 언제 교사를 지을 수 있을지 요원한 상황이었다. 조귀례는 학교 교사의 재건을 도와달라는 교육청의 공문을 받아 미8군 고문관에게 부탁하여 주한미군에서 시행하고 있던 대민 원조사업으로 학교 건물을 지을 수 있도록 했다. 군인이 된 이후 민간 영역은 아예 자신과는 상관없는 일이라고 생각하고 있었는데 고향의 어린 후배들의 교육을 돕는 역할을 한 것에 조귀례는 무척 보람을 느꼈다.

조귀례는 대구의 제2작전사령부에서 4년간 근무하면서 여러 고위 장교들과 가깝게 지낼 기회가 많았다. 특히 육사 8기생, 공병단 장교들과 가까웠고, 육사 8기생들과 가까웠던 박정희 소장도 알게 되어 박 소장의 서울 신당동 가옥을 방문할 기회도 있었다. 박정희는 1960년 12월 제2군사령부 부사령관으로 부임했고, 조귀례는 1961년 중령으로 승진하여 제1군사령부 간호과장으로 옮겨가게 되었다. 대구를 떠나면서 부사령관실로 박정희 소장을 찾아가 인사했다. 박정희 부사령관은 "꼭 제1군사령부로 가야 하는가" 하고 물었고, 조귀례는 이미 인사발령이 이루어졌는데 왜 묻는지 의아해하면서 질문을 가볍게 여겼다. 그리고 원주의 제1군사령부 간호과장으로 옮겨간 직후 5·16 군사정변이 발발했다.

군 예편 이후

조귀례는 1961년 7월 30일 예비역 육군중령으로 예편했다. 예편은 조귀례가 원했거나 문제가 있어서가 아니라 5·16 군사정변 이후 군대 내부의 역동이 변하면서 갑자기 이루어진 것이었다.[15] 1948년에 간호장교가 되어 만 13년을 군인으로 복무했는데 예기치 않았던 예편을 하게 되니 얼마간은 마음을 잡기가 힘들었다. 항상 있어야 할 곳과 해야 할 일이 정해져 있었는데 자유로워지니 한동안은 미국과 일본 등을 여행하면서 지냈다.

그러다가 서울 한일병원에서 간호과장으로 일하게 되었다. 군에서 알고 지냈고 당시 국가재건최고회의 최고위원이었던 김재춘(1927~2014)의 소개로 이루어진 것이었다. 일제강점기에 설립된 중구 서소문동의 한일병원은 동대문에 분원도 있는 서울대학교 의과대학 학생임상실습병원이었으며 1961년 현대식 5층 건물을 준공하는 등 확충을 거듭하고 있었다. 생각치 않았던 일이지만 군에서 오랫동안 행정 업무를 담당했기 때문에 병원 간호관리자의 역할이 낯설게 느껴지지는 않다. 오히려 놀란 것은 월급 액수였다. 13년간 군에서 주는 급여를 받으면서 적다고 생각하지는 않았는데 민간병원의 월급을 받으니 그 액수가 무척 많게 느껴졌다. 월급이 늘고 거주지의 자유가 있으니 고향에 혼자 계신 어머니를 모시며 못 다한 효도를 하고 싶다는 생각이 들었다. 용산 보광동에 집을 마련해 어머니를 모시며 병원에 출퇴근했다. 오랫동안 군에 있으면서 인간관계가 폭넓은 조귀례가 간호과장으로 있다는 소문이 나면서 한일병원으로 군 관계자와 그 가족의 방문이 이어졌다. 병원에서는 내원 환자와 보호자를 맞이해 불편함이 없도록 하고 집에 가서는 어머니를 모시면서 지내는 날이 어느덧 3년이 지났다.

1966년 봄, 해외개발공사 정희섭(1920~1987) 사장으로부터 연락이 왔다. 정희섭 사장은 육군군의학교 교장과 육군의무감을 지냈기 때문에 잘 알던 관계였는데, 조귀례에게 독일에 간호사를 파견하는 일을 맡아달라고 요청했다. 1950년대 말 간호학생 파견부터 시작된 간호사 파독은 한국과 서독의 경제적 격차를 배경으로 선진국에서 더 나은 임금을 받으며 일하고자 했던 간호사 개인의 요구와, 외화 획득 등을 위해 인력을 송출하고자 했던 한국 정부의 요구가 맞아떨어지면서 본격적으로 추진되고 있었다. 1965년 한국의 국민 1인당 GNP는 107달러에 불과할 정도로 가난했는데 간호사가 서독에 가면 국내보다 몇 배나 많은 임금을 받을 수 있다는 등의 이유로 지원자가 많았다. 1965년 말 파독 간호사 공개 모집에서 640명의 응모자 중 128명을 선발해 경쟁률이 5대 1에 달할 정도였다. "해외 속에 한국을 심자"라는 기치를 내걸고 1965년 10월에 창립된 해외개발공사는 간호사와 광부의 파독을 독점했다. 광부의 파독은 간호사 파독과 비슷한 배경에서 진행되었지만, 간호사와의 차이는 특별한 학력이나 자격을 요구하지 않는다는 것이었다. 그렇지만 한국의 경제가 어렵고 실업률이 높을 때라 파독 광부의 경쟁률도 높았고, 고학력자도 많았다.

조귀례는 1966년 4월 1일 자로 해외개발공사의 3급 사무원으로 입사해 인력연구소 신체검사부 수간호사라는 보직을 받았다. 인력연구소는 독일에 보내는 간호사와 광부를 모집하고 교육하는 곳이었고, 조귀례는 간호사의 모집과 교육을 담당했다. 그런데 실업자가 많았던 파독 광부와 달리 간호사는 한국에서도 부족하여 대부분 현직에 근무하고 있었고, 고졸 이상 학력자가 97퍼센트일 정도로 교육 수준이 높았다. 한국의 간호사가 선진국 독일에서의 활동에 대해 큰 기대를 품고 갔다가 간호교육 수준이 낮은 서독에서 한국의 간병인이 할 만한 단순한 업무를 하면서 실망과 불만이 커지고 계약 만료 이전에 제3국으로 이주하는 사태가 늘어났다. 그 결과 1966년 1년간 1227명까지 증가했던 파독 간호사 수가 1967년 421명, 1968년 91명으로 감소할 정도로 모집이 쉽지 않았다. 파독 간호사를 어떻게 모집할지 골몰하던 차에 간호사뿐 아니라 간호조무사를 보내는 방안이 대두되었다.

일제강점기에 의사, 간호부 등 의료인의 면허에 관한 법이 만들어져 시행되고 있었지만 면허 자격을 갖춘 인력이 매우 부족해 무면허의 다양한 인력이 보건의료 현장에서 일하고 있었다. 특히 일제강점기에 간호부 면허를 여성에게만 부여하면서 간호직은 여성직으로 인식되어 있었지만 요구되는 교육 조건에 비하여 사회적 인식과 근무 조건이 좋

한국해외개발공사에서 펴낸 독일어 교재(왼쪽)와 1966년 파독 간호원이 김포공항을 떠나는 모습(오른쪽). (왼쪽: 한국이민사박물관, 오른쪽: 국가기록원)

지 않아 그 수는 느리게 증가했고, 의사보다 면허자의 숫자가 적을 정도였다.[16] 게다가 결혼하면 대다수 일을 그만둬서 간호사 부족이 심각했고, 보건의료 현장에서는 부족한 간호사 대신 제각각 필요에 따라 일반인을 선발해 자체적으로 교육하고 일을 시키는 방식으로 대응하고 있었다. 그러던 차에 1956년 보건소법이 제정되고 전국적으로 보건소와 보건지소가 확대되고 정비되었지만 필요한 간호사를 확보할 수 없는 상황이 되자 1966년 7월 25일 '의료보조원법 시행령'을 개정하여 "중학교 이상의 학교를 졸업한 자 또는 이와 동등 이상의 자격이 있다고 문교부장관이 인정하는 자로서 과거 2년 이상 보건의료기관에서 근무한 사실이 있는 18세 이상의 여자로서 보건사회부장관이 지정하는 기관에서 보건사회부장관이 정하는 훈련과정을 이수한 자"인 '간호보조원'을 의료보조원에 추가해 제도화하고, 이들이 보건소와 보건지소 등에서 간호보조업무에 종사할 수 있도록 했다. 즉 음성적으로 활용되고 있던 간호보조인력을 3개월 이상의 훈련을 받고 국가시험에 합격하면 보건소와 보건지소에서 일할 수 있도록 제도화한 것이었다. 그리고 국비로 간호학교와 시도립병원 9개소에 4개월과 6개월의 두 가지 훈련과정을 신설하여 절반은 이론, 절반은 보건소와 보건지소에서의 실습교육을 시킨 후 배치했다.

조귀례는 기존에 음성적으로 활용되고 있던 간호보조인력을 훈련을 거쳐 양성화하고 제한적으로 활용할 수 있도록 한 간호보조원 제도를 이용하기로 했다. 간호조무사를 적극적으로 양산하여 독일에 진출할 수 있도록 하는 계획을 세운 것이다. 그러자면 보건소와 보건지소에서 필요로 하는 인력을 훈련하는 기존의 국비 교육은 적합하지 않았다. 조귀례는 해외개발공사 인력연구소에 부설 간호학원을 만들고 1967년 4월 15일 초대 원장으로 부임했다. 그리고 서독에 취업을 원하는 여성을 대상으로 9개월간의 교육과정을 시행했다. 교육 대상은 중졸 이상으로 했지만 이 과정을 마치면 독일에 취업해 큰돈을 벌 수 있다고 알려지면서 고졸, 심지어는 대졸자도 지원했다. 그리고 해외개발공사 부설 간호학원의 교육과정을 모델로 한 간호조무사 교육이 전국의 민간 학원에서도 가능하게 되어 급속도로 확대되었다. 이전까지 간호사 면허 소지자만을 대상으로 하다가 9개월 교육을 받은 간호조무사까지 파독이 가능해지면서 그 숫자가 크게 증가했다. 1968년 91명까지 줄었던 숫자는 1969년 837명으로 늘었고, 1970년 1717명으로 정점을 찍었다. 이후 1200명에서 1500명 선으로 조금씩 줄어들다가

1975년 459명, 그리고 1976년 62명을 끝으로 간호인력 파독은 중단되었다.

　서독 취업을 목적으로 하는 간호조무사 교육과정 운영이 자리를 잡자, 조귀례는 새로운 분야에 도전하고 싶어졌다. 한국전쟁 종전 후 제1군사령부에서 간호조직을 만들 때 상관이었던 백선엽에게 도움을 청했다. 백선엽은 장군으로 예편 이후 여러 나라의 외교관을 지내다가 캐나다 대사로 있었는데, 백선엽을 통해 캐나다 대사관의 도움을 받은 것이다. 오타와에 위치한 캐나다 대사관에서 알려준 곳은 서쪽으로 약 2500킬로미터 거리에 위치해 있는 위니펙대학(University of Winnipeg)으로, 앞으로 한국에서 노인학이 필요할 것이라며 전공 교수를 소개해주고 여러 편의도 알선해주었다. 그렇지만 높은 출산율로 인구증가 억제를 위한 가족계획사업이 한창인 한국에서 노인학은 낯선 분야였고, 군간호장교가 가장 오래되고 중요한 경력이었던 조귀례로서는 더욱 그러했다. 공부에는 항상 자신이 있었지만 마흔 살이 훌쩍 넘은 나이에 내키지 않는 분야의 공부를, 그것도 너무 낯설고 동양인은커녕 외국인조차 거의 없는 지역에서 하려니 적응하기가 어려웠다. 결국 조귀례는 학교를 다니지 못하고 그만두었다. 대신 캐나다에서 일하며 살아보려 했지만 아무리 동경하던 선진국이라도 실제로 생활하려니 기대만큼 좋지가 않았다.

　조귀례는 다시 한국으로 돌아왔다. 그리고 군대, 한일병원, 해외개발공사 등에서 일을 했던 경력과 인맥으로 다양한 활동을 했다. 퇴역 군인으로 재향군인회에 가입해 활동하다가 부녀회장이 되어[17] 무의촌

봉사활동을 조직했으며 직접 다니기도 했다. 1970년대 농어촌지역에서는 병의원이 부족했고 교통도 불편해서 주민들이 의사 얼굴조차 보기가 힘들었다. 또한 평균소득은 낮은데 의료보험이 확대되기 이전이어서 병원비에 대한 경제적 부담으로 도시와 농어촌을 막론하고 웬만큼 살지 않으면 심하게 다치거나 아파야 겨우 병원에 갈 정도였다. 지역적으로나 경제적으로나 병원에 가기 힘든 농어촌 마을로 찾아가 의료 봉사를 하는 일은 보람이 컸다.

군에서의 인맥이 자연스럽게 민주공화당으로 이어져 당원으로 활동하기도 했다. 민주공화당은 1963년에 창당하여 제5대 대통령 후보로 박정희를 지목하여 당선시킨 후 계속 집권여당의 자리를 지키고 있었다. 조귀례는 민주공화당 중앙위원을 지내기도 했고,[18] 1973년에는 고향 지역구인 전남 제10선거구 함평·영광·장성지구의 국회의원 공천을 신청하기도 했다.[19] 간호장교로 한국전쟁을 겪은 조귀례는 집권당인 자유공화당에 참여하는 것이 대한민국을 안정시키는 방법이라고 생각했지만, 정치가로서 뚜렷한 지향점이 있었던 것은 아니어서 이러한 활동이 특별한 결과로 이어지지는 않았다. 한동안 대한어머니회에서 활동하기도 했는데, 주로 고황경 회장을 보좌했다. 대외활동이 많은 고 회장을 보좌하자니 조귀례도 이곳저곳을 바쁘게 돌아다니는 일이 많았다. 고 회장은 어디에서든지 "나라의 힘은 어머니로부터 나온다"며 국가 발전을 위한 어머니의 역할을 강조했고, 간호장교로 청춘을 보낸 조귀례는 사회의 어머니로서 여성의 역할이 중요하다는 것을 다시금 깨닫곤 했다.

조귀례는 미국 영주권을 취득하여 한동안 미국에서 지냈다. 그러나 연로한 어머니를 위해 다시 한국으로 돌아왔고, 어머니가 돌아가신 후 사회활동을 중단하고 경기도 성남시의 자택에서 조용히 노년을 보내고 있었다. 그러던 중 2006년 어느 날, 국방홍보원에서 발간하는 일간신문인 《국방일보》로부터 전화를 받았다. 《국방일보》에서 한국 군의 주요 인물의 회고담을 통해 군대의 역사를 되짚어보는 '그때 그 이야기'라는 연재를 하고 있었는데, 조귀례의 이야기를 싣고 싶다는 것이었다. 생각해 보지도 않았던 일이라 처음에는 거절했으나, 우리나라 여군의 역사를 연 간호장교 초창기에 관한 기록이 약소하여 제1기 간호장교로 유일하게 건강을 유지하고 있는 조귀례가 꼭 참여해줘야 한다는 이야기를 들으니, 수십 년 전의 일들과 간호장교 동기, 후배들의 얼굴이 스쳐 지나갔다. 조귀례가 직접 기사를 쓰는 것은 아니고 문창재라는 전문 저술가가 인터뷰를 해 기사를 쓸 것이라고 했다. 나이 여든에 남아 있는 기록도 거의 없어 어떻게 할 수 있을지 주저했지만, 자신이 해야 할 일이라는 생각이 들어 마음을 고쳐먹었다. 그리고 인터뷰를 하며 과거를 회고하자 신기하게도 기억의 바다에 잠겨 있던 과거의 일들이 생생히 떠올랐다. 그리고 '그때 그 이야기' 2006년 8월 1일 456화부터 12월 26일 512화까지 5개월간의 57화는 조귀례의 이야기로 채워졌다. 초창기 간호장교의 출범, 한국전쟁, 이후의 재건에 관한 이야기는 많은 호응을 이끌었고, 이듬해에는 한국문화사에서 《전장의 하얀 천사들》이라는 단행본으로 출간되었다. 이 조귀례의 회고담은 한국 군대의 출범에서 약 15년의 시간을 담는 내용으로 여러 연구에서 소중한 자료로 활용되고 있다.

2007년, 한국재향간호장교회는 조귀례에게 공로패를 수여했다. 공로패의 내용은 다음과 같다.

귀하께서는 평소 남다른 관심과 애정으로 재향간호장교회 발전을 위해 헌신하셨으며 특히 2006년 8월 1일부터 12월 26일까지 국방일보에《군복 입은 하얀 천사들》을 총 57회 연재함으로써 간호장교의 위상을 높이는 데 기여한 공이 크므로 깊은 감사의 뜻을 이 패에 담아 드립니다.

7장

박명자

실무, 행정, 교육을 넘나든 봉사자

《간호원을 위한 수술실 수기 및 마취》 출간

1966년,《간호원을 위한 수술실 수기 및 마취》가 출간되었다. 이 책은 한국 최초의 수술과 마취에 관한 책으로, 서울대학교병원 수술실 경력 간호사인 박명자와 김숙진의 공저였다. 특히 제1저자인 박명자는 서울대학교 의과대학 부속병원 고등간호학교에 다니다가 한국전쟁을 맞아 육군간의학교를 졸업하고 간호장교로 복무한 경력을 가지고 있었다. 한국전쟁기와 종전 후 연합군은 군을 통해 선진 수술과 마취에 관한 지식과 기술을 전수했다. 간호장교로 이를 습득한 박명자는 전역한 후 서울대학교병원과 전국 병원의 수술 환경과 마취 수준을 향상시키기 위해 노력했다. 그리고 서울대학교병원 수술실에서 함께 근무한 김숙진과 이 책을 낸 것이다. 한국에서 처음 출간된 수술 및 마취 분야의 책일 뿐 아니라, 한글 의학 서적 출판이 드물고 의학용어의 개발과 통일이 이루어지기 전이라 책을 내는 과정에서 가장 큰 어려움은 적합한 말을 찾거나 만드는 것이었다. '총론', '일반외과', '부인과 수술',

'신경외과', '비뇨기과 수술', '안과 및 이비인후과학', '방사선 치료', '마취' 등 8개 장으로 구성되어 수술과 마취 전반을 포괄한 이 책은 이후 20여 년간 이 분야의 독보적 한글 교재로 개정과 중판을 거듭하는 베스트셀러가 되었고,[1] 수술과 마취 분야의 간호를 발전시키는 데 기여했다.

《간호원을 위한 수술실 수기 및 마취》가 출간될 무렵 우리나라 간호학 서적 출간은 활발하지 않았다. 대한제국기에 한국 최초의 간호학 서적인 《간호교과서》(1908년 상권, 1910년 하권)가 순한글로 출간되었고, 일제강점기에는 또 다른 《간호교과서》(1918), 《실용간호학전서》(1925년 상권, 1930년 중권), 그리고 《공중위생간호학》과 《간호사(看護史)》(1933) 등 4종이 국한문혼용으로 출간되었다. 해방 이후 1950년대까지 간호학 서적 출간은 《보건간호학》(1949), 《간호술》(1950), 《간호사(看護史)》(1954), 《간호학》(1957), 《보건간호지침》(1959) 등 드문드문 이루어지고 있었다. 그리고 1960년대 초 도서출판 수문사에서 '간호학 전서 시리즈'라는 이름으로 1권 《해부생리학》에서 16권 《정신간호학》까지 출간한 것이 기초의학부터 간호학 전공 분야까지 아우른 시리즈로는 처음이었다.[2] 그리고 김옥실의 《보건간호학》(1963), 홍옥순의 《간호학: 학리와 실제》(1964), 박희정의 《소아과간호학》(1965), 강재옥 등의 《내과간호학》(1965) 정도가 출간되고 있었지만 1965년 전체 면허 소지자 8868명에 신규 면허 등록자가 739명일 정도로[3] 늘어나고 있던 간호현장과 간호교육의 요구를 담아내지 못하고 있었다. 그러던 중 1966년 2월 출판된 《간호원을 위한 수술실 수기 및 마취》는 늘어나고 있던 수술실 그리고 마취 분야에서 간호사가 알고 실행해야 할 것을 기술한 최초의 전문 서적으로 의미가 컸다.

출생과 초중등 교육

박명자는 1932년 10월 30일 서울시 종로구 도렴동 56번지 현 세종문화회관 자리에 있던 집에서 4녀 2남 중 차녀로 태어났다. 그렇지만 첫 아이였던 언니가 아기 때 사망했기 때문에 실제로는 3녀 2남의 장녀로 성장했고, 출생신고는 1932년 12월 1일에 태어난 것으로 되어 있다. 친가와 외가 모두 재력가 집안에 부모님 모두 상당한 수준의 교육을 받으셨고, 아버지는 시계 수입과 판매, 각종 발전기 취급 등의 사업을 하여 집안이 매우 부유했다.

박명자는 어릴 때부터 간호사를 가까이 접하며 호감을 갖게 되었는데, 이것이 간호학교에 입학하는 데 영향을 미쳤다. 정동에 있던 이화유치원에 다닐 때는 유치원생들의 건강관리를 담당하던 전임 간호사가 박명자가 아플 때 따뜻하게 간호해주었다. 또한 미동공립보통학교에 다닐 때는 잔병치레로 학교에서 도보 10분 거리의 적십자병원을 자주 방문하곤 했는데, 디프테리아에 걸려 입원한 적도 있었다. 퇴원 후 통원치료를 받을 때 어머니는 매번 튤립 한 송이씩을 간호사에게 가져다드리게 했다. 어린 박명자는 흰 유니폼을 입고 일하는 간호사가 너무나 보기 좋아 장래 희망으로 간호사를 꼽게 되었다. 그렇지만 때로는 군인이, 때로는 선생님이 되고 싶다고 하는 등 장래 희망이 자주 바뀌는 꿈 많은 어린이였다.

박명자가 보통학교에 다니던 시기는 일제 말이어서 학교에서는 절대 한국말을 하면 안 되고 일본말만 해야 했다. 그런데 3학년 재학 중에 한국말을 사용했다는 이유로 일본인 교사가 박명자의 목 뒤를 목제 백묵곽으로 여러 번 때리는 일이 발생했다. 아버지는 그런 수모를 겪으며 학교에 다니게 할 수 없다며 박명자를 경기도 양주 친척집으로 보냈지만, 박명자는 학업을 중단할 수 없다는 생각에 아버지를 졸라 다시 학교에 다녔다.

초등학교 졸업 후 조선 황실에서 설립하고 수송동에 위치하여 집에서 가까운 숙명여학교에 입학했으나 명동에 계성여학교가 생기면서 전학했고, 여동생까지 자매가 함께 계성여학교에 다니게 되었다. 숙명여학교보다 집에서 거리가 먼 계성여학교로 옮긴 것은 가톨릭의 영향이었다. 박명자의 부모님은 독실한 가톨릭 신자로 자녀들도 모두 가톨릭 신자로 성장시켰고, 박명자 역시 유아세례를 통해 마리아라는 세례명을 갖고 있었다. 가톨릭 재단에서 설립한 계성여학교는 명동성당 바로 옆에 위치한 서울에서 하나뿐인 가톨릭 여학교여서 가톨릭 신자는 계성여학교를 다녀야 한다는 분위기가 형성되어 있었다. 계성여학교에 다닐 때 박명자의 일상은 도렴동 집과 명동의 학교나 성당을 오가는 것으로 이루어졌다. 키가 큰 편이었던 박명자는 학교 농구선수로 운동을 좋아했지만 학업에 집중하지 않아 성적이 뛰어나지는 않았다. 물리, 화학, 수학 등의 이과과목은 잘했지만 국어, 역사 등 문과과목 성적은 아주 좋지는 않았다.

천주교에서는 주거지에 따라 본당이 정해지는데, 도보로 30분 남짓 거리인 명동성당이 본당이어서 박명자는 어린 시절부터 명동성당에 다녔다. 규모가 컸던 박명자의 집은 토요일 저녁이면 명동성당의 일요일 미사에 참석하기 위하여 멀리서 온 사람들이 숙식하는 곳으로 이용되었다. 대체로 경기도 지역 천주교 신자였는데, 토요일 오후에 박명자의 집에 와서 하룻밤을 머물고 일요일 오전에 명동성당 미사에 참석한 후 돌아가곤 했다. 각자 여유가 되는 대로 쌀 등을 가지고 오면 박명자의 집에서 토요일 저녁과 일요일 아침 식사를 준비했고, 맏딸인 박명자는 부모님을 도와 식사를 준비하고 방과 이부자리를 나누곤 했다. 이렇게 사람들과 함께 숙식하고 가진 것을 나누는 집안 분위기에서 성장한 박명자는 이후 형편이 어려워진 후에도 여러 사람과 함께 밥을 지어 나누어 먹고 함께 활동하는 것을 당연하게 여기게 되었다.

1949년 박명자는 계성여학교를 졸업했다. 중등교육이 6년제일 때였고 계성여학교의 정식 명칭은 계성여자중학교로, 계성여자중학교 졸업은 오늘날 고등학교 졸업과 마찬가지였다.

서울대학교 간호학생 시절과 한국전쟁[4]

박명자는 1949년 서울대학교 의과대학 부속고등간호학교[5]에 입학했다. 서울시 연건동의 서울대학교 의과대학 캠퍼스에 위치한 부속고등간호학교는 1946년 8월 22일 미군청령 122호로 시작되어 중등학교 졸업자를 대상으로 입학시험을 시행해 신입생을 선발했는데, 박명자는 1949년 경기여고 출신 4명, 계성여고 출신 2명 등 전국 방방곡곡 출신의 신입생 30명 중 한 명으로 입학했다.

서울대학교 의과대학 부속고등간호학교 학생은 서울대학교 학생으로 간주되어 각종 학생활동을 함께 했다. 서울대학교 여학생 교복인 흰 블라우스와 검정 스커트에 베레모를 쓰고 서울대학교 배지를 착용했으며, 병원 맞은편의 동숭동 문리대에서 월요일 아침마다 열린 서울대학교 전체 학생 조회에 참석했고, 서울시 여대생 체육대회에 서울대학교 여학생 대표로 참가했다. 또한 의대 학생과 동아리 활동을 함께하여 혼성합창단 공연을 하기도 하고, 서울대학교 학도호국단에도 참여했다. 부속고등간호학교 학생이 서울대학생으로 간주된 배경에는 다른 대학생과 마찬가지로 중등교육 졸업자인 것, 대한의원 시절 의학과와 함께 출범하여 40여 년의 역사를 함께한 것 등이 작용했다. 부속고등간호학교에서도 초급대학 수준으로 승격하기 위한 노력을 기울이고 있었다.

간호학교 학생은 모두 기숙사 생활을 해야 해서 입학과 동시에 기숙사에 입사했다. 기숙사는 일본식 다다미가 깔린 방을 한 방에 네 명씩 사용하는 단층 건물로 간호원 기숙사와 구별되어 있었다.

교과과정에 따라 첫 학기에는 국어, 영어, 음악 등의 교양과목과 약물학, 해부 및 생리학, 세균학 등의 기초의학 과목을 배웠는데 의대 교수가 강의를 하는 과목이 많았다. 교재가 거의 없어서 교수의 강의를 부지런히 필기하는 게 능사였는데, 한국어 사용을 금지했던 일제에서 해방된 지 얼마 되지 않아 교수도 학생도 일어를 많이 사용했고, 특히 한글 사용이 서툴러 한국어로 강의해도 노트필기는 일본어로 하기도 했다. 6개월이 지난 후에 가관식을 하고 서울대학교 의과대학 부속병원에서 임상실습을 시작했다.[6] 처음에는 환자의 체온, 혈압, 맥박, 호흡을 재고 침상 정리 등을 하다가 2학년이 되어 주사를 놓을 수 있었다. 2학년과 3학년은 밤번 실습을 했는데, 일회용품이 거의 없을 때라 사용한 거즈를 빨아 스팀 위에 올려 말리거나 각종 기구를 물에 끓여 소독하는 등 물품 소독과 재활용에 관한 일을 밤번에 많이 했다. 해부학 실습은 병원 뒤편에 버려진 행려병자 사체로 했는데, 박명자는 실습시간에 목격한 사체의 뇌가 두부 같아서 한동안 두부를 제대로 먹지 못하기도 했고, 절단한 사지(四肢)의 피부를 벗겨오라는 과제를 하려니 피부가 잘 벗겨지지 않아 애를 먹기도 했다.

박명자가 학교에 다닐 때도 해방 이후 좌우 대립과 국대안 반대 등을 둘러싼 갈등이 심했다. 그로 인해 희생된 학생의 시체가 학교 근처 커다란 마로니에 나무에 걸린 것을 목격하기도 했다.

서울대학교 학도호국단이 결성되면서 박명자는 여기에 합류했고 키가 커서인지 교기 기수로 뽑혔다. 그리고 을지로의 서울운동장(1985년 동대문운동장으로 명칭 변경)에서 이루어진 훈련에 참가했다. 약 한 달간의 훈련이 끝나자 의대 학장이 학도호국단 학생들에게 그동안 수고가 많았다며 냉면을 사주었다. 그날 저녁 박명자는 급성충수돌기염에 걸려 서울대학교병원에 입원하고 수술을 받았다.

수술을 받고 일주일이 지난 6월 25일 일요일 아침에 수술 부위의 실밥을 제거할 수 있었다. 운동을 하라는 의사의 권유에 따라 명동성당에 갔는데 바깥이 소란스러워졌다. 확성기를 단 차가 돌아다니며 휴가 나온 군인 등을 소집하는 소리였다. 평소 알고 지내던 미국인 신부가 전쟁이 발발한 것 같으니 어서 집으로 돌아가라고 했지만 어떻게 된 일인지 궁금하고 걱정이 된 박명자는 학교로 향했다. 학교에는 30여 명의 의대 학도호국단 학생 대다수가 모여 있었다. 학생들 사이에서 전상자를 구호해야 한다는 의견이 나왔고 모두 서둘러 준비했다. 마땅한 구급함이 없어 책상서랍을 빼서 그 안에 소독액인 포비돈, 솜, 붕대 등을 챙겨 넣은 후 세 대의 소형 일제 트럭에 나누어 타고 북쪽을 향해 출발했다. 그런데 미아리 고개를 넘다 보니 군인들이 앞이 막혀 가지 못한다며 되돌아가도록 했다.

오후 5시경 혜화동에 도착했고 군인들이 일행을 동성고등학교로 가도록 했다. 학교 강당에는 국군 부상자가 가득했는데, 비를 맞은 채로 신음하고 있었다. 부상군인들을 간호하다 보니 밤이 되었고, 부상군인을 가까운 서울대학교병원과 경성여의전병원으로 나누어 보내라는 지시에 따라 다시 움직여 서울대학교병원에 가니 새벽이 되었다. 당시 서울대학교병원에는 2층 건물로 된 제1·2·3·5 병동이 있었는데, 일반 환자를 모두 뒤쪽 병동으로 옮기고 부상군인은 제1, 2 등 앞쪽 병동에 수용했다. 그리고 총상 환자의 박힌 탄알을 빼내야 하는 등 급한 수술부터 시작했다. 갑자기 많은 수의 부상군인이 닥친 병원에서는 누구랄 것 없이 부족한 일손을 도와야 했고, 박명자는 수술실 일을 돕게 되었다. 필요한 약과 물품을 타오고, 청소도 하고, 계속되는 수술에 여념이 없는 의사와 간호사의 식사를 식당에서 받아오는 등 이런저런 일을 제대로 먹지도 자지도 못한 채 해야 했지만 부상병들 앞에서 힘든 내색을 할 수는 없었다.

전쟁 발발 나흘째인 28일 새벽, 해부학을 가르치던 교수가 수술실로 오더니 모두 지하 방공호로 숨으라고 했다. 바닥의 철제 판을 들고 내려가 숨자, 한동안 바깥에서 오토바이 등의 엔진 소리와 총소리가 요란하게 났다. 조용해진 후에 나가보니 서울에 북한군이 진출하여 서울대학교병원도 접수한 상태였고, 월북했다던 의대 교수가 북한군의 군복을 입고 병원장 역할을 하고 있었다. 그런데 장씨 성의 수술실 수간호사가 박명자에게 수술실 열쇠 꾸러미를 주고는 어디론가 사라졌다. 박명자는 얼떨결에 커다란 열쇠 꾸러미를 갖고 있다가 수술을 하기 위해 열쇠를 찾는 사람들에게 건네주었다. 병원에는 이제 북한군 부상병이 소달구지, 거적 등에 실려 들이닥치기 시작했다. 병원에는 일반 환자, 국군 부상병, 북한군 부상병이 뒤섞여 입원한 상태가 되었다. 군인 일부는 무장을 한 그대로였고 곧 국군과 북한군 사이에 총격전이 벌어졌다. 이 총격전으로 병원에 입원해 있던 부상자와 환자 약 100명이 사망했다.

인민군은 병원 주변에 빈틈없이 보초를 세우고 출입을 제한했다. 박명자는 집이 지척이고 도망가고 싶었지만 방법이 없었다. 함께 병원에 있던 동창은 담을 넘어 도망가려다가 떨어져 척추를 심하게 다치기도 했다. 전쟁이 장기화되면서 북한군이 서울대학교병원의 인력과 시설을 둘로 나누어 한 편을 북한지역으로 보내기로 했는데, 박명자는 어떻게든 병원 밖으로 나가야지만 틈을 타서 도망갈 수 있겠다는 생각에 북으로 가는 편에 자원했다. 당시 서울대학교병원에는 충수돌기절제술을 할 수 있는 수술 세트가 두 개 있었는데, 수술기구를 가지고 다니면 응급상황에서 사용할 수 있겠다는 생각에 그중에 한 세트를 맡아 이후 줄곧 지고 다녔다.

함흥으로 가는 북한군 36병원에 배정된 의료진은 한밤중에 청량리에서 북으로 향하는 화물기차를 타게 되었다. 지시에 따라 별도의 화물칸에 탑승하니 부상당한 인민군이 가득했다. 창문도 없는 화물칸에서 간호학생 실습복을 입은 채 부상병에게 둘러싸여 이송되는데, 폭격이 계속되어 기차는 가다 서다를 반복했다. 심한 부상자들이 제대로 치료도 받지 못하고 기차 안에서 장시간을 지냈기에 강원도 철원에 도착할 즈음에는 이미 여러 사망자가 발생한 후였다. 2인 1조로 들것에 환자를 싣고 이동하라고 해서 가 보니 어느 초등학교였다. 그런데 비행기 폭격이 시작되었고, 앞산 쪽으로 도망간 많은 사람이 죽었지만 박명자는 같이 몰려다니면 죽을 것 같다는 생각에 학교 화단에 엎드려 폭격을 피해서 무사할 수 있었다. 폭격이 멈추자 환자고 의료진이고 걸을 수 있는 사람은 걸어서 다시 이동했다.

강원도 이천에 도착해 인솔에 따라 어느 큰 집으로 들어가니 까만 치마에 흰 저고리를 입은 여성들이 밥을 차려주었다. 서울에서 출발한 이후 처음으로 밥을 먹게 되어 성호를 놓고 기도했는데, 알고 보니 그곳은 성당이었고 밥을 차려준 여성은 수녀들이었다. 박명자는 수녀와 신부에게 자신이 천주교 신자인 것과 그동안의 사정에 대해 설명하고 남쪽으로 탈출하는 데 도움을 받기로 했다. 며칠이 지나 신부, 수녀, 신도회장을 따라 마을 길을 가는데 북한군이 나타나 박명자만 따라오라고 했다. 낌새가 이상했지만 거스를 수 없어 따라가니 뒤쪽에서 총소리가 연이어 들렸다. 박명자를 제외한 일행이 모두 총살당한 것이다.

다시 병원 의료진 일행에 합류하여 북쪽으로 이동했다. 중간에 폭격이 쏟아져 길옆 하수도로 들어가 나무판자로 머리를 가리고 피하기도 했다. 함흥을 향하여 북동쪽으로 가던 일행은 방향을 바꾸어 평안남도 중화를 거쳐 한밤중에 평양에 도착했다. 일행은 굶주려 있었지만 평양은 식량이 바닥난 상태였다. 모두가 허기에 지쳐 있는데 인솔하던 북한군이 다짜고짜 어느 집의 소를 총으로 쏴서 죽인 후 그 자리에서 피 흐르는 살점을 나누어주며 먹으라고 했다. 다시 북으로 이동하는데 낮에는 폭격이 심해서 숲에 숨어 있다가 밤에만 걸어서 이동했다. 먹을 것이 없어 수확하고 남은 배추뿌리를 뽑아 먹을 정도였고 모두가 매우 지쳐 있었다. 간혹 더 이상 걷기 힘든 사람은 나오라고 하여 뒤쪽으로 데려가면 총소리가 들린 후 군인만 되돌아오곤 했다. 걸을 수 없는 사람은 죽인다는 것을 짐작할 수 있었고 어떻게든 따라가야 했다.

서울에서 출발할 때는 함흥으로 간다고 했는데 북동쪽이 아닌 북서쪽으로 가는 것, 계속되는 폭격과 쫓기는 북한군의 분위기 등에서 전세가 북한군에게 불리함을 짐작할 수 있었다. 일행 중에 아버지가 목사이고 중앙대학교 유아교육과 출신인 신경애가 있었다. 신경애와 언니, 동생 하면서 의지하고 가까워진 상태였는데, 북한군은 사람들이 탈출하지 못하도록 둘씩 손을 묶어 감시했고 박명자와 신경애도 손이 묶인 채 며칠이 지났다. 어느 날 밤, 수확이 끝난 너른 수수밭을 지나다가 박명자가 볼일을 보겠다며 일행 뒤쪽으로 가서 신경애와 묶인 손을 풀고 수수대를 묶어놓은 덤불 속으로 들어가 숨었다. 북한군은 한동안 둘을 찾다가 포기하고 떠났고 박명자와 신경애는 무작정 남쪽으로 걷기 시작했다. 한참을 걷다가 참호를 파고 있던 북한군과 마주쳐서 박명자와 신경애는 정신없이 뛰어 달아났다. 한참을 뛰다가 어느 집 부엌으로 가서 북쪽 가옥의 특징인 커다란 아궁이에 신경애가 먼저, 그리고 박명자도 들어가 숨었다. 곧 북한군이 들이닥쳐 여기저기를 수색하다가 아궁이 안이 의심스러웠는지 솔가지를 넣고 불을 지폈다. 연기에 숨이 막히고 뜨거웠지만 여기서 들키면 죽은 목숨이라는 생각에 두 손으로 입과 코를 막고 필사적으로 기침을 참았다. 마침내 북한군이 가고 아궁이 밖으로 나왔지만 불길 가까이에 있던 박명자는 화상으로 손과 얼굴이 붓고 눈이 잘 떠지지 않아 앞을 보기가 어려웠다. 신경애가 박명자의 손을 잡고 이끌어 둘은 다시 남쪽으로 발걸음을 옮겼다. 하염없이 걷다 보니 눈을 뜰 수 있었지만 허기가 져서 걸음을 옮기기가 힘들었다. 전투가 벌어졌던 곳을 지나게 되어 여기저기 버려진 북한군 시체를 뒤져보니 포도당가루라고 부르던 비상식량이 나왔다. 흰 가루를 그냥 삼킬 수가 없어서 물을 찾으니 근처에 냇물이 있었지만 벌건 핏물이었다. 그렇지만 너무 배가 고파 포도당가루를 입에 털어넣고 핏물을 손으로 떠서 꿀꺽 삼키며 허기를 면했다.

둘은 평양까지 내려왔고 박명자는 수녀들을 찾아가 지니고 있던 묵

주를 보여주고 천주교 신자임을 밝히며 도와달라고 간청했다. 인민군 포병부대에 밥을 해주고 있던 수녀들은 박명자와 신경애를 시골에서 데려온 수녀로 속이고 밥 짓는 일을 거들며 지낼 수 있도록 했다.

그러던 중에 국군이 북진하여 10월 10일 평양에 들어왔다. 평양 시민들 사이에서 행진하는 국군을 환영하는데 아는 얼굴이 보였다. 명동성당 합창단을 지휘하던 사람이 소령으로 군악대를 이끌고 있는 것이었다. 그 사람에게 전쟁 발발 이후 겪은 일들을 설명하고 서울 집에 갈 수 있도록 도와달라고 했다. 그리고 주선해준 지프차를 타고 황해도 8사단 정보부로 가서 조사를 받은 후 서울로 갈 수 있는 증명서를 받았다. 그렇지만 전쟁 발발 이후 4개월간 갖은 고생을 겪어서인지 늑막염에 걸리고 말았다. 마침 신경애의 본가가 8사단 정보부와 가까운 황해도 금천군 서천면 시변리여서 그곳에서 꼬박 한 달을 앓았다. 그리고 박명자와 신명애는 정보부에서 내준 차를 타고 서울로 돌아왔다.

서울 경찰서에 가서 다시 조사를 받고 도렴동 집에 가보니 폭격으로 흔적도 없어진 상태였다. 가족을 찾았으나 아버지는 북한군에 끌려간 후 행방불명되고 남편과 큰딸의 생사조차 알 길이 없게 된 어머니는 정신이 이상해져 생계가 막막한 상태였다. 다시 전세가 변하여 국군과 연합군은 남으로 후퇴했고, 1·4후퇴가 이루어지면서 박명자도 가족과 함께 남으로 내려갔다. 피난을 가던 도중 화성의 발안장터에서 버려진 아이 두 명을 발견하여 부산까지 함께 데리고 가서 대청동의 주교관 수녀에게 인계했다.

박명자는 부산에서 제5육군병원의 전상자 간호 업무를 보조했다.

그러다가 서울대학교병원에서 개편된 제36육군병원이 서울로 이동한다는 소식을 듣고 그곳에 합류하여 서울로 돌아왔다. 박명자는 제36육군병원에서 전상자의 응급처치 등을 도우며 지내다가, 종로에서 간호사관생도 모집 공고를 보게 되었다. 아버지는 행방불명되고 집도 없어져서 급격히 가세가 기울어진 상황에서 간호사관생도가 되면 숙식을 보장받으며 간호교육을 받을 수 있다는 사실에 어머니께 허락받고 지원했다. 제36육군병원의 일을 도우며 알게 된 제1기 간호장교 최보배 간호과장의 추천으로 수월하게 입학할 수 있었다.

제2기 간호사관생도

한국전쟁이 발발하자 대한민국 군대에서는 심각하게 부족한 간호장교를 충당하기 위해 민간병원 간호사를 현지임관 형식으로 간호장교로 보임하여 일선에 투입하는 한편, 육군군의학교에 간호사관생도 과정을 개설했다. 간호사관생도 지원 자격은 초급 여자중학교 졸업 이상 17~25세의 여성으로 필기시험(국어, 수학, 논문), 신체시험, 구두시험을 통해 선발했다. 간호사관생도 과정을 입안할 때에는 교육 연한이 3년이었지만 전쟁 중에 부족한 간호인력을 시급히 보충해야 해서 2년으로 단축했다. 3년 과정을 2년 안에 소화하도록 하자니 아침 6시에 기상해서 오전 8시부터 오후 8시까지 정규수업을 하고 10시에 소등하는 강행군으로 진행되었다. 교과과정은 아래의 표와 같이 크게 일반학 및 전공학 2940시간, 간호 임상실습 2358시간, 전술학 실습 146시간, 기타 실습 316시간으로 구분되었다.[7]

한국전쟁기 육군군의학교 간호사관생도 교과과정

구분		세부내용	시간
일반학 및 간호학	의정과목	영어, 국어, 수학, 심리학, 사회학, 의무기록, 군법, 적십자조약, 보급업무, 인사행정, 병원기구	859
	의무과목	해부생리, 위생학, 응급처치학, 식이요법, 영양학, 붕대부목법, 군진의학(내과, 외과, 신경정신, 방역 등)	329
	간호과목	간호사, 간호윤리, 간호술, 보건간호학, 전염병간호학, 수술실근무, 간호업무, 병원관리급행정	270
	특기과목	약물급치료학, 약물급조제학, 세균학급소독, 병리시험, 물리요법, 안마술	286
	치무과목	치과	22
	전술학과목	군대예절, 의무부대, 교수법, 교육관리, 정훈, 교련, 화생방방어, 환자수송법, 참모업무, 군대조직, 체련, 통솔법, 독도법	282
	기타	시험, 자습시간, 예비시간	892
	소계		2940
간호임상실습			2358
전술학실습			146
기타실습			316

또한 간호장교 후보생 신분으로 병원실습을 하면 전상환자 간호가 어려운 점을 반영하여 2기생부터는 교과과정 1년 이수 후에 소위로 임관하여 군의 각 병원에서 1년의 임상실습을 완료한 후 간호사 면허시험에 합격하면 졸업하도록 했다. 군 의료인력이 부족하여 학생을 소위로 임관한 것은 간호사관학교뿐만이 아니었다. 부산전시연합의과대학에서도 부족한 군의관 수요 때문에 4학년생을 소위로 임관했다.

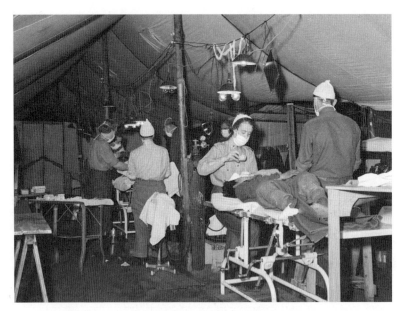

1951년 한국전쟁에 참여한 노르웨이 야전병원의 모습. (국가기록원)

피난지 부산과 마산에서 이루어진 교육은 물리적·환경적 여건이 좋을 수 없었지만, 교수와 학생의 인적 자원은 훌륭했다. 피난 온 유명한 의사 중에 상당수가 징집영장을 받고 육군 군의관에 임명되어 간호사관생을 교육했으며, 학생도 전시연합고등학교와 연합대학과정 재학생이 많았다.

박명자는 1952년 5월 12일 부산 동래군 북면의 청룡초등학교와 금정중학교를 사용하던 육군군의학교 안에 위치한 육군간의학교에 제2기 간호사관생도 교번 309번으로 입교했고 바로 생도대장이 되었다. 1952년 9월 육군군의학교가 마산시 월영동 미 로페즈 캠프로 옮겨가서 그때부터는 마산에서 교육을 받았다. 전쟁 중의 교육이니 물리적 여건이 좋을 수 없었다. 훈련복은 단벌이었고 34명이 한 방을 쓰는 숙소는 콘크리트 바닥이었는데 1인당 담요 한 장만 지급되어 둘이서 한 장은 깔고 한 장은 덮고 생활했다. 겨울이면 인근 천에서 얼음을 깨고 세수와 양치를 해야 했는데 차가운 냇물로 머리를 감고 기절하기도 했다. 급식이 충분하지 못하여 밥과 콩나물국이나 배춧국이 주메뉴였다. 특히 체력 단련이나 군사 훈련을 받을 때면 허기와 싸워야 했고, 박명자는 집에서 가져간 비로드 천 치마저고리를 군고구마와 바꾸어 먹을 정도였다. 토요일마다 마당에 1미터 간격으로 앉아 시험을 보았으며, 한번은 집합에 늦었다며 생도대장이 대표로 엎드려뻗쳐 자세로 엉덩이를 맞으라고 하여 수십 대를 맞다가 쓰러져 병원에 실려 가는 등 규율이 엄격했다.

입학한 지 1년 후인 1953년 3월 28일 제2기 입학생 134명 중 박명자를 포함한 123명이 간호사관생도과정을 이수하고 소위로 임관되었다. 박명자가 대한민국 육군의 간호사관생도이자 간호장교라는 이중적 신분으로 부임한 곳은 부산의 제3육군병원으로 뇌 및 절단환자 전문이었다. 모 초등학교 자리에 위치한 제3육군병원을 찾아가 보니 의사와 환자만으로 운영되고 간호사는 한 명도 없었으며, 경환자가 청소와 식사 준비 등을 하면서 중환자도 돌보는 상황이었다. 박명자는 부임하자마자 병원의 유일한 간호사이자 간호관리자가 되어 간호실무와 행정 전체를 이끌어야 했다. 물은 병원 뒷산의 메리놀수녀회에 가서 길어와야 했는데, 길이 좋지 않아 양쪽으로 양동이를 들고 돌아오면 가득했던 물이 반으로 줄어 있곤 했다. 7월 27일 정전협정으로 휴전이 이루어졌지만 워낙 전상자가 많아서 병원 업무에 큰 변화를 느끼지는 못했고, 남자뿐인 병원에 한 명뿐인 '아가씨'이다 보니 처음에는 군인들과의 관계가 어려웠다. 군인들이 박명자에게 호의적인 태도로 변화한 계기는 '나눔'이었다. 추석을 맞아 박명자가 월급으로 방앗간에서 떡을 맞추어 광주리에 이고 돌아와 환자들과 나누어먹은 것이다. 그 이후 환자들이 물긷는 일, 대소변 닦고 치우는 일 등을 적극적으로 도와주는 등 병원 분위기가 우호적으로 바뀌어 한층 수월하게 일할 수 있었다.

박명자는 제3육군병원에 간호장교로 복무하며 실습시간을 채워서 1년 후에는 간호사 면허시험을 볼 수 있었고, 시험에 합격한 117명 중 한 명으로 육군간의학교를 졸업했다. 그리고 서울시 소격동의 수도육군병원에서 일하게 되었다. 국제연합군은 육군병원에 근무하는 의사와 간호사에게 특히 적극적으로 선진 의학지식과 의료기술을 전수했고, 박명자는 절단환자 전문이었던 제3육군병원에서, 그리고 수도육군병원에서 수술·마취 간호와 중환자 간호에 종사하며 1956년 3월 중위로 전역할 때까지 많은 지식과 기술을 배우고 경험을 쌓을 수 있었다. 특히 한국전쟁을 겪으며 수술과 마취의 수요가 매우 커져서 간호사관생도와 간호장교들은 마취가 발달한 미군으로부터 마취교육과 연수를 받아 임관된 병원에서 마취를 담당하는 경우가 많았다. 한국전쟁 발발 직후 학생 신분으로 서울대학교병원 수술실 업무를 보조하고 북으로 끌려가면서도 충수돌기염 수술 세트를 지고 다녔던 인연은 이렇게 간호장교로 교육받고 실무에 있으면서 수술과 마취 분야에서 높은 수준의 전문적 능력을 갖추는 것으로 이어진 것이다.

한편, 박명자는 한국전쟁으로 중단된 서울대학교의과대학 부속 고등간호학교 학업을 인정받아 1956년 3월 15일 자로 졸업장을 받을 수 있었다. 그렇지만 한국전쟁으로 부족한 간호인력 보충을 위해 중단되었던 간호원 검정고시가 다시 시행된 것처럼, 간호학제 역시 하향 변화를 겪은 상태였다. 해방 이후 출범한 '고등간호학교' 체제는 6년제 중등교육 졸업이 입학조건인 고등교육 수준이었지만, 1953년 변경된 '간호고등기술학교' 체제는 3년제 중학교와 3년제 고등학교로 분리된 상황에서 3년제 중학교 졸업생이 입학할 수 있는 고등학교 수준이었다.

수술 및 마취 간호의 개척

박명자는 1956년 3월 31일 대한민국 육군 중위로 전역하고 곧바로 4월 1일 자로 서울대학교병원 수술실에서 근무하기 시작했다. 서울대학교병원에 출근해 보니 2개 수술실이 운영되고 있었으나 군에서 선진 의학지식과 의료기술을 익힌 박명자는 받아들일 수 없는 관행이 유지되고 있었다. 예를 들면 환자 가족이 수술실에 들어와 수술을 참관하는 것이 허용될 뿐 아니라, 평상복과 신던 신발 그대로 수술실에 들어올 정도로 무균술이 제대로 지켜지지 않고 있었다. 박명자는 무균술을 준수하기 위해 환자 가족이 참관할 때에는 수술 가운을 착용하고 신발을 갈아 신어야 한다고 주장했다. 또한 수술 환자의 회복을 위해 별

서울대병원 수술장에서 근무하던 시절, 오른쪽에 서 있는 사람이 박명자. (박명자 제공)

도의 회복실이 운영되어야 한다고도 주장했다. 그러나 병원에서는 예산 부족을 이유로 난색을 표할 뿐이었다. 그렇다고 해서 환자 수술과 회복에 중요한 원칙이 지켜지지 않는 것을 수수방관할 수는 없었다. 박명자는 자비로 참관인용 신발을 사다 놓고 갈아 신도록 하는 등 무균술 시행을 확대하고자 했고, "수술실 옆의 창고 같은 방을 청소하고 침대와 이불을" 마련하고 "그곳에 환자를 눕혀놓고 회복을" 기다리는 회복실을 도입했다.[8]

한국전쟁까지 서울대학교병원의 마취 방법은 대부분 국소침윤 또는 척추마취였고, 전신마취는 에테르를 사용한 개방점적식 마취법을 사용하는 정도였다. 그러나 한국전쟁기 군병원에서는 마취기, 기관내 튜브(endotracheal tube), 후두경(laryngoscope)을 도입하고, 마취에 이산화질소(NO_2), 유도마취에 펜토탈(pentothal), 근육이완제(muscle relaxant. 주로 D-tubocurarine)를 사용했으며, 에테르 주입법(ether insufflation method) 등 발전된 마취술을 시행했다. 이 외에도 지속요추마취, 천골마취 등의 신기술을 소화, 발전시킨 상태였다. 박명자는 군에서 마취보조 장교로 쌓은 경험을 바탕으로 서울대학교 수술실의 마취 담당 의사들을 지원했다. 그리고 1957년 2월 7일에 처음으로 기관내 삽관을 이용한 전신 흡입마취방법으로 직장암과 위절제술이 성공적으로 시행되었으며 1958년 1월에 외과 소속이던 마취실이 분리되어 마취과가 신설되었다.

이후 미화 약 5만 달러가량의 마취 관련 장비가 마련되어 마취 시설과 회복실 시설이 제대로 갖춰졌다. 수술실이 4개, 회복실 침대가 10개로 늘어났으며 박명자는 마취간호사로 일하면서 미군병원에서 본 대로 수술실 간호사 컨퍼런스를 시작했다. 큰 수술이 잡히면 간호사들이 이에 대해 각자 나누어 공부한 후 모여서 발표하고 논의하는 형식이었다. 또한 간호학생, 의대생 등을 상대로 수술 및 마취에 관한 교육과 실습지도를 담당하는 등 적극적으로 활동했다.

박명자는 서울대학교병원뿐만 아니라 전국 각지의 병원에서 요청이 오면 방문하여 수술장과 회복실을 설치하고 운영하는 데 도움을 주었다. 그리고 이러한 경험을 바탕으로 수술 및 마취에 관한 최초의 한글 책을 펴내 교육에 활용했다. 박명자가 서울대학교병원과 강의를 나가던 학교, 수술장을 새로이 설치하는 병원 등에서 교육을 하면서 사용하던 강의록을 바탕으로 서울대학교 의과대학 간호고등기술학교 후배이자 서울대학교병원 수술실에서 함께 일한 김숙진과 공저로 《간호원을 위한 수술실 수기 및 마취》를 1966년에 정식 출판한 것이다. 《수술실 수기 및 마취》는 이후 20여 년간 수술 및 마취간호 분야의 독보적 교재로 개정과 중판을 거듭하는 베스트셀러가 되었다. 마취과 전문의가 배출되기 시작한 것은 1963년이었고, 한국에서 수술이 증가한 것에 비해 마취과 전문의는 부족했기에 마취 담당 간호사도 확장되었다. 1973년에는 업무 분야별 간호제도가 시작되면서 보건·정신 분야와 함께 마취 분야 간호가 시작되었다.

병원의 수술장과 회복실 업무가 자리 잡히면서 박명자는 병원의 경계를 넘어서는 활동을 시작했다. 그중 하나가 한국가톨릭노동청년회를 시작한 것이고 또 다른 하나는 각종 봉사활동을 시작한 것이었다. 박명자는 서울대학교병원의 다른 가톨릭 간호사 열 명과 함께 가톨릭노동청년회에 대한 소개책자를 연구하다가 1958년 1월에 가톨릭신학대학 교수 박성종 신부를 지도신부로 하는 회합을 시작했다. 이 회합이 한국 가톨릭노동청년회의 시작이 되었다. 또한 전후 극도로 피폐해진 경제 상황에서, 버려진 쓰레기를 주워 파는 넝마주이 집단을 따라갔다가 그들이 모여 사는 '개미마을'과 인연을 맺게 되었다. 박명자는 정기적으로 개미마을을 방문해 한글교육을 통한 문맹퇴치 활동을 전개했으며, 성교육, 보건교육 등을 하며 생활개선을 위한 다양한 활동을 전개했다. 전후 가난과 혼란으로 헤어진 부모를 찾아 돌려 보내기도 했다. 1959년부터 1970년대 초까지 서해안 병의원이 없는 도서 지역을 연 2회 방문하여 의료봉사를 했으며, 경남 진주시 옥봉동성당 신부님의 소개로 산청읍의 나환자 수용소를 주말마다 찾아가 봉사하는 등, 틈나는 대로 봉사활동을 했다. 박명자의 자원봉사는 평생을 두고 이어졌다.

학생들 밥도 지은 간호교육자

박명자가 교육자로 첫발을 내딛은 것은 1954년 성요셉간호고등기술학교였다. 1954년 5월 성요셉간호고등기술학교가 설립인가를 받고 출범할 때부터 시간강의를 시작하여 1962년 1월 가톨릭대학 의학부 부속 간호학교로 승격한 후에도 계속 학생을 가르쳤다. 수술과 마취 전문 간호사로서의 전공을 살려 '수술전후처치', '기초간호학', '외과간호 및 수술수기' 등의 교과목을 담당했다. 또한 명동 성모병원에서 일하는 수녀들을 대상으로 저녁에 강의를 해서 검정고시를 통해 간호원 면허를 딸 수 있도록 도왔다.

박명자는 학생 교육을 지속하면서 학사학위 취득의 필요성을 느끼고 중앙대학교 교육학과에 편입학하여 1959년 학사학위를 취득했다. 그리고 서울대학교 의과대학 간호학과에서도 정식으로 학생 교육을 시작하여, 1960년에서 1962년까지 임상강사와 시간강사를 역임했다.

병원 간호사이자 시간강사로 경력을 쌓은 박명자는 인천간호고등기술학교의 전임교원이 되었다. 경기도립인천병원 부설 인천간호고등기술학교는 재정이 매우 어려운 상황이었다. 박명자는 서울대학교 병원 수술실에서 함께 근무했던 김숙진과 부임하여 곧바로 학교의 재정적 어려움을 해결하기 위한 다각도의 노력을 기울였다. 우선 인건비와 식비를 절약하기 위해 기숙사 식당에서 일하던 사람들을 내보내고 직접 장을 봐서 밥을 짓고 김치를 담그고 생선반찬을 만들어 학생들의 식사를 해결하기도 했다. 그 결과 수개월 후에는 학생 식비와 관련된 빚을 갚을 수 있었고, 이에 감동받은 학생들이 조를 짜서 직접 장을 보고 밥과 반찬을 만들어 취사를 해결하기도 했다. 가을이 되자 이렇게 절약한 돈이 모여 학생 30명과 수학여행을 갈 수 있었다. 박명자는 어머니와 동생들의 생계와 교육을 책임지는 가장이었지만 가정형편이 어려운 학생을 외면할 수 없어 한 학기당 한 명씩 개인적으로 장학금을 지급했다.

박명자는 교무과장이 되어 학교의 예산 운영이 경기도립인천병원과 별도로 이루어지도록 하고 간호학교로의 승격을 추진했다. 1962년 1월 교육법 개정으로 이전의 '간호고등기술학교'는 '간호학교'로 명칭을 개칭하고 입학자격을 고등학교 졸업자로 제한했다. 이에 따라 전국 23개 간호고등기술학교 중 대학시설 기준령에서 규정하는 기준을 갖춘 19개 학교는 초급대학에 준하는 간호학교로 개편인가되었고, 4개교는 학생모집을 중지하고 기한부 폐지되었다. 기준을 충족한 인천간호고등기술학교는 1962년 경기간호학교로 승격했다. 박명자는 경기도지사에게 학교 현황을 보고하며 교육용으로 별도의 건물이 필요함을 설득했다. 그런데 간호학교 건물이 신축되자 병원에서는 이 건물을 병원 건물로 사용하려 했다. 박명자는 이를 반대하다가 병원 운영진과 갈등이 커져 결국 1966년 경기간호학교를 사직했다. 박명자는 이후 용산의 철도간호학교에서 학생을 가르치기도 하고, 서울간호전문학교 전임강사로 재직하기도 했다.

한편, 인천간호고등기술학교에서 학생을 가르칠 무렵부터 간호전문직단체에서 활발히 활동했다. 소속 지부인 대한간호협회 경기지부를 활성화하기 위하여 경기도 각 보건소와 병원을 순회하며 회원을 만나고 설득하여 1962년에는 모든 회원이 참석하는 총회를 개최했고, 회비도 받기 시작했다. 그 결과 대한간호협회 경기지부는 활성화될 수 있었고, 박명자는 1966년까지 경기지부장을 역임했다.

간호인력이 제일 중요한 간호관리자

박명자는 경기간호학교를 사직하고 서울대학교병원으로 돌아와서 다시 수술장 업무에 종사했다. 이전에는 수술 및 마취 간호 실무의 발전을 위해 노력했다면, 이때는 병원 행정에 관하여 넓은 시야를 가지고 문제점을 해결해 나가고자 했다. 먼저 병원의 간호인력 확보를 위하여 노력했다. 서울대학교 의과대학 부속병원은 국내 최고 수준의 병원으로 점점 중환자가 늘어나 간호인력의 수요도 어려움도 커지고 있었다. 그렇지만 간호사 정원이 정부 제한에 묶여 12시간 맞교대 근무를 하는 형편이라, 업무의 효율은 떨어졌고 환자와 의료진 모두 불만이 컸다. 박명자는 간호사가 근무시간에 하는 일을 하나하나 나열하고 그에 소요되는 시간을 분석했다. 그 결과 식사 시간이 오가는 시간까지 포함해도 단 10분, 그야말로 밥을 입에 들이부을 시간밖에 없다는 것이 입증되었다. 박명자는 정부 관계자를 찾아가 연구 결과를 토대로 서울대학교병원의 간호인력 부족에 대해 설명하고 간호인력 충원 허가를 얻어냈다. 마침내 간호사의 3교대 근무가 시작되었고, 이브닝 감독, 나이트 감독, 수술장 감독 등 근무별 및 특수파트별 감독제도가 시작될 수 있었다.

박명자는 간호보조원의 업무도 분석하여 1968년 《대한간호》에 〈간호보조원 근무실태 조사: 서울대학 부속병원에서의〉를 발표했다. 간호보조원도 낮번과 밤번으로 나누어 1일 2교대 근무를 하고 있었는데, 박명자는 "간호보조원의 근무 실태를 조사하여 불필요한 일에 시간을 낭비함이 없이 환자 간호와 병실 관리에 좀 더 유효적절한 시간을 이용하기 위함"으로 "서울대학병원의 13과에서 근무하는 간호보조원들의 매일의 일과를 기록하여 time and motion study"를 했다. 그리고 청소 및 정돈, 심부름, 보리차 운반 등의 일 각각에 대하여 업무 효율을 개선시키는 방법을 일대일로 제안했다. 또한 서울대학교병원에서 개선된 점과 개선되지 않은 점을 모두 제시하여 타병원에서 간호보조원 업무의 효율을 높이는 데 참고가 될 수 있도록 했다.[9] 이 논문은 박명자에게 연구 결과의 첫 발표이면서 간호과학회가 출범하기 전이었던 간호학계에서 인력관리에 관한 초기 연구이기도 했다.

육군 간호장교로 출발하여 서울대학교병원, 경기간호학교 등으로 이어진 박명자의 간호 실무와 교육, 행정 경력은 서울 종로구의 고려병원(현 강북삼성병원)의 초대 간호과장으로 이어졌다. 병원 개원을 준비하고 있던 삼성물산이 서울대학교병원에 간호관리자의 추천을 의뢰했고, 박명자가 추천을 받은 것이다. 박명자는 1968년 11월 개원을 목표로 준비하고 있던 병원으로 출근해 일을 시작했다. 각종 시트류, 환의, 수술가운 등의 원단을 직접 구매하고 제작할 인력을 별도로 고용하고 박명자도 함께 재봉틀질을 함으로써 경비를 절감했다. 병원 간호인력은 각 병원과 간호학교의 추천을 받아 다양한 배경의 우수한 인재로 충원했다. 또한 신규직원 채용부터 보수교육을 실시하는 교육감독제를 신설하고, 전국 각 의료기관에서 자료를 수집하여 타당한 보수규정을 마련하는 등 간호관리자로서 병원 물품과 간호인력 관리의 기틀을 개발해 운용했다.

학생이 제일 소중한 교련교사와 장학사

박명자는 교육공무원법에 의거하여 1958년에는 고등학교 준교사 자격을, 1959년에는 초등학교 양호교사 자격을, 그리고 1971년에는 중등학교 교련과 준교사 자격을 취득한 상태였다. 실무간호사, 간호교육자, 간호관리자의 경력을 거치며 새로운 도전의 기회를 찾고 있던 박명자는 1972년 3월, 서울 이촌동에 위치한 사립 중경고등학교에서 교련 담당 중등교원으로 첫발을 내딛었다.[10] 양호교사가 아닌 교련교사로 고등학교 학생들을 만났지만, 가장 먼저 눈에 띈 것은 학생들의 건강 문제였다. 특히 어려운 가정형편과 이른 등교로 아침을 먹지 못하는 학생이 많다는 것이 마음 아팠던 박명자는 사비로 미숫가루와 설탕을 준비하여 학생들이 자유로이 먹을 수 있도록 했다. 이것이 계기가 되어 중경고등학교에서는 아침 급식을 시작했다.

박명자는 같은 해 4월에 서울시 행당동의 공립 무학여고 교련교사로 발령받았다. 교련은 1969년 고등학교 필수과목이 되었지만 제식훈련을 위주로 하면서 교육내용이 완비되지 않은 상황이었다. 박명자는 전쟁을 치른 간호장교 출신으로 고등학교 교련에서 무엇을 가르치면 좋을지를 고안하여, 전시에 대비한 응급처치 및 대량전상자 관리방법을 학교 민방위훈련에서 시범 보여서 교육적 가치를 인정받았다. 이것이 계기가 되어 문교부에서는 사격, 화생방 훈련 등을 대폭 강화하면서 여학생은 구급법, 위생 및 보건교육을 실시하도록 하는 내용의 고교 교련지침을 각 교육위원회에 내려보냈다.

박명자는 무학여고에서 학생들의 진로 지도에도 힘을 기울였는데, 2학년에 직업반을 만들어 학생들이 경제적으로나 직업적으로나 졸업 후를 준비하도록 했다. 개인적으로 업체를 섭외하여 사용하고 남은 뜨개실을 얻어다가 방과 후에 학생들에게 뜨개질을 가르쳤다. 그리고 학생들이 틈틈이 스웨터 등을 제작하여 판매하도록 하고, 판매 대금을 학생 개인별 통장에 입금하여 졸업할 때 졸업장과 함께 수여했다. 또한 매년 두 명의 학생에게 개인적으로 장학금을 지급했다.

방학에는 재일학생 하계학교의 지도교사로 활동했다. 1966년부터 정부는 재일교포 학생의 조국애와 반공정신 함양을 위해 매년 4주간 하계 단기교육을 실시했고, 이것을 보통 '재일학생 하계학교'라고 불렀다. 박명자는 일제강점기에 초등학교를 다녔기 때문에 일본어에 상당히 능통했지만, 재일교포 학생과 더욱 원활히 의사소통하면서 지도할 수 있도록 일본어학과에 편입학하여 공부하기도 했다. 1974년 8월 15일에는 교육의 일환으로 국립중앙극장에서 개최된 광복절 기념행사에 참석했다가 육영수 여사 저격을 목격하고 큰 충격을 받기도 했다. 1975년에는 역시 단기교육의 일환으로 재일동포 여학생 80명을 인솔하고 육군여군단에 1일 입소하여 제식훈련, 구급법, 화생방, 사격술 등 기초군사훈련을 받도록 지도하는 등[11] 재일교포 학생 대상 교육을 계속했다. 그리고 1982년에는 서울특별시 교육위원회에서 "재외교포 모국 방문 고등대학생들의 춘하계학교의 지도교사로서 여러 해 종사해온 6명의 여교사" 중의 단장으로 일본 도쿄, 오사카, 후쿠오카 일원의 해외연수를 다녀오기도 했다.[12]

박명자는 1977년 서울시 장학사로 임용되었다. 장학사의 역할은 소속 교육청 관할 교육 과정, 교재 연구, 학교 평가 등 현장 교육에 필요한 일을 지도·감독하고 조언하는 것이었고, 박명자의 담당 업무는 학무국 중등교육과 생활지도였다. 한국사회 전반에 '새마을운동'이 한창 전개되고 있을 때여서 학생 생활지도가 특히 강조되어 교육청에서 퇴근하면 곧바로 문제학생, 가출학생 등이 있을 법할 곳을 찾아 여기저기를 돌아다녔다. 그리고 이들을 발견하면 지도하고 집으로 돌려보냈다. 또한 간호사 출신 장학사로서 보건교육 관련 업무도 적극 추진했다. 가사실업계 고등학교용 교재《아동보건과 영양》의 편찬심의위원으로 활동하며 책이 나오도록 노력해 "가정에서 가족의 건강과 영양을 책임지는 여성에게 보건과 영양의 교육은 당연하고 중요한 일"이라는 점을 강조했다.[13] 그 밖에 보건교사의 보건교육 강화, 경제 및 권익 향상을 위해 호봉정책을 상신하여 성취되도록 했다.

박명자는 중등교육 교사와 장학사로 헌신한 공을 인정받아 1973년에는 서울특별시 교육감 표창장을, 1974년에는 문교부장관 표창장을, 그리고 1979년에는 육군참모총장 감사패를 받았다. 또한 보건교육의 활성화와 보건교사의 지위 향상 등 보건간호를 위하여 매진한 공로를 인정받아 1983년 7월 21일 대한간호협회 창립 60주년 기념 공로상을 수상했다.

간호교육 일원화의 발판 마련

박명자는 1985년 3월 1일 장학관으로 승진하면서 한국방송통신대학 방송통신교육연구소 교육연구관으로 발령받았다. 방송통신교육연구소는 방송통신대학의 수업방법이 일반 대학과 달라 어려움이 있는 학생들에게 도움을 주기 위해 만들어졌는데, 박명자는 이곳에 상담실을 만들어 학생들의 어려움을 파악하고 도움이 되도록 노력을 기울였다. 상담실 운영은 매우 성공적이어서 1985년 10월에서 1986년 5월까지 8개월 동안 2455명의 학생이 찾아오는 실적을 올리기도 했다. 그리고 서울대학교 간호대학 이소우 교수와 함께 방송통신대학생의 자아실현과 그 성취에 관한 연구를 발표하기도 했다.[14]

박명자가 방송통신대학에서 일하면서 가장 중점을 둔 일은 간호교육 일원화를 위하여 방송대에 간호학사학위 취득과정을 설치하는 것이었다. 1951년부터 '간호원'이었던 명칭은 1987년 의료법 개정으로 '간호사'가 되었지만 간호교육은 전문대학의 3년제와 대학교의 4년제로 이원화된 상태에서 같은 국가시험에 응시한 후 합격하면 같은 면허를 받고 있어서 간호사에 대한 사회적 인식과 전문직으로의 역할 확립에 혼선이 있었다. 간호교육기관 중에 3년제가 대다수여서 1년에 배출되는 6000명 이상의 간호사 중에 3년제 졸업이 5000명 이상이었고 전체 간호사 면허 소지자의 80퍼센트 이상이 전문대학 3년제 졸업 수준이거나 고등학교 졸업 수준이었다. 따라서 간호학사가 아닌 간호사가 간호학사학위를 취득할 수 있는 방법의 확대가 시급했다. 4년제 대학 간호학과에 편입학하여 졸업하거나 국가에서 실시하는 학위 취득 시험에 합격하면 간호학사 학위 취득이 가능했지만 문이 너무 좁았다. 간호학과 편입학은 정원도 적고 최소 2년간 학사학위 취득을 위해 많은 시간과 노력을 들여야 했고, 독학학위제는 합격률이 낮았기 때문이다. 간호사가 학사학위 취득을 위해 방송대의 이런저런 학과에 편입학하여 간호학이 아닌 학사학위를 취득하는 경우가 많았다.

박명자는 방송통신대학에 부임하자마자 대한간호협회의 연구비 지원을 받아 방송통신대학에 간호학사 학위 취득을 위한 편입과정을 만드는 방안 연구에 착수했다. 그 결과 보고서《한국방송통신대학 간호학 교육과정 개발에 관한 연구》를 출간할 수 있었다. 그리고 간호계에서 가장 널리 읽히는 잡지《대한간호》에 기고한 〈방송통신대학제도〉에서 "간호직이 전문직의 대열에 서기 위해서는 (…) 전문직으로서 갖추어야 할 조건을 충족시키도록 부단히 노력해야 한다. (…) 간호전문성을 위한 노력 중 방송통신대학에 간호교육과정을 설치하는 것은 교육수준 향상을 통한 우수성 추구의 한 가지 방법"이라며 필요성을 설명했다. 그리고 "간호원 면허소지자의 80퍼센트 이상이 전문대학 또는 간호고등학교 출신이며 해마다 약 6000명의 간호원이 배출되는데 이 중 약 5000명의 간호원이 전문대학 출신"이기 때문에 "모든 간호원의 교육수준을 4년제 대학과정으로 향상시키는 일이 시급하다"고 강조했으며, "현실적으로 간호교육 수준을 4년제로 단일화하는 일이 많은 시간을 요하므로 이러한 노력의 과정 속에서 방송통신대학에 간호교육과정을 설치하는 것이 바람직한 전략"이라고 주장했다. 이어서 한국방송통신대학의 연혁, 설립목적, 교육과정, 학과, 교육체계, 학사 등을 분석하고 간호전문대학과 간호고등학교 출신 간호사들의 계속교육에 대한 요구가 강렬하고 간호전문직을 성장시키려는 열의가 팽배해 있기 때문에 국민 평생교육을 위하여 설립된 방송통신대학에 간호교육과정이 개설되어야 한다고 설명했다.[15]

박명자의 연구는 설득력을 얻어, 1989년 방송통신대학에 보건위생학과가 신설되고 그 안에 3년제 졸업 간호사 1000명이 편입학하여 간호학사 학위를 취득할 수 있는 '간호학 전공'이 만들어졌다. 이후 방송통신대학 보건위생학과 간호학 전공은 보건학과 간호학 전공, 그리고 간호학과로 이어지며 편입생 정원이 2500명으로 늘어나는 등 성장을 거듭했다. 그리고 3년제 교육을 받은 간호사가 간호학사 학위 소지자가 될 수 있는 교육과정의 큰 축을 담당함으로써 간호교육 일원화와 간호전문직의 위상 확립에 기여했다.

박명자는 방송통신대학에 근무하면서 서울대학교 보건대학원 보건간호이수과정 외래교수로 보건전문간호사 양성에 힘을 보탰다. 또한 간호전문직단체 활동을 활발히 하여 서울시 간호사회 북부분회장, 이사, 실행이사, 기획관리위원회를 역임했으며, 보건간호사회 이사와 제2부회장을 역임했다.[16]

박명자는 방송통신대학 간호학전공 출범을 성공시키고 1990년 학생생활연구소 상담지도부장으로 승진했다. 그리고 1991년 세계적으로 빛나는 영예인 나이팅게일 기장을 수상했다.

중학교 교장이 되어 최초로 학교 내 보육실 설치

박명자는 1993년 5월 1일 서울시 성북구 석관동에 위치한 석관중학교 제6대 교장으로 부임했다. 1972년부터 교련교사와 장학사로 활동하며 중등학교 국민윤리과 일급 정교사 자격, 중등학교 교감 자격, 그리고 중등학교 교장 자격을 취득하여 공립중학교 교장이 될 수 있었다. 박명자는 부임하자마자 바로 학교의 어려움과 교사들의 요구를 파악했다. 그 결과 본관과 후관을 합쳐 60개 교실로 이루어진 석관중학교의 80여 명 교사 중에 여교사가 60여 명 가까이 되는데 이 중 평균 1년에 10여 명의 교사가 출산과 육아문제로 고민한다는 것을 알게 되었다. 교사들은 최우선적인 건의사항으로 학교에서 학생들을 가르치는 동안 안심하고 어린 자녀를 맡길 수 있는 보육시설을 설치해달라고 요구했고, 박명자는 곧바로 보육시설을 만드는 데 착수했다. 공간 문제는 20평 규모의 빈 교실을 개조하여 해결했고, 비용 문제는 학교와 시

석관중학교 교장 시절의 박명자. (박명자 제공)

설이용 교사의 공동 부담으로 해결했다.[17] 당시 한국에는 직장 내 보육시설이 거의 없었고, 교사 자녀를 위한 학교 내 보육시설 설치는 석관중학교가 최초였다.[18]

그 외에도 박명자는 교사들의 활동을 적극 후원하여 1995년에는 석관중학교가 과학교육 최우수교로 선정되어 교육감상을 수상하기도 했고, 체육관을 보수하며 보수과정과 비용을 투명하게 공개하는 등 학교 운영을 개선하여 1997년 학교경영 우수교로 교육감상을 받기도 했다. 이러한 박명자의 활동은 교사들의 마음을 움직여 1998년 정년퇴임할 때 〈난의 약속〉이라는 제목의 송시로 표현되었다. "조용히 미소 짓는/ 당신의 삶은/ 호수가 산그늘을 닮아 더욱 깊어지듯이/ 단아히 보듬어 오신 날들", "미움과 반목으로/ 부끄러웠던/ 그때 그 자리 이곳 석관에/ (…) 믿음을 싣고 사랑을 맺어/ 머리를 맞대 나눌 수 있는/ 우리가 되게 하셨습니다"등의 구절로 이루어진 송시[19]에는 교장 박명자에 대한 교사들의 존경과 애정이 담겨 있었다.

은퇴 이후의 한결같은 봉사

박명자는 45년간 간호사로 일하면서 틈틈이 다양한 자원봉사를 지속했고, 은퇴 이후 본격적으로 자원봉사에 시간과 노력을 들였다. 그중 가장 마음을 쓴 세 가지는 말기 환자가 인생의 마지막을 가급적 편안하게 마무리할 수 있도록 돕는 호스피스 봉사, 옷을 만들어 필요로 하는 사람에게 무상으로 제공하는 '옷봉사', 그리고 관절염의 예방과 치료에 도움이 되는 타이치 교육 봉사였다. 호스피스 봉사는 박명자 본인이 1997년 악성 뇌종양으로 대수술을 받고 재활과정을 거친 경험을 바탕으로 시작했다. 2000년에는 정식으로 호스피스 교육을 받고 이후 춘천시립양로원 등 여러 시설과 가정의 호스피스 대상자를 꾸준히 방문해 삶의 마지막 과정을 편안히 마칠 수 있도록 도왔다.[20]

소위 '옷봉사'는 천을 기증받아 옷을 제작하여 필요로 하는 사람들에게 무상으로 제공하는 것이다. 박명자는 여학교 시절에 배운 양재기술을 활용하여 석관중학교 교장으로 재직하던 1995년부터 옷을 만들어 무상으로 나누어주기 시작했다. 필요한 천은 여러 업체로부터 자투리 천을 기증받아 활용했다. 은퇴 이후에는 더 많은 시간과 노력을 투입하고 이웃이나 다른 자원봉사자의 도움을 받아 하루에 수십 벌씩

옷을 제작하여 전국의 양로원, 고아원, 나환자 수용소 등에 기부했다. 봉사의 대부분이 직접적 금전이나 서비스 제공으로 이루어져 있던 한국의 봉사 문화에서 이렇게 기부용 옷을 만들어 무상으로 제공하는 것은 새로운 것이어서 여러 차례 매스컴에 소개되었고, '옷 짓는 할머니'라는 별칭이 생기기도 했다.[21]

타이치 봉사는 관절염을 앓는 환우의 모임인 '한국펭귄회'의 부회장을 역임한 것이 계기가 되었다. 서울대학교 간호대학 이은옥 교수를 통하여 알게 된 타이치 운동은 관절염의 예방과 치료에 도움이 되도록 태극권을 변형시킨 건강체조였다. 박명자는 2005년 호주에 가서 타이치 교육을 받고 마스터 트레이너 국제사범 자격을 취득했다. 이후 용산구 보건소, 포천시 보건소, 양주시 보건소, 창5동 주민센터, 과천시 보건소 등 요청이 있는 다양한 곳에서 타이치 강사로 봉사했다. 이렇게 지속적으로 타이치 봉사를 통해 지역사회 주민의 건강 증진에 기여한 공으로 호주에 본부를 둔 타이치 건강협회(Tai Chi for Health Institute)로부터 2015년 '혁신 우수성과 지역사회 파트너십 상(Innovative Excellence and Community Partnership Award)'을, 그리고 양주시로부터 상을 받기도 했다.

2002년 한 기자가 만난 박명자의 일과는 다음과 같이 봉사로 꽉 차 있다.

새벽 3시 기상. 기상 후 1시간 기도. 15명 정도의 노숙자를 위한 밥을 해놓고, 새벽미사를 다녀오면 6시 45분. 도시락을 싸서 경비실에 맡겨 놓는다. 그리고 달력에 표시된 대로 요일을 정해 봉사를 다니고, 저녁 9시면 잠자리에 든다. 월, 병원 암 환자 방문, 화, 마포종합복지관 운동 및 관절염 강의, 수, 춘천시립 양로원 방문, 목, 아프리카선교회 방문, 금 호스피스 봉사, 토, 군부대 방문, 일, 특별요청 방문 (⋯)[22]

고령에 접어들고 건강이 나빠지면서 봉사 시간과 활동 영역은 조금씩 줄어들었지만 2019년까지 봉사는 계속되었다. 2020년 코로나19 유행이 시작된 이후 박명자는 고령과 건강상의 어려움으로 대외활동을 접고 기도와 자기관리에 힘쓰며 지내고 있다.

8장

박정호

비판적 사고, 연구, 실무 발전의 연결

변화를 위한 연구, 그리고 연구가 뒷받침된 변화

1973년, 《대한간호학회지》 3권 2호에 〈병원 '드레싱' 상중 일부물품의 오염도에 관한 조사연구〉라는 논문이 실렸다. 《대한간호학회지》는 1970년 4월 18일에 창립한 대한간호학회에서 발간하는 신생 학회지였다. 이 논문의 저자인 박정호, 이영자, 김태희는 모두 서울대학교 의과대학 부속병원[1]의 간호사였는데, 특히 제1저자인 박정호는 1963년 서울대학교 의과대학 간호학과를 제1회로 졸업하고 서울대학교병원에서 근무하기 시작하여 1969년 만 스물아홉 살에 파격적으로 간호과장으로 임명받은 이후 신축 서울대학교병원으로의 이전을 준비하며 병원 관리의 개혁을 이끌던 인물이었다.

박정호는 병원 운영과 관리의 여러 측면에서 관행적으로 이루어지던 것에 문제를 제기하고 원인을 파악하여 개선하고 있었다. 그중 물품 공급과 사용에 대해 평소 의아하게 여기던 것을 개선하기 위해 병동에서 사용하는 드레싱 카트의 이동감자(transfer forceps)와 거즈의 오염도 등을 시간대별로 조사하는 연구를 진행하였다. 박정호는 그 결과를 《대한간호학회지》에 발표했을 뿐 아니라, 병원 물품관리의 원칙과 효율적 물품관리를 위한 간호부서와 중앙공급실의 역할에 대해 대한간호협회 주최의 세미나에서 발표하고, 대한간호협회의 기관지인 《대한간호》에도 수록하여[2] 서울대학교병원의 물품관리 개선과 일회용품 사용 확대 경험이 전국으로 전파될 수 있도록 했다. 이러한 과정을 통해 불합리한 관행을 개선하는 데 과학적 연구를 근거로 설득하는 것이 가장 강력한 수단이라는 점을 입증했고, 이후 박정호는 새로운 간호실무를 시작하거나 개선이 필요하다고 판단될 때 이를 뒷받침하는 연구를 수행하고 이를 기반으로 변화를 추진하는 연구와 실무 개혁의 연결을 지속적으로 시도했다.

성장과 한국전쟁, 진명여고 졸업

박정호는 1940년 3월 26일 경기도 용인에서 아버지 박상인과 어머니 이옥순의 첫째로 태어났다. 용인의 중심지에 위치하고 정미소와 물자 배급소 등을 운영하며 매우 부유했던 집에는 일하는 사람과 친지의 왕래가 끊이지 않았을 뿐 아니라 특히 사람을 좋아했던 부모님은 기회가 될 때마다 집에서 음식을 접대하는 자리를 마련하여 늘 사람이 북적였다. 2녀 3남의 장녀인 박정호는 부모님의 사랑을 듬뿍 받고 많은 사람을 접하며 자랐다.

일곱 살에 초등학교에 입학했는데, 늦게 입학하는 경우가 많을 때라 1학년 같은 반에 열다섯 살까지 있을 정도로 나이 많은 급우가 많았다. 박정호는 공부도 노래도 잘하고 성격이 활발해서 친구들과 잘 지내고 리더 역할을 했다. 초등학교 때부터 주변에서 당연히 여기는 것일지라도 문제를 제기하고 적극적으로 해결하곤 했다. 예를 들어 4학년이 되어 반장과 부반장을 뽑는데 반장은 남학생이 하고 부반장은 여학생이 하는 것을 당연하게 여길 때라 박정호는 부반장이 되었다. 박정호는 자신이 1등인데도 여학생이라고 부반장을 시키는 것이 이해가 되지 않아 선생님께 항의했고, 수업 시작과 끝날 때 하는 '차렷, 경례' 구호를 반장과 1주일씩 돌아가면서 하게 되었다.

1950년 한국전쟁이 발발하면서 집안에 어려움이 시작되었다. 북한군에 재산을 몰수당하고 집은 보안소로 사용되면서 온 가족이 인근 산자락에 위치한 아버지 친구 집으로 대피했다. 박정호는 필요한 물건을 구하러 본가에 갔다가 집이 구치소로 사용되어 사람들이 갇혀 있는 것을 목격하기도 하고, 아버지와 산에서 집과 그 일대가 폭격당하는 것을 지켜보기도 했다.

전쟁이 끝난 후 폭격으로 없어진 집터에 용인 최초의 공중목욕탕을 지어 운영하면서 집안은 다시 안정되었다. 집안일을 돕는 사람이 따로 있었지만 박정호의 어머니는 맏딸에게 아침저녁으로 집 안 청소, 동생 돌보기, 저녁식사 음식 만들기와 상 보기 등을 맡기고 엄격하게 역할을 다하도록 했다. 시험기간에도 단 한번도 면제되지 않아 새벽까지 공부하고 아침 준비에 이리저리 뛰다가 등교하면서 어머니가 야속해

울기도 했다. 그렇지만 주어진 책임을 다하다 보니 힘들어도 바쁘게 할 일을 하는 것이 몸에 배게 되었다.

친척도 모두 부유해서 사촌들이 중학교나 고등학교는 서울로 진학했기 때문에 용인국민학교와 용인중학교를 다니면서 내내 공부를 잘했던 박정호 역시 고등학교는 서울로 진학하여 대학까지 다니는 것을 계획하게 되었다. 박정호는 서울 창신동에 위치한 진명여고의 입학시험에 합격하면서 1955년 서울 생활을 시작했다. 진명여고는 대한제국 황실의 지원으로 설립된 최초의 여학교로 '진실, 협조, 창의'를 교훈으로 하면서 유난히 규율이 엄격했다. 대한제국 황실 건립이라는 전통에 걸맞게 학생들은 장차 대한민국 여성 지도자로 성장해야 한다는 진명여고의 분위기는 박정호에게 많은 영향을 미쳤다.

박정호는 고등학교 재학 중에 서울대학교 의과대학 부속 고등간호학교를 졸업한 간호사들과 알고 지내게 되었다. 전쟁으로 폐허가 된 한국을 재건하기 위하여 설립된 유엔한국재건단(UNKRA)이 용인에서 보건의료 지원사업을 했는데, 이 사업에 참여한 의사와 간호사들이 용인의 민가에서 하숙을 하게 되었다. 규모가 큰 기와집이었던 박정호의 집에서는 '운크라 처녀'라고 불렸던 간호사 두 명에게 방을 내주고 한 가족처럼 지냈는데, 방학이 되어 용인으로 내려간 박정호 역시 이들과 가까워졌다. 이들이 사용하던 방에는 미국간호협회 잡지인 《미국 간호 전문지》를 비롯하여 다양한 영어 출판물이 있어서 '이 언니들이 영어를 잘하는구나' 하고 생각했고, 이들로부터 영어를 배우기도 했다. 그중 한 명이 서울대학교 의과대학 부속 고등간호학교를 1954년에 졸업한 양은숙이었고, 소탈하고 정이 많은 성격이어서 언니가 없던 박정호와 더욱 가깝게 지냈다. 양은숙이 서울대학교병원으로 복귀한 후에 박정호가 간호사 기숙사로 찾아가기도 했다.

박정호가 고등학교 2학년이 되면서 동생들의 학교 진학을 고려하여 가족 모두 서울로 이사했다. 그렇지만 한옥 건축 사업을 하던 아버지가 대금을 받지 못하는 일이 이어지면서 가정 경제가 급격히 기울었다. 박정호는 대학 진학을 당연하게 여기고 있었으나 주변에서는 고등학교 졸업 후 바로 취업하여 집안 살림에 보탬이 되기를 바랐다. 대학에 진학하여 번듯한 여성 지도자가 되고 싶었던 박정호는 꿈을 접을수가 없었다. 집안의 경제적 지원 없이 대학 공부를 하는 방법은 학비가 무료인 서울대학교 사범대학에 진학하는 방법뿐이라고 생각하며 입학시험을 보았는데, 사범대학 졸업생에게 군 면제가 시행되면서 남학생 지원자가 대거 몰려 낙방하고 말았다.

대학 진학을 포기할 수 없던 박정호는 고민이 컸다. 그러던 중 양은숙으로부터 서울대학교 의과대학 부속 고등간호기술학교가 서울대학교 의과대학 간호학과로 승격한다는 소식을 들었다. 한국에서 간호학사 교육을 시작한 것은 1955년 이화여자대학교, 그다음이 1957년 연세대학교, 그리고 서울대학교가 세 번째로 1959년부터 시작한다는 것이었다. 특히 서울대학교는 학비 면제와 기숙사 제도가 있어서 경제적인 면을 걱정할 필요가 없다는 점이 큰 매력으로 다가왔다. 박정호는 입학시험을 보기로 했다. 모집 정원 40명에 시험과목은 국어, 영어, 수학이 필수이고, 일반사회와 국사 중에 택일하고, 화학과 생물 중에 택

일하여 모두 5과목을 시험 보도록 되어 있었다. 대학별로 보던 입학시험 중에서도 서울대학교는 문제가 어렵기로 유명해서 긴장하고 시험을 보았지만 우수한 성적으로 합격했다.

서울대학교 의과대학 간호학과 제1회 입학생

박정호는 1959년 4월 1일 서울대학교 의과대학 간호학과를 제1회로 입학했다. 서울시 연건동에 위치한 교정은 진명여고와 거리도 가깝고 몇 번 방문한 경험도 있어서 낯설지 않았다. 학교 건물은 1958년 12월 15일에 신축한 2층 콘크리트 건물이었다. 창경원 전망을 확보하기 위해 서향으로 지어서 여름에는 덥고 겨울에는 추웠지만, 다양한 교육시설을 갖추고 있어서 대학으로서의 면모로는 손색이 없었다.

박정호가 다닐 때의 서울대학교 의과대학 간호학과 교과목은 다음 표와 같다.

1학년 때는 주로 서울대학교 공통 교양과목을 이수했지만 간호학과 학생끼리만 수강하여 타 학과 학생과의 교류가 활발하지는 않았다. '해부학 및 실습'을 포함한 의학과목은 의과대학 교수들이 담당했고 '간호윤리', '간호사회학', '간호사', '기초간호학' 등 간호학 과목은 간호학과 교수가 담당했다. 3학년이 되어 가관식을 하면서 함께 큰소리로 나이팅게일 선서를 암송하고 간호사의 상징인 흰 캡을 쓰게 되었다. 가관식 이후로 임상실습을 시작했고 임상실습을 할 때는 흰 캡을 쓰

1959년부터 1962년까지 간호학과 교과과정

학년	교과목	비고
1학년	국어, 영어, 독어, 수학, 자연과학개론, 철학, 문화사, 심리학, 가정학개론, 생물학, 화학, 체육, 해부학 및 실습, 생리학 및 실습	교양과목을 간호학과 학생들끼리 이수 의학과목은 의과대학 교수 담당
2학년	간호윤리, 영양학, 물리학, 예방의학 및 실습, 생화학 및 실습, 약리학 및 실습, 미생물학 및 실습, 기생충학 및 실습, 병리학 및 실습, 기초간호학, 간호사회학, 보건간호학개론, 간호사 식이요법, 조제학, 영어	간호학 과목은 간호학과 교수 담당
3학년	내과학, 내과간호학, 피부과학, 전염병간호학, 결핵간호학, 안과학, 이비인후과학, 외과학, 외과간호학, 수술방수기, 비뇨기학, 치과학, 부인과학, 마취학, 임상실습	상동
4학년	소아과학, 소아간호학, 교수법, 조산학, 조산간호학, 정신과학, 병실관리, 이학요법, 직업도덕, 보건간호학개론 및 실습, 임상실습	상동

고 치마 투피스 형태의 실습복을 입었다. 간호학생과 간호사는 복장뿐 아니라 캡도 달랐는데, 같은 흰색이지만 학생의 캡은 아무런 장식이나 무늬가 없었고 일반 간호사는 검정색 가로줄무늬가 한 줄, 수간호사는 검정색 가로줄무늬가 두 줄이었다. 그래서 캡만 보고도 학생, 일반간호사, 수간호사를 구별할 수 있었다.

박정호의 학창시절 서울대학교 의과대학에는 두 개의 부속병원이 있었는데, 제1부속병원은 같은 연건동 캠퍼스에 있으면서 경성제대 부속의원에서 이어진 병원이었고, 제2부속병원은 소격동의 경성의학 전문학교 부속의원에서 이어진 병원이었다. 그중 제1부속병원에서 대부분의 실습을 했다. 병원 실습은 교수가 병원으로 나와서 직접 실습을 지도하기 전이어서 수간호사와 간호사가 지도했다.

박정호는 어려운 가계에 보태기 위해 입주 가정교사를 병행했다. 가르치는 학생이 조금이라도 더 공부하게 하려고 거의 밤을 지새울 정도로 정성을 기울였다. 내내 고학을 하다 보니 정작 자신의 학업에는 공을 들이지 못해서 4학년이 되면서 가정교사를 그만두고 완공된 새 기숙사에 입소하여 학업에 집중했다. 예전 기숙사에 불이 나서 총 공사비 1억여 환으로 간호사와 간호학생을 위한 건평 341평의 117실 규모 230명 수용의 3층짜리 기숙사를 1962년에 지은 것이다. 당시 대학 기숙사 중에는 드물게 2인 1실에 개인당 캐비닛과 침대와 책꽂이가 1개씩이고 책상만 2인용을 같이 사용했으며, 기타 공용 피아노, 전축, 텔레비전 등이 갖추어진 훌륭한 시설이었다. 임상실습을 하는 3학년과 4학년은 기숙사비와 식비 등 모든 비용이 정부 부담이었고, 1학년과 2학년은 집이 지방인 경우 사비를 내고 입사할 수 있었다. 기숙사에는 사감과 자치회가 있었으며, 저녁 9시에 점호를 한 후에는 외출을 금지하는 등 규율이 엄격했지만 한 달에 한 번 라운지에서 생일파티를 하여 그달에 생일인 학생을 함께 축하하고 1년에 한 번은 기숙사를 개방하는 등 즐거운 경험도 있었다.

박정호는 졸업 후에 병원에서 일하겠다고 결심하면서 병원이 어떻게 운영되는지 빨리 알아야겠다고 생각했다. 그리고 방학을 이용해 몇몇 동기와 병원 검사실, 약국 등에서 자원봉사를 하면서 다양한 부서에 대한 이해를 높였다. 4학년 수료, 간호사 면허 취득을 위한 국가시험까지 무사히 마치고 1963년 3월, 서울대학교 의과대학 간호학과 제1회 졸업생으로 간호학사를 취득했다.

서울대학교병원 근무와 석사학위 취득

1963년 박정호는 서울대학교병원에 입사했다. 서울대학교 간호학과 제1회 졸업동기 36명 중 12명과 함께였다. 서울대학교병원에 입사하지 않은 동기는 서소문동의 한일병원 등 다른 병원에 취업하기도 했고, 곧바로 전국의 간호고등기술학교에 교사로 가기도 했다. 4년제 간호학과 설립 초기라 간호학사가 드물어서 교육자로 수요가 높았던 시기였다.

입사 당시 서울대학교병원의 신규 간호사 빈자리는 넷뿐이었다. 규정에 따라 모든 직원의 인원이 정해져 있는데 입사 시점에 간호사의 빈자리가 넷밖에 없었던 것이다. 그렇지만 12명이 함께 근무를 시작해서 급여를 똑같이 나누었다. 즉 첫 달에 나온 4명 급여를 12명이 나누고, 이후 빈자리가 생기면 그 급여까지 포함해서 12명이 나누는 식으로 했는데, 그만큼 동기들은 '우리는 하나'라는 인식이 강했다. 근무 방식은 한 부서에 고정되지 않고 본인이 원하는 분야를 정한 후 관련 부서를 2개월마다 순환하여 임상 경험이 확대될 수 있도록 했다. 즉 내과 분야를 원하면 관련된 내과병동, 정신과병동, 전염병동 등을 2개월마다 바꿔가면서 일해서 내과 전반을 익혀나간 것이다.

해방 이후의 혼란과 한국전쟁, 전후 복구를 거친 1960년대 초의 병원은 여러 가지 여건이 좋지 않았다. 일회용품이 거의 없고 물품이 부족해서 중앙공급실에서 자비소독한 유리 주사관과 주사침을 받아 사용하는 것은 물론, 펜을 잉크에 찍어 사용했기 때문에 밤번으로 출근

1960년대 서울대학교병원. (서울대학교병원)

하면 간호사실에 불을 지피고 펜을 모두 씻어 사용하기 좋은 상태로 만들어 놓는 것이 제일 먼저 할 일이었고 빨래비누 넣은 물을 끓여서 관장액도 만들어야 했다. 간호사가 부족해서 보호자가 병실에 함께 기거하며 환자를 돌보았는데, 환자 음식은 제공되었지만 보호자 음식은 병동 취사실에서 직접 만들어 먹었기 때문에 병동에 들어서면 온갖 음식 냄새를 맡을 수 있었다. 환자 간호를 기능적 간호(functional nursing)로 했기 때문에, 병동 전체의 입원환자를 대상으로 업무를 신규환자 받기 담당, 활력징후 측정 담당, 주사 놓기 담당, 투약 담당, 처치 담당 식으로 분류하여 출근하면 내내 정해진 담당 업무를 해야 했다.

　박정호는 점차 간호학사가 늘어나고 있으니 지도자가 되려면 대학원 공부를 해야 한다고 생각해 바로 대학원 진학을 준비했다. 일과 학업을 병행하려면 병원의 배려와 협조가 필수적인데 간호사가 대학원에 진학하는 것 자체가 드문 데다가 신규 간호사였으니 병원에서 떨어진 곳에 위치한 대학원을 다니는 것은 무리였다. 1960년 이화여자대학교, 1963년 연세대학교에 간호학 석사학위 과정이 개설되어 운영되고 있었지만 박정호는 병원과 같은 캠퍼스인 서울대학교 의과대학에서 간호학을 전공하는 것으로 결정하여 병원에 입사한 지 1년 만인 1964년 3월에 동기 네 명과 함께 대학원에 입학했다.

병원에서 일한 지 2년이 지난 1965년 박정호는 동기 김연희와 함께 수간호사로 진급했다. 결혼하면 직장을 그만두는 것을 당연하게 여길 때여서 간호사의 평균 근속 기간이 짧아 병원에 입사해 5, 6년이 지나면 수간호사가 될 수 있던 때였다. 그렇지만 2년 만에 수간호사가 된 것은 이례적이었다. 그 배경에는 박정호가 보인 탁월한 업무 수행 능력, 대학원에 진학하는 열정과 진취성, 그리고 서울대학교 간호학과 제1기가 병원에서도 지도자가 되기를 바라는 주변의 기대가 함께 작용했다. 3년 차 간호사가 신규 수간호사로 일하면서 대학원 공부도 하려니 항상 시간이 모자랐다. 그렇지만 고되다고 생각하지 않고 분주하게 일하고 공부했다. 의과대학 내과 임정순 교수의 지도를 받으며 학위 논문을 집필해 1966년 2월에 서울대학교 대학원 이학석사학위를 취득했다. 제1호 간호학사 출신의 석사였고, 학위논문 제목은 〈소화성 궤양으로 인한 토혈 및 하혈 환자에 대한 임상간호학적 관찰〉이었다.

서울대학교 간호학사 제1기인 데다가 석사학위까지 취득하니 어서 학교로 가서 후배 교육에 기여하라는 주변의 요구가 더욱 높아졌다. 졸업 동기들도 속속 학교로 가서 교수가 될 경력을 쌓고 있었다. 박정호는 1967년에 병원을 사직하고 4월부터 서울대학교 간호학과 조교로 교육 경력을 시작했다. 그리고 박정호의 일에 대한 열정과 진취적인 성격을 인정하고 응원하던 연인과 결혼을 했다. 상대는 직장이 남대문 근처 한국은행이어서 둘은 충무로의 영양센터,³ 장충동의 태극당 등을 자주 찾으며 데이트하던 사이였다. 당시에는 꽉 찬 나이라고 하기도 민망할 정도로 늦은 결혼이었다. 수년간 직장생활을 했지만 신혼살림은 당장 생활에 필요한 세숫대야, 식기, 수저, 반짇고리 등만 구입하여 간소하게 시작했다.⁴

서울대학교병원 간호행정 책임자로서
물품관리 등의 개선과 변혁 주도

박정호는 1969년 4월 서울대학교병원의 제9대 간호과장으로 임명받아 간호행정의 총 책임자가 되었다. 수간호사 경력 2년을 포함한 병원 근무 경력 4년, 조교 경력 2년의 만 29세의 간호과장 임명은 파격인사였다. 당시 서울대학교병원은 건물과 시설이 노후하고 부족하여새로운 병원을 설립하고 있었다. 세계적으로 유명한 건축설계 전문가가 내한해서 아시아 최대 규모이자 최첨단 의료를 뒷받침할 수 있는신축병원을 설계했고, 병원 앞마당 건너편에서 대규모 공사가 진행되고 있었다. 신축병원으로의 이전을 준비하는 운영진은 이에 걸맞는 능력과 열정을 갖추어야 한다는 중지에 따라 병원장으로는 이비인후과 김홍기 교수가 취임했다. 그리고 병원에서 가장 많은 수를 차지하는 간호인력의 인원과 운영의 변화를 준비할 총지휘자로 박정호가 선발된 것이다. 박정호는 열악한 병원 상황을 개선하고 싶은 열망에 간호과장직을 수락했다.

박정호는 그동안 불합리하다고 느꼈던 관행부터 과감하게 고치기 시작했다. 제일 먼저 간호사를 비롯한 병원 직원에 대한 인사권을 행사했다. 그때까지는 병원 외래 간호사와 수간호사의 배치는 모두 진료과장의 권한이었고, 외래와 응급실 등에서도 직접 수납을 받는 등 원무행정체계가 미흡했다. 박정호는 간호과에서 간호사의 인사권을 행사하도록 한 후 인사이동을 단행하여 수간호사와 외래 간호사의 절반 이상을 새로 임명했으며, 외래에서 올리는 결재도 간호과장을 거치도록 했다. 처음에는 저항이 컸지만, 수납이 일원화되고 투명해지고 원무행정체계가 안정되면서 병원 수입이 증가하는 효과를 낳았다.

다음으로는 물품 공급과 사용을 개선하면서 중앙공급실의 기능을 확대했는데, 그 과정에서 과학적 연구를 수행하고 이를 근거로 개선을 이루어냈다. 당시 병원에서는 일회용품 사용이 드물고 대부분의 물품을 멸균소독하여 재사용했는데, 그 담당은 중앙공급실이었다. 병원의 각 병동이나 부서에서는 중앙공급실에서 필요한 물품을 받은 후 드레싱 카트(dressing cart)에 소모품과 집기를 모두 싣고 있다가 의사가 회진할 때 간호사가 드레싱 카트를 끌고 따라 이동하면서 필요한 것을 꺼

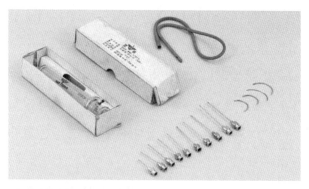

1972년에 제조된 주사기, 카테터(catheter), 주사침, 봉합용 바늘. 당시에는 일회용품 사용이 드물었고, 제품을 멸균소독하여 재사용했다. (서울대학교병원 의학박물관)

내 사용했다. 박정호는 이것이 비효율적일 뿐 아니라 특히 용기에 담긴 비품을 계속해서 꺼내 쓰는 것은 무균의 원칙에서 벗어난다고 생각했다. 그런데 이를 개선하자니 이론적인 논리로만은 설득할 수 없어서, 드레싱 카트 물품의 오염도를 조사하는 연구를 계획했다. 그리고 1972년 8월에 5개 병동에서 사용하는 드레싱 카트의 이동감자(transfer forceps)와 거즈의 오염도 등을 시간대별로 조사했다. 그 결과 시간의 경과나 사용횟수의 증가에 따라 오염도가 심해지며, 특히 멸균물품을 옮기는 데 사용하는 이동감자의 오염도가 매우 심한 것으로 나타났다. 박정호는 연구 결과를 《대한간호학회지》에 투고하고 진료과장 회의에서 발표했으며, 이에 대한 개선책으로 선진국처럼 1회 처치에 필요한 멸균 소모품과 집기를 한 벌로 만든 드레싱 키트(dressing kit)를 사용할 것을 제안했다.

기존의 방식이 오염이 심하다는 연구 결과가 명확했으므로 드레싱 키트를 사용하기로 결정하는 것은 어렵지 않았지만 막상 실행은 쉽지 않았다. 우선, 드레싱 키트 제품이 국내에서 생산되지 않아서 직접 제작해야 했다. 멸균에 적합한 내구성을 가진 제품을 고민하다가 처음에는 알루미늄 도시락을 고안했다. 학생과 군대의 수요가 있어 알루미늄 도시락은 제품도 많고 가격도 비싸지 않다는 장점이 있었지만 드레싱 키트로 사용하려니 고압멸균처리를 하면 변형되는 등의 문제가 나타났다. 그래서 스테인리스 도시락에 물품을 넣고 멸균하여 종이로 포장한 드레싱 키트를 만드니 위생적일 뿐 아니라 필요에 따라 사용하기도 좋았다. 그리고 일회용품 사용 보편화를 추진했는데, 비용이 상승한다는 문제가 제기되었지만, 병원에서는 감염관리가 우선이고 재사용을 하다 보면 물품의 품질이 떨어지는 등의 문제가 있다는 것을 근거로 이 역시 확대되었다.

박정호가 신축병원으로의 이전을 준비하면서 병원관리의 개혁을 이끌던 1970년, 두 번의 간호사 대규모 집단행동이 발생했고, 이에 대해 박정호는 간호행정 총책임자로 리더십을 발휘했다. 첫 번째는 부산진 보건소 김영자 간호사의 주사행위가 의료법 위반이라며 1년 6개월이 구형된 것에 반대해 대한간호협회 주도로 전국 6000여 명의 간호사가 3월 3일 10시를 기하여 태업에 돌입한 것이다. 박정호는 2일 수간호사 회의를 소집해 태업을 결정하고 3월 3일에는 150명의 근무 간호사가 모두 참여했다. 병원에서는 간호사 대신에 의사가 주사를 놓는 것으로 대처했지만 늘어난 업무를 감당하기 어려웠으며, 환자들도 의사에게 주사를 맞으려니 어색하다고 표현했다. 대한병원협회에서도 의사가 지시하는 간호사의 주사행위는 합법이라는 성명을 발표하는 등[5] 간호사의 주사행위가 합법이라는 사회적 합의가 이어지면서 이 문제는 해결되었다.

두 번째는 9월에 발생한 간호사의 처우 개선 요구 파업이었다. 9월 21일 서울대학교병원 간호사들은 급료 인상과 처우 개선에 관한 요구 사항을 내걸고 요구가 받아들여지지 않으면 집단 사표를 제출하겠다는 것을 통보했다. 요구사항은 5급 을에서 4급으로 직급 상향, 간호수당 인상, 식사보조비 인상, 휴일근무수당 지급, 월 1일의 생리휴가 보장 그리고 간호사 인력 증원 등이었다. 당시 법적으로 정해진 간호사 인원은 외래환자 30명에 간호사 1명, 입원환자 5명에 간호사 2명이었지만 실제는 크게 미달하였다. 중환자가 많아 환자당 간호사 수가 더 많아야 하는 서울대학교병원에서도 외래환자 42명에 간호사 1명, 입원환자 20명에 간호사 1명인 상황이었다.[6] 또한 서울대학교병원에서는 간호사의 직급이 5급 을에서 출발했는데, 이것은 학사학위 소지자인 다른 직원이 4급에서 출발하는 것과 비교해 특히 불합리한 것이었다. 이러한 서울대학교병원 간호사의 요구는 국립의료원으로 확대되어 두 국립병원의 간호사가 일괄 사표를 제출했다. 그렇지만 사표가 반려되고 요구가 관철되지 못하자 9월 25일 간호사들은 일괄 파업에 돌입했다. 두 병원에서는 입원환자를 받지 못하고 수술을 취소하는 등의 상황이 발생했고, 보건사회부에서 처우 개선을 약속한 국립의료원 간호사들은 이튿날 업무에 복귀했다. 그렇지만 서울대학교병원은 간호사 164명 중 수간호사 등 간호관리자 34명을 제외한 130명 전원이

9월 25일 오후 3시 파업에 돌입하여 유니폼을 벗고 귀가한 상태였고, 상황이 좀더 심각했다. 병원에서는 레지던트, 인턴, 임상교수 등을 총동원했지만 응급환자와 외래만 운영할 수 있었고 신규 입원은 받지 못했다. 긴급 대책회의 결과 77명 4급 직급 확보, 위험수당 인상 등 처우 개선을 약속하면서 26일 오후 6시 반에 파업은 종료되었다.[7] 그런데 4급 직급이 대폭 확대되었어도 이미 5급 으로 입사한 간호사는 4급까지 승진하는 데 수년이 소요되는 문제가 있었다. 박정호는 5급 간호사 모두 사표를 제출하면 4급 으로 재고용하는 방안을 고안했고, 간호사들의 적극적인 협조로 이루어질 수 있었다. 이후 전국의 병원에서 간호사의 처우를 '서울대학교병원 수준으로 하라'는 주장이 이어지고 개선되는 연쇄효과를 불러일으켰다.

한편, 1973년 1월 25일에는 병원에 화재가 발생해 외래진료소의 절반이 불타는 손실을 입었다. 오래된 2층 목조 건물에서 불이 나면서 정전이 발생하여 359명의 환자가 긴급 대피해야 했다. 장폐색 수술을 받던 환자의 수술이 중단되어 장만 봉합되고 개복상태인 채 대피했다가 불길이 잡힌 후에 수술실로 되돌아가서 수술을 마치는 등 큰 소동이 있었다. 다행히 환자와 직원의 대피가 잘 이루어져 인명 피해는 발생하지 않았다.[8]

간호행정 최고책임자로서 간호전달체계 개편

박정호가 간호과장으로 임명되고 나서 수행해야 했던 가장 큰 과제는 신축 서울대학교병원으로의 이전을 위한 준비였다. 먼저, 동양 최대 규모로 건설되는 신축병원에 맞춰 간호인력의 규모와 배치를 계획해야 했다. 1971년 11월 1일 기준 서울대학교 의과대학 부속병원은 건평 8280.30평에 18개 병동 523병상 규모로 1일 입원환자 수는 410명, 1일 외래환자 수는 579명에 간호사의 수는 195명이었다.[9] 신축병원은 병상수 1200으로 기존에서 2배 이상 늘어날 뿐 아니라 중환자 간호단위가 세분화되는 등 급성기 중환자에게 집중하는 구조와 시설의 변화를 포함하고 있었다. 박정호는 신축병원의 간호인력을 단순히 병상수 증가에 비례해 추계할 수는 없다고 판단해서 〈병원 간호행정 개선을 위한 연구〉,[10] 〈병원 간호업무에 관한 조사 연구: 낮번 간호원 업무를 중심으로〉[11] 등의 관련 연구를 병행했다. 그리고 이러한 연구를 기반으로 진료과별 환자 대 간호사 수의 비율을 정한 후 병동별 간호사 배치 수, 그리고 총 간호사 숫자를 계산해 나갔다. 그 결과 신축병원의 병상 수는 2.3배 증가하지만 간호사 수는 1980명으로 10배를 증원해야 한다는 추계가 나왔다.

신축병원에 적용할 간호전달체계 안의 방향은 1972년에 6개월간 말레이시아의 수도 콸라룸푸르에 위치한 국립말라야대학교(University of Malaya)와 말라야대학병원(Malaya University Medical Center)에서 병원간호행정을 연수하면서 정했다. 말라야대학병원은 말레이시아에서 가장 오래되고 대규모인 대학병원으로 영국식 병원행정과 간호 전달체계를 운영하고 있었다. 박정호는 이곳에서 적용하는 팀간호 (team nursing)가 한국 대부분의 병원에서 적용하고 있던 기능적 간호 (functional nursing)보다 환자와 간호사 모두에게 좋은 간호전달체계임을 확신하고 향후 팀간호로 전환할 수 있도록 준비하기 시작했다. 팀 간호의 도입 과정에서 중앙의료원의 경험을 참고했는데, 한국전쟁 이후 UNKRA 스웨덴, 덴마크, 노르웨이 및 한국정부 간의 '국립중앙의료원의 설립 및 운영에 관한 협정' 체결에 근거하여 1958년 개업한 중앙의료원은 북유럽 선진국의 앞선 병원 운영체제를 도입하여 팀간호를 적용하고 있었기 때문이다. 그 외에도 말라야대학병원에서는 수간호사 승진에 간호행정 수련과정과 자격증을 요구하고 있음을 알게 된 박정호는 유럽과 아세아권의 간호관리자 교육에 대하여 폭넓은 관심을 갖고 이후 서울대학교병원의 수간호사 승진체계를 개선했으며, 이는 타 병원으로도 확대되었다.

간호인력 추계, 간호전달체계의 변화 외에도 병원 이전은 어느 한 시점에 이루어지는 것이 아니라 기존 병원을 운영하면서 단계별로 진행하여 차례로 신축병원의 운영을 개시해야 했으므로 이 모든 과정이 원활하게 이루어지려면 세밀하고 치밀한 계획을 세워야 했다. 각고의 노력 끝에 1973년 〈신축병원에 대비한 간호부서의 계획(안)〉을 작성했다. 그리고 신축병원에 적용할 환자-간호 전달체계를 구체화했다.

박정호는 서울대학교병원 간호행정과 실무의 최고책임자로 8년간 책임을 다한 후에 1976년 간호과장의 짐을 벗고 교수로서의 역할에 매진했다. 그렇지만 서울대학교병원에서는 박정호에게 다시 간호행정의 최고책임자로 일해달라고 요청했다. 박정호는 1977년 11월부터 6개월간 서울대학교병원 간호과 직원 4명과 미네소타대학(University of Minnesota)과 미네소타대학병원(Minnesota University Medical Center)에서 연수하면서 신축병원 간호관리 모델의 청사진을 구상했다.[12] 그리고 이전부터 구상하던 팀간호에 대한 계획을 발전시키고 이에 더하여 일차간호(primary nursing), 그리고 조직의 발전에 있어서 계획된 혁신(planned change)에 관심을 갖게 되었다.

박정호는 1978년 7월 16일 서울대학교병원 간호부장으로 발령받았다. 기존 서울대학교 의과대학 부속병원의 간호행정 최고책임자는 3급 간호과장이었으나, 이제는 제2진료부 소속의 1급 간호부장이었다. 신축병원의 개원에 맞추어 '서울대학교병원설치법'이 제정되어 1978년 1월 1일 자로 시행되고 있었다. 기존 서울대학교 의과대학 부속병원과 치과대학 부속병원이 통합되어 출범하는 서울대학교병원을 비영리특수법인으로 개편하여 병원의 운영체제를 개선하고, 경영합리화를 기해 의학교육 및 연구의 중추적 역할을 담당하게 하려는 목적이었다.

박정호는 간호부 조직을 신축병원의 확대되는 업무 범위 및 책임에 걸맞도록 개편했다. 그때까지는 간호관리자가 상하관계의 개념인 간호과장, 간호감독, 수간호사만 있었으나 개편을 통해 간호부에 업무과장, 병실과장의 2과장 직제를 두었고 업무 담당별 스태프 개념을 도입하여 새롭게 교육담당과 행정실장을 임명했다. 특히 교육담당을 통해 효율적 교육수련 체계를 수립하도록 했다. 그리고 중앙공급실을 간호사가 책임지도록 하고 기타 진단방사선부, 치과진료부, 보험심사과, 전산부서, 안과, 이비인후과, 수술부 심폐기실, 공급실의 소독실 등에서도 간호사가 책임을 맡도록 했다. 이러한 과정에서 간호체계가 발전해 있던 전주 예수병원, 대구 동산병원, 부산 파티마병원 등에 서울대학교병원 간호사를 파견해 경험과 기술을 배워오도록 했다.

신축병원으로의 이전은 기존 병원에서 환자 간호를 계속하면서 이전 준비를 하는 비상 운영체제로 이루어졌다. 6개월간 병원의 응급실을 폐쇄하고[13] 입원 병상수를 250까지 축소했고, 입원환자를 임시로 간호학과 건물에 수용하기도 했다. 그리고 1979년 1월부터 이전을 시작하여 2월 5일에는 신축 서울대학교병원에서 외래 진료를 시작하는 등 순차적으로 병원 이전을 진행했다.

신축병원으로 이전하면서 추구한 병원 간호의 가장 큰 변화는 간호 전달체계의 개편, 즉 기능적 간호에서 팀간호로의 변경이었다. 팀간호는 병동의 간호사들이 팀을 이루고 팀원 간의 원활한 의사소통을 통해 환자의 간호 요구를 파악하고 해결하는, 환자 중심의 간호를 도입해 기존의 기능적 간호보다 간호체계의 질적 향상을 도모하는 전달체계였다. 그렇지만 선진국에서 시행하고 있으며 환자에게 좋다고 해서 바로 팀간호 체계로 바꿀 수 있는 것은 아니었다. 박정호는 〈종합병원에 있어서 간호의존에 따른 간호인력 수요추정에 관한 조사연구〉(1975),[14] 〈간호과정에 의한 간호시행 및 평가〉(1976),[15] 〈종합병원의 간호인력 수요〉(1977)[16] 등의 연구를 통해 팀간호 및 일차간호 도입의 필요성을 강조하고 있었다. 박정호는 이에 더해 구체적으로 서울대학교병원에서 기존의 기능적 간호와 팀간호, 그리고 일차 간호를 비교하는 연구를 계획했다. 그리고 이 세 가지 간호전달체계를 간호단위별로 하나씩 채택하여 6개 병동에서 시범운영하면서 대상 간호단위의 환자, 간호사, 담당 레지던트 및 교수 등에게 시범운영 전후로 평가 설문지를 작성하도록 했다. 그리고 기능적 간호보다 팀간호와 일차간호가 우수하다는 결과를 발표하는 자리를 병원 강당에서 개최했고, 팀간호와 일차간호를 적용하기로 결정되었다. 그러나 일부 부서에서 적용한 일차간호는 간호인력이 많이 투입되어 비용이 상승하는 문제가 제기되어 결국은 중단되었다.

서울대학교병원 병동에서는 새롭게 팀간호를 적용하게 되면서 기능적 간호로 수행하던 간호업무를 변혁하기 위해 여러 장치를 도입했다. 간호과정 이론 체계를 교육하면서 환자 가족의 간호문제 사정, 문제 확인, 간호수행 및 평가에 대해 교육하고 워크숍을 통해 실무 모델로 변경했다. 이를 위한 간호도구로서 환자 간호력(nursing history), 간호계획 기록표인 카덱스(cardex), 환자간호지시카드 등의 적극적인 활용이 필수적이었다. 문제 중심 간호기록법에 관해 2차에 걸쳐 전체 간호사 교육을 실시하고, 10개의 시범병동을 정하고 워크숍을 시행했다. 그리고 각종 기록지 및 작성 지침서를 발간해 간호사들이 참고하며 활용할 수 있도록 했다.

환자의 신체적, 심리적, 사회적 간호요구에 부응하는 전인적 간호에 초점을 두는 간호문제 해결을 목표로 한 신축 서울대학교병원 간호의 변화는 다음으로 요약할 수 있다. 첫째, 기능적 간호 대신 팀간호를 실무모델로 채택했고, 일부 부서에서 채택한 일차간호는 비용 문제로 중단되었다. 둘째, 병동마다 사무직원을 두어 전화 받기 등의 단순 사무 업무를 담당하고 간호사는 환자 간호 업무에 집중하도록 했으나 이 역시 비용 문제로 1년 후에 중단되었다. 셋째, 간호용품의 혁신을 꾀했다. 약물 트레이를 사용하여 환자에게 투약하던 것을 투약 카트(medicart)로 바꾸고, 고무줄 등을 이용하던 정맥주사줄과 중앙공급실에서 자비소독하여 재사용하던 유리 주사기를 일회용으로 바꾸는 등[17] 간호용품을 혁신하여 병원감염을 낮추는 동시에 좀더 효율적인 간호가 이루어질 수 있도록 했다.

그 외에도 문제가 있음에도 관행적으로 유지되던 부분에 대한 개선도 이루어갔다. 대표적인 것이 병문안이라는 이름으로 물품과 사람이 제한 없이 드나드는 관행이었다. 병문안을 하며 선물로 화분과 화훼가 다량 병원에 반입되는 것과 영유아 및 어린이가 환자를 면회하는 것이 특히 문제였다. 면역이 취약하거나 알레르기 문제가 있는 환자가 많은 병원에 이를 악화시킬 수 있는 화분과 화훼의 반입은 금지되어야 했고, 감염관리에 취약한 어린이가 환자를 면회하는 것도 위험한 일이었다. 그래서 화분 또는 과다한 화훼 반입을 금지하고 어린이의 병실 입실을 금지해 병원 문화를 개선하는 데 기여했다.

신축병원은 중환자실의 비중이 클 뿐 아니라 호흡기계, 외과계, 신장계, 화상, 내과계, 소아 등으로 분화되어 있어 중환자 간호가 강화되어야 했다. 임상에서 전인간호(total care)를 하기 위한 3개월짜리 중환자 간호과정을 1979년 12월에 개설하여 본격적인 중환자전문간호사

양성에 착수했다. 그리고 서울대학교병원의 간호사뿐만 아니라 전국 병원의 간호과장으로부터 추천받은 간호사를 교육시켜 배출함으로써 전국적으로 중환자 간호가 개선될 수 있도록 했다. 그러나 의사가 없을 때 간호사가 시급한 문제를 즉각 해결할 수 있는 지식과 기술을 교육하는 것이 의사 없이 진료하는 것이라고 곡해되면서 진료의사의 반발이 커지는 등 문제가 발생하기도 했다. 그 외에 보호자 없는 병동을 시범사업으로 해 환자 침대마다 하나씩 있던 보호자 침대를 없앴지만, 가족이 환자와 병원에 머무르면서 간호하는 것을 당연히 여기는 한국 문화에서는 실패했다.

박정호는 간호실무나 간호관리 실무에 과정이론, 즉 간호과정과 간호관리과정을 적용하기 위해 지속적으로 시도했다. 이에 따르는 시행착오와 시련도 있었으나 간호 현장의 변혁기에 거쳐야 할 과정으로 간주하고 도전을 멈추지 않았다. 그리고 간호관리자는 변화촉진자 역할을 해야 한다는 신념을 바탕으로 간호부서의 신념과 목적 제정, 간호표준 설정과 간호의 질 보장 프로그램의 가능성을 고민하고 실천했으며, 간호관리 실무의 합리화와 체계화라는 두 가지 중요한 요소를 이루려는 간호조직의 재조정으로 연결했다.

서울대학교병원 간호부가 주도한 간호전달체계의 변화는 혁신적이지만 전문적이기도 해서 일반인은 이해하기 어려웠다. 새로운 서울대학교병원의 이미지 확립을 위해 간호전달체계의 변화에 대한 홍보와 보다 대중적인 접근이 필요했다. 서울대학교병원은 명실상부 한국 최고 수준이자 최대 규모 병원이었지만 일반인에게 친숙한 곳이라

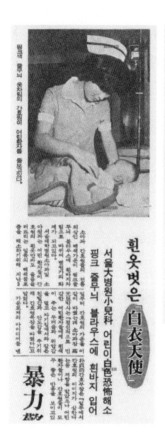

서울대학교병원의 간호사 복장 색이 다양해진 것에 대한
《동아일보》기사. (1979.9.27., 1979.10.9.)

고 하기는 어려웠다. 사람들은 죽기 전에 마지막으로 가보는 병원, 이
곳에서 가망이 없다고 하면 정말 가망이 없어 포기해야 하는 병원이
라고 생각하기도 했고, 의료보험 대상이 공무원 및 사립학교 교직원과
그 가족에게까지 확대되었지만 아직 1차 의료기관에서 상급의료기관
으로 환자를 의뢰하는 제도가 시행되지 않아 종합병원으로 환자가 폭
증했던 것이다. 서울대학교병원은 환자 폭증 현상이 더 심해서 환자와
보호자의 불만이 높아졌다. 하루 1500명의 환자가 외래로 방문했다가

500명은 진료를 받지 못하고 돌아가기도 하고, 진료를 받는 사람도 새벽 5시부터 오후 4시까지 열한 시간을 기다려 4분 진료를 받고 다시 한 시간을 기다려 약을 받는 등 의사 만나기가 '하늘의 별 따기'가 되면서 더욱 멀고 어려운 곳이 되어갔다.[18] 박정호는 서울대학교병원이 사람들에게 친숙하고 편안한 곳으로 다가가도록 이미지 혁신을 주도했다. 그중 하나는 미소를 통한 친절한 서비스를 강조하는 것이었고, 또 하나는 오로지 '백색'으로만 이루어져 있던 유니폼에 다양성을 부여하는 것이었다. 전자는 '서울대병원 스마일 운동'이라는 이름으로 일반인에게 전해졌으며,[19] 후자의 경우 '백의의 천사'로 상징되던 간호사가 흰 유니폼을 입지 않는다는 것이 많은 관심을 불러일으켰다. 먼저 소아과 외래와 소아병동 간호사의 상의를 연분홍색 줄무늬로 변경했다.[20] 어린이는 의료인의 흰색 유니폼을 보기만 해도 무서워하는 경우가 있었으므로 간호사가 연분홍 줄무늬의 유니폼을 착용함으로써 따뜻하고 편안한 느낌을 주도록 했다.

교육자로서 간호관리학의 기반 다지기

박정호는 1969년 서울대학교병원 간호과장으로 임명받는 동시에 서울대학교 의과대학 전임강사[21]로 발령받았다. 병원 간호관리의 최고책임자이면서 교수로 발령받은 배경에는, 의과대학 임상교수는 환자를 진료하면서 학생교육도 담당하기 때문에 간호행정과 간호학생

임상실습교육의 총책임자인 간호과장 역시 학생교육에 대한 직위가 있어야 한다는 논리가 있었다. 박정호는 이후 간호과장과 교수를 겸직하면서 병원 간호과와 대학 간호학과와의 유대관계, 그리고 병원의 간호학생 교육 지원을 강화했다. 또한 간호윤리, 병실관리 등의 전공 교과목 강의도 담당했다.

서울대학교병원의 간호관리 책임자였던 박정호는 간호학계와 간호교육에서 간호관리학의 자리매김을 위해 노력했다. 1971년에 대한간호학회의 '간호행정분과학회' 창립을 적극 지원하여 서울대학교병원 내에서 창립총회를 가질 수 있도록 했고, 수간호사는 모두 회원으로 학회 활동에 참여하도록 독려했다. 이후 박정호는 적극적으로 학회에 참여해 1998년부터 2년간 간호행정학회장으로 활동하기도 했다.

박정호는 간호관리 전공자로서 자신의 역량을 증진하고 새로운 경향을 받아들이기 위해 끊임없이 노력했다. 그중 간호관리학 교육에 대하여 새롭게 인식하는 계기가 된 것이 1974년 세계보건기구(WHO) 후원으로 국립보건훈련원에서 12주에 걸쳐 받은 '보건의료기획(Health Planning)' 연수였다. 모두 의사인 연수생 사이에서 유일한 간호사였던 박정호는 보건의료행정에 대한 안목을 넓히면서 특히 행정에서 기획의 중요성을 절감했고, 우리나라 간호관리학 교육의 개편이 필요함을 느꼈다.

박정호는 학부과정에 간호관리학 교과목 개설을 적극 주장하여 그동안 '의료사회학', '지도자론' 등의 교과목에서 이루어지던 관련 교육을 '간호관리학'이라는 교과목으로 개발하여 1976년 서울대학교 간호학과 4학년 학생부터 전공필수 6학점으로 간호관리학 이론과 실습을 이수하도록 했다. 이로써 학부 간호관리학 교육은 '간호학개론' 교과목에서 간호전문직에 대한 이해를 도모한 후 간호관리학 이론과 실습을 통해 기획, 조직, 의사결정, 지휘 및 평가에 관한 이론과 실무를 파악하고 실천할 수 있는 능력을 키우도록 했다. 특히 간호관리학 실습을 학부생 교과목으로 하여 학점을 부여한 것은 서울대학교 간호학과가 처음이었고, 이후 타 대학 간호학과로 확대되었다.

박정호가 1977년 11월부터 6개월간 연수받은 미네소타대학은 미국의 대표적 주립대학 중 하나로 한국전쟁 이후 한국의 대학교육에 커다란 영향을 미친 곳이었다. 서울대학교 재건 프로그램으로 이루어진 미네소타 프로젝트를 통해 의대, 공대, 농대 교수들이 미네소타대학에서 연수를 받고 돌아와 서울대학교뿐 아니라 전국의 대학교육에 변화를 가져왔다. 박정호는 미네소타대학 간호대학에서 간호관리학에 대한 교과내용과 실습을 연수하고 미네소타대학병원에서는 간호관리자 계속교육과정에 참여하면서 '계획된 변화이론'을 체득하고 연습했다. 이 과정을 통해 간호지도자의 변화촉진자 역할을 가장 중요한 가치로 생각하게 되었고, 이를 간호관리학 교과과정 개편의 기본으로 간주했다.

간호학부 교육에서 간호관리학이 자리 잡으면서 국가시험 과목이 되었다. 이전까지 간호사 국가시험에서 내과간호학, 외과간호학, 산부인과간호학, 소아과간호학, 신경정신과간호학, 보건간호학, 보건의약관계법규와 함께 '간호사회학'이라는 명칭으로 간호역사, 간호윤리, 간호행정을 포함하던 것을 1983년 의료법 시행규칙 개정을 통해 기본

간호학, 성인간호학, 모성간호학, 아동간호학, 지역사회간호학, 정신간호학, 보건의약 관계법규와 함께 '간호관리학'이 시험과목으로 규정된 것이다.[22]

박정호는 대학원 교육을 통한 간호관리학 전공 석사 배출에도 박차를 가했다. 1976년 석사과정 지도학생의 첫 학위논문으로 박세남의 〈임상간호원의 이직에 대한 반응 및 이에 미치는 요인에 관한 조사연구〉가 나온 이후 총 24명의 간호관리 전공자를 지도하여 석사를 배출했다. 1994년에는 박광옥이 논문 〈간호생산성에 관한 연구: 관련변수의 검증을 중심으로〉로 박사학위를 취득한 이후 총 6명의 간호관리학 전공 박사를 지도하여 배출했다.

박정호는 간호관리학 확립을 위해 지속적으로 노력해 1998년부터 2년간 서울대학교 간호대학 학장을 지내면서 간호학 단일 전공으로 되어 있던 대학원을 간호관리학, 모성간호학, 성인간호학, 지역사회간호학, 정신간호학, 기초간호학 등 6개 전공으로 분리하고 전공별 인원을 배정하여 간호학의 전공 분야가 외부에서 인정받을 수 있도록 했다. 또한 2003년에는 서울대학교 간호대학에 고급간호관리자과정을 개설하여 간호관리자들이 리더십과 경영에 관한 전문성을 높일 수 있도록 했다.[23]

간호관리 전공자로서 박정호의 넓은 시각과 전문성은 간호계 외부에서도 인정받아 2002년부터 2006년까지 건강보험심사평가원 중앙평가위원을 연임하고, 2002년에는 대한의료정보학회장으로 선임되는 등[24] 다양한 활동으로 연결되었다.

대한간호협회 지도자 활동

박정호는 간호사 면허를 취득하고 서울대학교병원에 입사하면서부터 대한간호협회 회원으로 활동했다. 1960년대 초 대한간호협회는 서울시, 부산시, 경기도, 강원도, 충북, 충남, 전북, 전남, 경북, 경남, 제주 및 군진간호사회 등 12개 지부가 구성되어 있었다. 간호사는 대한간호협회 회원이면서 직장 소재지 지부 소속이어서 박정호는 서울대학교병원이 위치한 서울시지부 소속이 되었다. 박정호는 서울대학교병원 간호과장이 된 이후 서울시 간호사회에서 적극적으로 활동하면서 각 병원 간호부서와의 활발한 교류를 통해 병원간호실무 수준을 향상시키기 위하여 노력했다. 이러한 공을 인정받아 1972년 3월 24일 서울시간호사회 창립 25주년 기념 제14호 감사장 표창을 받기도 했다. 박정호가 1973년 대한간호협회 서울시지부 부회장으로 선출되어 활동하던 중, 회장인 류순한 국립의료원 간호과장의 유고로 직무 대행을 하게 되었다. 서울시지부는 회원 수가 가장 많은 지부로서 조직 운영에 어려움이 있었는데, 박정호는 정관을 개정하여 회원 총회는 대의원 총회제로 하고 대의원 구성은 5개 분회로 나누되, 5개 분회는 서울을 지역별로 동부, 서부, 남부, 북부, 중부로 하여 지부 회원이 좀더 긴밀한 유대관계와 소속감을 갖고 활동하도록 했다. 이어 1976년에는 서울시지부 제17대 지부장으로 선출되었다.[25]

한편, 대한간호협회의 지역별 지부 구성은 같은 지부 안에 병원간호사, 보건소간호사, 산업간호사 등 각기 다른 직무에 종사하는 간호사가 혼재하여 회원을 위한 활동에 어려움이 있었다. 간호사의 직무별 지부로 1961년 군진간호사회가 출범한 이후 1972년부터는 보건간호 사회가 대한간호협회 산하단체로 활동했다. 그에 비해 병원에서 환자를 간호하는 임상간호사는 대한간호협회 회원 중 가장 수가 많은데도 별도 단체가 없어 이들의 별도 단체를 구성해야 한다는 목소리가 높아 졌고 박정호는 이를 적극 추진했다. 그리하여 1975년 4월 3일, 대한임 상간호원회가 회원 975명으로 창립되었다. 박정호는 초대 이사이자 제2부회장으로 활동했다. 1978년 초, 이성옥 회장의 사의로 박정호는 회장 대행으로 활동하게 되었다. 임상간호사회를 활성화하려면 우선 적으로 전임 근무자와 사무 공간이 확보되어야 했지만, 인력과 공간을 따로 마련할 여유가 없었다. 박정호는 일단 시간제 전임 근무자를 발령하면서 서울대학교병원 간호부 사무실에서 업무를 시작해 회의 업무가 활성화되도록 했고, 곧이어 간협회관에 자체 사무실을 마련했다. 그리고 1979년 10월부터 4년간 임상간호원회 제4대 및 5대 회장으로 활동하면서 전국 임상간호사의 직무능력 개발을 위해 노력했다. 특히 1980년에는 간호행정 훈련과정을 개설하여 서울대학교병원 간호사 50명과 전국 병원에서 지원한 간호사 50명이 이 과정을 밟았고, 이에 대한 호응과 평가가 좋아 이후 매년 경력 간호사를 병원 간호관리자로 준비시키고 재훈련하는 과정으로 정착되었다.

대한간호협회 본회에서는 1980년부터 이사로 활동했고, 1984년부터 1987년까지 제2부회장을 연임하면서 1988년에 국제간호협의회 (International Nursing Council) 총회의 서울 유치와 개최를 적극 지원했다.

또한 당연직 법제위원장으로서 의료법상 직업 명칭을 간호원에서 간호사로 변경하고 의료보험 수가 개정에 간호관리료를 삽입하도록 힘을 쏟았다.

1990년에 박정호는 대한간호협회 제22대 회장으로 당선되었는데, 선거를 통해 회장이 선출된 것은 대한간호협회 역사상 처음 있는 일이었다.[26] 그동안 대한간호협회 회장은 단독 후보를 추대하는 형식이었는데, 이러한 관행이 이어지면서 회원의 참여에 기반한 협회의 민주적 발전이라는 중요한 가치를 저해하는 면이 있었다. 박정호는 기존 관행을 뒤엎기 위해 먼저 정관개정을 해서 임원 선거방법이 개선되도록 했다. 그리고 회장 후보로 출마하여 대의원총회의 선거를 통해 제22대 회장에 당선되었으며, 제23대를 연임하여 1993년까지 회장으로 활동했다.

박정호가 대한간호협회장으로 활동하던 시기 간호계의 주요 이슈와 이에 대한 활동은 다음과 같다. 첫째, 간호정우회 출범을 지원했다. 지방자치제도 실시 등에 따라 간호사단체 대변인 후원회 구성이 시급한 상황이었는데, 다른 의료인 단체는 이미 의정회, 치정회, 약정회 등 후원회 조직을 구성하여 활동하고 있었다. 박정호는 대한간호협회 회장으로서 발기인 대표가 되는 등 간호정우회 창설을 적극 지원하여 1991년 1월 28일 창립이 이루어졌다. 그리고 다른 의료인 단체의 후원회 조직은 협회 소속으로 되어 있는 것과 달리 간호정우회를 대한간호협회와 분리시켜 독립적 활동을 할 수 있도록 했다.

둘째, 간호교육제도 일원화를 위한 간호교육제도 개선에 힘을 써서 간호전문대학의 4년제 대학과정 승격, 간호학과 신설, 방송통신대학 간호학과 설치, 독학사 제도 마련 등을 이루었다. 박정호는 3년제 전문대학과 4년제 대학교로 이원화되어 있던 간호교육제도 개선을 위해 관계기관에 건의문을 제출하고 관계자와 협의하는 등 노력을 기울여 1993년 지산간호전문대학이 부산가톨릭대 간호학과로 승격되는 등 간호전문대학이 4년제 대학과정으로 승격했고, 1992년 대전대학교 등 4개 대학에, 1993년 관동대학교

대한간호협회 70주년을 맞이해 박정호 회장을 인터뷰한 기사. (《조선일보》, 1993. 5.7.)

등 3개 대학에 간호학과가 신설되었다. 그렇지만 이러한 4년제 간호교육기관의 확충은 시일이 걸리고 이후 배출되는 간호학사에 해당하는 것이어서 3년 과정을 졸업한 간호전문학사학위 소지자가 빠르게 간호학사학위를 받는 방법이 뒷받침되어야 했다. 이에 대한 현실적인 방안으로 1991년에는 한국방송통신대학에 보건위생과를 신설하며 정원 1000명 규모의 간호학 전공과정을 설치하여 간호사 면허를 가진 간호전문대학 졸업자가 3학년에 편입해 2년 과정을 마치면 간호학사학위를 받을 수 있도록 했다. 또한 독학에 의한 학위취득에 관한 법률에 근거하여 1992년부터 학위취득 종합시험으로 간호학사학위를 취득할 수 있도록 했다.

셋째, 가정간호제도 도입을 위한 활동을 했다. 박정호는 가정간호사업에 관한 지속적인 연구와 활동을 통해 한국에 가정간호가 정착할 수 있도록 했다. 1990년 의료법 시행규칙 개정으로 보건간호사, 마취간호사, 정신간호사에 이어 가정간호사가 법적으로 규정되었고, 이에 대한 대국민 홍보, 시범사업 추진 등을 통해 제도가 실행될 수 있도록 했다. 의사협회 등의 반대가 컸지만, 의료소비자의 의료비 절감방안의 일환으로 가정간호제도를 부각시키고 장차 늘어나는 노인인구에 대비하는 방안이 될 것이라는 논리로 합의를 이끌어낼 수 있었다.

넷째, 대한간호협회의 기반을 든든히 할 수 있는 다양한 활동으로 대구, 광주, 대전지부 창립 및 양호교사회, 산업간호사회, 보험심사간호사회의 산하단체 인정, 1991년 '첨단과학기술과 간호전문화' 주제의 제3회 전국대회 겸 제6회 국제한인간호학술대회 개최,[27] 1993년 창립 70주년 기념대회 개최,[28] 간협신보의 증면과 간호학 도서 출판의 확대 그리고 대한간호협회 산하 서점 개설 등을 이루었다.

그 외에도 대외적으로 간호사와 대한간호협회를 널리 알리고 인식을 제고시키는 여러 활동을 했는데, 그중에 '모유먹이기 운동'은 사회적으로 상당한 관심과 호응을 끌어냈다. 그동안 대한간호협회에서 대외적 활동으로 하던 불우이웃돕기 등은 협회의 특성이 나타나지도 않고 거의 모든 단체가 다 하고 있어서 대외적 홍보에 그다지 도움이 되지 않아 새로운 홍보 전략이 필요한 상황이었다.[29] 1990년대 초는 모유수유에 대한 일반인의 인식도 낮고 대다수의 출산이 이루어지는 병원 환경이 모유수유에 친화적이지 않아 모유수유율이 매우 저조한 상황이었다. 박정호는 모유 먹이기가 대다수 여성인 간호사와 일반인이 접점을 이루는 지점이며 여성의 권리 신장과도 연결된다고 판단했다. 모유수유에 대한 인식 전환을 위해 1992년 650명 여성을 대상으로 대토론회를 개최하고 간담회도 열었으며,[30] 1993년에는 '모유수유' 책자 1만 부를 찍어 전국에 배포하고 심포지움도 개최했다.[31] 또한 아동보호를 위한 활동으로 국내입양 활성화 운동도 전개했다.[32]

간호표준과 간호수가 연구, 가정간호 연구에 매진

박정호는 1983년에 서울대학교병원 간호부장이라는 짐을 벗고 간호학과 교수로 돌아가면서 그동안 시간에 쫓겨 시작하지 못하고 있던 박사과정에 입학했다. 1978년 연세대학교에 간호학 박사학위 과정이 처음 개설된 데 이어 1979년에는 이화여자대학교에 개설되었다. 박정호는 이화여자대학교 대학원에서 간호행정을 전공했다. 박정호는 서울대학교병원 간호행정의 최고관리자로서 간호사의 자율성 확대를 위해 지속적으로 노력해 왔지만 한계가 존재하는 가장 큰 이유가 간호행위에 대한 수가가 인정되지 않는 점에 있다고 생각했고, 박사학위를 취득하며 이에 대한 해결 방법을 찾고자 했다. 신축 서울대학교병원의 간호인력을 추계하여 배치하고 간호전달체계를 팀간호로 전환한 이후부터, 〈병원 간호업무 표준〉(1980),[33] 〈일부 대학병원에 있어 입원 생활 중 환자가 받는 간호활동에 관련된 기초 조사 연구〉(1982),[34] 〈일부

대학병원에 있어서 간호인력 활동에 관한 조사연구〉(1982)[35] 등의 연구를 이어가며 간호행위의 표준화와 수가 개발 연구가 절실함을 느끼고 있었다. 그러던 차에 세계보건기구(WHO) 간호고문관이 내한하여 박정호에게 간호인력 요구조사를 위탁했다. 박정호는 이 조사가 긴 시간과 광범위한 연구를 필요로 하기 때문에 가능한 한 추가 프로젝트를 지원받아 수행하기로 마음먹고, 대한간호협회로부터도 연구비를 받았다. 그리고 1987년에는 여름방학을 이용해 세계보건기구 장학생으로 서독과 이탈리아의 보건행정을 연수했다.[36]

박정호는 간호행위 조사연구를 진행하여 영양, 교육, 직접간호, 간접간호 등 4개 범주하에 128개 간호행위를 분류하고 포괄수가제(DRG)에 근거하여 각 수가를 계산했다. 그 결과는 1988년 〈한국형 진단명 기준 환자군(K-DRG) 분류를 이용한 입원환자의 간호원가 산정에 관한 연구〉로 박사학위를 취득하는 성과를 맺었으며,[37] 이 외에도 두 개의 보고서 〈종합병원에 입원한 환자의 간호원가 산정에 관한 연구〉와 〈간호수가 산정을 위한 간호행위의 규명연구〉를[38] 내고 여러 편의 후속 논문을 통해 간호원가 산정에 관한 과학적 근거를 제공했다. 특히 서울대학교 간호대학 송미순 교수와 공동으로 진행한 〈종합병원에 입원한 환자의 간호원가 산정에 관한 연구〉[39]는 1991년 한국과학기술단체총연합회 제1회 과학기술우수논문상을 수상했다. 이후에도 지속적으로 간호표준과 간호수가 연구를 추진하여 1995년에는 한국간호과학회 지원 연구사업으로 김광주, 전시자와 함께 〈간호전문화의 표준설정을 위한 연구〉를 수행했으며, 1996년 임상간호사회 용역연구

결과로 5개 KDRG(한국형진단명기준환자군)에 대한 원가 산정 연구를 발표했고,[40] 임상간호사회 특수부서 표준간호인력 및 간호료 산정을 위한 연구단 연구위원장[41]으로 연구를 진행하여 2002년 보고서를 발간했으며,[42] 간호인력 등급별, 환자분류군별 간호원가 산정연구 책임연구원으로 2003년 연구 결과 발표회를 갖기도 했다.[43] 박정호의 지속적인 간호수가 연구는 실무에 연결되어 1989년 의료보험 수가산정의 보건복지부 개정고시에서 간호관리료 신설과 1999년 등급제에 의한 간호관리료 차등 지불에 대한 정책 도입에 기여했다.

한편, 대한간호협회에서는 1980년대 후반부터 본격적으로 가정간호의 제도화를 추진했고, 간호학계에서는 가정간호의 필요성과 효과에 대한 다양한 연구가 이루어지고 있었다. 서울대학교 간호대학에서는 추후관리가 필요한 만성질환 퇴원환자를 대상으로 하는 가정간호 시범사업 운영을 제안했고 박정호는 여기에 참여했다.[44] 그렇지만 대한의학협회는 의사의 진료권 침해와 의료질서 문란 등을 이유로 지속적으로 가정간호제도에 반대했고,[45] 박정호는 대한간호협회를 통해 가정간호의 필요성에 대한 대국민 홍보를 강화했다.[46] 결국 여론이 가정간호제도에 유리한 방향으로 돌아서면서 정부에서 병원 중심 가정간호 시범사업을 추진하게 되었다. 박정호는 대한간호협회장의 임기를 마친 후, 본격적으로 가정간호에 관한 연구와 시범사업에 매진했다. 1993년에 창립된 가정간호학회의 제2대 회장(1995~1996)으로 학회가 안정적으로 자리잡도록 했으며, 1995년에는 6개월간 미국 버지니아주에 위치한 조지메이슨대학교(GeorgeMason University)에서 박사후과정을 거치면서 미국 가정간호의 발전과 관련 연구를 면밀히 파악할 기회를 가졌다.

1990년대 우리나라의 가정간호 실무는 시범사업을 기반으로 확장되었다. 연세대학교 간호대학은 1992년에 가정간호연구소를 개설하여 가정간호를 위한 교육, 사업 및 연구를 수행했으며, 가정간호시범사업소를 개설하여 2명의 가정간호사를 채용하고 병원 중심 가정간호 시범사업을 수행했다. 지역사회 중심의 가정간호사업은 서울시 간호사회에서 추진하여 1993년에 시범사업센터를 운영했고, 이후 대구, 강원도, 대전시 간호사회 등으로 확대되어 시범사업을 진행했다.

박정호는 노인인구의 급속한 증가로 지역사회를 중심으로 하는 독립형 가정간호사업소의 설립이 불가피할 것으로 예측하여 1996년 설립된 서울대학교 간호대학 가정간호시범사업소의 소장을 맡아 시범사업 운영과 연구에 매진했다. 서울대학교 간호대학 가정간호사업소는 규모가 확충되어 간호사가 6명에 달하기도 했으며, 박정호는 2005년 정년퇴직까지 10년간 소장을 지냈다. 특히 보험급여가 되지 않고 교통비, 물품비, 급여 등의 부담이 있어서 병원 중심 가정간호사업에 비해 불리한 지역사회 중심 가정간호시범사업이 지속되도록 계속해서 연구비를 수주하여 원활한 운영을 뒷받침했다. 1996년 한국과학재단으로부터 '가정간호사업 운영을 위한 정보전달체계 개발'(1996.9~1999.8) 연구비를 받은 것을 비롯해 보건복지부로부터 '효율적인 한국형 가정간호사업소 운영모형 개발'(1998.6~1999.4), 정보통신부로부터 '99 정보화 사업 3차 정책과제 원격 가정간호 지원시스템'(1999.12~2000.10),

보건복지부로부터 '유무선 통신과 모바일 컴퓨팅을 이용한 가정간호 정보시스템 개발'(2002.9~2004.8) 등 10년간 총 6억 4800만 원의 연구비를 수주했다. '유무선 통신과 모바일 컴퓨팅을 이용한 가정간호시범사업' 프로젝트는 정보통신부 정보화지원사업 중 선도응용시범사업으로 선정되기도 했다.

이러한 서울대학교 가정간호사업소의 사업은 2003년 서울시와의 협약으로 이어져 25개 보건소에서 의뢰한 저소득층 건강취약 주민과 만성희귀성 난치병 환자에게 가정간호를 제공했다. 이 사업은 간호사업 분야에서는 드물게 10년이라는 장기간 동안 연 1억 내지 2억의 사업비를 지원받았다.[47]

박정호는 가정간호와 관련해 다양한 연구 결과를 내놓았지만, 특히 가정간호 정보전달체계 개발,[48] 행위분류체계 개발과 수가,[49] 시범사업 운영 개발과 분석,[50] 수요추계[51] 등의 연구를 통해 가정간호사업의 확대를 적극 지원했다. 박정호가 가정간호에서 전산화 시스템에 관심을 갖게 된 것은 1995년 미국에서 열린 세계의료정보학회에 참석하여 미국의 OASIS(가정간호 결과사정 정보체계)를 접한 것이 계기가 되었다. OASIS 프로그램 구입 비용을 문의하니 1만 3000달러나 요구하여 박정호는 차라리 한국 현실에 적합한 가정간호 지원 정보체계를 개발하기로 했다. 이후 관련 연구를 수행했고, 당시 한국에서는 그다지 사용되지 않던 개인용휴대정보단말기(PDA, personal digital assistant)를 사용하는 것이 환자 가정을 방문하는 가정간호사에게 효율적이라고 판단하여 관련 프로젝트를 적극 수주하여 시범사업에 적용했고,[52] 이에 대한 연구결과[53] 등을 통해 간호 분야에서 PDA 사용이 일반화되는 데 기여했다. 2007년 2월에는 PDA와 지식기반간호서비스 솔루션을 이용한 가정간호서비스 제공방법 개발로 특허를 취득했다.[54]

퇴직과 봉사

박정호는 2005년 8월 서울대학교 간호대학 교수를 정년퇴임했다. 1959년 서울대학교 의과대학 간호학과 제1기로 입학하여 1969년 전임강사가 되었으니 학생부터는 46년, 교수부터는 36년간 이어진 시간을 일단락 맺은 것이었다. 5월 13일 간호대학 강당에서 "간호관리학의 발전과 전망"을 주제로 정년퇴임 기념 강연회를 했고, 8월 25일에는 정년기념 송공연에서 정년기념 논문집이 헌정되었으며 간호행정학회에서 공로패를 받았다.

박정호가 1963년 서울대학교 의과대학 부속병원에서 시작한 간호사의 발걸음, 그리고 이어진 간호실무와 간호연구의 지도자로서의 발걸음은 수차례 수상을 통해 인정받았다. 1995년에는 제23회 보건의 날에 국민훈장 목련장을 수상했고,[55] 2003년에는 대한간호협회 80주년 최고공로상을 받았으며,[56] 2007년 대한간호협회의 제4회 간호대상을 수상했다. 또한 2007년 서울대학교 간호대학 100주년 기념식에서 학교 발전에 기여한 동문으로 공로패를 수상했고, 2009년에는 진명여고 발전 후원에 적극 참여한 데 대하여 자랑스러운 진명인상을 받았다.

9장

이순남

자기 성장과 함께한 보건간호 40년

간호사 보건소장

2003년 3월 20일, 대한간호협회의 공식 매체인《간호사신문》은 보건소장으로 활동하고 있는 8인의 간호사와 그들의 활동을 소개했다. "오랜 기간을 공직에 몸담으며 지역사회 보건실무에 잔뼈가 굵어온" 이들 간호사 보건소장 8명은 전남 함양군, 담양군과 장흥군, 전북 김제시와 남원시, 경기도 양주군, 강원도 고성군, 인천 중구 등에서 "그동안 쌓아온 경험과 노하우를 바탕으로 주민 건강을 위한 다양한 사업에 매진"하면서, "각 지역의 건강실태와 요구도를 파악, 분석해 지역 특성에 맞는 보건프로그램을 시행하는 데 주력"했다. 특히 "여성과 간호사로서의 장점을 한껏 발휘하면서 주민 속으로 파고드는 '찾아가는 보건사업'에 기치를 내걸고" 활동하면서 "주민을 위한 보건사업 추진에 뛰어난 능력과 수완을 발휘하며 지역사회에서 좋은 평가를 받고" 있었다. 이들은 또한 "치료중심에서 예방중심으로 바뀌어가고 있는 보건의료 패러다임에 발맞춰 질병예방사업, 건강증진사업을 중점적으로 추진"

하면서 "앞으로 공공의료가 강화될 것에 대비해 각 보건소의 기능과 역할 범위를 넓힐 방법을" 찾고 있었다.

이 중에는 1976년 경기도 양주군 진접면의 임시직 모자보건요원으로 첫발을 내딛은 후 23년간 양주군과 남양주군에서 일하면서 보건간호의 발전과 자기계발을 위해 노력한 경력을 바탕으로 1999년부터 양주군 보건소장으로 활동하고 있는 이순남이 있었다. 이순남은 전국의 간호사 중에는 세 번째, 수도권에서는 첫 번째로 배출된 보건소장으로, "보건소에 앉아 주민들을 기다리기보다는 마을 구석구석을 찾아가 도울 수 있도록 힘을 쏟고 있다"면서 "보건소가 주민의 평생건강관리센터로 손색없도록 운영해 나가겠다"고 포부를 밝혔다.[1] 그리고 2014년 퇴임까지 15년간 양주지역의 지역보건의료를 이끌어나가는 지도자로 활동했다.

성장과 서울간호전문학교 졸업

이순남은 1955년 1월 27일 서울시 종로구 이화동의 낙산에서 태어났다. 이어서 세 명의 남동생이 태어나 1녀 3남의 장녀가 되었다. 종로구 연건동의 창경초등학교를 거쳐 중구 신당동의 성동여자중학교를 졸업한 후 1970년 중구 신당동에 위치한 성동여자실업고등학교 가정과에 진학했는데, 고등학교 졸업 후에는 취직하여 세 남동생의 공부를 돕는 것이 좋겠다는 주변의 의견에 따른 것이었다. 성동여자실업고등학교에는 가정과, 공예과, 상업과 등 세 개 과가 있어서 졸업 후에 바로 취업을 할 수 있도록 실업교육을 위주로 했고 이순남은 그중 가정과에 입학했다.

본인이 배움이 적은 것에 대해 한이 많았던 이순남의 어머니는 이순남이 좋은 직업을 갖고 일하며 살기를 바랐다. 그러던 중에 친척 중 한 명이 서울대학교 간호학과를 졸업하고 미국에 가서 병원에서 일하고 있다는 것을 알게 되었다. 이전에는 생각하지 못했던 길을 큰딸이 갈 수 있음을 알게 된 어머니는 이순남의 간호학과 진학을 적극 권유했다. 졸업 후 취업을 목표로 실업고등학교에 다니던 이순남은 대학 진학이 막연하고 멀게 느껴졌다. 이때 이순남을 격려하고 적극적으로 도와준 사람이 간호사인 교련선생님이었다. 성동여자실업고등학교의 교련교사로 성실하고 학생 지도에 열심이었던 김경숙 선생님은 간호학과 진학을 고민하는 이순남을 적극적으로 격려하고 입학에 관한 정보를 제공하며 시험을 준비하도록 도와주었다.

중학교 졸업자가 입학하는 3년제 간호고등기술학교와 대학 수준인 3년제와 4년제가 혼재되어 있던 간호교육기관은 간호고등기술학교가 폐지되어, 1973년부터는 고등학교 졸업자가 입학하는 대학 과정만 있었다. 전국에 총 50개의 간호교육기관이 있었지만 부모님이 딸을 지방으로 보내 공부하게 하는 것은 경제적으로나 정서적으로나 염두에 두지 않아서 서울에 있는 학교에 진학해야 했다. 서울에는 4년제가 7개, 3년제가 6개 있었는데, 이순남은 그중 1년이라도 빨리 졸업할 수 있는 3년제 진학을 목표로 했다. 전국 간호학생 1만 374명 중 4년제 대학과정 학생은 2413명으로 4분의 1도 되지 않고[2] 4분의 3 이상이 3년제 과정 학생일 때였다.

이순남은 1973년 3월 서울시 서대문구 홍제동에 위치한 서울간호전문학교, 현 서울여자간호대학에 입학했다. 서울간호전문학교는 1954년 부산여자보건고등학교에서 시작해 약 30년간 간호사를 배출해 왔을 뿐 아니라 간호학생 수가 480명으로 전국에서 가장 많은 학교였다. 어렵게 결심하고 준비한 입학시험에 합격한 기쁨도 잠시, 생각하지 못했던 적응의 어려움이 닥쳐 왔다. 입학생 대다수는 서울의 인문계 고등학교 졸업생으로 각 학교에서 여러 명 입학해 함께 다니는 반면 성동여자실업고등학교 출신은 이순남 한 명이어서 외톨이라는 느낌을 받지 않을 수 없었다. 그런 데다가 기술교육을 위주로 하는 실업고등학교를 졸업하고 대학 공부를 하려니 어려움이 많았다. 특히 전공 교재가 영어 원서인 경우가 많은데 실업고등학교에서는 영어를 그다지 배우지 않아 내용이 잘 이해되지 않았다. 거기에 더해 독일 취업이 많았던 영향으로 독일어까지 실전 수준으로 배워야 했다. 그래서 1학년 때는 학교와 집만 오가는 생활을 했고, 동아리도 가입은 했지만 제대로 활동하지 못했다. 그렇지만 점차 공부에 적응하고 친한 친구도 여럿 사귀게 되면서 대학 생활을 즐길 수 있게 되었다.

2학년이 되어 나이팅게일 선서식을 했다. 숭고한 분위기에서 흰 실습복을 입고 촛불을 들고 나이팅게일 선서를 하며 예비 간호사로서 다짐을 할 때는 숨이 막힐 정도의 긴장과 동시에 벅차오르는 감정을 느끼기도 했다. 임상실습지는 서울시 여러 병원으로 나뉘어 있었는데,

이순남은 중구 필동에 위치한 성심병원에서 했다. 그런데 간호학생은 실습교육을 받는 학생이라기보다는 병원의 무급인력으로 간주되는 경향이 있어서 지도감독의 개념도 희박하고 간호사가 할 일과 간호학생이 할 일이 잘 구분되지도 않았다. 그러다 보니 학생도 낮번, 저녁번, 밤번을 모두 하면서 여러 가지 일을 해야 했다. 한편으로는 환자를 위해 할 수 있는 일이 많아 열심히 실습을 하면서 친절하다는 칭찬도 여러 번 받았지만, 짓궂은 장난의 대상이 되기도 했다. 하루는 교통사고 후 별다른 부상이나 후유증 없이 정형외과에 장기 입원하고 있던 환자의 체온을 수은체온계로 확인하니, 눈금이 무려 39.5도를 가리키는 것이었다. 깜짝 놀라 이마 등을 만져보았으나 특별히 열이 느껴지지도 않았고 괜찮으시냐고 물으니 환자는 웃기만 할 뿐이었다. 당황한 기색을 감추지 못하고 간호사에게 보고하니 웃으면서 다시 확인하라고 할 뿐이었다. 그래서 다시 환자의 체온을 측정하니 이번에는 정상이었다. 심하게 불편한 곳 없이 장기 입원에 무료했던 환자가 어린 간호학생에게 장난을 쳤던 것이다.

이순남은 전공 교과목 중에 특히 보건간호학을 좋아했다. 다른 전공 교재는 영어 원서라 한국의 현실과 거리가 있는 선진국의 병원 입원 환자를 다루는 데 비해, 보건간호학 교재는 서울대학교 보건대학원 교수 이경식이 쓴 《공중보건과 보건간호》(1972)로 한국의 상황을 다루면서 현실을 반영한 해결점을 제시해 이해도 잘 되었고 흥미롭고 유익한 과목이라고 생각했다. 보건간호학 실습은 경기도 고양군 보건소에서 전염병관리, 가족계획, 보건행정 등의 업무를 파악하면서 특히 결핵관리, 영유아 예방접종 등을 중심으로 실습했다. 그런데 하루는 간호학생들에게 테니스장 코트에서 경기하는 선수들의 공을 주우라고 했다. 이순남은 실습을 위해 보건소에 와 있는 학생에게 이런 일을 시키는 것은 옳지 않다는 생각이 들어 항의했고, 학생들은 공을 줍지 않을 수 있었다.

만딸로 취업에 대한 부담이 컸던 이순남은 졸업학년인 3학년이 되자 진로 걱정에 압박감을 느끼게 되었다. 미국 취업을 바라보며 진학했는데 간호사의 해외취업이 급속히 줄어들고 특히 미국의 의료인 취업이민이 막히기 직전이어서 매우 어려워졌던 것이다. 또한 간호조무사가 제도화되고 간호사를 대체할 수 있게 되어 오히려 간호사의 국내 취업도 어려워졌다. 이순남은 취업에 대한 우려를 애써 떨치면서 마지막 관문인 국가시험 준비에 집중했다. 약 10년간 90퍼센트 이상의 합격률을 보이던 간호사 국가시험이 전년도인 1975년에는 89.4퍼센트로 떨어졌기 때문에 더욱 걱정이 컸다. 이순남이 응시한 1976년 간호사 국가시험에는 3388명의 응시자 중에 3270명이 합격하여 89.5퍼센트의 합격률을 보였고,[3] 열심히 준비한 이순남은 시험에 합격하여 고대하던 간호사 면허를 취득할 수 있었다.

경기도 양주군 진접면의 모자보건요원으로 출발

간호사가 된 이순남은 1976년 7월 1일 경기도 양주군의 모자보건

담당으로 첫 출근을 했다. 그러나 원래부터 지역사회에서 일하려고 했던 것은 아니었다. 1976년 신규 간호사 면허 취득자 중 취업자의 80퍼센트가 병의원 간호사로 경력을 시작했고,[4] 이순남 역시 집에서 가깝고 임상실습을 해서 익숙한 필동 성심병원에 취업이 결정되어 있었다. 그렇지만 대기자로 등록되어 거의 반년을 기다려도 병원에서는 언제부터 일을 시작하는지에 대해 전혀 언질을 주지 않아 초조해하던 터에 양주군 공무원인 친척으로부터 보건소에 자리가 있다는 연락을 받았다. 비록 정규직이 아닌 상용잡급 임시직이었지만 졸업 후 집에 있는 기간이 길어지면서 이것저것 따질 때가 아니라는 생각에 출근하겠다고 했다. 당시 양주군 보건소는 군청과 함께 현 의정부시 자리에 있어서 그곳으로 출근하는 줄 알았는데, 알고 보니 진접면 담당 모자보건요원이어서 보건소가 아닌 진접면사무소로 출근해야 했다.

이순남은 첫 출근을 하는 날, 이화동 집에서 종로5가로 걸어가서 지하철 1호선을 타고 청량리에서 내려 시외버스로 갈아타고 울퉁불퉁한 비포장도로를 달려 꼬박 두 시간만에 진접면사무소 앞에서 내렸다. 그런데 면사무소에는 보건소에서 나온 사람도, 이순남에게 무엇을 해야 하는지 알려주는 사람도 없었다. 빈 책상에 몇 시간을 덩그러니 앉아 있다가 무안함을 견디지 못하고 그냥 집으로 돌아와 버렸다. 어머니는 첫 출근한 딸이 일찍 돌아오자 깜짝 놀라 왜 벌써 오느냐, 어떻게 된 일이냐고 물었다. 이순남은 그날 밤을 새워 앞으로 어떻게 해야 할지 고민했다. 그리고 다음 날 새로운 각오로 출근해 업무를 시작했다. 보건사회부에서 제작한 업무지침을 보고 또 보면서 모자보건요원이 해야 하는 일은 무엇인지 그리고 어떻게 해야 하는지 파악했고, 그래도 잘 이해가 안 되는 내용은 보건소에 근무하는 선임 모자보건요원에게 전화로 문의하거나 직접 찾아가 물으며 업무를 익혀나갔다.

이순남은 양주군 진접면 모자보건요원으로 근무하면서 임산부의 건강한 임신과 출산, 영아사망률을 낮추기 위한 산전관리, 안전분만 지도, 영유아 예방접종 등을 위주로 활동했다. 임산부에게 안전한 임신과 출산 준비에 관해 교육하고, 유니세프에서 원조한 간유구, 칼슘, 비타민제 등 세 가지 약품을 3개월 분량씩 주었다. 영양 불량으로 인한 구내염 증상이 있는 임산부가 많았는데, 원조 약품을 복용하면 증상이 바로 사라지는 등 효과가 좋아 이순남은 적극적으로 복용을 권했다. 그렇지만 알약의 크기가 커서 삼키기 힘들고 냄새도 좋지 않은 데다가 속쓰림 등의 부작용도 있어서 모두가 잘 먹는 것은 아니었다.

진접면에서는 친척이나 이웃 여성의 도움을 받아 집에서 분만하는 경우가 많아 이를 미리 파악하고 필요한 물품이 들어 있는 분만세트를 주었다. 그리고 물품 사용법, 소독해서 사용해야 하는 기구의 소독법 등을 교육했다. 조산사인 모자보건요원은 가정분만을 직접 도와줄 수 있었지만 간호사나 간호조무사인 경우 그러려면 별도의 조산교육을 받아야 했다. 이순남은 조산교육을 받고 싶었지만 임시직이었기 때문에 기회가 주어지지 않았다. 그래서 보건소의 조산사 면허를 소지한 모자보건요원에게 의뢰해 가정분만을 하려는 여성이 도움을 받을 수 있도록 했다.

영유아 예방접종은 진접면의 유일한 의사이기도 한 한지의사가 있는 진접면 보건지소에서 했다. 예방접종에 사용하는 주사기는 유리, 주사침은 철로 만들어진 것이어서 매번 자비소독하여 사용했다. 한번은 생후 6개월 된 아기에게 DPT(디프테리아 파상풍 백일해) 예방접종을 했는데, 주사부위가 벌겋게 부어오르며 열감이 있었다. 예방접종 부작용을 직접 목격한 것은 처음이라 깜짝 놀라 한지의사에게 보고하니 별일 아니라며 해열제를 투여하고 얼음찜질을 하도록 하여 그대로 했더니 아기가 바로 괜찮아져서 안심하기도 했다.

양주군 진접면에서 모자보건요원으로서 일하며 경험한 것들은 일 자체도 낯설었지만 문화충격이 컸다. 서울시 안에서만, 그리고 서울대학교병원 가까운 곳에서 나고 자란 이순남은 농촌 경험이 처음이었다. 쌀나무에서 쌀이 나는 줄 알다가 벼를 처음 보았고, 병원은 죽을 때나 가는 곳이라며 먼 존재로 생각하는 사람들에게 놀라기도 했다. 특히 모자보건사업 대상인 기혼여성의 많은 수가 학교 문턱도 밟아보지 못한 문맹이어서 보건교육을 하기가 난감한 경우가 많았고, 영상매체가 거의 없던 시절이라 목청껏 교육해야 했다.

임시직 모자보건요원이라도 정부 기관인 보건소의 직원이니 공무원에게 할당된 여러 가지 일도 해야 했다. 새마을운동이 한창일 때여서 집집마다 만든 퇴비를 평가하는 데 동원되기도 했고, 새마을부녀회에서 주도하는 절미저축운동을 독려하도록 배정된 지역에도 가야 했다. 나이가 어린 이순남에게는 멀리 떨어진 진벌리가 배치되었는데, 시외버스도 잘 다니지 않는 곳이어서 난감해하니 파출소 순경의 오토바이 뒤에 타고 가라는 것이었다. 다른 방법이 없어서 오토바이 뒤

에 타기는 했지만, 잘 알지 못하는 남성의 허리를 잡을 수가 없어서 옷
자락만 간신히 붙잡고 심하게 덜컹거리는 비포장도로를 전전긍긍하
며 달려 도착했다. 그곳에서 시골 마을잔치도 처음 보았다. 이장 집에
서는 미꾸라지를 잡아 탕을 끓이고, 부녀회에서는 두부를 만들고 닭을
잡는 모습은 신명나고 따뜻한 정을 나누는 모습이었다.

사회 초년생으로 진접면에서 일하면서 알게 된 농촌의 열악한 보건
의료 현실에 대한 안타까운 마음, 그리고 너와 나를 가리지 않고 함께
인심을 나누는 모습에 감탄하는 마음, 이 양 갈래의 마음이 이후 이순
남이 출퇴근에 왕복 네 시간이 걸리고 대우도 썩 좋지 않은 보건소 업
무를 계속하는 데 큰 힘으로 작용했다.

1960년대와 1970년대 보건소와 가족계획 및 모자보건사업[5]

한국 보건소는 1956년 보건소법이 제정되고 '국민보건의 향상과 증
진'을 위해 시군구마다 설립되면서 정부의 보건정책과 서비스가 전국
적으로 시행되는 기관으로 자리 잡았다. 1960년대의 정부 보건사업은
경제성장을 위한 인구관리 차원의 가족계획사업과 주요 전염병 관리
에 집중되었다. 특히 1962년에 가족계획을 국가적 사업으로 채택한 이
후 시도, 각 보건소, 읍면 등에 가족계획요원을 배치하여 활동하도록
했는데, 이들은 대체로 가족계획사업에 대한 단기 교육을 통해 자격을
부여받은 일반인으로 출산율을 낮추도록 소자녀에 대한 우호적 가치
관 전파, 각종 피임법 교육과 이에 필요한 도구 보급 등을 중심으로 활

가족계획 홍보 전단. (대한민국역사박물관)

동했다. 세 자녀 낳기를 권장하는 등 출산율 저하를 중심으로 국가적인 노력을 기울인 가족계획사업은 상당한 성공을 거두어 1970년대에는 둘 낳기 운동으로 발전했지만, 잘살기 위해서는 출산율을 낮춰야 한다는 등식이 통용되면서 이와 갈등하는 개인의 권리나 가치는 제대로 존중받지 못했고 여러 문제가 발생했다. 남아선호사상으로 태아 성감별과 여아에 대한 인공임신중절, 출산 조절 수단으로써 인공임신중절의 광범위한 집행, 충분히 안전성이 입증되지 않은 자궁내장치 시술과 먹는 피임약의 무상 제공 등이 이루어졌으며, 예비군 훈련을 갔다가 정관결찰술을 받으면 훈련에서 제외해주었고, 세 자녀 이상 가족에게는 세금 납부에 불이익을 주고 아파트 분양권을 제한하고 공무원 승진에도 불이익을 주는 등 출산율을 낮추기 위해 온갖 방법이 동원되었다.

장기적으로 출산율을 낮추기 위해서는 모자보건을 강화해 모성사망률과 영유아사망률을 떨어뜨려야 한다는 판단으로 조산사나 간호사 면허 소지자인 모자보건요원이 읍면에 배치되기 시작했지만, 1967년 총 152명으로 전국의 189개 보건소당 한 명도 안 될 정도로 부족했다. 이렇게 모자보건요원이 부족했던 주요 이유는 간호사와 조산사는 부족한데 수시로 교통이 불편한 지역까지 가서 분만을 도와야 하는 등 어려운 업무에 비해 급여가 적고 처우가 낮았기 때문이다.

제3차 경제개발 5개년계획기(1972~1976) 보건부문의 주요 계획은 첫째, 보건의료시설 확대와 요원 확보, 둘째, 질병예방 및 관리강화, 셋째, 모자보건 향상이었다. 그중 모자보건 향상은 1973년 모자보건법 제정으로 법적 뒷받침이 가능하게 되었다. 모자보건법에서 규정한 가족계획사업은[6] '가족의 건강과 가정경제의 향상을 위하여 수태조절에 관한 전문적인 의료봉사·계몽 또는 교육을 하는 사업'으로, 가족계획요원은 '의사·조산원·간호원·간호보조원의 면허를 받은 자 또는 보건사회부령으로 정하는 자격을 갖춘 자'였는데, 실제로는 의사, 조산사, 간호사인 경우는 거의 없었고 간호조무사이거나 고등학교 졸업 정도의 학력에 가족계획연구원에서 2주일간의 가족계획에 관한 훈련과정을 이수하여 자격을 갖춘 사람이 많았다. 또한 의료인인 모자보건요원만 자궁내장치 시술이 가능하도록 했는데, 출생률을 낮추기 위해 국가적으로 장기적 피임효과가 높은 이 시술을 권장하고 보건소에서 시행할 때였기 때문에 보건소에서는 간호사나 조산사인 모자보건요원을

구분	현황	정원/계획	현원/확보	부족
보건소	갑형 24개 (20만 명 이상 구, 시)	1920	1426	494
	을형 36개 (20만 명 이하 구, 시)	1800	1602	198
	병형 138개(군)	3726	3152	601
	합계	7446	6153	1293
보건지소	의사(촉탁의 포함)	1336	640	696
	모자보건요원	1336	993	343
	가족계획요원	1336	1336	–
	결핵관리요원	1336	1336	–
	보건행정직요원	1336	–	1336
	합계	6680	4305	2735

확보하고자 했지만 잘 해결되지 않았다.

위의 표에 나타나듯이 1975년 전국 보건소와 보건지소 인력 부족은 전반적으로 심각했다. 전국 보건소 정원 7446명의 17퍼센트를 채우지 못했고, 군지역 읍면에 위치한 보건지소는 더 심각해 정원 6680명의 35.6퍼센트를 채우지 못했다. 의사 부족이 제일 심각해서 촉탁의라도 있는 보건지소는 50퍼센트도 되지 않았는데, 촉탁의가 없다는 것은 그 읍면지역에 의사가 한 명도 없다는 뜻이기도 했다. 그다음이 모자보건요원으로 1336명 중 25.7퍼센트가 부족했다. 가족계획요원, 결핵관리요원이 각 1336명 전원을 확보할 수 있었던 것은 특별한 면허나 자격이 없는 일반인도 가능했기 때문이다.

1975년 한국의 주요 모자보건 지표는 조출생률 1000명당 24명, 영아사망률 1000명당 38명, 모성사망률 1000명당 5.6명으로 모두 선진 국에 비해 매우 높았다. 영아사망률과 모성사망률이 높은 주요 원인으로 분만 시 의사, 간호사, 조산사 등 전문인의 도움을 받지 못하는 것이 꼽혔는데, 서울은 50~60퍼센트, 지방도시는 20~30퍼센트, 농어촌지역은 10퍼센트가 못 되는 수준이었다. 특히 농어촌지역에서 분만 시 전문인의 도움을 받지 못하는 비율이 높은 주요 이유는 지리적, 경제적 접근성 문제 때문이었다. 의료자원의 도시 집중이 심각해 총인구 3470만 명 중 도시인구가 48.4퍼센트, 농촌인구가 51.6퍼센트로 비슷했지만 총병상 2만 1289개 중 도시지역에 94.4퍼센트가 몰려 있고 농촌지역에는 5.6퍼센트밖에 없었으며 의사의 86퍼센트, 의료시설의 87퍼센트도 도시에 집중되어 있었다. 또한 전국민의료보험 실시 이전이라 산전관리와 분만 비용의 부담도 만만치 않았다.

성병관리 업무와 신설 보건소에서의 새출발

이순남은 1977년 1월부터 양주군 보건소로 옮겨 성병 진료 업무를 담당하게 되었다. 주로 성병환자에 대한 치료 보조와 지속적 치료 및 감염 방지에 관한 교육을 했는데, 치료받는 성병환자 중에는 중동지역에 취업한 근로자가 많았다. 귀국하는 길에 단체로 동남아 국가에 들러 관광을 하다가 성매매를 하고 임질이나 매독 등에 걸린 경우가 대다수였다. 한국에 와서는 감염된지 모르고 부부생활을 하며 지내다가 다시 해외 근로를 나가기 위해 받은 검사에서 성병이 발견되는 경우가 많았으며, 이 경우 본인은 물론 배우자도 보건소에 와서 치료를 받아야 했다.

보건소에서는 주로 페니실린 근육주사로 성병을 치료했다. 항생제 주사는 항상 부작용의 위험이 있었는데, 그중에도 특히 과민반응인 아나필락시스(anaphylatic shock)가 가장 심각하여 순식간에 사망할 수도 있기 때문에 항상 주의해야 했다. 어느 날 담당의사는 여느 때처럼 페니실린 근육주사를 처방했고, 이순남은 항생제 부작용 여부를 미리 판단하기 위하여 페니실린 소량을 피하주사 했다. 그런데 주사 부위가 약간 붉게 부풀어 오르고 환자도 느낌이 이상하다고 해서 의사에게 보고했다. 그런데 의사가 괜찮다면서 처방대로 페니실린 근육주사를 놓으라고 지시해 주사를 놓자 환자가 경련 등 쇼크 증상을 보였다. 급하게 구급차를 불러서 병원으로 이송했고 다행히 환자는 처치를 받고 큰 문제 없이 퇴원했다. 이순남은 이 일을 겪으면서 스스로를 경험이 적은 간호사라고 생각해 아나필락시스의 위험을 강하게 주장하지 못한 것을 크게 후회했고, 이후로는 자신의 판단에 아니다 싶은 상황에서는 반드시 문제를 제기하여 충분히 상황을 검토하도록 노력했다.

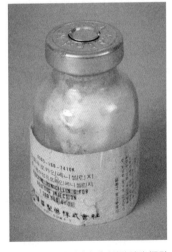

성병관리에 사용되었던 페니실린 약병. (국립민속박물관)

1977년 말 양주군 보건소에 간호사 정규직 자리가 났다. 1년 반 동안 임시직으로 일하던 이순남은 공모에 응시해 필기 시험과 면접에 모두 합격했다. 그리고 1977년 12월 1일 보건소 정규직인 지방간호기원보 9급 공무원이 되었다. 양주군 보건소에 정규직 간호사는 이순남을 포함해 총 두 명뿐이었다.

이순남이 양주군 보건소의 정식 공무원이 되어 처음 발령받은 곳은 동두천에 위치한 성병진료소였다. 미군기지가 주둔하는 동두천에는 기지촌이 형성되어 미군을 상대로 하는 다양한 서비스업에 종사하는 사람이 많았으며 클럽도 많았다. 밤이 되면 휘황찬란한 네온사인 아래에서 진한 화장을 한 성매매 여성들이 노출이 심하고 몸매가 그대로 드러나는 옷차림으로 합법적으로 호객행위를 하는 모습을 볼 수 있었다. 23세의 이순남에게 동두천 기지촌과 그곳에서 일하는 여성들의 모습은 충격으로 다가왔다.

미군을 상대하는 여성은 성병 검사를 받고 성병에 걸리지 않았다는 건강진단증, 이른바 '패스'가 있어야 클럽을 출입하며 일할 수 있었다. 성매매를 하는 미군에게는 아무 제한이 주어지지 않은 채, 여성에게만 엄격하게 적용된 이 성병검진은 한국 여성의 건강을 보호하기 위한 것이 아니라 미군을 성병으로부터 보호하기 위한 것이었다.

성매매 여성에 대한 성병검진에는 많은 어려움이 있었다. 검진 대상 여성의 입장에서는 반드시 '패스'를 받아야 일을 해서 돈을 벌 수 있는데, 양성으로 판정되면 격리되어 일을 못하고 그만큼 큰 빚으로 이어져서 검진에 대한 두려움과 불만이 커서 진료소는 항상 소란스러웠다.

성병 검사에 사용하는 질경 등을 모두 소독해 재사용할 뿐 아니라 면봉도 일일이 손으로 만들어서 소독한 후 사용했는데, 가끔 미군이 인심 쓰듯 일회용 면봉, 일회용 주사기를 기부하기도 했다. 처음에는 일단 일이 줄고 안전하게 사용할 수 있다는 생각에 반갑게 받아들였지만 시간이 지나면서 검사에 사용하는 일회용품도 미군으로부터 기부받는 나라의 현실이 서글프게 느껴졌고, 특히 성매매 여성의 안타까운 현실을 알아가면서 약소국의 비애에 비통한 느낌까지 들었다.

검진 결과 성매매 여성에게 임질, 매독 등이 있는 것으로 판정되면 즉시 동두천 소요산에 있는 성병관리소에 격리시켜 치료받게 했다. 이 성병관리소를 '몽키하우스'라고 했는데, 그곳에 격리된 여성들이 철창 안에 갇힌 모습이 동물원의 원숭이를 연상시킨다고 붙인 이름이었다. 미군에게 성병이 있는 것으로 밝혀진 경우에는 클럽가 전체가 진통을 겪었다. 그 미군이 지명한 상대 여성은 성병관리소로 잡혀 와서 검사를 받아야 했는데, 상대 여성을 정확하게 기억하지 못하여 대충 지명하거나 여러 명을 지명하는 경우가 많았다. 그러면 여러 여성이 성병관리소에 갇히니 클럽가 전체의 분위기가 어두워지는 것이었다.

이순남은 보건소의 둘뿐인 정규직 간호사 중 한 명인 자신이 전문성을 살리는 활동을 하지 못하고 성병검진 보조라는 단순한 업무만 하는 것은 옳지 않다고 생각했다. 용기를 내서 성병관리소에 시찰을 나온 보건소장에게 이 점을 문제제기했고, 보건소장은 긍정적으로 반응했다. 이즈음 이순남은 결혼해 낙산에서 신혼생활을 시작했고, 첫째를 임신하고 있었다. 그리고 성병관리소에서 벗어나 간호사로서 전문성을 펼칠 수 있는 기회를 가지리라는 기대를 하게 되었다.

이순남의 근무지는 1978년 12월 1일 양주군 보건소로 변경되었다. 그런데 기대했던 간호사로서의 전문성을 펼칠 수 있는 자리가 아니라, 임상병리실과 엑스선실에서 검사 보조업무를 하는 것이었다. 의료법에서 의료인인 간호사는 '상병자 또는 해산부의 요양상의 간호 또는 진료의 보조에 종사'하고 의료기사인 임상병리사와 방사선사는 '의사 또는 치과의사의 지시와 감독을 받아 진료 및 의화학적 검사업무에 종사'하도록 되어 있는데, 간호사가 임상병리사와 방사선사의 업무를 보조하라는 것을 받아들일 수는 없었다. 보건소의 방사선사조차 상용잡급직인 자신이 정규직 간호사에게 업무 보조를 시킬 수는 없다며 업무발령을 철회해달라고 요청했다. 간호사의 업무와 능력에 대한 이해가 부족한 데다 간호사와 간호조무사의 역할에 대한 구별이 제대로 되지 않아 벌어진 일이었다. 이순남은 보건소뿐만 아니라 군청에도 인사발령의 부당함을 항의하며 간호사로서 역할을 하기를 원한다, 간호사로서 일할 수 있는 곳이라면 어느 곳이라도 좋으니 보내달라고 요청했다. 그리고 이순남은 별내면에 위치한 송산성병진료소로 배치되어 다시 성병관리 업무를 담당하게 되었다. 이때 이순남은 훗날 인사권이 있는 위치에 가게 되면 이렇게 부당한 인사를 하지 않을 것이며 개인의 능력에 적합하고 공정한 인사가 이루어지도록 하겠다고 굳게 결심했다. 그리고 간호사로서 역할하고 인정받을 수 있는 기회를 갖고 객관적 능력을 갖출 수 있는 방법을 물색했다.

양주군 인구가 급속히 증가하면서 1980년 4월 1일 자로 양주군 남쪽의 2개 읍과 7개 면을 분리한 남양주군이 출범하게 되었다. 이순남은 새롭게 만들어지는 남양주군 보건소로 가기로 결정했다. 양주군 보건소에서 단순 업무를 계속하는 것보다는 고생스럽더라도 새로 출범하는 남양주 보건소에서 일을 하는 것이 간호사로서 능력을 발휘할 수 있는 기회를 갖는 데 도움이 될 것이라는 판단에서였다. 남양주군 보건소는 아직 건물이 마련되지 않아 구리읍의 임시 군청사에서 출범을 준비했다. 출퇴근은 더 어려워져서 매일 낙산 집에서 마을버스를 타고 종로5가로 가서 전철 1호선을 타고 청량리에 가서 시외버스를 타고 망우리고개를 넘어가는, 편도 두 시간 가까이 걸리는 지루하고 힘든 길이었다. 그 전해에 첫아이를 출산하고 공무원은 성실함이 가장 중요하다는 일념으로 장거리 출퇴근을 계속하던 중 둘째를 임신했다. 첫째를 키우면서 장거리 출퇴근을 지속하자니 무리가 되었는지 입덧이 유난히 심했다. 청량리에서 시외버스를 타고 가다 보면 오심이 심해져서 망우리고개를 넘기도 전에 내려 구토를 한 후 다음 버스를 타야 했고, 그러다 보면 출근하는 데 두 시간이 훌쩍 넘곤 했다.

남양주군 보건소는 보건소법 규정에 따라 '1. 보건사상의 계몽에 관한 사항, 2. 보건통계에 관한 사항, 3. 영양의 개선과 식품위생에 관한 사항, 4. 환경위생과 산업보건에 관한 사항, 5. 학교보건과 구강위생에 관한 사항, 6. 의료사업의 향상과 증진에 관한 사항, 7. 보건에 관한 실험과 그 검사에 관한 사항, 8. 결핵, 성병, 나병 등 전염과 기타 질병의 예방과 진료에 관한 사항, 9. 특수지방병의 연구에 관한 사항, 10. 공의의 지도에 관한 사항, 11. 의약에 대한 지도에 관한 사항, 12. 모자보건과 가족계획에 관한 사항, 13. 기타 국민보건의 향상과 증진에 관한 사항' 등을 할 수 있도록 준비해야 했다.[9] 제한된 인력과 조직으로 보건소를 새로 출범시키며 폭넓은 업무를 수행하려니 어려움이 많았다. 특히 1977년에 시작된 의료보호제도 대상자에 대한 진료가 보건소의 업무로 추가되어 이에 대한 준비사항도 많았다. 의료보호 대상자가 점차 확대되어 1981년에는 인구 3872만 명의 9.5퍼센트가 여기에 해당되었다.[10] 그런데 의료인과 의료시설의 도시지역 집중은 여전했고, 병의원이 부족한 군 단위 보건소일수록 의료보호 대상자에 대한 진료를 포함하여 여러 문제가 두드러졌다.

아프거나 다쳐도 의사를 만나기조차 힘들었던 문제는 1980년 12월 31일에 시행된 '농어촌보건의료를 위한 특별조치법'으로 해결할 수 있었다. 면 단위 보건지소에 실역복무를 대신하여 공중보건의사가 전임의사로 배치된 것이다. 그리고 의료취약지역의 인구 1000명 이상 5000명 미만을 단위로 보건진료소를 설치하고 특별 직무교육을 받은 간호사나 조산사가 보건진료원으로 활동하게 했다.[11] 이렇게 공중보건의와 보건진료원의 무의면 배치가 가능해진 것은 의과대학 증원, 세계보건기구의 일차보건의료(Primary Health Care) 선언, 간호계의 지역사회 간호사 역할 확대 노력 등이 맞물려 이루어진 것이었다.

공중보건의 배치는 의사가 없는 지역 주민에게 큰 도움이 되었다. 예를 들어 치과의원이 하나뿐이었던 남양주에 치과 공중보건의 배치가 가능하게 되었다. 그런데 배정된 치과 공중보건의의 숫자는 적고, 치과 진료가 가능하도록 장비와 기구 등을 갖추는 데 비용은 많이 들어 보건소는 고민에 빠졌다. 한두 군데 보건지소만 시설을 갖추고 치과공중보건의를 배치하는 경우, 배치되지 않은 지역 주민의 원성이 높을 것은 불 보듯 뻔했다. 차선책으로 모든 보건지소에 시설을 갖추고 치과공중보건의가 순환근무하도록 하는 것을 고려했으나, 그것은 비용이 너무 많이 들었다. 그래서 가장 많은 군민이 이용할 수 있는 보건소에 치과 시설을 갖추고 치과 공중보건의를 배치하기로 했다. 보건소의 치과 비용은 일반 치과에 비해 아주 낮은 수준이었다. 그러자 그동안 치과 문제가 있어도 비싼 비용 문제로 제대로 치료받지 못하고 견디거나 소위 '야매'라고 부르던 무면허자에게 불법 시술을 받던 주민들이 보건소로 밀려들었다. 특히 어르신들은 새벽 6시 이전부터 와서 9시에 보건소 문 열기를 기다렸고, 대기자 수가 하루에 진료받을 수 있는 인원을 넘어서서 기다리다 그냥 돌아가는 일까지 반복되었다. 결국 보건소에서는 이른 아침마다 대기 인원 20명에게 번호표를 주어 그날 진료를 보게 하고 나머지는 돌려보내는 것으로 해결했다.

보건진료원이 활동하는 보건진료소의 경우, 58가지 약품에 한해 일차진료가 가능하도록 했으며, 초기 지원 의약품 석 달분과 외과용기구, 분만세트, 소독기 등의 의료기기 장비를 지원했다.[12] 1981년부터 이론교육 8주, 임상실습 12주, 현지실습 4주 등 24주의 교육을 받은 보건진료원 496명이 전국에 배치되고 1982년에는 500명이 추가 배치되는 등 보건진료원제도는 전국적으로 시행되었다. 그러나 보건진료소 건물이 없어 마을회관이나 마을 공동작업장 등의 한쪽에서 업무를 시작했고, 심지어 이장 집에서 일을 하는 경우도 있었다. 남양주군에서도 교통이 불편한 의료취약지역에 보건진료소가 만들어지고 보건진료원이 배치되었다. 1985년 말에는 전국 1640개 보건진료소에 1602명의 보건진료원이 배치되었으며, 임대로 사용하던 보건진료소 건물 중 1385개를 신축하는 등[13] 보건진료원제도는 안정되어 갔다.

지속적인 교육을 통해 보건간호사로 성장

이순남은 자신의 전문성을 확장하고 객관적으로 입증할 수 있는 기회를 적극적으로 찾았다. 보건소의 정규직 공무원이 된 이후 모든 공무원에게 필수인 새마을교육 등은 지속적으로 받고 있었지만 새마을운동의 의의, 성공 사례 등으로 내용이 구성되어 보건소를 기반으로 활동하는 간호사의 전문성을 높이기에게는 부족하다고 생각했다. 그러다가 서울시 은평구의 국립보건원에서 보건소 직원을 대상으로 실시하는 훈련을 알게 되었다. 훈련과정은 신규채용자를 대상으로 하는 3주 코스 외에도 본인의 담당 업무에 따라 2주에서 8주까지 다양한 코스가 개설되어 있었다. 이순남은 제대로 교육을 받고 싶어 3주간의 신규채용반과 8주간의 보건간호반을 모두 신청했고,[14] 두 과정 모두 수락되어 연속해 교육을 받게 되었다.

신규채용교육은 2월 6일부터 3월 7일 사이에 3주간 이루어졌다. 공중보건학개론에서 집단급식관리에 이르기까지 보건의료 분야에서 일하려면 알아야 하는 기본 내용을 포괄적으로 다루고 있었다. 각 주제별로 2시간에서 4시간씩 강의를 받았는데, 유일하게 '살충제 및 사용법'은 강의 2시간에 실습이 1시간이 포함되어 있었다.

보건간호반은 3월 16일부터 5월 9일까지 8주간 예정되어 있었다. 보건간호반을 주관하던 박노례 보건간호담당관은 훈련 시작 전에 직접 교육생 전원을 면담했는데,[15] 둘째를 임신해 배가 부른 이순남을 보고 포기할 것을 권유했다. 신규채용반에 비해 기간도 길고 실습도 해야 하는 데다가 과제와 시험의 부담도 커서 임신한 몸으로는 감당하기 어려울 것이라는 이유였다. 이순남은 공무원으로 임용된 후 처음 받게 된 간호사 직무교육으로 의미가 큰 이 교육을 받기 위해 백방으로 노력했음을 호소하며 절대 포기할 수 없고, 잘할 수 있다고 간곡히 주장했다. 결국 이순남의 호소가 통하여 교육을 받을 수 있었다.

보건간호반은 모두 38명이었는데 이미 폐지된 간호고등기술학교 졸업자부터 대학원 졸업자까지 학력이 다양했다. 강의 주제는 지역사회보건개요, 역학조사, 급성전염병관리, 만성병관리, 구강보건, 기생충관리, 성인병관리, 환경위생개요, 급수위생, 식품위생, 오물처리, 대기오염, 주요 영양통계, 모자보건개요, 산전관리, 분만관리, 산후관리, 임산부 위험요인 및 그 관리방법, 영유아 전체관리, 지역사회간호개요, 가족보건개요, 보건간호사업 계획, 모성간호, 영유아간호, 감염병간호, 기관방문, 정신보건간호, 기록과 보고, 보건간호사업 평가, 결핵간호, 건강사정법, 산업보건간호, 학교보건간호, 보건간호감독 개요, 감독의 기능, 보건교육 개요, 보건교육 계획, 보건교육 방법, 일차보건의료사업 등으로 세세하게 나누어져 각각 1시간에서 5시간까지 시간이 배정되었다. 주제별 강의는 각 분야의 최고 전문가가 담당했는데, 특히 국립보건원의 박노례 교수와 중앙대학교 간호학과의 정연강 교수, 서울대학교 보건대학원의 김화중 교수는 모두 지역사회의 발전과 보건간호사의 역할에 대한 비전과 열정이 확고했다. 이들은 지역사회를 통합적 시각에서 바라보고 업무 역량을 증진해 보건소 진료실에서 의사의 보조 업무에 안주하지 말고 지역사회로 나아가 다양한 업무를 통합적으로 할 수 있어야 한다고 한결같이 강조했다. 또한 보건간호사의 역할은 지역사회 단위인 시, 군, 구를 파악하여 종합적으로 문제를 도출하고 해결 방안을 제시해 사업활동을 함으로써 건강한 사회를 이루는 데 기여하는 지역사회의 보건관리자라고도 강조했다. 이러한 교수들의 뜨거운 열정은 연수생들에게 전달되어 앞으로의 역할에 대한 의지가 높아졌다.

실습은 보건교육방법 실습이 13시간, 지역사회사업 실습이 90시간이었는데, 지역사회사업실습은 서울의 중랑천변 판자촌에서 이루어졌다. 가정방문을 나가 보면 대다수의 성인은 막노동을 하러 나가서 없고 아이들과 노인들만 남아 있었다. 하수시설이 제대로 되어 있지 않아 집집마다 대소변과 생활하수를 바로 천으로 내보내서 중랑천은 이른바 '똥물' 수준으로 수질오염이 심각했고, 판자촌 지역 전체에 악취가 가득했다. 다시 학생이 된 보건간호사들은 집마다 직접 방문해서 가족 상황과 주거환경 등을 조사한 후 그 가정의 보건환경을 진단했다. 그리고 각 가정에 대한 진단과 지역에 대한 이해를 바탕으로 조원이 함께 마을을 진단해 보건영역에 어떤 문제가 있는지 도출하고 해결책까지 제시했다. 전국 각지의 보건소에서 근무하는 간호사들이 직무교육을 받기 위해 서울 여기저기에서 하숙 등을 하고 있었으므로 조별 활동을 할 때에는 낙산의 이순남 집에 모여 마을 지도도 그리고 도표도 만들며 토론했다.

신규채용반과 보건간호반을 합하여 총 11주의 직무교육을 무사히 마치고 이순남은 남양주군 보건소로 복귀했다. 그런데 장시간 출퇴근, 보건간호과정 이수 등을 해내느라 무리했기 때문인지 8월에 출산한 둘째는 임신주수를 다 채웠음에도 불구하고 몸무게가 2.39킬로그램밖에 되지 않았다. 다행히 특별한 문제는 없어서 인큐베이터에 들어가지 않고 퇴원할 수 있었는데, 담당 간호사가 산모 이순남에게 웃으며 "아기가 야무지니 잘 키워보세요" 하고 격려했다.

이순남은 1981년 경기도 통합보건요원 교관으로 선발되었다. 임신부이지만 성실하고 열정적으로 국립보건원의 보건간호반 교육을 받은 점, 그리고 평소 일하면서 느낀 점을 바탕으로 비판적 시각으로 문제점을 인지하고 해결책을 제시하는 적극적 태도 등이 높이 평가받아 이루어진 일이었다. 새로 시작하는 통합보건요원에 대한 교육을 담당하는 교관으로 선발되어 교육을 받은 인원은 모두 18명으로, 의과대학 교수, 간호학 전공 교수, 그리고 도별로 선정된 감독간호사로 구성되었다. 이들은 한국인구보건연구원에서 2주간에 걸친 교육을 받았다.[16] 그리고 이순남은 경기도의 통합보건요원을 대상으로 하는 교육의 강의와 실습 지도를 담당해 이후 10년간 활동했다.

통합보건사업이란 이전까지 모자보건요원, 가족계획요원, 결핵관리요원이 각각 나누어 하던 모자보건사업, 가족계획사업, 결핵관리사업을 한 명의 통합보건요원이 담당하여 수행하도록 한 것이다. 1960년대 초부터 각각의 단기 훈련을 거쳐 전국에 배치된 결핵관리요원, 가족계획요원, 모자보건요원 대다수는 정규 공무원이 아닌 잡급 임시직 신분이었다. 적절한 전문성을 갖춘 인력도, 전문가 양성을 위한 자원투입도 부족한 상황에서 사업이 시작되면서 매번 급하게 사업 담당자를 확대했기 때문에 이들이 각각 담당한 사업을 추진하기에 적절한 전문성을 갖추었다고 보기는 어려웠다. 특히 결핵사업은 고졸 남성, 가족계획사업은 중졸 여성을 선발하여 1~2주의 단기 훈련을 실시한 후 업무를 담당하게 했었다. 그나마 모자보건요원은 산전, 분만, 산후 관리를 할 수 있도록 간호사와 조산사를 중심으로 시작되었지만 인력 부족으로 시간이 지나면서 대부분 간호조무사로 대체되었다. 이후 결핵관리요원과 가족계획요원 중에도 간호조무사 자격 소지자가 늘어난 것은, 중졸 이상으로 학원에서 9개월 과정을 이수하고 시험에 합격하면 자격 취득이 가능했기 때문이었다. 이러한 인력으로 구성된 결핵관리, 가족계획, 모자보건사업이 각각 다른 요원에 의해 추진되다 보니 효율적이지 않았고, 주민 입장에서는 결핵관리, 가족계획, 모자보건에 대해 중첩된 요구가 있어도 각각 다른 사람을 만나야 하는 불편함이 있었다.

점차 이 세 가지 사업을 한 사람이 담당하는 통합보건사업으로 변경해야 한다는 목소리가 커지면서 관련 연구들이 이루어졌고 사업이 시작되었다. 통합보건요원은 기존의 각 보건요원이 담당하고 있던 결핵

관리, 가족계획, 모자보건사업을 모두 할 수 있어야 할 뿐 아니라 지역사회의 기본단위이자 대상인 가족을 이해하고 가족이 경험하는 여러 문제를 발견하고 해결하는 전문가로서 역할할 수 있어야 했다. 그런데 막상 통합보건요원 교육을 하려니 간호사와 간호조무사의 교육 배경에 차이가 커서 반을 나누고 기간과 내용을 달리할 수밖에 없었다. 교육 첫해인 1981년에 간호사는 강의 4주와 실습 8주 등 12주 코스로, 그리고 간호조무사는 강의 8주와 실습 8주 등 16주 코스로 교육을 실시했다. 실습은 보건소에서의 실습과 조산실습 등으로 구성했고, 가족계획 방법으로 자궁내장치 시술, 그리고 분만개조까지 가능하도록 이루어졌다.

이순남은 경기도지역 통합보건요원 교육 간호조무사반의 강의와 보건소 실습교육을 담당했다. 강의를 위해 수시로 수원에 위치한 경기도청, 지방행정연수원 등에 가야 했고, 남양주군 보건소의 결핵실과 예방접종실, 그리고 양주군 보건소로 옮긴 후에는 예방의약계 등에서 통합보건요원 실습지도를 하면서 바쁘게 10년간 활동했다.

이순남은 국립보건원에서 보건간호교육을 받고 통합보건요원 교관으로 활동하면서 자신이 앞으로 해야 할 역할에 대해 눈이 뜨이고 힘이 생기는 느낌을 받았다. 그리고 한층 더 보건간호사로 성장할 수 있는 기회를 갖고 싶다는 생각이 강해졌다. 이순남은 서울대학교 보건대학원에서 보건간호과정을 이수해 보건간호사 자격을 취득하기로 결심했다. 의료법에서는 1973년부터 보건, 마취, 정신 세 업무 분야별 간호사 자격을 인정하고 있었는데, 마취와 정신 분야 간호사 자격을 취득하기 위해서는 외국의 해당 자격을 가졌거나 국내에서 1년 이상의 과정을 이수해야 했지만, 보건 분야 간호사 자격 조건은 좀 달랐다. 간호학사이거나 보건대학원에서 1년 이상의 보건간호과정을 이수하면 보건간호사 자격을 인정했던 것이다.[18] 보건간호과정은 서울시 종로구 연건동에 위치한 서울대학교 보건대학원에서 1967년부터 운영하고 있었다.[19] 한편, 1970년 창립된 보건간호사회에서는 1976년에 회장 류순한이 출연한 기금으로 장학사업을 시작하여 매년 지방의 하위직 공무원인 간호사로 서울대학교 보건대학원의 지역사회 공중보건간호사 (CPHN, Community Public Health Nurse) 과정 이수자 중에 한두 명을 선발해 장학금을 수여하고 있었다. 이순남은 1982년 제7회 류순한 장학금 대상자로 선발되어 보건간호과정 이수를 지원받을 수 있었다. 서울대학교 보건대학원의 CPHN 과정에는 서울대학교 보건대학원의 여러 교수가 참여해 석사과정에 준하는 수준 높은 교육이 이루어졌고, 이순남은 이 과정을 통해 보건학 전반에 대한 시야를 넓히고 업무 능력을 향상시킬 수 있었다.

결핵실과 예방접종실에서 전염병관리 업무

이순남은 1981년 6월 21일 남양주보건소 결핵실로 배치되었다. 결핵은 전염병예방법에 지정된 법정전염병일 뿐 아니라 1967년부터는 '결핵예방법'이 따로 제정되어 관리될 정도로 국가적으로 심각한 전염병이었다. 보건소 결핵실은 관내 결핵 환자를 파악하여 지속적인 투약과 검사 등을 통하여 관리하면서 결핵이 확산되지 않도록 추적 조사하는 곳이었다. 의사는 주로 결핵약 처방을 담당하고, 간호사가 관내 환자 관리와 감염 예방에 관한 총괄적 업무를 담당하기 때문에 전문성을 발휘할 수 있는 곳이었다.

1954년 제정된 전염병예방법[21]에서는 결핵을 성병, 나병과 함께 제3종 전염병으로 지정했다. 그리고 만 30세 미만자는 매년 1회 이상 결핵 검진을 하여 튜버큘린 반응 음성인 경우 예방접종을 받고, 의사는 매월 결핵환자를 행정기관장에게 보고하도록 하는 등 결핵 관리를 위한 제도적 장치를 수립했다. 민간에서는 1953년에 대한결핵협회가 창립되어 결핵에 관한 인식을 높이는 등의 활동을 했다. 1960년대에 전국적으로 결핵 관리를 적극적으로 추진하고자 했지만, 의료인이 절대적으로 부족하여 일반인에게 단기 교육을 시킨 후 담당하도록 했다. 예를 들어 1963년에는 간호사나 보건교사 외에 결핵관리요원, BCG 접종요원 등 약 1만 1000명에게 결핵 교육을 실시해 이들을 보건소 등의 결핵관리사업에 투입했다. 1964년에는 보건소에 등록된 결핵환자 수가 10만 명을 넘어섰고 이후 보건소가 결핵 관리를 주도하게 되었다. 1965년 처음 이루어진 전국 단위 결핵실태조사 결과 전 국민의 4퍼센트 이상, 5세 이상 인구의 5퍼센트에 달하는 약 124만 명이 엑스선상 활동성 결핵에 감염되어 치료가 필요한 것으로 추정되었고, 30세 미만의 결핵 감염율은 44.5퍼센트나 되었다.

1967년에는 결핵예방법이 제정되었는데 법정전염병 중 특정 전염

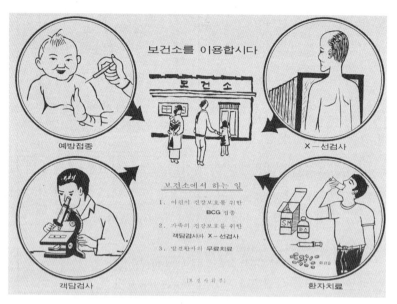

결핵 예방과 치료를 위해 보건소 이용을 권장하는 전단. (대한민국역사박물관)

병을 대상으로 하는 법으로는 최초였다.[22] 결핵예방법에서는 사업장과 학교 등의 연 1회 이상 정기건강진단, 결핵접촉자에 대한 임시건강진단, 출생 후 1년 이내와 튜버큘린 반응 음성자 등에 대한 예방접종, 의사의 결핵환자 신고 의무 등을 규정했다. 이후 결핵관리사업을 확대해 30세 미만의 BCG 접종률을 1980년에는 69.9퍼센트로 올리는 등의 노력으로 엑스선상 활동성 결핵유병률은 5세 이상 인구의 2.5퍼센트인 85만 2000명으로 떨어질 수 있었다. 그럼에도 불구하고 결핵은 매우 심각한 문제로 나타나 1980년대에도 결핵 실태를 나타내는 여러 지표가 아시아권 1위, 그리고 결핵 유병률이 2퍼센트대에서 떨어지지 않고 유지되면서 전염성 질환으로는 유일하게 연도별 10대 사망원인

가운데 포함될 정도였다. 법정전염병으로 지정된 다른 급성전염병들이 상당히 성공적으로 관리되고, 결핵과 함께 주요 만성전염병이면서 관리 대상이었던 성병과 나병은 관리 성과가 두드러지게 나타나는 데 비해 결핵은 그렇지 않아 국가적 난제가 되었다.

한편, 결핵 관리를 국가적으로 추진하면서 부족한 의료인을 대신해 일반인을 단기 교육시켜 투입한 것은 사업을 단기간에 확장하는 효과가 있었지만, 사업의 전문성과 지속적인 추진에는 걸림돌로 작용했다. 1981년 전국 보건소 소속 결핵관리요원 중에 간호사나 간호조무사는 총 1435명, 그나마 간호조무사가 약 97퍼센트인 1393명이었고 간호사는 42명에 불과했다.[23]

남양주군 보건소의 관리대상 결핵환자는 많았지만 전담 의사는 경기도청 소속 한 명뿐이어서 그 한 명의 결핵 전담 의사가 경기도 시군의 보건소를 순회하면서 환자의 등록, 검사, 퇴록 등을 담당했다. 이순남은 남양주군의 결핵환자 발견, 환자의 추적 치료, 장기간 약 복용과 일상생활 관리의 병행을 위한 교육 등 할 일이 많았다. 당시 보건소의 결핵 관리는 1979년 개정된 결핵예방법[24]과 치료 효과를 증대시키고 약제 내성을 막기 위해 만들어진 표준처방에 따라 이루어지고 있었다. 근로자와 학생 및 교직원은 연 1회 튜버큘린 반응 검사를 해서 음성인 경우 예방접종을 받았고, 양성으로 나오거나 결핵 의심 증상이 있는 경우에는 엑스선 검사와 객담검사를 통해 발병 여부를 확인했다. 그리고 결핵환자로 판정되면 보건소에 등록하고 정부의 표준처방에 따라 치료했다. 18개월에서 24개월에 달하던 결핵 치료기간은 1980년부터 리팜피신(RFP, riphampicin)이 본격적으로 사용되면서 9개월로 현저히 줄어들었다. 치료 기간이 단축되면서 환자가 치료 중간에 탈락하는 일이 줄어들어 치료 성공률을 높이고 결핵 관리를 향상시키는 데 기여했다.[25] 그렇지만 환자 입장에서는 9개월 동안 꾸준히 약을 복용한다는 것도 보통 일이 아니었기 때문에 결핵 치료가 쉬운 것은 아니었다. 결핵환자가 복약 치료를 시작했다가 중간에 중단하는 경우, 이후 다시 치료를 시작하기도 어렵고 치료 기간도 길어졌기 때문에 약을 꾸준히 복용하도록 확인하고 격려하는 것이 중요했다.

이순남은 남양주군의 결핵환자 리스트를 관리하며 정기적으로 엑스레이와 객담검사를 받도록 하고 그 결과에 따라 약을 복용하도록 했다. 그리고 지속적인 복약지도를 통해 순조롭게 치료받을 수 있도록 하면서 환자 가족과 친인척 중심의 감염자 발견 등을 주요 업무로 하면서 열심히 일했다. 오랫동안 결핵 관리의 중요성이 교육되고 있었지만 사람들이 이를 잘 따르는 것은 아니었다. 그중 어머니가 결핵으로 확진되었는데 아들이 보건소에 약만 타러 올 뿐 환자도 가족도 검진을 받지 않는 일가가 있었다. 이렇게 되면 환자의 경과가 어떤지도 알 수가 없고 다른 가족 중에 결핵환자를 확인할 수도 없어서 문제였다. 이순남은 마음을 굳게 먹고 검진에 협조하지 않으면 결핵약을 줄 수 없다고 단호하게 대응했다. 그리고 환자와 가족의 검진을 유도해 결국 협조를 얻어낼 수 있었고, 검진과 추후관리를 잘하여 환자는 완치될 수 있었다. 어느 날, 그 아들이 배 한 상자를 들고 보건소에 나타났다. 어머니가 완치될 수 있도록 도와주셔서 감사하다며 직접 재배한 배를 가져온 것이다. 극구 사양했음에도 감사의 표현이라며 배 상자를 놓고 가서 보건소 직원들이 함께 먹으며 보람을 나누기도 했다.

우연히 다른 지역의 결핵환자를 발견한 일도 있었다. 광명시에 큰 수해가 나서 경기도의 각 보건소에서 의료인을 파견해 수재민 진료를 하게 되었다. 이순남도 파견되어 공중보건의사와 한 조로 수재민 진료를 하는데, 40대 후반의 한 여성이 기침을 오래 하고 치료를 해도 잘 낫지 않는다고 했다. 직감적으로 결핵을 의심한 이순남은 의사에게 이 여성이 결핵 검진을 받도록 하자고 제안했다. 검진을 받은 여성은 결핵으로 판명되어 보건소에서 등록, 관리를 받게 되었고 이순남은 결핵 업무를 담당하는 간호사로 뿌듯함을 느낄 수 있었다.

이순남은 약 2년간 결핵실에서 근무한 후 1983년 8월 13일 예방접종실로 배치되었다. 예방접종은 주요 전염병의 발생과 유행 예방을 위해 보건소 설립 초기부터 매우 중요하게 시행해 온 업무이고, 대상 인구가 많고 사업 규모도 커서 예방접종실에서 일을 한다는 것은 보건소의 가장 큰 사업을 주관한다는 뜻이기도 했다. 보건소에서 영유아를 대상으로 무료로 시행하는 필수예방접종은 일반 병의원에서 거의 하지 않았기 때문에 관할 지역의 거의 모든 출생아는 보건소에서 주관하는 영유아 대상 필수 예방접종을 받았다. 또한 임시 예방접종을 하게 되는 경우에도 보건소에서 주관해야 했다.

1983년 당시 모든 영유아에게 예방접종을 시행하는 전염병은 디프테리아, 백일해, 파상풍, 결핵 등 네 가지였으며,[26] 이듬해에는 개정된 전염병예방법이 시행되어 폴리오와 홍역, 유행성이하선염이 추가되었다.[27] 그중 소아마비 예방접종인 폴리오는 약물을 구강으로 투여해 삼키게 했는데, 예방접종약을 구강으로 투여하는 것은 처음이어서 담당 간호사도 아기 어머니도 신기하게 여겼다.

예방접종실 업무의 시작은 남양주군 보건소에서 실시하는 모든 예방접종에 대해 대상 인원을 추산하는 것이었다. 예방접종별 추산 인원을 근거로 필요한 예방접종약과 기구의 양을 경기도에 올리면 배정을 받았는데, 추산한 양보다 배정 수량이 부족해서 해당 연도가 가기 전에 예방접종약이 떨어지는 경우가 많았다. 예방접종은 보건소뿐 아니라 주민의 편의와 예방접종률 향상을 위해 각 읍면과 초등학교에서도 이루어졌다. 이순남은 각 장소에 파견 나가는 일정을 계획하고 미리 알려서 지역 주민이 불편함이 없도록 하고, 계획된 일정에 따라 각 읍면과 초등학교 등을 바쁘게 다니며 예방접종을 시행했다.

1981년부터 영아에 대한 예방접종 등 모든 주사에 일회용을 사용하여 소독 관련 업무가 줄어들어 예방접종률을 높이는 데 집중할 수 있었다. 일회용 주사기 사용에 기여한 것은 아이러니하게도 B형간염의 유행이었다. 1984년의 경우 전체 인구의 9퍼센트인 350만 명이 B형간염 보균자로 추정되었는데, 이는 선진국의 1퍼센트 미만보다 매우 높은 비율일 뿐 아니라 특별한 치료법도 없고 간경변과 간암을 유발할 수 있다는 점에서 심각한 문제였다. B형간염 감염의 주요 경로로 예방접종 등에 반복하여 사용된 주삿바늘이 대두되면서 1981년부터 영아에 대한 예방접종 등 모든 주사에 일회용을 사용하도록 했고, 1982년 국산 예방백신 개발에 성공하면서 B형간염 예방접종이 확대되었다.

필요에 따라 이루어지는 임시 예방접종 중에 가장 중요한 것은 일본뇌염이었다. 1971년에 일본뇌염 백신이 도입되기 시작했지만 1980년 예방접종률은 5퍼센트에 불과했고 1982년에는 환자가 1197명이나 발생해 살충제 보급, 돼지 예방접종, 돼지우리의 집중적 살충과 함께 예방접종률을 높이기 위해 노력하고 있었다. 1984년에는 보건소에서뿐만 아니라 각 지역으로 순회접종을 하면서 비용을 일반 병의원보다 저렴한 500원 정도로 하여 예방접종률을 87퍼센트까지 높일 수 있었다.[28] 남양주군에서도 예방접종률을 높이기 위해 주민에게 적극적으로 홍보하고 각지를 순회하며 예방접종을 했다. 한 병에 20인분씩 들어 있는 뇌염예방접종약이 낭비되지 않도록 마지막으로 딴 병이 소모될 때까지 그날 한 명이라도 더 예방접종을 받을 수 있도록 안간힘을 쓰곤 했다.

남양주군 보건소 근무가 만 4년이 되면서 이순남은 체력적으로 힘에 버겁다는 것을 실감했다. 매일 편도 두 시간, 왕복 네 시간이 소요되는 출퇴근이 가장 큰 부담이었다. 출퇴근이 가까운 곳으로 이사하려고 해도 그 경우에는 남편이 장시간 출퇴근을 감당해야 했고, 무엇보다 어린 두 아이를 돌보는 일이 난감했다. 매일 출퇴근도 힘들었지만, 공무원인 이상 보건소의 일만 하는 것이 아니라 국가적으로 전개된 새마을운동, 자연보호운동 등에 수시로 동원되어야 했고 태풍, 폭설, 홍수, 가뭄 등 자연재해가 있으면 또 그때마다 비상근무를 해야 했다. 지역사회 개발을 위한 새마을운동이나 자연재해 극복을 위한 비상근무 등은 몸 담고 있는 지역에 도움이 되는 일이므로 해야 한다고 생각하며 버텼지만 유난히 힘들게 느껴지는 경우도 있었다. 예를 들어 1980년대 초 자연보호운동으로 '쓰레기 버리지 않기'가 전개되면서 광릉수목원 등 서울 시민의 나들이 장소가 많은 남양주군에서는 봄과 가을 내내 주말이면 공무원을 동원하곤 했다. 남편과 어린 두 아이까지 데리고 만원버스를 타고 할당된 장소에 가서 종일 자연보호에 관한 홍보와 쓰레기 줍기 등을 하다가 지쳐서 돌아와 잠든 아이들을 바라보고 있자면 공무원인 엄마 때문에 고생이라는 생각이 절로 들었다.

책임과 업무 범위 확대

이순남은 1984년 2월 21일 자로 양주군 보건소로 돌아왔다. 남양주군 보건소는 출범하고 4년이 지나면서 자리가 잡혔고, 이순남은 그동안 국립보건원의 보건간호교육과 서울대학교보건대학원의 CPHN 과정, 남양주군 보건소, 결핵실, 예방접종실 등을 거치면서 어떤 여건에서도 전문성을 발휘하며 활동할 기반이 확고해졌다. 양주군으로 옮긴 데에는 외부의 요구도 있었다. 이순남에게 보건요원 실습교육을 받는 경기도의 여러 보건소 직원들이 남양주군 보건소로 오려면 교통이 많이 불편했던 것이다. 그에 비해 양주군 보건소는 과거 의정부시에 위치한 건물을 계속 이용하고 있어서 대중교통 이용이 편리했다.

양주군 보건소는 늘어난 사업을 위해 예방접종실과 민원실을 신축하는 등 규모가 커져 있었다. 보건소 이곳저곳을 둘러보던 이순남은 창고에서 최신이자 고가의 시청각 교육기구인 오버헤드프로젝터(Over Head Projector)가 먼지를 뒤집어쓰고 있는 것을 발견했다. OHP가 방치된 이유는 보건소에 사용법을 아는 사람이 없기 때문이었다. 국립보건원에서 교육받으면서 사용법을 익혀 활용한 경험이 있던 이순남은 당장 OHP를 꺼내 작동이 되는지 확인했다. 최신 기계를 이용해 교육할수 있다는 생각에 신이 난 이순남은 OHP용 자료를 만들어 보건요원 교육에 사용하여 교육생들로부터 더욱 좋은 평가를 받았다.

양주군에는 보건행정, 가족보건, 예방의약 등 3개의 계가 있었는데, 이순남은 가족보건계의 차석 업무를 하게 되었지만 계장이 특별한 전문성을 가지고 있지 않아 업무를 돕다 보니 실제로는 업무를 총괄하게 되었다. 그런데 이상하게 계의 분위기가 좋지 않아 알아 보니 가족계획지도원이 영구피임술이나 임신중절수술을 받고자 하는 주민을 민간 병의원에 소개하고 금전적 대가를 받는 부정행위가 적발되어 징계를 받은 일이 있었다. 이순남은 계의 업무가 원칙에 따라 이루어지도록 많은 힘을 쏟았다. 꼼꼼하게 업무를 파악하고 점검했으며, 원칙에 어긋나는 일이 의심되면 직간접적으로 주의 경고를 주저하지 않아 점차 가족보건계의 업무는 안정되어 갔다. 가족보건계의 주요 업무는 출산억제를 위한 가족계획사업이었고, 그중에는 예비군훈련장을 다니며 하는 피임법 교육도 있었다. 이순남은 대한가족계획협회에서 파견한 남성 간사와 함께 예비군 대상 교육도 했다. 예비군훈련장에서의 교육은 횟수와 인원 수뿐 아니라 그 결과로 이루어진 정관절제술 건수를 주요 성과로 측정했고, 정관절제술 확충을 위해 훈련 면제의 혜택을 부여했다. 예비군 첫날 오전에 인구증가 억제에 대한 교육을 하고 불임시술 희망자를 파악해 오후에 불임시술을 받도록 한 후, 시술받은 사람은 이후 교육훈련을 모두 면제한 것이다.[29]

　이순남은 가족보건계의 실질적 책임자로서 좀더 전문성을 가지려면 조산사 면허를 취득해야겠다고 판단했다. 조산사 면허는 간호사가 보건사회부장관이 인정하는 의료기관에서 1년간 수습과정을 마치고 국가시험에 합격해야 취득할 수 있었다. 이순남은 서울대학교병원에서 실시하는 조산교육에 응시해 선발되었다. 1년간의 교육은 이론과 실습으로 이루어졌는데, 이론교육은 서울대학교병원에서, 실습교육은 서울대학교병원 산과병동과 분만실, 그리고 관악구 봉천동에 있는 모자보건센터 등에서 했다. 그런데 보건소에서 일과를 마치고 퇴근한 후 이론과 실습 교육을 받자니 절대적으로 교육받을 시간이 부족했다. 이순남은 군 보건소 직원으로 장거리 출퇴근하며 교육받는 어려움을 호소해 평일뿐 아니라 토요일도 실습을 허가받았다. 병원 근무 경험이 없던 이순남은 서울대학교병원에서 실습을 하면서 간호사가 얼마나 강도 높게 일하는지를 실감했다. 유난히 많은 고위험 산모를 일차적으로 모니터링하고 돌보는 책임이 막중했고, 근무시간 내내 이리 뛰고 저리 뛰느라 간호기록을 하러 책상에 앉을 짬을 내기도 힘든데, 막상 간호기록을 하려면 앉을 의자조차 부족한 모습도 자주 목격했다. 이순남은 보건소에서도 열심히 일하는 사람이 필요한 지원을 제대로 받지 못하는 일이 없도록 책임 있는 위치에서 잘 살펴야겠다고 결심했다. 그리고 퇴근 이후는 물론, 토요일까지 실습하는 등 1년간 각고의 노력

끝에 교육을 이수하고 시험에 합격해 조산사 면허를 취득했다.

양주군 보건소에서 일하던 중 예상하지 못했던 단일호봉제가 실시되면서 어려움을 겪게 되었다. 1985년 12월 31일 지방공무원 인사제도 개정으로 의료직 단일호봉제가 보건소의 의사, 약사, 간호사 등에게 적용되었다. 간호직의 경우 4급부터 9급까지였던 직급제가 없어지고 일괄적으로 이전의 신임 간호직 대우인 8급 수준의 호봉이 적용되었다. 이전과 마찬가지로 직급제와 이에 연동한 호봉이 적용되는 보건소의 행정직, 보건직 등에 비해 단일호봉제가 적용된 간호직은 갑자기 봉급이 낮아지고 승진 기회가 없어지면서 근무의욕을 상실하고 소외감을 느끼는 경우가 많았다. 그 외에도 비전문가가 상급자로 간호직을 지도감독하여 보건사업의 질이 저하되고, 대우가 나빠진 간호직에 지원하려 하지 않는 등의 문제가 연이어 발생했다.[30]

전국의 보건소 간호사들은 단일호봉제를 바꾸기 위해 노력했다. 퇴근 후와 휴일에 모여 머리를 맞대고 대책을 논의했으며, 관계부서에 다양한 방식으로 문제를 제기하고 불합리함을 호소했다. 그 중심에는 보건간호사회가 있었으며, 대한간호협회에서도 지원을 아끼지 않았다. 이순남도 주중, 주말 없이 동료 보건간호사들과 함께했다. 약 4년을 노력한 결과, 1989년 6월 30일 3급에서 8급까지의 간호직 직급제를 부활시킬 수 있었다. 그리고 직급제를 재적용하며 단일호봉제 실시 기간도 승진소요연수에 포함하여 반영함으로써 불리하지 않은 발령이 이루어지도록 했다.

이순남이 가족보건계의 차석이지만 실질적 책임자로 일하던 중에 가족보건계장이 승진 시험에 합격해 타 지역으로 가게 되었다. 그는 보건소에 마지막으로 출근하던 날 사용하던 책상 열쇠를 이순남에게 건네주며 "이 자리는 이 여사가 해야 해, 남자들에게 뺏기지 말고 꼭 지켜"라고 말했다. 이순남이 능력이 있고 그동안 실질적으로 계장의 역할을 해왔다고 해서 계장의 지위가 저절로 주어지는 것은 아니었다. 직원이 수십 명인 양주군 보건소에서 소장 다음인 계장 자리는 셋뿐이었고, 그중 한 자리에 생긴 승진의 기회를 놓고 치열한 경쟁이 이루어졌다. 이순남은 경쟁 상대인 남성 직원들과 비교할 때 근태, 승진소요연수, 교육점수, 포상점수, 업무에 필요한 자격증 등 거의 모든 면에서 훨씬 우월했다. 그뿐만 아니라 장기간 근속하며 경기도 통합보건요원 교관으로 활동하는 등 적극적으로 업무에 매진한 점을 인정받아 1985년 3월 27일 경기도지사로부터 1급 기관장 표창을, 그리고 1987년 12월 10일 내무부장관으로부터 장관급 기관장 표창도 받은 상황이었다. 그렇지만 여성이고 간호사라는 점은 행정직과 보건직 남성이 다수인 보건소의 승진 경쟁에서 결코 유리하지 않았다. 이순남은 이 승진 경쟁에서 두 손 놓고 싶지는 않았다. 이순남이 승진하느냐는 개인에게뿐만 아니라 보건소에서 성실하게 일하면서도 승진의 기회에서 차별당하고 있던 여성 직원들, 특히 간호사들에게 의미가 큰 것이었다. 이순남은 진인사대천명이라는 생각에 객관적인 조건을 더욱 유리하게 만들고자 더 많은 교육을 받고 직접 군수를 찾아가 가족보건업무에 대한 자신의 소신을 피력하기도 하며 승진의 기회를 빼앗기지 않도록 노력했다. 그리고 1988년 10월 6일 자로 가족보건계장에 임용되었다.

1977년 9급 정규 간호직으로 임명받은 이후 만 11년 만에 6급 계장이 된 것이다.

이순남이 가족보건계장으로 업무를 시작하면서 보건소 업무에 큰 변화가 일어났다. 먼저 1989년에 전국민의료보험이 실시되면서 보건소의 진료기능이 한층 강화되었고, 이에 걸맞게 시설과 장비의 보완이 이루어졌다. 1991년에는 법적으로 규정한 보건소의 업무가 30년간의 보건의료환경과 보건소 역할의 변화를 반영하여 새롭게 개정되었다. '보건사상의 계몽에 관한 사항'이었던 첫 번째 업무는 '전염병 및 질병의 예방, 관리와 진료에 관한 사항'으로 변경되었고, 그 밖에 보건의료 정보의 관리, 지역보건의 기획 및 평가, 정신보건, 장애인의 재활 및 노인보건에 관한 사항을 신설하는 등 업무 범위가 한층 확충되었으며, 보건조직의 변화도 반영되었다.

이순남이 책임지는 가족보건계의 업무에도 변화가 있었다. 보건소 법에서 규정한 '모자보건 및 가족계획' 업무는 유지되고 있었지만, 인구증가 억제를 위한 합계출산율 저하를 위주로 하던 업무에서 적극적 인구자질향상을 위한 사업으로 변화하기 시작한 것이다. 그 배경에는 인구증가 억제 정책이 세계적으로 괄목할 만한 성과를 이루다 못해 1991년 인구증가율이 1퍼센트, 합계출산율이 1.7퍼센트가 되는 등 목표가 예정보다 훨씬 앞서서 달성된 것이다. 그러나 30년간 일관되게 추진하던 인구증가 억제 위주의 업무가 적극적 인구자질향상사업으로 변화하는 것은 쉽지 않았다. 가족보건계에서는 기존의 영유아 예방접종, 임산부 산전관리 등을 계속하면서 인구자질향상사업으로 무엇을 할 수 있을지 조심스러운 탐사를 진행했다. 새로 시행한 대표적 사업은 신생아에 대한 선천성대사이상검사로 일부 시범사업을 통해 사업의 의미와 효과가 인정된 후 점차 전국 보건소로 확대되었다.[31] 이순남은 보건소의 역할이 확충되고 가족보건사업이 전환되는 분위기에서 지도자로서 역할하기 위해 노력했다. 이제 개인적으로 일 잘하는 간호사를 넘어서서 지도자로서 후배 간호사를 위해 더욱 분발해야 한다고 생각했다. 지도자의 역할은 개인적인 노력뿐 아니라 조직을 통한 집단적 활동으로 연결되어야 한다는 생각에 보건간호사회에서 경기지회장을 맡는 등 적극 참여했다. 보건소에서 일하는 간호사의 권익을 위한 수당인상, 상위직급 확보 등의 활동에도 참여했다.

1995년 양주군에 생각지도 못했던 심각한 보건문제가 발생했다. 한 폐기물 처리업자가 병원적출물을 포함한 특정폐기물을 제대로 처리하지 않고 일부는 일반폐기물과 함께 소각하고 일부는 그대로 야산에 매립한 것이었다.[32] 불법처리한 특정폐기물의 양은 수십 톤에 달했고, 그중 불법매립된 폐기물을 다시 제대로 처리해야만 했다. 그런데 병원적출물 등이 일반폐기물과 함께 매립되면서 양이 너무 많아져서 전체를 특수폐기처리할 수는 없었다. 결국 보건소의 모든 직원이 동원되어 매립지에 가서 뒤섞인 폐기물 중에 의료폐기물을 구분하는 작업을 해야 했고, 계장인 이순남도 다른 보건소 직원들과 함께 매립지에서 폐기물을 뒤져야 했다.

이순남은 1996년 2월 9일 자로 예방의약계장이 되었다. 계장이라는 면에서는 가족보건계장에서 수평 이동이었지만, 의약에 대한 지도, 전염병 및 질병의 예방·관리와 진료에 관한 사항 등을 담당하는 예방의 약계의 사업 범위가 가족보건계보다 포괄적이어서 승진이나 마찬가지였다. 그해에 보건소의 업무에 큰 변화가 일어났다. 그동안 전염병 관리와 가족계획사업 위주로 운영되어 온 보건소가 국민소득 수준의 향상, 질병 및 인구구조의 변화 등에 발맞추어 지역주민의 중추적 건강관리기관으로 역할할 수 있도록 보건소법 명칭이 '지역보건법'으로 변경되었고 내용도 대폭 개정되었다. '지역보건법'의 가장 큰 변화는 첫째, 지방자치단체가 지역적 특성에 맞는 종합적인 지역보건의료계획을 수립하고 이를 추진하도록 한 것, 둘째, 보건소의 업무에 국민건강증진사업, 가정·사회복지시설 등을 방문하여 행하는 보건의료사업, 만성퇴행성질환의 관리 등을 추가한 것이다.

지역보건법이 시행되면서 보건소에서 새로 해야 했던 일 중에 가장 낯설면서도 당장에 닥친 업무는 지역보건의료계획 수립이었다. 관할 지역의 건강과 보건에 관한 현황과 요구를 반영한 보건의료계획을 세운다는 것은 시대 변화에 적합하고 해야 할 일이었지만 처음이라 각 보건소에서는 어려움을 겪었다. 지역 대학의 도움을 받아 지역보건의료계획을 수립하는 경우가 많았지만, 양주군 보건소에는 관리의사 정은경을 중심으로 첫 지역보건의료계획을 수립할 수 있었다. 가정의학 전문의이자 예방의학박사인 정은경은 1994년부터 양주군 보건소의 관리의사로 있으면서 전염병 신고 기준을 마련하는 등 보건사업의 체계 구축에 기여하고 있었다. 이순남은 정은경 의사를 지켜보며 실력과 책임감을 겸비한 전문가가 지역사회보건사업의 발전에 기여하는 것에 깊은 인상을 받았다.

진접면 모자보건요원 시절부터 20년간 영유아 대상 예방접종을 해
온 이순남은 예방의약계장이 되어 처음으로 큰 부작용 사례에 맞닥뜨
렸다. 보건소에서 BCG 예방접종을 받은 한 아기의 겨드랑이 부분에
덩어리가 생겼다고 해서 확인하니 정말이었다. 다행히 열이나 다른 이
상은 없었지만 아기 엄마는 몹시 불안해하며 화가 나 있었다. 이순남
은 바로 자신이 담당 계장임을 밝히고 아기의 건강을 위해 최선을 다
해 대처하겠다고 약속했다. 그리고 절차에 따라 아기와 엄마를 구급차
에 태우고 동행하여 대한결핵협회로 갔다. 아기는 BCG 예방접종 부
작용으로 발생한 임파선염임이 인정되었고, 일단 항결핵제를 투여하
며 나아지는지 지켜보기로 했다. 그러나 차도가 없어 결국 서울대학교
병원에서 수술로 임파선염 부위를 제거해 완치할 수 있었다. 이 과정
에서 이순남은 아기 엄마와 지속적으로 대화하며 솔직하게 정보를 제
공함으로써 신뢰관계를 형성했고, 불안해하는 아기 엄마의 마음을 헤
아리며 최대한 도움이 되고자 노력했다. 서울대학교병원에 입원해서
수술을 받는 과정에서도 복잡한 병원 절차를 돕고 의료진과의 의사소
통에서 대변자 역할을 하자 아기 엄마도 이순남을 믿고 따르게 되었
다. 아기가 쾌유해 퇴원한 후에도 아기 엄마는 보건소에 들릴 때마다
이순남을 찾아 인사했고, 그 동생을 낳자 웃으며 보건소에 와서 BCG
예방접종을 받게 했다.

이순남이 예방의약계장으로 경험한 가장 큰 사건은 양주군의 후
천성면역결핍증(AIDS) 감염자 관리였다. 후천성면역결핍증예방법이

1988년 1월부터 시행되면서 보건소에서 관할지역의 후천성면역결핍증 감염자를 관리하도록 했는데, 1996년 양주군의 첫 후천성면역결핍증 감염자가 나타난 것이다. 후천성면역결핍증이 동성애자의 무분별하고 부도덕한 성관계에 의한 불치병이라는 편견이 형성되어 일반인의 혐오와 배척이 심했고, 감염인의 개인정보가 제대로 보호되지 않아 한 번 양성 판정을 받고 나면 일상생활을 유지할 수 없을 정도이던 때였다. 경상도 모 지역에서 정기검진 결과 감염자로 확인된 20대 초의 한 청년이 개인정보가 누출되고 감염자로 소문이 나면서 더 이상 그곳에서 일할 수도 살 수도 없게 되자 이곳저곳을 떠돌며 생활하다가 양주군으로 온 것이다. 그런데 이 청년은 법적으로도 금지된 전파매개행위인 헌혈을 반복하고 있었다. 자신이 후천성면역결핍증 감염자라는 것을 믿고 싶지 않은 마음에 장소를 달리하며 헌혈을 해서 검사를 받고 감염자라는 것을 통보받고 있었다. 모든 혈액은 사용 전에 검사해 감염된 것은 폐기처리하고 있었지만, 채혈하는 과정에서 담당 간호사가 감염될 수도 있고, 감염된 혈액이 사용될 가능성이 전혀 없다고 할 수는 없었다. 그런데 개인정보가 누출되어 일도 못 하게 되고 거주지도 떠나야 했던 이 청년은 누구도 믿으려 하지 않으며 비이성적인 헌혈을 반복하고 있었다.[33] 이 청년의 경우를 통해 이순남은 에이즈 감염자를 편견 없이 대하며 비밀을 보장하여 신뢰관계를 구축하는 것이 가장 중요하다는 것을 절감했다. 그리고 이후 감염자의 비밀 보장은 물론, 뚜렷한 치료법이 없고 편견에 시달리는 감염 대상자에 대한 안타까운 마음에 진심을 다해 건강과 삶을 지켜주고자 노력했다. 관리 대상 후천성면역결핍증 감염자를 다른 직원에게 맡기지 않고 직접 담당해 보건소 내에서도 정보가 노출되지 않도록 했고, 만날 때도 함께 차를 마시고 식사하는 등 서슴없이 대해 신뢰를 구축했다. 또한 성병 관리 경험에 근거해 질병에 관한 것뿐 아니라 일상의 어려움에 대해서도 경청하고 도움이 되고자 최선을 다했다.

두 번째 관리대상 감염자는 양주에서 나고 자란 청년이었다. 이 청년은 비밀을 보장하고 편견 없이 대하는 이순남을 신뢰할 뿐 아니라 의지하여 결혼에 대한 희망 등 인생에 관한 고민을 털어놓고 조언을 구하는 관계가 되었다. 특히 목사에게 감염자라는 것을 밝혔다가 더 이상 교회에 나오지 말라는 통보를 받은 후에는 자신을 평범하게 대하는 이순남에게 각별히 고마워했다. 세 번째 관리대상 감염자는 양주 출신의 중년 남성으로 신뢰 관계가 오래 유지되어 훗날 암으로 서울대학교병원에서 수술을 받을 때도 적극적으로 상담하고 정보를 제공하며 도움을 주었다.

1998년 여름, 집중호우로 경기도 북부 지역이 심한 피해를 입었다. 그중에도 양주군은 피해액이 848억에 달하고 장흥면 송추계곡에서만 26명의 사망자와 실종자가 발생하고 다수의 이재민이 발생하는 큰 피해를 입었다.[34] 수해지역의 복구와 더불어 방역소독과 전염병 관리가 큰 과제가 되었지만 필요한 인력 충원이 문제였다. 다행히 군의 협조를 받아 장병 지원을 받게 되었다. 장병은 5인 1조가 되어 먼저 청소 담당이 피해 가옥에 들어가 토사 등을 치우고 가구와 집기를 햇볕에 말리도록 조치하면 마지막에 소독통을 멘 장병이 들어가 방역소독을 실시했다. 이순남은 한여름 무더위에 지역사회 주민을 위해 애쓰는 장병들이 고마워 기술적 지원뿐 아니라 한 번이라도 더 간식을 제공하는 등 신경을 쓰며 지역의 수해 복구에 최선을 다했다. 이렇게 수해지역의 전염병 예방과 관리에 힘쓴 것이 인정을 받아 이순남은 1998년 12월 28일 보건복지부장관으로부터 장관급기관장 표창을 받을 수 있었다.

이순남이 서울간호전문대학에 입학하던 1973년에는 전국 간호학생 중에 학사학위과정 입학생은 4분의 1도 되지 않았지만, 세월이 흐르면서 간호학사는 절대 수에 있어서나 비율에 있어서나 늘어나고 있었다. 간호계에서는 3년제와 4년제로 이원화된 간호교육의 여러 문제점을 극복하기 위해 간호교육 일원화를 적극 추진했다. 이순남은 간호 실무자로서의 능력뿐 아니라 간호연구자로서 역량을 증진시키고 싶었고, 이를 위해 학사와 석사학위를 취득해야겠다고 결심했다. 그리고 1996년 한림대 간호학과 제1회 간호학사 특별과정에 입학했다. 3년제 간호교육을 받은 간호사가 2년간 간호학 전공교육을 받은 후 간호학위를 취득할 수 있도록 한 간호학사편입(RN-BSN) 과정이었다. 한림대학교의 간호학사 특별과정은 보건간호에 관한 국제적 동향까지 포괄하는 수준 높은 내용과 함께, 학기 중에도 강의를 받지만 방학 중에 집중이수를 하도록 하는 방식으로 현직 간호사에게 편의를 제공했다. 즉 학기 중에는 서울 영등포에 위치한 한강성심병원에서 강의를 듣고, 방학을 이용하여 춘천의 한림대학교 기숙사에서 생활하면서 5일씩 집중강의를 이수하도록 했다. 1회 입학 동기는 모두 80명으로 병원, 보건소 등의 실무 현장에서 오랜 기간 활발하게 활동하여 상당한 위치에 있는 간호사가 많았다. 학사학위 취득에 대해 열의가 높은 동기들과 함께 공부하자니 퇴근 후 영등포에 가서 야간강의를 들으면서도 피곤하게 느껴지지 않았고, 집중이수 기간은 다시 대학생이 된 기분으로 몰입할 수 있어서 즐거웠다. 이순남은 2년간 주경야독의 시간을 거쳐 1998년 2월 간호학사 학위를 취득했다.

지역의 보건사업을 이끄는 보건소장

이순남은 1999년 3월 10일 양주군 보건소장으로 승진했다. 23년간 부단히 보건소와 더불어 자신을 발전시켜 온 이순남 개인으로뿐만 아니라 간호계에도 의미가 큰 경사였다. 보건소의 시작부터 간호사는 주요 전문가로 활동하면서도 오랫동안 보건소장으로 임용되지 못했는데, 보건소법에서 보건소장은 의사 중에 임명하도록 정했기 때문이다. 그렇지만 보건소장으로 임용할 의사가 없어 공백인 경우가 많이 발생하자 1976년에는 보건직공무원 중에서 임명할 수 있도록 변경했고, 그래도 보건소장이 공백인 경우가 많아 1996년에는 보건의무직군이 보건소장이 될 수 있도록 함으로써 간호직이 대다수인 간호사도 보건소장이 될 수 있는 근거가 마련되었다.

한국 최초의 간호사 출신 보건소장은 1994년 7월 전라북도청에서 보건직으로 근무하다가 진안군 보건소장으로 임명된 경우였다. 그리고 보건소에서 일하던 간호사가 처음 보건소장이 된 것은 1998년 전남 무안군 보건소장으로 임명된 유경순이었다. 그리고 이듬해인 1999년 이순남이 수도권 최초로 간호직 출신 보건소장에 임명되었다. 이후 간호사 출신인 보건소장이 점차 늘어나서 2003년에는 8명,[35] 2008년에는 12명,[36] 2013년에는 21명이 되었다.[37]

이순남은 보건소장이 되자 그동안 쌓아온 경험과 노하우를 바탕으로 각 지역의 건강실태와 요구도를 파악, 분석해 지역 특성에 맞는 다양한 사업을 시행하는 데 주력했다. 보건소장이 되어 가장 먼저 닥친 과제가 지역사회의 현황과 요구를 반영하고 보건사업의 방향을 제시하는 제2기 지역보건의료계획 수립이었다. 이순남은 많은 보건소에서 하듯이 대학에 위탁하지 않고 보건소 직원들과 직접 지역보건의료계획을 수립하기로 마음먹었다. 지역보건의료계획을 수립하기 위해서는 지역 내 보건의료실태와 지역주민의 보건의료의식·행태 등에 대하여 자료를 수집하고 조사를 실시해야 했다. 각 보건소에서는 대학에 위탁하거나 자체적으로 주먹구구식의 지역사회조사를 하고 있었는데, 이순남은 보건소 직원들과 함께 직접 그러나 제대로 해보기로 마음먹었다. 국립보건원에서 보건간호과정을 이수할 때에도, 통합보건요원교관교육을 받을 때에도 지역사회 건강문제 파악을 위한 지역사회조사에 대해 교육도 받고 실습도 해보았으므로 자신이 있었다. 가장 큰 문제는 인구 10만 명에 근접하고 있는 양주군의 대표성이 있는 표본을 선정하는 것이었는데, 제대로 표본조사를 할 인력이나 예산은 확보되어 있지 않았다. 이순남은 보건소 직원들을 설득하여 전체 읍면을 대상으로 모든 직원이 50가구씩 담당하고 직접 가정방문하여 지역조사를 시행하도록 함으로써 표본의 대표성 문제를 해결했다. 그리고 각 직원이 수집해온 자료를 취합하여 지역사회를 진단하고 문제점을 돌출한 후 심각성, 해결 가능성 등을 고려한 순위를 선정해 지역보건의료계획을 수립했다.

그다음은 변화하는 역할에 걸맞은 보건소 시설과 조직을 갖추도록 하는 것이었다. 양주군은 의정부읍 등이 의정부시로 독립한 이후에도 의정부시에 위치한 옛 군청을 사용하고 있었고 보건소도 마찬가지였다. 남양주와 의정부가 독립해서 예전보다 양주군의 관할 면적은 크게 줄었지만 인구가 지속적으로 증가해 새로운 군청과 보건소가 절실한 상황이었다. 2000년에 '양주읍'에 새 군청 건물이 완공되고 보건소도 신축 건물로 이전하여 지방자치와 건강증진 시대에 걸맞은 새로운 출발을 할 수 있었다. 그리고 양주군의 인구가 10만 명을 넘어서면서 2003년에는 양주시로 승격되었다. 이순남은 양주의 발전, 보건소 기능의 확대에 걸맞게 보건소의 조직과 기구를 정비하고 확충해 나갔다. 노후되어 지역주민조차 발걸음을 꺼려했던 보건지소와 보건진료소의 신축 이전을 추진해 2개의 관할 보건지소는 2000년과 2002년에 신축 이전했고, 2003년에는 관할 4개 보건진료소를 모두 신축 이전했다. 그리고 양주시의 도시화에 따라 2008년에는 1개 보건진료소를 폐지했다. 보건소 조직 면에서는 지역주민의 요구가 늘어나는 건강증진사업과 만성질환관리사업을 강화하기 위해 2004년 건강증진담당을 신설하고 2006년 1월에는 진료지원팀을 신설했으며 2007년에는 건강증진실과 재활치료실을 설치하고, 정신건강사업의 확대에 따라 2008년

10월에는 정신보건센터를 개설하는 등의 변화를 주도했다.

이순남은 보건소장으로 지역의 보건사업을 주도하면서 분석과 기획 능력을 향상시키기 위해 오랫동안 꿈꾸었던 석사학위를 취득해야겠다고 마음먹었다. 이순남은 2001년 인제대학교 보건대학원 보건학과에 입학해 2003년 8월 보건학 석사학위를 취득했다. 석사학위논문의 제목은 〈일 지역 공무원의 건강행위 실천에 영향을 미치는 요인〉으로 경기도 군청 공무원 300명을 대상으로 일반적 특성과 건강행위 등에 관한 설문지를 돌린 후 유효한 236명으로부터의 회신을 통계분석한 것이었다. 그리고 양주군 보건소에 시행한 사업이 연구 결과로 이어지도록 노력했다. 그 결과 〈집단 영아경락마사지가 영아의 성장, 어머니의 모아상호작용과 모아애착 및 역할만족도에 미치는 영향〉,[38] 〈지역사회 중년여성의 특성 및 건강행위 실천과 비만: 비만 지표에 따른 비교〉[39] 등의 제목으로 학회지에 공동논문을 발표하는 성과를 낼 수 있었다.

이순남이 보건소장으로 활동한 시기 보건소의 가장 큰 변화는, 기존의 질병예방과 관리 중심 사업에서 건강증진사업 중심으로의 변화와 역할 확대라고 할 수 있다. 1995년 국민건강증진법이 제정되고 1998년 전국 18개 보건소에서 시범사업을 시작한 이후 보건소의 건강증진사업은 빠르게 확대되었다. 2002년에는 전국 100개 보건소에서 '금연, 절주, 운동, 영양 외' 4대 건강생활실천사업이 펼쳐졌으며, 2004년에는 건강증진사업이 156개 보건소로 확대된 데 이어 2005년에는 전국 보건소에서 건강증진사업을 하게 되었다.

이순남은 양주시 보건소의 건강증진사업 시행과 확장에 있어서 양주시 지역주민의 특성과 요구를 반영한 사업을 중심으로 하고자 노력했고, 특히 한방허브사업을 시작하고 발전시켜 선도적 사례를 만들었다. 이순남은 지역주민에게 한방의료의 수요와 만족도가 상당히 높다는 점을 알고 보건소를 신축 건물로 이전하면서 한의사를 채용했으며, 이어 한의사가 공중보건의로 배치되어 한방사업을 시작할 수 있는 인적 자원이 마련되었다. 이순남은 한방을 건강증진사업에 적극적으로 접목시켜서 2003년부터 한방기공체조교실과 사상체질 무료검사를 시행했다. 또한 금연침 시술 및 교육을 통한 한방금연교실, 그리고 장애인과 독거노인 대상 가정방문관리교실을 시행했다. 이러한 사업 경험을 기반으로 경희대학교 간호과학대학과 협력해 프로그램을 개발하여 보건복지부가 전국의 보건소를 대상으로 공모하는 사업계획서를 제출하였다. 서류심사와 현지조사 등을 통해 양주군의 한방의료사업은 보건복지부로부터 우수한 프로그램으로 인정받아 경기도에서 유일하게 '2005 한방건강증진 허브(HUB) 보건소'로 지정되어 8800만 원의 국비를 지원받게 되었다. 그 결과 기존 사업 외에도 중풍예방교실, 관절염 예방교실, 한방 산·전후교실, 육아교실 등 모두 8개 프로그램을 운영할 수 있었다.[40]

양주시 보건소의 한방서비스는 이후 다양한 프로그램을 지속하며 지역주민의 열렬한 호응을 얻었다. 2008년에는 고도비만자를 대상으로 이침과 한약, 한방차 등을 처방하는 한방진료를 기본으로 식이요법과 운동을 접목해 체질개선을 통해 체중관리를 도모하는 한방비만관

양주시 보건소에서 호응이 좋았던 '한방 관절염 타이치 운동교실'.(《동두천연천시사신문》, 2013.3.1.)

리시스템, 기체조와 만보 걷기 등 포괄적 한방건강증진프로그램으로 중풍을 예방하도록 하는 한방중풍예방교실, 명상을 통해 스트레스를 해소하도록 돕는 한방기공체조교실, 의료취약자를 한의사가 직접 방문하여 침·뜸·부황 등의 서비스를 제공하는 한방가정방문, 경혈자극 마사지와 이유식을 교육하는 한방육아교실, 관절염 환자 대상 한방관절염 타이치운동교실 등을 운영했다.[41] 이듬해에는 특히 호응이 높은 사업에 대해 회차를 높여 한방중풍예방교실은 주 2회씩 총 16회 과정으로 보건교육, 식이교육, 웃음치료, 기공체조, 만보 걷기, 혈액검사 등을 포함하는 건강증진사업으로 확장했으며,[42] 한방비만클리닉은 주 2회씩 총 24회에 걸쳐 한방과 운동, 영양을 접목한 프로그램을 제공했다.[43] 또한 한방 사상체질 건강교실[44]과 한방관절염 타이치운동교실[45]

이순남 양주시 보건소장의 퇴임 당시 모습과 퇴임식 사진. (양주시보건소)

은 각각 주 2회씩 16회 과정으로, 영아의 순조로운 성장과 신체발달을 촉진시키고자 마련된 한방영아경혈마사지교실은 6주 과정으로 운영 되었다.[46] 2013년에는 한방통증관리교실을 운영했는데, 의정부 보훈 지청에서는 고령 보훈유공자들이 이 한방통증교실을 이용할 수 있도 록 적극 후원했다.[47]

이들 프로그램 중에 가장 장기적으로 추진되며 주민의 호응을 받은 프로그램 중 하나가 타이치 운동교실이었다. 2003년 한방기공체조교 실로 시작하여 2005년부터 한방관절염 타이치 운동교실로 발전했고, 이용자들의 요구를 반영하여 초보자를 위한 기초반과 계속 이용자를 위한 심화반으로 단계를 나누었다.[48] 이러한 프로그램 운영에는 지도 자 역할을 하는 전문가가 중요했는데, 이순남은 나이팅게일 기장 수상 자인 박명자 등이 양주시의 타이치교실 강사로 봉사할 수 있도록 지원 해 지역주민의 높은 호응을 얻었다.

이렇게 이순남은 "보건소에 앉아 주민들을 기다리기보다는 마을 구석구석을 찾아가 도울 수 있도록 힘을 쏟"으며 "보건소가 주민의 평생건강관리센터로 손색없도록 운영"하도록 힘썼다. 또한 치료 중심에서 예방 중심으로 바뀌어가고 있는 보건의료 패러다임에 발맞추어 질병예방사업, 건강증진사업을 중점적으로 추진하면서 공공의료의 강화에 발맞추어 보건소의 기능과 역할 범위를 넓히도록 노력했다.[49] 그리하여 2014년 퇴임하기까지 만 15년을 보건소장으로 재직하며 지역사회 주민의 건강과 보건간호사업의 발전에 기여했다.

대한간호협회 및 보건간호사회 활동과 퇴임 이후

대한간호협회 회원이자 보건간호사회 회원이던 이순남은 보건소장이 된 이후 보건간호사들의 지도자로 더욱 활발히 활동했다. 대한간호협회 회원으로서는 경기도간호사회를 기반으로 적극 활동하여 2006년 공로상을 수상했고[50] 이후로도 꾸준히 이사 등으로 활동했다.[51]

보건간호사회는 서울대학교 보건대학원 CPHN 과정 이수자를 중심으로 1970년 창립된 조직으로, 1972년에는 대한간호협회 최초의 산하단체로 승인받았고, 1975년에는 경기지회가 출범하는 등 전국적으로 지회가 설립되면서 조직을 갖춘 단체였다.[52] 이순남은 1994년부터 2년간 보건간호사회 경기도지회장을 지냈고, 1997년부터는 보건간호사회 본회 이사로 활동했다.[53] 2007년에는 부회장에 당선되어 이후 재선까지 4년간 활동했고, 이어서 2011년에는 제21대 회장에 당선되어 제22대까지 4년간 회장으로 활동했다. 이순남이 보건간호사회 회장단으로 활동하면서 가장 힘쓴 부분은 두 가지로, 첫째 보건간호사의 권익 옹호, 둘째 보건간호사의 역량 강화였다.

보건간호사의 권익옹호는 이순남이 부회장으로 선출된 2007년 보건간호사회 제37회 총회부터 지속적으로 상위직급 확보 등의 지위향상과 보건의료 관련 법 및 정책 개선을 위한 활동으로 추진되었다.[54] 이순남은 간호정우회와의 정책간담회에 참석하여 보건진료원의 일반직 전환, 보건간호사의 상위직급 확보, 적정간호인력 확보 등을 주요 이슈로 다루도록 했으며[55] 회장이 되어서는 관련 활동을 더욱 적극적으로 추진했다. 보건간호사를 위한 활동에 협조적인 지자체장에게는 감사패를 수여했고,[56] 지역보건법 개정을 위한 공청회를 개최했으며,[57] 보건소 간호사의 역할 분석 및 역할 확대방안 정책연구를 실시한 후 결과를 총회에서 발표해 회원이 공유할 수 있도록 했다. 또한 간호직공무원 수당 인상 등의 정책 건의활동 등[58] 지역보건기관에서 활동하는 전체 간호사의 권익옹호를 위한 활동을 펼쳤다.

보건소에서 일하는 간호사들의 직무능력 향상을 위해 지속적으로 보수교육프로그램을 개발하고 인준했으며, 연 1회 지역을 달리하며 1박 2일간 개최되는 보건교육경연대회를 활성화했다. 2011년 8월 강원도 원주의 인터불고호텔에서 개최된 제10회 보건교육경연대회는 보건복지부와 대한간호협회가 후원했으며, 전국에서 400여 명의 보건간호사가 참석한 가운데 우수 보건교육 프로그램 12편이 발표되고 보건교육 표어 우수작과 보건사업 홍보물에 대한 시상식도 진행됐다. 이순남은 이 자리에서 "국민들의 욕구에 한발 앞서가는 아이디어를 발굴해 주민들의 건강과 삶의 질을 증진시키는 계기가 되길 바란다"는 경연대회의 의미를 분명히 했고[59] 2012년에는 부산, 2013년에는 경주, 2014년에는 대구에서 경연대회를 개최했다.

그 외에도 2011년부터 보건관리자교육을 시작했다. 2011년 6월 18일 연세대학교 간호대학에서 '일차보건의료의 재조명'을 주제로 실시된 보건관리자교육에서 이순남 회장은 '관리자의 역할방향'에 대해 강연했다. 그리고 연 1회 학술대회와 대의원총회가 함께 개최되던 것을 2014년부터는 대의원총회와 직무교육이 함께 이루어지도록 변경해 더 많은 보건간호사가 참여하도록 했다. 이에 따라 2014년 3월 21일 서울 리베라호텔에서 '보건간호사의 역량강화'를 주제로 제44회 대의원 정기총회 및 직무교육이 개최되었으며, 이 자리에서 이순남은 '보건간호사 위상확립을 위한 정책방향'을 주제로 강연했다.

보건간호사회의 활동이 확대되면서 2014년 제3회 대한민국 나눔국민대상에서 정신간호사회와 함께 보건복지부장관 표창을 받았다. '대한민국 나눔국민대상'은 평소 이웃을 위해 나눔을 실천함으로써 나눔문화를 널리 확산하고 따뜻한 사회 분위기 조성에 기여한 사람들에게 감사를 표하고, 그 공을 널리 알리기 위해 제정된 상으로 전 국민을 대상으로 수상 후보자를 공모했는데, 보건간호사회는 국민건강증진 및 질병예방을 위한 의료지원 및 자원봉사활동에 앞장선 공을 인정받아 수상한 것이다.[60]

이순남은 2014년 5월 16일, 긴 공직생활을 마치고 퇴직했다. 그리고 기회가 될 때마다 간호계 선배로서 역할을 하며 그동안 누리지 못한 자연인으로서의 삶을 즐기고 있다. 이순남의 공로에 대해 정부에서는 2014년 12월 31일 홍조근정훈장을 수여했으며, 대한간호협회에서 2016년 2월에 열린 제83회 정기대의원총회에서 공로패를 수여했다.[61] 이순남은 모교 서울여자간호대학과의 동문회장을 2014년부터 2018년까지 역임했고, 2016년에는 모교의 제62회 나이팅게일 선서식에 참여하여 나이팅게일처럼 고귀하고 보람된 삶을 살기 위해 노력하는 후배 간호사가 되길 바란다는 축사를 하는 등[62] 기회가 될 때마다 후배 간호사를 격려하고 있다.

맺음말

개항 이후 세워진 서양식 병원에 고용된 조선인은 병원 운영에 필요한 일을 하면서 교육과 훈련도 받았고, 거기에는 환자 간호도 포함되어 점차 전문적 교육을 받고 간호를 직업으로 하는 조선인이 늘어났다. 그중에는 가정폭력의 피해자였던 김씨 부인과 주인에게 버림받은 여종 이복업이 있었다. 이들은 환자로 선교회에서 운영하던 여성전문병원 보구여관에 갔다가 기독교 신자가 되어 김마르다 그리고 이그레이스라는 이름을 얻었으며, 보구여관에서 기초적인 교육을 받으며 간호 등의 일을 하다가 최초의 간호학교를 1회로 입학하고 졸업함으로써 한국 최초의 간호사가 되었다. 이들은 졸업 후에 서울과 평양의 선교계 병원을 중심으로 간호 실무와 교육 분야에서 활동했다. 이들이 조선사회의 여성 피해자에서 출발해 일하고 교육받아 간호사가 되고 전문직업인으로 성장하는 과정은 개인의 삶이 전근대인에서 근대인으로 변화하고 전문가로 성장하는 모습을 보여준다.

조선 왕실의 아기나인이었던 박자혜는 궁녀 제도가 폐지된 후 왕실의 후원으로 설립된 숙명여학교를 거쳐 조선총독부의원 간호부과와 조산부과를 졸업하여 당시 조선에서 여성이 받을 수 있는 최고 수준의 의료인 교육을 받았다. 조선총독부의원에서 일하던 중 삼일운동에 참여했고, 중국으로 가서 계속 의학교육을 받고자 했지만 신채호를 만나 결혼한 후 독립운동가의 아내이자 두 아이의 어머니로서 어려움을 견뎌야 했다. 서울 종로에서 산파로 개업하고 독립운동을 계속 했지만 일제가 박자혜를 지속적으로 감시해 극심한 생활고에서 벗어나지 못했고, 전문가로 더 이상 역량을 펼치지 못하고 독립을 보지 못한 채 사망하였다.

열아홉의 나이에 아들 하나를 둔 청상과부였던 정종명은 세브란스병원 간호부양성소에 이어 조선총독부의원 조산부과를 졸업하고 산파 면허를 취득해 경제적 기반과 사회적 인정을 얻을 수 있었다. 최초의 여성 공산당원으로 여자고학생상조회, 조선간호부협회, 여성동우회, 근우회, 신간회 등의 여러 사회단체를 만들고 적극적으로 활동했으며, 조선 여성의 억압적 현실을 호소력 있게 드러내고 계급혁명을 주장하는 대중연설을 통해 유명한 산파가 되었다. 정종명은 해방 이후 사회주의 여성운동가로 활동을 재개하다가 북한으로 갔으며 이후로는 행적이 확인되지 않는다.

1902년에 출생한 한신광은 삼일운동 참여를 계기로 가족을 부양하며 공부를 지속하기 위해 동대문부인병원 간호학교에 입학하였다. 졸업하고 산파 면허를 취득한 후 태화여자관의 모자보건사업에 참여하여 유일한 조선인 간호사이자 산파로 가정방문, 영유아클리닉, 보건교육 등을 적극적으로 펼쳐나갔다. 조선인 간호사들의 조직인 조선간호부협회를 창립하여 초대 회장을 지내면서 사회적 역할을 하는 단체를 만들고자 노력했다. 한신광은 대중강연에서 보건의료전문가로서의 주제도 다루었으며, 대중에게 간호부라는 직업을 알리는 데 기여했다. 해방 후에는 다양한 구호사업과 여성단체 참여, 대한조산협회 활동 등을 지속했으며, 은퇴 이후에도 노인회 활동을 펼치는 등 평생에 걸쳐 전문가이자 사회운동가로서의 활동을 지속했다.

1900년에 태어난 이금전은 세브란스 산파간호부양성소를 졸업한 후 캐나다 토론토대학 공중보건위생과에서 수학함으로써 최초의 유학파 간호사가 되었다. 태화여자관의 모자보건사업가로 활동하면서 한국 여성 최초로 자연과학 전문서적《영양과 건강》을 저술했으며, 신문과 잡지에 영유아 건강에 관한 글을 내는 등 모자보건 전문가로서 역량을 발휘했다. 해방 후 보건의료가 재편되는 과정에서 이금전의 역할은 간호 조직, 실무, 교육의 지도자로 확대되었다. 이금전은 은퇴한 후 한국 현실에 적합한 간호학 교재 편찬이라는 목표의 결실인《보건간호학》을 출간하는 등 평생에 걸쳐 간호계의 전문가이자 지도자로서의 삶을 살았다.

1926년에 출생한 조귀례는 일제 말 경성제대 의학부 부속병원 간호부양성과에서 간호교육을 받았다. 경성대학 의학부 부속병원 간호사로 해방 직후의 혼란을 겪었으며, 미군정 보건간호원이 되어 당시 심각한 보건문제였던 급성감염병 유행 관리에 힘을 쏟았다. 1948년 대한민국 정부 수립과 함께 출범한 육군 제1기 간호장교가 되어 곧바로 여순사건 부상자 간호에 투입되었고, 1950년 한국전쟁이 발발하자 국군 부상병 간호와 군병원 지원에 전력을 다했다. 종전 이후에는 군 간호의 재건과 후배 간호장교 양성을 위해 활동했으며, 전역 후에는 해외개발공사 파독 간호인력의 선발과 교육을 담당하는 등 대한민국 1기 간호장교로서 군과 정부에서 요구한 역할의 최전선을 경험했다.

1932년에 태어난 박명자는 서울대학교 의과대학 부속고등간호학교 학생으로 한국전쟁을 맞닥뜨려 남북을 오가며 생사의 위기를 겪은 후 제2기 간호사관생도 교육을 받고 간호장교로 복무했다. 선진국의 수술·마취 간호를 전수받을 수 있었던 군에서의 교육과 경력을 바탕으로 전역 이후 서울대학교병원 수술장 간호사로 전국적으로 수술·마취·회복 간호가 자리 잡을 수 있도록 활동했다. 간호교육자, 간호관리자로 활동하다가 중등교육으로 자리를 옮겨 교련교사와 장학사를 거쳐 중학교 교장이 되어 한국 최초로 학교 내 보육시설을 설치했다. 한국사회의 급격한 팽창기에 간호 실무, 교육, 행정 그리고 간호교육과 중등교육의 경계를 가리지 않고 활동한 박명자는 현직 내내 그리고 은퇴 이후에도 간호사로서의 전문성과 연결된 봉사를 계속했다.

1940년에 태어난 박정호는 서울대학교 의과대학 간호학과를 제1회로 졸업하고 서울대학교병원의 간호사로 근무하면서 간호학사 출신 제1호로 서울대학교 대학원 이학석사학위를 취득했다. 만 29세에 서울대학교병원의 최고 간호관리자로 임명받아 서울대학교병원의 개혁과 신축 병원으로의 이전, 법인으로의 출범을 준비했다. 박정호는 병원 행정과 실무의 여러 개혁을 추진하면서 평소 문제의식을 기반으로 연구를 수행한 후 그 결과를 근거로 병원 관리의 개선을 이끌어낼 수 있었다. 이러한 비판적 사고, 연구, 개선의 과정은 이후에도 박정호의 간호관리자이자 간호학 교수로서의 삶에서 지속되어 간호전달체계의 개편, 간호표준과 간호수가 개발, 가정간호제도 수립 등을 이끌어냈고, 이는 실무에 기반한 간호학계가 학문적 연구에 있어서도 발전했음을 반영하는 것이었다.

1955년에 태어난 이순남은 서울여자간호대학을 졸업하고 경기도 양주군의 임시직 모자보건요원으로 간호사 경력을 시작했다. 농촌의 어려운 현실과 보건상황을 경험하며 임산부 건강관리와 출산 준비 지도, 영유아 예방접종을 위주로 활동하다가 양주군 보건소 정규직 공채에 합격했다. 이순남은 국립보건원의 보건간호반 교육을 통하여 지역사회에 대한 이해와 보건간호사로서의 능력을 함양할 수 있었다. 경기도 통합보건요원 교관으로 활동하면서 서울대학교 보건대학원에서 보건간호과정을 이수하였으며, 보건소에서 결핵관리, 예방접종 등의 업무를 담당하면서 실무 역량을 넓혀갔다. 이순남은 가족보건 업무를 관할하면서 조산사 면허를 취득하였고, 예방의약계장 등을 거치면서 보건소 전반의 업무를 관장할 수 있는 역량을 확대하는 동시에 간호학 사학위를 취득했다. 이순남은 수도권 최초의 간호직 출신 보건소장이 되어 변화, 확장하고 있는 보건소 사업을 이끌어가며 특히 지역의 특성을 반영한 건강증진사업을 이끌면서 보건학 석사학위를 취득했다. 보건소 임시직에서 출발해 보건소장에 이른 이순남의 경력은 보건의료환경의 변화, 보건소의 역할 확대에 발맞추어 지속적인 교육과 역할 확대를 통하여 이루어낸 보건간호사로서의 성장이었다.

이상 20세기 초에서 출발해 21세기 초까지 이어진 간호인 10인의 삶은 각 인물이 살아간 시대와 사회를 반영하면서 한국 근현대의 굴곡과 변화와 발전, 한국 간호의 변화와 발전을 보여준다. 이들 간호인은 모두 시대와 사회의 산물이었지만 각자의 삶에서 어려움을 견디고 앞으로 나아가기 위해 노력했다. 이들의 삶에 주어진 선택은 시대와 사회의 제약을 받기도 했지만, 어느 순간의 선택이 각자의 삶은 물론이고 시대와 사회에 영향을 미치기도 했다. 한 세기에 걸친 간호인들의 삶의 연결로 드러난 것은 한국 사회와 한국 간호의 역사 그 자체였다.

1장 김마르다와 이그레이스

1   〈병원〉,《그리스도신문》, 1906.8.16.

2   〈간호부졸업식〉,《황성신문》, 1908.11.7.; Morrison, A., "Nurses Traning School in Seoul," *The Korea Mission Field*, 1909.7.

3   일본에서는 이미 '간호부(看護婦)'라는 명칭을 사용했고 한국에도 알려져 사용되고 있었기 때문에 여메례가 '간호원'이라는 명칭을 만들 때 이를 참고했을 가능성이 크다. 옥성득(2012)은 간호원이라는 명칭이 일본뿐 아니라 '호사(護士)'라는 명칭을 사용한 중국의 영향도 받았을 것이라고 했다. 이후 선교계에서는 '간호원'이라는 명칭을 선호했지만 1914년 조선총독부령 '간호부규칙'이 제정·시행된 이후로는 '간호부'라는 명칭이 공식적으로 사용되었다.

4   라빈니아 덕·이사벨 스튜어트,《간호사》, 조선간호부회, 1933. 286-287쪽.

5   김마르다가 1893년 보구여관에 환자로 왔을 때 남매의 어머니였다는 것과 1903년 보구여관 간호원양성소에서 학생을 모집할 때 연령을 21~31세로 제한했던 것을 고려하면, 김마르다의 나이를 1893년 20대 초, 1903년 30대 초로 추정할 수 있다. 또한 김마르다가 보구여관에 환자로 왔을 때의 정황으로 보아 좋은 양반 가문 출신은 아니었던 것 같다.

6   Edmunds, Margaret, J., "Training Native Nurses," *The Korea Mission Field*, 1906 August.

7   Ernsberger, E., "Report VI. Baldwin Dispensary and Chapel, East Gate," *Fourth Annual Report of the Korea Woman's Missionary Conference of the Methodist Episcopal Church, held at Pyeong Yang, May 16 to 21 1902*, 1902.

8 1898년 8월 선교회 보고서에서 이그레이스가 17세가 되었다고 한 것에 따르면 1891년 출생으로 계산이 된다. 그렇지만 1913년에 받은 의생 면허에 1883년 9월 9일 출생으로 되어 있어서 이 글에서는 1883년 출생으로 나이를 계산했다.

9 "Po Ku Nyo Kwan," *First Annual Meeting of the Woman's Conference of the Methodist Episcopal Church in Korea, Seoul May 13-19*, 1899.

10 Cutler, Mary & Edmunds, Margaret, "Po Ku Nyo Koan, Hospital, Dispensary and Nurses Training School, Seoul," *Report of Po Ku Nyo Koan and Baldwin Dispensary Seoul*, 1905.

11 위의 글.

12 Cutler, Mary & Edmunds, Margaret, "Po Ku Nyo Koan," *Po Ku Nyo Koan Report with Addenda*, Seoul, 1906.

13 Hodge, J. W., "A Glimpse of the Wounded in the Severance Hospital," *Korea Mission Field III -8*, August 1907.

14 라빈니아 덕, 이사벨 스튜어트, 《간호사》, 1933, 288쪽

15 1906년 보구여관 간호원양성소 학생 4명 중에 이 그레이스만 Miss, 나머지는 모두 Mrs라고 했다. "Foreign Department," *American journal of nursing 6-9*, June 1906.

16 이그레이스가 1915~1916년 사이에 일시적으로 광혜의원 일을 그만두었던 이유는 분명하지 않지만 연이어 출산하고 육아하던 상황에 1914년부터 남편 이하영 목사가 서울 동대문교회 목사로 서울에 있었던 것과 관계가 있는 것 아닌가 싶다. 이그레이스는 1912년에 이미 전처 아들까지 3남의 어머니였고, 이후 1남 2녀를 더 낳아 모두 4남 2녀를 키웠다.

17 Hall, Rosetta S., "Hospital of Extended Grace to Women," *Annual Report of the Korea Woman's Conference, Woman's Foreign Missionary Society, Methodist Episcopal Church*, 1906.

18 알렌, 김원모 옮김, 《알렌의 일기》, 단국대학교출판부, 1991, 478쪽. 이꽃메·황상익 (1997), 66쪽에서 재인용.

19 조선의보사, 〈초창기의 세브란스의과대학〉, 《조선의보》 1권 718호, 1947, 105쪽.

20 "Po Ku Nyo Kwan or Seoul Women's Hospital and Dispensary," *The Korean Work of the Woman's Foreign Missionary Society of the Methodist Episcopal Church, 1897-1898: Reports Presented to the Fourteenth Annual Meeting of the Korea Mission of the Methodist Episcopal Church, held at Seoul, August 25 to September 1*, 1898.

21 "Po Ku Nyo Kwan," *First Annual Meeting of the Woman's Conference of the Methodist*

Episcopal Church in Korea, Seoul May 13-19, 1899.

22　Ernsbberger, H., "Report IV-Woman's Hospital and Dispensary, Chong Dong, Seoul," *Third Annual Report of the Korea Woman's Missionary Conference of the Methodist Episcopal Church, held at Seoul*, May 9 to 14 1901.

2장 박자혜

1　산파의 수는 이꽃메(2002), 234쪽 표 2 〈일제강점기 면허 산파 수의 추이〉 참조. 조선 인구에 관한 통계는 국가통계포털 www.kosis.co.kr 참조.

2　조선총독부령 19호 〈조선총독부의원 부속의학강습소 규칙〉,《조선총독부관보》, 1911.2.20.

3　박자혜 다음 학년인 1916년 졸업생부터 일본인 간호부가 배출되기 시작했다.《조선총독부의원 20년사》, 67.

4　조선총독부령 35호, 〈조선총독부의원 및 도 자혜의원 조산부 간호부 양성규정〉, 《조선총독부관보 호외》, 1916.4.25.

5　《조선총독부의원 20년사》, 1928, 74쪽

6　〈가신 님 단재의 영전에: 제문을 대신하여 곡하는 마음〉,《조광》, 1936.4., 2-4쪽.

7　〈단재와 우당〉,《동아일보》, 1936.3.12~13.

8　〈만리이역에서 결혼, 풍우에 날리는 애소, 신채호 부인 방분기(2)〉,《동아일보》, 1928.12.13.

9　〈냉돌에 기장쥐고 모슬에 양아제읍, 이역 털창리에 풍운아 남편두고 어린 두아이 길우는 신채호 부인, 신채호 부인 방문기〉,《동아일보》, 1928.12.12.

10　〈무명씨동정, 금오원기증 본보긔사 보고 박여사에게 송부〉,《동아일보》, 1928.12. 13.;〈신채호 가정에 유지의 동정금〉,《동아일보》, 1928.12.18.;〈신채호가정에 답지하는 동정〉,《동아일보》, 1928.12.19.

11　〈부군은 옥중에 신산한 새해맞이: 신채호 부인 박자혜여사 방문기〉,《신가정》, 1934.1., 102-104쪽.

12　〈단재 신채호 뇌일혈로 의식불명 형무소장 전보로 가족금일향발〉,《동아일보》, 1936.2.19.;〈신채호의 위독설, 뇌일혈로 중태에 있다 하여 영식과 친지 등 급행〉, 《조선중앙일보》, 1936.2.19.

13　신수범, 〈아버님 단재〉, 김삼웅,《단재 신채호평전》, 시대의창, 2023.

14 〈두번 면회시 전연 의식이 불명': 신단재 운명시 광경 旅순 갔던 서세충씨 담〉,《조선 중앙일보》, 1936.2.25.

15 〈신단제 오는 날의 남대문역두〉,《삼천리》, 8권 4호, 1936.4.1.

3장 정종명

1 여기서 기독교는 천주교, 예수교장로회, 기독교감리회, 성공회, 구세군, 기독교선교 회, 기독교회, 일본기독교단, 기독동신회, 조선기독교회, 회중기독교회, 그리스도교 회, 예수교회, 기독교복음교회, 나사렛교회, 순복음교회, 동아기독교회를 망라하여 총독부에서 파악한 것이다(송규진, 2018, 453쪽).

2 정종명의 출생 연월일, 본적, 출생지는 1931년 일제에 검거되었을 때의 기록으로 알려져 있다.

3 정종명의 성장기와 결혼생활에 관한 인용은 정종명의 1929년 글, 〈빈궁, 투쟁, 고독 의 반생〉,《삼천리》 2호 참고.

4 정종명, 〈간호부 생활〉,《신여자》 2호, 1920.

5 〈간호부 보모(媬母)간 난투후 동맹파업〉,《매일신보》, 1927.1.3.

6 정종명, 〈법률적 고려가 선결〉,《삼천리》, 5호, 1930.4.

7 〈정종명여사의 진력하는 여자고학생상조회〉,《매일신보》, 1922.11.10.

8 〈여자고학순강내칠〉,《동아일보》, 1923.8.27.

9 정종명, 〈갑자를 보내면서: 처음으로 큰 흉년을 당하고〉,《신여성》 2호, 1924.

10 〈사상문제 대강연〉,《동아일보》, 1924.8.18.

11 〈여성동우강연〉,《동아일보》, 1924.10.3.

12 〈여자고학순강 웅진에서 중지〉,《동아일보》, 1924.3.7.;《고등경찰관계연표》, 1924. 2.27.

13 〈홍청강연중지〉,《동아일보》, 1924.3.28.

14 〈탈선 연설하고〉,《시대일보》, 1924.9.28.

15 〈여성강연해산〉,《시대일보》, 1924.10.3.; 〈여성동우강연〉,《동아일보》, 1924.10.3.

16 〈여류웅변 열화한 단상단하〉,《동아일보》, 1925.3.21.

17 〈정종명여사의 여성문제강연〉,《조선일보》, 1925.11.29.

18 〈정종명여사 일행 재령여성강연의 생황 주의, 중지, 해산명령〉,《매일신보》, 1926.4.7.

19 〈여성문제 강연 주의중지로 마쳐〉,《시대일보》, 1926.4.30.; 〈순천에서 여성문제강연

경찰에서 중지〉,《동아일보》, 1926.4.30.

20 〈평양여성동맹 주최 강연회에서 경성〉,《고등경찰관계연표》, 1927.6.6.;〈본보 평양 지국 후원 여성문제강연회 대성황리에 해산 명령〉,《중외일보》, 1927.6.8.;〈여성강 연 필경 금지, 연사 일시 검속, 도내 순회도 일체 불허〉,《중외일보》, 1927.6.9.;〈평 양여우강연회를 경찰이 돌연해산〉,《동아일보》, 1927.6.8.;〈여성동맹 강연해산〉, 《매일신보》, 1927.6.9.

21 이양,〈열성과 근로의 정종명씨: 근우회 여류투사〉,《삼천리》 14호, 1931,

22 초사(草士),〈현대여류사상가들(3), 붉은 연애의 주인공들〉,《삼천리》 17호, 1931.

23 〈30평생을 운동에 헌신 여성운동의 큰 손실이다 정종명여사 담〉,《중외일보》, 1928.1.7.;〈35개 단체 연합하여 장의준비〉,《중외일보》, 1928.1.9.;〈눈물겨운 영결 식〉,《동아일보》, 1928.1.11.

24 신용기에 관한 내용은 한국역사정보통합시스템(http://db.history.go.kr)의 일제감 시대상인물카드, 공훈전자사료관(https://e-gonghun.mpva.go.kr/user/index.do)의 유공자 정보 등을 참고했다.

25 박노아,〈상상기 만나기 전과 만나본 후 인상기 정종명씨〉,《별건곤》 27호, 1930.3.1.

26 정종명,〈박홍제 평 내가 실현하는 문인되자 노력〉,《삼천리》 4호, 1930.

27 〈옥0(獄0)의 투철(透徹)한 자각은 과거의 오류(誤謬)를 청산〉,《매일신보》, 1934.5.2.

28 〈궁금한 사람 그 뒤〉,《삼천리》, 8-11호, 1936, 178-182쪽.

4장 한신광

1 〈유아를 위해 생긴 태화관의 진료소〉,《동아일보》, 1924.1.25.

2 한신광의 오빠 한규상에 관한 내용은 1980년에 출간된《나의 조국 나의 교회: 고 근 산 한규상 선생 회고록》(보이스사)을 참고했다.

3 한신광,〈30여년전 간호원의 생활을 회고함〉,《대한간호》 속간 1호, 대한간호협회, 1953, 27쪽.

4 이에 대하여 한신광은 "세브란스는 남자환자를 취급하고, 동대문 부인병원은 여자 환자만을 취급하는 곳이라는 것이, 내게 취미를 더 끌게 되었던 것이다"라고 회고 했다. 한신광, 위의 글.

5　옥성득,《한국간호역사자료집 II: 1910-1919》, 대한간호협회, 2017.; Anderson, R. & Roberts, E. Seoul Medical Report, 1917, 315-317.

6　한신광(1953), 위의 글.

7　옥성득,《한국근대간호역사화보집 1885-1945》, 대한간호협회, 2012, 155쪽.

8　〈간호부의 생활〉,《동아일보》, 1925.3.18.

9　한신광, 〈50주년을 맞는 나의 회고〉,《대한간호》 12권 2. 1973, 62쪽.

10　광제병원은 경성의학전문학교를 졸업하고 훗날 한성의사회 회장을 지낸 의사 주영진이 개업하여 활발하게 운영되던 곳이었다.

11　〈산파간호부합격자, 조선인은 세사람〉,《동아일보》, 1923.6.9.; 〈신 산파 3명이 조선 사람에 생겨〉,《매일신보》, 1923.6.9.

12　〈간호부의 생활〉,《동아일보》, 1925.3.18.

13　〈직업부인들의 경험과 감상〉,《신여성》, 1925.4., 43-63쪽.

14　〈내 경험보다 남에게 희망. 한신광〉,《신여성》, 1925.4., 56-59쪽.

15　〈청주 정명학교 문화선전〉,《동아일보》, 1923.7.19.

16　〈웅기면려 청년회 토론〉,《동아일보》, 1923.8.2.

17　〈동래면에 문화강연〉,《동아일보》, 1923.8.29.

18　〈생활개조를 연설할 연합현상토론회〉,《시대일보》, 1924.6.28.; 〈성황을 이룬 여자 토론회, 일등은 한신광양〉,《시대일보》, 1924.7.7.

19　〈여자토론, 여자기독청년회주최로, 금일 중앙청년회관에〉,《시대일보》, 1924.10.28.

20　〈신춘남녀토론〉,《동아일보》, 1925.2.4.; 〈조선여자토론〉,《동아일보》, 1925.2.7.

21　〈여자토론 성황〉,《시대일보》, 1925.6.22.

22　조선간호부협회의 주도적 발기인 3인 중 한 명인 김금옥이 어떤 인물인지에 대해서는 밝혀지지 않았지만 한신광, 정종명이 여러 사회활동에 적극적이었던 점과 겨루어 볼 때, 중앙여자청년동맹 집행위원을 지내고 여성동우회 활동을 하는 등 1920년대 여러 사회활동에 적극적으로 참여했던 김금옥과 동일 인물로 추정된다.

23　〈간호부의 협회 발기〉,《동아일보》, 1924.11.22.

24　〈간호부협회 창립기념식〉,《동아일보》, 1925.2.2.

25　〈위생강연 금야〉,《동아일보》, 1925.7.4.

26　〈연사가 결정됨, 산아제한 토론회〉,《시대일보》, 1924.9.14.

27　〈경성잡화〉,《개벽》 52호, 1924.10.1.

28　〈여류웅변 열화한 단상단하〉,《동아일보》, 1925.3.21.

29　〈동아일보사 주최 제1회 전조선현상여자웅변대회 양일간 속기록〉,《동아일보》,

1925.3.23.

30 위의 글.

31 〈여류웅변 열화한 단상단하〉,《동아일보》 1925.3.21.

32 L. Edwards, "Seoul Social Evangelistic Center," *KMF*, Aug. 1924, 160, 이덕주 (1993), 151쪽에서 재인용.

33 〈아동건강진찰〉,《동아일보》, 1925.5.19.

34 천용근에 관한 내용은 〈향토사학자 추경화 대표, 또 항일투사 부부 포상 신청 '화제'- 천용근(千溶根)·한신광(韓晨光) 부부〉,《뉴스경남》, 2019.4.11.; 〈진주성 항일투사 천용근〉,《경남도민신문》, 2018.6.12.; 〈부부 천용근 한신광 항일투사, 정부에 포상 신청〉,《오마이뉴스》, 2019.4.12. 등을 참고했다.

35 〈재동경조선 여자청년동맹 창립, 사상단체 삼월회 해체 동시〉,《중외일보》, 1926.12.13.; 〈재동경 조선여청창립〉,《중외일보》, 1927.1.30.

36 〈열렬한 축사에 신간 경기대회 종료〉,《중외일보》, 1930.4.14.

37 〈가정경제를 주부에게. 한일은행 한신광〉,《별건곤》, 1930.1.1.

38 〈내가 만일 언론계에 있다면〉,《별건곤》, 1930.2.1.

39 〈남자가 불감방종: 한신광〉,《혜성》 1권 1호, 1931.3.1., 45쪽.

40 〈고신(孤身)분투(奮鬪)의 한신광여사〉,《조광》, 1935, 263-264쪽.

41 〈본부 사회교육과의 사회교화진흥한담〉,《매일신보》, 1936.12.27.

42 〈본사조사 각계인사 수입내역〉,《매일신보》, 1937.5.17.

43 〈독립촉성애국부인회 전국부인대회 2일째〉,《서울신문》, 1946.6.19.

44 〈유, 한 양여사 유영준씨와 요담〉,《독립신보》, 1946.6.22.

45 〈귀환동포위해 마산 애부(愛婦) 표성(表誠)〉,《가정신문》, 1946.8.18.

46 〈투고환영, UN 위원단에게 보내는 우리 여성의 말, 오시기는 임의로 오셨지만 가시기는 임의로 못 가십니다〉,《부인신보》, 1948.2.1.

47 〈서로사랑하자 애부회장 한신광씨〉,《남조선일보》, 1949.1.1.

48 〈대한부인회, 도 본부 대회 개최〉,《민주중보》, 1949.5.10.

49 〈근계 시하 입한지자에 존체만중하심을〉,《남조선일보》, 1949.11.29.

50 〈대한부인회 피난민에 의복을〉,《남조선일보》, 1950.7.26.

51 한신광(1978), 〈앞서가신 오빠를 추모하면서〉, 한규상,《나의 조국 나의 교회: 고 근산 한규상 선생 회고록》, 보이스사, 1980, 223-232쪽.

52 〈대의원명부〉,《대한간호》 속간 1호, 1953, 49쪽.

53 〈제7회 대한간호협회 정기총회 경과〉,《대한간호》 속간 1호, 1953, 48쪽.

54 한신광이 간호사 면허를 보유했는지는 확인되지 않는다. 한신광이 졸업할 당시 동대문부인병원 간호부양성소는 조선총독부 지정이 아니어서 면허시험에 합격해야 간호부 면허를 받았는데, 한신광은 면허시험에 응시해 합격하고 산파 면허는 받았지만 간호부 면허를 받기 위해 시험에 응시했다거나 면허를 보유했다는 기록은 찾을 수 없다. 일제강점기에는 관공립병원이 아닌 곳에서는 간호부 면허가 없어도 간호학교 졸업생이면 간호부로 일하는 데 무리가 없는 경우가 많았으므로 한신광은 굳이 간호부 면허를 받고자 노력할 필요를 느끼지 못했을 것이다.

55 한신광은 또한 고부간의 원만한 관계를 위하여 며느리가 시어머니 생일을 차려주지 않더라도 먼저 시어머니가 며느리의 생일을 기억했다가 생일선물을 해줄 것을 권해 많은 호응을 얻었고, 자신도 며느리 생일에 예쁜 자리옷을 선물했다면서 며느리 사랑을 받으려면 내가 먼저 며느리를 사랑해야 한다고 강조했다. 〈며느리를 이해하자는 할머니의 모임 성황〉, 《동아일보》, 1976.3.20.; 〈이해와 사랑 베풀어야〉, 《매일경제》, 1976.3.22.

56 〈YWCA, 고부간 갈등 해소될까, 공개강좌〉, 《경향신문》, 1979.6.14.

57 〈노인 52%가 자녀와 함께 살고 싶다: 서울 노인들의 의식〉, 《동아일보》, 1976.12.29.

58 〈한달 2번 YWCA 할머니 모임〉, 《경향신문》, 1977.3.9.

5장 이금전

1 〈간호관계 간행물 소개 《영양과 보건》 대한기독교서회발생 이금전 저〉, 《대한간호》 속간 1호, 1953, 50쪽.

2 〈32年間 苦難의 奉仕 病魔 쫓으려는 決意에서 韓國서 두 번째 받은 李金田女史〉, 《동아일보》, 1959.5.31.

3 이금전은 이화학당 예과와 연경대학 문리과를 수료했기 때문에 이화여전 3학년으로 편입학한 것으로 보인다. 1926년 이화여전과 연희전문의 연합 영어웅변대회에 이금전이 이화여전 대표로 나갔는데, 이때 영문과 4학년으로 소개되었다. 〈이화, 연전 영어웅변대회 오는 토요일밤〉, 《중외일보》, 1926.12.2.

4 〈이화여전 졸업생〉, 《조선일보》, 1927.3.20.

5 세브란스 간호부양성소의 실제 지원자격은 보통학교 졸업 또는 동등 이상의 학력이었다. 〈간호부모집광고〉, 《기독신보》, 1928.2.22. 연세대학교 간호대학 역사편찬위원회, 《연세간호: 한국간호교육의 산 역사 1906-1970》, 2019, 110쪽에서 재인용.

6 연세대학교 간호대학 역사위원회, 〈1929년 졸업생 명단〉,《연세간호: 한국 간호교육의 산 역사 1906-1970》, 122쪽.

7 로젠버거, 1929. 이덕주 (1993)에서 재인용.

8 〈성대하게 거행된 우량아동시상식〉,《동아일보》, 1935.5.10.

9 〈경성탁아소 찾어, 서울의 고마운 시설들〉,《삼천리》 10권 1호, 1938.1.1. 32-33쪽.

10 〈건강한 애기를 기르는 경성아동보건회 이금전〉,《동아일보》, 1938.1.4. 2면 1단.

11 〈여름철에 주의할 십이지장충〉,《동아일보》, 1931.6.18.

12 이금전, 〈모유와 유아〉,《신여성》 60호(7권 6호), 1933년 6월호, 86-87쪽.

13 〈32년간 고난의 봉사〉,《동아일보》, 1959.5.31.

14 홍옥순의 본명은 손옥순이다. 결혼 이후 남편 성을 따라 홍옥순으로 불렸다. 내가 1993년《대한간호협회 70년사》 집필을 위해 자료를 수집하던 중에 마침 대한간호협회에 방문하여서 만날 기회가 있었다. 손옥순과 홍옥순 중에 어느 이름으로 기록되기를 원하냐고 물으니 홍옥순이라고 대답했다. 반짝이던 눈빛과 카랑카랑한 목소리로 과거를 회고하던 모습이 생생하다.

15 이금전, 〈우리의 간호사업은 어떻게 발전할까?〉,《간호조선》 창간호, 1948, 13-14쪽.

16 손경춘은 일본 도쿄의 성누가간호학교에서 수학했으며, 한국전쟁기에는 중앙보건소 보건부장을 지내기도 했다. 1968년 서울대학교 보건대학원에서 논문 〈영유아 보건에 관한 연구〉로 석사학위를 취득했고 이화여대 간호학과 교수를 역임했다.

17 김정선은 세브란스간호학교를 졸업하고 1935년부터 태화여자관에서 보건간호사업을 했다. 일제 말 선교사들이 모두 떠나고 태화여자관 사업이 중단되었을 때에도 개인적으로 모자보건사업을 계속했다. 대한민국 정부 수립 이후 미국 유학을 거쳐 대구 동산병원 간호부장을 지냈으며, 1965년 나이팅게일 기장을 수상했다.

18 〈백의의 천사들을 망라, 朝鮮看護協會 성대한 발족〉,《자유신문》, 1946.11.14., 2면.

19 이금전, 〈직업적 태도 및 간호원의 복장: 간호윤리 정신에 입각하여〉,《대한간호》 7권 4호, 1963, 44-47쪽.

6장 조귀례

1 서재필(1864-1951)은 갑신정변의 주역으로 일본을 거쳐 미국으로 망명하여 코크란대학에서 의학사를 취득하고 1893년 우리나라 최초로 서양 근대 의학교육을 받은 의사가 되었다. 갑오개혁 이후 한국에 돌아와《독립신문》을 창간하고 근대화

운동을 전개했다.

2 경성제대 의학부 부속의원 간호부과 학생에게 지급하는 학자금의 액수는 1939년 1인당 월 18원으로 구체화되었고, 1941년에는 월 20원으로 올랐다.

3 예를 들어 경성제대 의학부의 1930년에서 1941년까지 졸업생 765명 중에 일본인은 567명으로 조선인 198명의 거의 세 배에 달했다. 그렇지만 지원자는 항상 조선인이 일본인의 수 배 이상 많았다.

4 2014년 12월 29일 서울대학교 간호대학 이명선 교수와 조귀례 선생을 댁에서 인터뷰하던 날, 선생은 과거를 회상하다가 이시카와 다쿠보쿠(石川啄木, 1886-1912)의 시를 무척 좋아한다며 암송해줬다. 한 줄씩 일본어로 암송하고 우리말로 번역해주던 선생의 미소 짓는 환한 얼굴에는 70년 전 10대 소녀의 감성이 그대로 나타나 있었다. 그리고 2021년 2월 18일 조귀례 선생을 댁에서 뵙고 인터뷰를 마친 후 일어서자 무언가 선물하고 싶다면서 애써 몸을 일으켜 책장에서 이문열의《레테의 연가》를 뽑아 자신은 이제 눈이 어두워 더 이상 읽지 못한다면서 손에 쥐어주었다.

5 해방 직후부터 1946년 상반기까지 경성대학병원 간호부장을 지낸 최효신은 1914년 조선총독부의원 부속 의학강습소 조산부과를 언니 최애도와 함께 제1회로 졸업한 최효신으로 추측된다. 1914년 최애도가 19세였기 때문에 동생이었던 최효신은 1945년에 40대였을 것이고, 제1회 졸업생으로 상징성이 있다는 점, 서울대학교 간호대학의 해방 이전 졸업생 명단 중에 최효신이라는 이름은 1회 졸업한 한 명뿐이라는 점 등이 근거이다.

6 주한미군정청 보건후생국 주간보고(1946.3.9.), 박인순 (2021), 110쪽에서 재인용.

7 미군정기 각 도 보건후생부에서 담당한 업무는 '도민의 건강의 연구·보건과 증진, 보건교육, 유행병학·예방학 및 전염병방지, 모자보건, 병원과 진료소, 간호일반, 수의일반, 치과일반, 위생시설, 실험소, 인구통계, 약무, 응급 및 재난구제, 극빈자에 대한 공공부조, 소아휴생 및 기타 시설의 관리, 종업원 후생 및 은급제도, 주택, 귀환 및 실업동포의 보호 및 안주, 조선주둔군의 목적달성 원조에 필요한 기타 일반 공중위생의 계획'이었다. 미군청령령 제18호 각도 보건후생부의 설치(1945.11.7), 박인순, 위의 책, 137쪽에서 재인용.

8 군정법령 제114호 도 기구의 개혁(1946.10.23), 박인순, 위의 책, 144쪽에서 재인용.

9 제1기 간호장교에게 31명에게 나이와 경력을 고려하여 군번호를 부여했는데, 군번호가 가장 빠른 김감은, 김영진, 김선애 등은 조귀례보다 열 살 이상 나이가 많았고 네 번째인 장경희는 1918년 출생이었다. 경성제대 간호부양성과 졸업은 조귀례와 김종득 둘이었고, 세브란스 간호부양성소 출신은 1934년 졸업생 김감은과 1938년

졸업생 장경희가 있었다.

10 1948년 10월 19일 여수에 주둔하고 있던 국방경비대 제14연대 소속 군인들이 제주 4·3사건 진압을 위한 출동 명령을 거부하고 반란을 일으키며 전라남도 동부의 여수, 순천, 벌교, 보성, 고흥, 광양, 구례 등을 점거했다. 정부는 5개 연대를 투입해 일주일여 만에 전 지역을 수복했으나 그 과정에서 상당한 인명·재산 피해가 발생했다. 확인된 사망자는 3400여 명이며, 행방불명자는 800여 명, 추정 사망자는 1만여 명이었다.

11 국군 간호장교 외에 1949년 4월 9일에는 해군 자체 양성 간호장교 1기 20명이 임관되었다. 공군은 1949년 10월 1일에 창설되었고, 그날 여류비행사 이정희가 중위로 임관되어 최초의 전투직 여군이 되었다. 1949년 7월 30일에는 제3기 배속장교로 편성된 여성장교 32명이 소위로 임관되었다.

12 한국전쟁 이전에 출범한 5개 육군병원의 위치와 창설 연월일을 살펴보면, 제1육군병원 서울 대방동(수도육군병원 창설 이후 경기도 부평) 1948년 5월 1일, 제2육군병원 충남 유성 1948년 10월 1일, 제3육군병원 전남 광주 1948년 11월 20일, 제5육군병원 경남 부산 1949년 2월 2일, 수도육군병원 서울 대방동 1949년 7월 1일이다. 기타 육군요양원이 1950년 5월 15일 전남 여수에 창설되었다. 이들 6개 시설의 사용 가능한 병상은 모두 합하여 2250병상 미만이었고, 의무인력은 군의관과 간호장교를 합해 250명, 위생병과 위생하사관 등 병사 1401명이 전부였다.

13 육군군의학교 간호사관학교는 1958년 10기 38명에 이르기까지 총 599명의 간호장교를 배출했다. 그 이후에는 병원별 양성제도가 실시되어 수도육군병원, 대구 제1육군병원, 부산 제3육군병원, 대전 제63육군병원, 전주 제98육군병원 등 5개 병원에 간호사관생도 교육대를 설치하고 중학교 3년 졸업 이상 학력자를 모집했다. 제1기생 입교자가 총 210명이었으며, 1960년 육군병원 부설 간호학교 설치법이 폐기되어 간호사관생도교육대 1기생은 간호사 검정고시를 보아야 했다. 이 중 합격자 131명이 임관되고 나머지 30여 명은 각자의 길을 가야 했다. 2기생과 3기생은 민간 간호기술고등학교 위탁생이 되어 과정을 이수한 후 졸업 후 희망자는 간호장교에 임관되는 식으로 불안정한 간호장교 양성이 계속되었다.

14 1950년 12월 제2육군병원에서 이어진 제31정양원 역시 1951년 1·4후퇴 이후 부산으로 옮겨가야 했다. 정양원이라고 해도 동래온천 가까운 들판 한가운데 짙은 국방색 천막 20여 개를 친 천막촌으로 운영되었고, 재일동포 출신 간호장교인 장모 소위가 담당했다.

15 2021년 2월 18일 조귀례 선생을 찾아 뵙고 인터뷰할 때, 선생은 5·16군사정변 직

후 본인의 의사와 달리 예편해야 했던 이유에 대해 상황이 그래야만 했다고 하고 더 이상 설명하지 않았다.

16 1965년 우리나라의 의사는 총 1만 854명인데 간호사의는 총 8898명이었다.

17 〈본사내방 조귀례씨 재향군인회 부녀회장〉,《동아일보》, 1970.4.6.

18 〈공화당 중앙위원〉,《경향신문》, 1971.2.19.

19 〈공화신민 공천 신청자 명단 본사 조사: 전남 제10 함평 영광 장성군 9명 중 조귀례 공화, 신민 4명〉,《동아일보》, 1973.1.31.; 〈국회의원 공천 신청자 명단 공화-신민 전남 함평-영광-장성 공(共) 9명중 조귀례 신(新) 1명〉,《조선일보》, 1973.1.31.

7장 박명자

1 박명자와 김숙진의 책 다음으로 나온 수술 및 마취간호 관련 단행본은 1973년 대한 간호협회 서울시지부 임상간호업무분과위원회에서 편찬한《수술실 간호 지침서》 였으나 널리 사용되지 않았고, 반면에 박명자와 김숙진의 책은 1986년까지 개정과 중판을 거듭했다. 1990년대에 들어서서 비로소 수술 및 마취간호 관련 우리말 책들 이 다양하게 출판되었다.

2 1961년에서 1963년까지 나온 수문사의 '간호학 전서' 시리즈는 1권《해부생리학》, 2권《소독세균학》, 3권《공중보건학》, 4권《조제약리학》, 5권《영양학》, 6권《기초 간호학》, 7권《내과간호학》, 8권《전염병간호학》, 9권《외과간호학》, 10권《정형외 과간호학》, 11권《소아과간호학》, 12권《산부인과간호학》, 13권《안과학》, 14권《피 부비뇨기과학》, 15권《이비인후과학》, 16권《정신과간호학》이 출판된 것으로 확인 된다. 당대의 유명한 간호교육자와 간호관리자들이 저자로 참여했다.

3 대한간호협회,《간호통계연보》, 1991.

4 박명자가 간호학생으로 경험한 한국전쟁 초기 서울대학교 부속병원의 상황, 북으 로 후송되다가 탈출한 과정에 대해서는 김형식의 1999년 기사, 2005년 6월 8일의 증언 동영상 등을 참고했다.

5 미군정은 1946년 7월 15일 보건후생부 통첩으로 기존의 간호부조산부양성소를 폐 지하여 '고등간호학교'로 개칭하고 3년 과정으로 하면서 간호과와 조산과의 교과 내용을 동시에 이수하여 간호원과 조산원 두 가지 면허를 주게 하고, 입학 자격은 중학교 졸업자로 통일했다.

6 서울대학교 의과대학 부속 고등간호학교의 교과과정은 1946년 미군정청에서 정

한 아래 '고등간호학교 간호원조산원 교과과정표'를 기준으로 이루어졌을 것이다 (서울대학교 간호대학, 1997, 80쪽).

	1학년	2학년	3학년
교양과목	국어, 영어, 음악	영어	영어
전공과목	영양학, 약물학, 해부 및 생리학, 세균학, 약물조제학, 간호사, 개인위생학, 간호도덕, 붕대학, 내과간호, 외과간호, 수술실수기	식이영양, 병리학, 내과간호, 외과간호, 소아과간호, 이비인후과간호, 간호술, 응급간호, 치과학, 산과학, 전염병간호, 임상술어	간호도덕, 간호술, 정신과간호, 산과간호, 내과간호, 조산학, 보건간호, 결핵간호, 소아과간호, 물리요법, 병실관리, 수술실수기
임상실습	실습포함 1일 8시간 2학기부터 임상실습	실습포함 1일 8시간	실습포함 1일 8시간 조산실습 20건 이상 실무 (10건 이상 관찰)

7   육군본부, 《대한민국 간호병과 60년사》, 2009, 78-80쪽.

8   노옥진, 〈'나이팅게일기장'상 수상한 간호계의 대모〉, 《주간여성》, 1992년 5월.

9   박명자, 〈간호보조원 근무실태 조사: 서울대학 부속병원에서의〉, 《대한간호》 7권 2호, 1968.

10 교련과목은 1968년 1·21사태 이후 안보의식과 전시상황에서의 대처능력을 높인다는 목적하에 1969년 고등학교 필수교과목으로 지정되어, 남학생은 제식훈련과 총검술을 배우고 여자고등학생은 제식훈련과 구급법을 배웠다. 교련과목 남자교사는 예비역 대위나 소령 출신이 많았고, 여자교사는 교직이수를 한 간호사관학교 출신이 많았다. 고등학교 교련교육은 1993년부터 교과서 중심의 이론 수업으로 전환되었고, 1997년부터 선택과목으로 바뀌자 대부분 고등학교가 이를 채택하지 않음으로써 사실상 교육현장에서 퇴출되었다.

11 〈재일동포 여학생 80명 여군단 입소〉, 《경향신문》, 1975.8.7.

12 서울특별시 교육위원회, 《해외(일본)연수 보고서》, 1982, 2-5쪽.

13 중앙대학교 사범대학 1종도서 연구개발위원회, 《가사실업계고등학교 아동보건과 영양》, 대한교과서, 1982.

14 이소우, 박명자, 〈정신간호상담에서 나타난 방송통신 대학생의 자아실현 분석〉, 《대한간호학회지》 17권 1호, 1987.

15 박명자, 〈방송통신대학제도〉, 《대한간호》 24권 4호, 1985.

16 〈보건간호인력조사 실시키로〉, 《간협신보》, 1985.4.25.; 〈보건간호사회 초도이사회〉, 《간협신보》, 1987.1.22.; 〈가정간호 정착위한 연구사업 등 채택〉, 《간협신보》, 1988.12.15.; 〈보건간호사 인력확충〉, 《간협신보》, 1989.12.4.

17 정규숙, 〈보육시설 확충계획 발표 계기로 살펴본 영유아 보육사업의 현황〉,《간협신보》, 1995.2.23.

18 나는 박명자 선생이 석관중학교 교장으로 재임하던 시기에 학교로 방문해 만난 적이 있다. 선생은 학교 보육실을 둘러볼 수 있게 해줬는데, 직장 내 보육시설이 거의 없던 시절이어서 학교 안에 보육실이 있다는 자체가 매우 놀라웠다. 보육실에 아이를 데리고 누워 있는 여교사가 두어 명 있었는데 교장선생이 들어오자 깜짝 놀라 몸을 일으켰다. 그러자 박명자 선생은 "아니에요, 어서 아이 데리고 잠간 누워 있어" 하며 손사래를 쳤다. 그리고 내게 "선생님들이 피곤하기도 하고 아이도 보고 싶으니 쉬는 시간에 잠간 와서 저렇게 누워 있기도 한다"고 눈웃음 지으며 말했다. 보통 교장의 일차적 책임이 교사의 업무 수행에 관한 관리감독이라고 생각하는데 어린 자녀가 있는 교사들의 고충을 헤아려 시설을 만들고 배려한다는 게 대단하다고 생각되었다.

19 박명자가 1998년 2월 석관중학교에서 정년퇴직할 때 교사였던 김재선이 지은 시이다. 이 시가 새겨진 감사패는 서울대학교 간호대학 간호학박물관에 있다.

20 박명자는 내가 자택을 방문하여 인터뷰를 진행했던 2015년 1월에도 자택 인근의 재가말기암환자를 방문하여 사비로 구입한 물품을 전달하고 위로하며 도움을 주고 있었다.

21 전병역, 〈한땀은 정성 한땀은 사랑으로 기웠지: 옷깃는 할머니 박명자씨〉,《경향신문》, 2003.3.26.; 장진원, 〈바늘 한땀 한땀에 담긴 사랑〉,《현대모터》, 36-39.; 곽승환, 〈도움줄 수 있으니 난 행복한 사람이야〉,《가톨릭신문》, 2003.4.6.; 신현주, 〈자네들, 정말 행복한 사람이 누군 줄 아나?〉,《꿈을 짓는 사람들》, 2002.

22 신현주, 〈자네들, 정말 행복한 사람이 누군 줄 아나?〉,《꿈을 짓는 사람들》, 2002.

8장 박정호

1 '서울대학교 의과대학 부속병원'은 서울대학교병원 설립법이 시행되면서 1978년부터 '서울대학교병원'으로 명칭이 변경되었다. 이 글에서는 특별히 구별해야 하는 경우를 제외하고는 명칭을 구별하지 않고 서울대학교병원으로 기술했다.

2 박정호, 〈병원 물품관리〉,《대한간호》 12권 1호, 1973.

3 〈충무로 영양센터 깨끗한 분위기에 흐뭇한 티서브: 박정호 서울대부속병원 간호과장〉,《매일경제》, 1969.4.16.

4 〈각계인사가 말하는 실용혼수: 박정호 서울대병원 간호부장〉,《동아일보》, 1981.4.10.

5 〈전국 간호원들 일제히 태업〉,《경향신문》, 1970.3.3.

6 〈서울대 부속병원 집단사퇴 통과 간호원 급료투쟁〉,《동아일보》, 1970.9.22.

7 〈인술파동: 간호원 파업이 몰고온 주말이변〉,《동아일보》, 1970.9.26.;〈간호원 파업 철회: 서울대병원〉,《동아일보》, 1970.9.28.

8 〈어제밤 서울대병원 불 외래진료소 반소〉,《동아일보》, 1973.1.26.

9 이귀향,《서울대학교간호교육 30년사, 1945-1975》, 서울대학교 의과대학 간호학과, 1975, 81쪽.

10 박정호,〈병원 간호행정 개선을 위한 연구〉,《간호학회지》 3권 1호, 1972.

11 신경자, 박정호, 이영자,〈병원 간호업무에 관한 조사 연구: 낮번 간호원 업무를 중심으로〉,《월간 최신의학》 16권 6호, 1973.

12 이 연수는 서울대학교 부속병원의 비용과 차이나메디컬보드(China Medical Board)의 지원으로 이루어졌는데, CMB는 중국을 비롯한 아시아 의과대학의 교육과 연구를 지원하기 위하여 록펠러재단이 설립한 재단이었다.

13 〈서울대학병원 응급실 6개월만에 다시 개설〉,《조선일보》, 1979.3.3.

14 박정호,〈종합병원에 있어서 간호의존에 따른 간호인력 수요추정에 관한 조사연구〉,《서울의대잡지》 16권 4호, 1975.

15 박정호,〈간호과정에 의한 간호시행 및 평가〉,《대한간호》 15권 6호, 1976.

16 박정호,〈종합병원의 간호인력 수요〉,《한국경영과학회지》 1권 1호, 1977.

17 1970년대 후반에 국민의 B형간염 양성률이 10퍼센트가 넘는 것으로 추정되고 이것이 사회문제화되면서 서울대학교병원은 1980년 10월 6일 일회용 주사바늘 사용을 발표했다. 대한감염병학회,《한국전염병사 II》, 2018, 204-205쪽.

18 〈줄잇는 진료환자로 문턱 높은 종합병원〉,《동아일보》, 1979.3.3.

19 〈서울대병원 스마일 운동〉,《동아일보》, 1979.8.11.;〈서울대병원 스마일 운동 백일: 간호활성화 기여〉,《경향신문》, 1979.8.28.

20 〈흰옷벗은 백의천사: 서울대병원 소아과 어린이 백색공포 해소. 핑크 줄무늬 블라우스에 흰바지 입어〉,《동아일보》, 1979.9.27.;〈색깔 다양해지는 간호원복〉,《동아일보》, 1979.10.18.

21 2009년 전임강사 제도가 폐지되기까지 대학 교원은 통상 전임강사에서 출발하여 조교수, 부교수, 교수로 승진했으며, 대학 외부에서는 전임강사부터 교수까지 모두 교수라고 통칭했다.

22 의료법시행규칙 개정, 1983.1.21.

23 〈서울대 고급간호관리자과정 첫 수료: 리더십 경영 마인드 재충전〉,《간호사신문》, 2003.9.18.

24 〈박정호 대한의료정보학회장: 디지털 의료 열어가는 학회 만들 터〉,《간호사신문》, 2002.1.17.;〈의료정보학회 창립 15주년 맞아: 간호정보시스템 개발 현황 한눈에〉, 《간호사신문》, 2002.11.28.

25 〈수재민에 따뜻한 동포애를〉,《경향신문》, 1977.7.28.

26 〈커버스토리 — 나이팅게일 정신 실천 30주년: 과거 추대에서 런닝메이트와 경선 1호 박정호 대한간호협회장〉,《월간 사회체육》9권, 1990.

27 〈간호학술대회 개최〉,《조선일보》, 1991.6.13.

28 〈대한간호협 창립 70주년〉,《조선일보》, 1993.5.2.

29 〈박정호 간호협회장 '이웃과 함께 사는 삶' 주제로 불우이웃돕기 실천사례 발표회〉, 《경향신문》, 1990.12.18.;〈이웃과 함께 연말연시를 검소하게. 범여성운동연합 실천 대회. 12월의 간사단체인 대한간호협회 박정호회장〉,《동아일보》, 1990.12.20.

30 〈「모유수유…」토론회〉,《조선일보》, 1992.10.25.;〈엄마젖 먹이기 간호협서 앞장〉, 《조선일보》, 1992.10.30.;〈모유를 먹여주세요 모의재판극〉,《한겨레》1992.11.1.; 〈박정호 간호협회장 모유먹이기운동 간담회〉,《경향신문》, 1992.12.6.

31 〈모유먹이기 심포지엄〉,《조선일보》, 1993.10.29.

32 〈국내입양 활성화 세미나. '아동보호와 간호사의 역할' 주제 세미나〉,《조선일보》, 1993.12.12.

33 박정호,〈병원 간호업무 표준〉,《대한간호》20권 5호, 1981.

34 박정호, 신혜선,〈일부 대학병원에 있어 입원 생활 중 환자가 받는 간호활동에 관련된 기초 조사 연구〉,《월간 최신의학》25권 10호, 1982.

35 박정호,〈일부 대학병원에 있어서 간호인력 활동에 관한 조사연구〉,《월간 최신의학》 25권 12호, 1982.

36 〈세계보건기구 주관 보건행정 단기시찰 위해 20일 출국〉,《경향신문》, 1987.6.17.

37 박정호,〈한국형 진단명 기준 환자군(K-DRG) 분류를 이용한 입원환자의 간호원가 산정에 관한 연구〉, 이화여자대학교 박사학위논문, 1988.

38 박정호,〈종합병원에 입원한 환자의 간호원가 산정에 관한 연구(환자분류체계를 기초로한): 88 자유공모과제 학술연구보고서〉, 1988; 박정호,〈간호수가 산정을 위한 간호행위의 규명연구: 대한간호협회공모 연구보고서〉, 1988.

39 박정호, 송미순,〈종합병원에 입원한 환자의 간호원가 산정에 관한 연구〉,《대한간호학회지》20권 1호, 1990.

438

40 박정호, 성영희, 함명림, 송미숙, 윤선옥, 〈5개 KDRG(한국형진단명기준환자구)에 대한 원가 산정: 1996년 대한간호협회 임상간호사회 용역연구〉, 《임상간호연구》 3권 1호, 1997.

41 〈임상간호사회, 특수분야 간호원가 산정〉, 《간호사신문》, 2001.9.6.; 〈특수부서 간호료 산정 연구. 임상간호사회 연구단 발족〉, 《간호사신문》, 2000.9.28.

42 임상간호사회, 〈'특수분야(응급실, 수술실, 외래) 간호원가 산정연구' 정책과제 연구 책임. 보고서〉, 2002; 〈응급실 수술실 외래 간호원가 산정. 임상간호사회 적정인력 정책대안도 제시〉, 《간호사신문》, 2002.1.31.

43 〈임상간호사회 연구결과 발표회〉, 《간호사신문》, 2003.6.19.

44 홍여신, 이은옥, 이소우, 김매자, 홍경자, 서문자, 이영자, 박정호, 송미순, 〈추후관리가 필요한 만성질환 퇴원환자 가정간호 시범사업 운영 연구〉, 《대한간호학회지》 20권 2호, 1990.

45 〈가정간호사제 의학협 "조기시행" "시기상조" 뜨거운 논란 간호협〉, 《조선일보》 1990. 6.11.

46 〈단체 1만5천개 연 4백만명 이용〉, 《조선일보》 1990.6.11.

47 〈서울대 연대 가정간호사업 위탁받아. 서울시 예산지원, 보건소서 환자 의뢰〉, 《간호사신문》, 2003.4.24.

48 박정호, 김매자, 홍경자, 한경자, 박성애, 윤순녕, 이인숙, 조현, 방경숙, 〈가정간호사업 운영을 위한 정보전달체계 개발 I〉, 《한국가정간호학회지》 4권, 1997; 박정호, 김매자, 홍경자, 한경자, 박성애, 윤순녕, 이인숙, 조현, 방경숙, 〈지역사회 중심 가정간호사업 운영연구: 가정간호사업 운영을 위한 정보전달체계 개발 II〉, 《한국가정간호학회지》 5권, 1998.

49 윤순녕, 박정호, 김매자, 홍경자, 한경자, 박성애, 홍진의, 〈독립형 가정간호시범사업소의 가정간호행위분류체계 개발과 수가 연구〉, 《한국가정간호학회지》 6권, 1999.

50 박정호, 김매자, 홍경자, 한경자, 박성애, 윤순녕, 이인숙, 조현, 방경숙, 〈지역사회중심의 독립형 가정간호 시범사업소 운영체계 개발 및 운영결과 분석〉, 《대한간호학회지》 30권 6호, 2000.

51 박정호, 윤순녕, 김매자, 한경자, 홍경자, 박성애, 허정순, 〈가정 · 방문간호 수요추계〉, 《간호행정학회지》 8권 4호, 2002.

52 〈서울대학교 간호대학 시범 가정간호사업소 책임연구원. 원격 가정간호지원 시스템 시연회〉, 《간호사신문》, 2000.9.13.; 〈원격 가정간호시대 열린다. PDA 이용해 환자 관리 체계화〉, 《간호사신문》, 2000.9.23.; 〈가정간호 경쟁력 정보화에 달려. 원격

가정간호시스템 적극 도입해야〉,《간호사신문》, 2002.6.27.; 〈김의숙 회장, 김성호 복지부장관 만나 가정간호 등 간호계 현안문제 논의〉,《간호사신문》, 2002.11.14.; 〈가정간호에 PDA 활용 효과 만점. 서울대 가정간호사업소 시범 운영〉,《간호사신문》, 2003.2.12.; 〈서울대 PDA 가정간호 정보화 지원사업에 선정〉,《간호사신문》, 2003.5.15.

53 박정호, 김매자, 홍경자, 한경자, 박성애, 윤순녕, 박현태, 강영규, 〈무선통신을 이용한 원격 가정간호 지원시스템 구축〉,《대한의료정보학회지》 7권 1호, 2001; 박정호, 박성애, 윤순녕, 강성례, 〈컴퓨터 통신망과 PDA(휴대용개인정보단말기)를 이용한 가정간호정보시스템 개발〉,《대한간호학회지》 34권 2호, 2004; 박정호, 박성애, 윤순녕, 강성례, 이기한, 〈유무선 통신과 모바일 컴퓨팅을 이용한 저소득 건강취약주민을 위한 가정간호 정보시스템 개발〉,《대한의료정보학회지》 10권 2호, 2004.

54 〈가정간호서비스 제공방법 특허 취득. 박정호 서울대 명예교수 팀〉,《간호사신문》 2007.4.4.

55 〈보건의 날 훈포장 수요. 제23회 보건의 날 기념실〉,《동아일보》, 1995.4.7.

56 〈간협 80주년 수상자 명단. 대한간호협회 80주년 최고공로상〉,《간호사신문》, 2003.6.5.

9장 이순남

1 박미경, 〈간호사 보건소장 8명. 주민 찾아가는 사업 펼쳐 "국민 평생건강 지킴이 되겠습니다"〉,《간호사신문》, 2003.3.20.

2 김애실, 〈1973년 간호교육 실태조사〉,《대한간호》 12권 6호, 1973.

3 〈연도별 간호사 국가시험 현황: 1962-2001〉,《간호통계연보》, 대한간호협회, 2001, 79쪽.

4 본회(대한간호협회) 교육부, 〈1976년 간호교육 실태조사〉,《대한간호》 16권 1호, 1977.

5 이 부분은 다음 글을 바탕으로 정리했다. 김진순, 〈농촌보건사업 개발과 연구 30년의 회고〉, 지역보건의료발전을위한모임,《지역보건 60년의 발자취 1》, 계축문화사, 2012: 문옥륜, 〈지역보건 60년의 역사 개관〉, 지역보건의료발전을위한모임,《지역보건60년의 발자취 2》, 계축문화사, 2013; 이동모, 〈보건복지부에서의 지역보건 30년〉, 지역보건의료발전을위한모임,《지역보건 60년의 발자취 1》, 계축문화사, 2012.

6   법률 제2514호 모자보건법, 1973.2.8. 제정.

7   이동모, 〈보건복지부에서의 지역보건 30년〉, 지역보건의료발전을위한모임, 《지역
    보건 60년의 발자취 1》, 계축문화사, 2012, 122쪽.

8   법률 제2862호 의료법 제2조와 제59조, 1975.12.31., 일부개정.

9   법률 제2862호 보건소법, 1975.12.31., 일부개정.

10 이동모, 〈보건복지부에서의 지역보건 30년〉, 지역보건의료발전을위한모임, 《지역
    보건 60년의 발자취 1》, 계축문화사, 2012, 125쪽.

11 보건사회부령 제684호 농어촌보건의료를위한특별조치법 시행규칙, 1981.9.5.,
    제정.

12 한정희, 〈주민과 마음나누며 보건진료원으로 신나게 살다〉, 지역보건의료발전을위
    한모임, 《지역보건 60년의 발자취 1》, 계축문화사, 2012.

13 이동모, 〈보건복지부에서의 지역보건 30년〉, 지역보건의료발전을위한모임, 《지역
    보건 60년의 발자취 1》, 계축문화사, 2012, 130쪽.

14 국립보건원에서의 훈련에 관한 내용은 이순남의 인터뷰 외에도 주경식, 박남영, 김
    문식, 이순영, 유기현, 박노례, 김기범, 신경식, 〈보건요원 훈련 종합평가에 관한 조
    사연구〉, 《국립보건원보》 19권, 1982, 289~322쪽을 참고했다.

15 박노례, 〈보건소 직원의 전문교육훈련과정을 개설하다〉, 지역보건의료발전을위한
    모임, 《지역보건 60년의 발자취 1》, 계축문화사, 2012.

16 장지섭, 문은이, 김정태, 《1981년도 통합보건요원훈련결과보고서》, 한국 인구보건
    연구원, 1982.

17 이하 내용은 박노례, 〈통합보건사업의 현황〉, 《대한간호》 21권 2호, 1982; 김진순,
    〈다목적 보건요원의 근무시간 활용에 관한 조사연구〉, 《대한보건연구》 5권 1호,
    1978; 이성관, 《다목적요원 활동지침의 개발 연구》, KHDI, 1979; 박노례, 〈보건소
    직원의 전문교육훈련과정을 개설하다〉, 지역보건의료발전을위한모임, 《지역보건
    60년의 발자취 1》, 계축문화사, 2012 등을 참조했다.

18 보건사회부령 제426호 의료법시행규칙 전부개정, 1973.10.17.

19 문옥륜, 2013: 55, 지역보건의료발전을위한모임, 《지역보건 60년의 발자취 2》, 계
    축문화사, 2013.

20 대한감염학회에서 펴낸 《한국전염병사 II》(2018), 〈질병사〉 제1장 '결핵'을 참고했다.

21 법률 제308호 전염병예방법, 1954.2.2. 제정.

22 법률 제1881호 결핵예방법, 1967.1.16. 제정.

23 이동모, 〈보건복지부에서의 지역보건 30년〉, 지역보건의료발전을위한모임, 《지역

보건 60년의 발자취 1》, 2012, 128쪽.

24 법률 제3218호 결핵예방법, 1979.12.28. 일부개정.

25 대한감염학회, 〈질병사〉, 《한국전염병사 II》, 2018, 392쪽.

26 법률 제2990호 전염병예방법, 1976.12.31., 일부개정; 보건사회부령 제629호 전염 병예방법시행규칙, 1979.6.21., 일부개정.

27 법률 제3662호 전염병예방법, 1983.12.20. 일부개정; 보건사회부령 제753호 전염 병예방법시행규칙, 1984.9.3., 일부개정.

28 대한감염학회, 〈시대사〉, 《한국전염병사 II》, 2018, 194-195쪽.

29 서울특별시 은평구 보건소 의약과, 예비군에 대한 가족계획사업 강화, https://theme. archives.go.kr//next/populationPolicy/archivesDetail.do?flag=2&page=1&evnt Id=0017898117 2022.8.12. 참조

30 양지훈, 〈지역보건을 향한 열정과 여성공직자의 삶〉, 지역보건의료발전을위한모임, 《지역보건 60년의 발자취 1》, 계축문화사, 2012.

31 조종희, 〈서울시 보건사업의 흐름을 보다〉, 지역보건의료발전을위한모임, 《지역보 건 60년의 발자취 1》, 계축문화사, 2012.

32 〈특정폐기물 1백여t 불법소각 업자 구속〉, 연합뉴스, 1995.4.21.

33 〈에이즈 예방법 위반자 첫 고발〉, 연합뉴스, 1997.1.3.

34 〈건설현상 방불케 하는 의정부시 수해복구〉, 연합뉴스, 1998.8.11.

35 박미경, 〈간호사 보건소장 8명. 주민 찾아가는 사업 펼쳐 "국민 평생건강 지킴이 되 겠습니다"〉, 《간호사신문》, 2003.3.20.

36 편집부, 〈간호사 보건소장 12명〉, 《간호사신문》, 2008.1.30.

37 김숙현, 〈전국보건소장협의회 출범 더 나은 미래 건강한 국민 위해 앞장〉, 《간호사 신문》, 2013.5.7.

38 조결자, 이순남, 이명희, 지은선, 〈집단 영아경락마사지가 영아의 성장, 어머니의 모 아상호작용과 모아애착 및 역할만족도에 미치는 영향〉, 《아동간호학회지》 15권 1호, 2009.

39 김광숙, 김은경, 이정렬, 유미애, 김봉정, 박소현, 이순남, 김정은, 〈지역사회 중년여 성의 특성 및 건강행위 실천과 비만: 비만 지표에 따른 비교〉, 《한국보건간호학회지》 23권 2호, 2009.

40 백성주, 〈양주시보건소 한방건강증진 허브보건소〉, 《뉴시스》, 2005.8.1.

41 이현준, 〈양주보건소 한방 서비스 주민 호응〉, 《뉴시스》, 2008.12.6.

42 임종세, 〈양주시보건소 한방중풍예방교실 개최〉, 《뉴시스》, 2009.3.30.

43 임종세, 〈양주시보건소 한방비만클리닉 참가자 모집〉, 《뉴시스》, 2009.5.26.

44 임종세, 〈양주시보건소 한방 사상체질 건강교실 수강생 모집〉, 《뉴시스》, 2009.7.20.

45 임종세, 〈양주시보건소 한방관절염 타이치운동교실 수강자 모집〉, 《뉴시스》, 2009.7.31.

46 임종세, 〈양주시보건소 한방영아경혈마사지교실 수강자 모집〉, 《뉴시스》, 2009.7.12.

47 임재신, 〈한방으로 통증 잡아드려요〉, 《경인종합일보》, 2013.3.19.

48 염현철, 〈양주시, 한방타이치운동 관절염 고치세요〉, 《경원일보》, 2012.2.29.; 임재신, 〈양주, 한방 타이치 운동 '관절염 걱정 끝'〉, 《경인종합일보》, 2013.2.27.; 〈양주보건소, 타이치운동교실 운영한방 타이치 운동으로 관절염 걱정 끝!〉, 《동두천연천시사신문》, 2013.3.1.

49 박미경, 〈간호사 보건소장 8명 주민 찾아가는 사업 펼쳐 "국민 평생건강 지킴이 되겠습니다"〉, 《간호사신문》, 2003.3.20.

50 주선영, 〈경기도간호사회 창립 60주년 행사 성료 "사랑의 간호 60, 건강한 미래"〉, 《간호사신문》, 2006.9.28.

51 김보배, 〈경기도간호사회 2010년 총회, 김효심 회장 선출〉, 《간호사신문》, 2010.3.2.; 김보배, 〈경기도간호사회 2012년 총회 임성자 회장 선출〉, 《간호사신문》, 2012.3.13.; 이보람, 〈경기도간호사회 2014년 총회 조경숙 회장 선출〉, 《간호사신문》, 2014.3.4.

52 보건간호사회와 이순남의 보건간호사회에서의 활동에 관한 내용은 보건간호사회에서 펴낸 《보건간호사회 50년사》, 2018을 참조했다.

53 박미경, 〈보건간호사회 2005년 정기총회 개최〉, 《간호사신문》, 2005.2.25.

54 김현정, 〈간호사신문. 보건간호사회 총회: 회원 권익옹호 위해 주력〉, 《간호사신문》, 2007.3.28.; 김보배, 〈보건간호사회 2009년 총회 … 양순옥 회장 선출〉, 《간호사신문》, 2009.4.8.; 이경주, 〈보건간호사회 2011년 총회: 이순남 회장 선출〉, 《간호사신문》, 2011.3.22.; 김숙현, 〈보건간호사회 2013년 총회: 이순남 회장 재선임〉, 《간호사신문》, 2013.3.19.

55 이유정, 〈간호정우회 간호정책 간담회〉, 《간호사신문》, 2007.8.29.

56 〈감사패. 세종특별자치시장 유한식〉, 《내외신문》, 2012.11.12.; 김숙현, 〈보건간호사회, 김관용 경북도지사에 감사패 전달〉, 《간호사신문》, 2014.1.20.; 김태홍, 〈우 지사, 보건의료 향상 공로 감사패 받아. 대한간호협회 4일 도청 방문 전달〉, 《간호사신문》, 2014.2.7.

57 김보배, 〈보건간호사회 2012년 총회 보건간호사 상위직급 확보 주력〉, 《간호사신문》, 2012.3.20.

58 김숙현, 〈보건간호사회 2014년 총회 보건간호사 상위직급 확보 매진〉, 《간호사신문》,

2014.3.25.

59   김보배, 〈보건간호사회 보건교육 경연대회〉,《간호사신문》, 2011.9.6.; 김숙현, 〈보
     건간호사회 보건교육 경연대회〉,《간호사신문》, 2013.9.24.; 김숙현, 〈보건간호사회
     보건교육 경연대회〉,《간호사신문》, 2014.9.2.

60   김숙현, 〈'보건간호사회' '정신간호사회' 대한민국 나눔국민대상 장관표창〉,《간호
     사신문》, 2014.10.14.

61   정규숙, 〈제36대 간협 회장에 김옥수 현 회장 당선〉,《간호사신문》, 2016.3.2.

62   제62회 나이팅게일 선서식, 2016.11.9.《서간하이라이트》, http://www.snjc.ac.kr/
     public_2017/sub/college/note_board_view.jsp?num=28683&pageNum=1&searchT
     ype=subject&searchText=&board_id=highlight2&board_code=A&url=http://www.
     snjc.ac.kr/public_2017/sub/college/note_board_list.jsp.

1장 김마르다와 이그레이스

김권정, 2015, 〈이하영의 민족운동 연구〉, 《수원역사문화연구》 5.

김성은, 2007, 〈로제타 홀의 조선여의사 양성〉, 《한국 기독교와 역사》 27.

김영희, 김수진, 이꽃메, 이순구, 하정옥, 2020, 《한국의 과학기술과 여성》, 들녘.

라빈니아 덕, 이사벨 스튜어트, 1933, 《간호사》, 조선간호부회.

박형우 편역, 2016, 《에스터 L. 쉴즈 자료집 I, 1868-1911》, 연세대학교 대학출판문화원.

옥성득, 2011, 《한국간호역사자료집 I, 1886-1911》, 대한간호협회.

옥성득, 2012, 〈초기 개신교 간호와 간호교육의 정체성: 1903년에 설립된 보구여관 간호
  원양성학교와 에드먼즈를 중심으로〉, 《한국기독교와 역사》 36.

옥성득, 2017, 《한국간호역사자료집 II, 1910-1919》, 대한간호협회.

윤선자, 2014, 〈한말 박에스더의 미국 유학과 의료 활동〉, 《여성과 역사》 20.

윤정란, 2009, 〈구한말 기독교 여성의 삶과 여성교육운동: 여메레를 중심으로〉, 《여성과
  역사》 11.

윤춘병, 1990, 《동대문교회 일백년사》, 동대문교회.

이꽃메, 황상익, 1997, 〈우리나라 근대 병원에서의 간호; 1885-1910〉, 《의사학》 6(1).

이꽃메, 1999, 《일제 강점기 우리나라 간호제도에 관한 보건사적 연구》, 서울대학교 박사
  학위논문.

이꽃메, 2002, 《한국근대간호사》, 한울.

이꽃메, 2017, 〈우리나라에서 최초로 출판된 간호학 서적 《간호교과서》 연구〉, 《간호교
  육학회지》 23(4).

이꽃메, 2019, 〈한국 최초의 간호사 김마르다와 이그레이스 연구〉, 《여성과 역사》 20.

이덕주, 2017, 〈선교 초기 보구여관 간호교육에 관하여〉, 《신학과 세계》 89.

이덕주, 하희정, 2019, 《이화간호교육의 처음을 연 사람들, 마가렛 에드먼즈와 이정애》, 이화여자대학교출판문화원.

이방원, 2007, 〈박에스더의 생애와 의료선교활동〉, 《의사학》 16(2).

이방원, 2008, 〈보구여관의 설립과 활동〉, 《의사학》 17(1).

이방원, 2011, 〈보구여관 간호원양성소의 설립과 운영, 1903-1933〉, 《의사학》 20(2).

조경원, 1999, 〈대한제국 말 여학생용 교과서에 나타난 여성교육론의 특성과 한계: 《녀자독본》 《초등여학독본》 《녀자소학수신서》를 중심으로〉, 《교육과학연구》 30.

정민재, 2009, 〈조선 최초의 여의사 박에스더〉, 《한성사학》 24, 2009.

2장 박자혜

강혜경, 2010, 〈숙명여고보 맹휴사건으로 본 식민지 여성교육〉, 《한국독립운동사연구》 37.

김삼웅, 2011, 《단재 신채호 평전》, 시대의 창.

김소현, 2011, 〈조선시대 궁녀의 직무와 복식에 관한 연구〉, 《복식》 61권 10호.

김영희, 김수진, 이꽃메, 이순구, 하정옥, 2020, 《한국의 과학기술과 여성》, 들녘.

대한간호협회, 2012, 《간호사의 항일구국운동》, 대한간호협회.

박윤형, 홍태숙, 신규환, 임선미, 김희곤, 2008, 〈일제시기 한국의사들의 독립운동〉, 《의사학》 17권 2호.

서울대학교 간호대학, 1997, 《서울대학교 간호교육 90년사》.

신규환, 2008, 〈20세기 전후 동아시아 조산제도의 성립과 발전〉, 《연세의사학》 11권 2호.

안후상, 2016, 〈일제강점기 보천교의 독립운동: 온라인 국가기록원의 '독립운동관련판결문'을 중심으로〉, 《원불교사상과 종교문화》 70.

윤정란, 2009, 〈일제강점기 박자혜의 독립운동과 독립운동가 아내로서의 삶〉, 《이화사학연구》 38.

이꽃메, 1999, 《일제시대 간호제도에 관한 보건사적 연구》, 서울대학교 보건대학원 박사학위논문.

이꽃메, 2002, 《한국근대간호사》, 한울.

정은임, 2008, 〈조선조 궁중문학에 투영된 여성의 삶: 궁녀를 중심으로〉, 《인문과학논집》 18.

조선총독부의원, 1928, 《조선총독부의원 20년사》, 근택인쇄부(近澤印刷部).

한희숙, 2006, 〈구한말 순헌황귀비 엄비의 생애와 활동〉, 《아시아여성연구》 45집 2호.

황상익, 2013, 《근대의료의 풍경》, 푸른역사.

황정연, 2013, 〈19-20세기 초 조선 궁녀의 침선 활동과 궁중 자수서화 병풍의 제작〉, 《한국근현대미술사학》 26.

3장 정종명

김영희, 김수진, 이꽃메, 이순구, 하정옥, 2000, 《한국의 과학기술과 여성》, 들녘.

박형우, 2009, 〈1910년대 독립운동과 세브란스〉, 《연세의사학》 12-1.

소현숙, 2000, 〈일제시기 출산통제담론 연구〉, 《역사와 현실》 38.

소현숙, 2014, 〈수절과 재가 사이에서: 식민지시기 과부 담론〉, 《한국사연구》 164.

송규진, 2018, 《통계로 보는 일제강점기 사회경제사》, 고려대학교 출판문화원.

신동원, 2012, 〈일제강점기 여의사 허영숙의 삶과 의학〉, 《의사학》 21-1.

신동원, 2013, 《호환, 마마, 천연두: 병의 일상 개념사》, 돌베개.

연세대학교 간호대학 100년사 편찬위원회, 2008, 《연세대학교 간호대학 100년사》, 도서출판 혜안.

유운연, 2010, 《개화기의 여성교육과 유교사상: 이화학당과 배화학당을 중심으로》, 인하대학교 대학원 석사학위논문.

이꽃메, 2000, 〈일제시대의 두 간호단체에 관한 고찰: 조선간호부회의 간호수준 향상 노력과 조선간호부협회의 사회 활동〉, 《간호행정학회지》 3.

이꽃메, 2002, 《한국근대간호사》, 한울.

이꽃메, 2012, 〈일제강점기 산파 정종명의 삶과 대중운동〉, 《의사학》 21권 3호.

이애숙, 1989, 〈정종명의 삶과 투쟁: 민족과 여성의 해방을 위해 싸운 한 여성투사 이야기〉, 《여성》 3. 한국여성연구소.

임경숙, 한국독립운동의 역사 제42권 초기 사회주의운동, 한국독립운동정보시스템, http://search.i815.or.kr/Degae/DegaeEbook.jsp?set_id=&bookid=042&pos=13878. 2019. 3.3. 10시.

전상숙, 2001, 〈조선여성동우회를 통해서 본 식민지 초기 사회주의 여성지식인의 여성해방론〉, 《한국정치외교사논총》 22-2.

황상익, 2010년 9월 13일, 〈근대의료의 풍경 57: 김용채와 이만규〉, 《프레시안뉴스》.

4장 한신광

김성은, 2007, 〈구한말 일제시기 미북감리회의 여성의료기관〉, 《이화사학연구 35》.

대한간호협회, 1993, 《대한간호협회 70년사》, 대한간호협회.

대한조산협회, 2006, 《조산역사 100년: 1907-2006》, 대한조산협회.

박인순, 2015, 《미군정기 한국보건의료행정의 전개과정: 1945년~1948년》, 두남.

삼일여성동지회 편, 1980, 《한국여성독립운동사: 삼일운동 60주년 기념》, 삼일여성동
　　지회.

윤춘병, 1990, 《동대문교회 일백년사》, 동대문교회.

옥성득, 2012, 《한국근대간호역사화보집 1885-1945》, 대한간호협회.

옥성득, 2017, 《한국간호역사자료집 II: 1910-1919》.

이꽃메, 2000. 〈일제시대의 두 간호단체에 관한 고찰: 조선간호부회의 간호수준 향상 노
　　력과 조선간호부협회의 사회 활동〉, 《간호행정학회지》.

이꽃메, 2002, 《한국근대간호사》, 한울.

이꽃메, 2006, 〈한신광: 한국 근대의 산파이자 간호부로서의 삶〉, 《의사학》 15권 1호.

이덕주, 1993, 《태화기독교사회복지관의 역사, 1921-1993》, 태화기독교사회복지관.

이해숙, 강인순, 2015, 《나는 대한민국 경남여성: 1945-2015》, 경상대출판부.

한규상, 1980, 《나의 조국 나의 교회: 고 근산 한규상 선생 회고록》, 보이스사.

황미숙, 2017, 〈1920년대 내한 여선교사들의 공중보건위생과 유아복지사업〉, 《한국기독
　　교신학논총》 103.

《진주노회 40년사》, 발행인: 대한예수교장로회(고신) 진주노회, 편집인: 진주노회 40년
　　사 편집위원회, 글: 고신대학교 이상규 교수.

5장 이금전

김성연, 2015, 〈식민지 시기 기독교계의 의학 지식 형성: 세브란스 의전 교수 반 버스커
　　크의 출판 활동을 중심으로〉, 《동방학지》 171.

김영희, 김수진, 이꽃메, 이순구, 하정옥, 2020, 《한국의 과학기술과 여성》, 들녘.

대한간호협회 70년사 편찬위원회, 1997, 《대한간호협회 70년사》, 대한간호협회.

대한간호협회, 2000, 《한국간호 100년》.

박인순, 2015, 《미군정기 한국보건의료행정의 전개과정: 1945년~1948년》, 두남.

손경춘, 이금전, Kellogg R., 이표희, 1959, 《보건간호지침》, 보건사회부.

연세대학교 간호대학, 2008, 《연세대학교 간호대학 100년사》.

연세대학교 간호대학 역사위원회, 2019, 《국내 최초 간호대학 승격 50주년 기념화보집: 연세간호 - 한국 간호교육의 산 여사 1906-1970》, 연세대학교 간호대학.

연세대학교 간호대학사 편찬위원회, 1996, 《연세대학교 간호대학사(1906-1985)》, 연세대학교 출판부.

옥성득, 2012, 《한국근대간호역사화보집, 1885-1945》, 대한간호협회.

이금전, 1930, 《영양과 건강》, 조선예수교서회.

이꽃메, 1999, 《일제시대 우리나라 간호제도에 관한 보건사적 연구》, 서울대학교 보건대학원 박사학위논문.

이꽃메, 2013, 〈한국 지역사회간호의 선구자 이금전에 관한 역사적 고찰〉, 《지역사회간호학회지》 24권 1호.

이꽃메, 2022.5.28., 〈20세기초 돌봄에 관한 지식의 전환: 『규합총서(閨閤叢書)』(1809)와 『영양과 건강』(1932)의 비교〉, 제9회 여성주의 인문학 학술대회 발표 미출판 논문.

이덕주, 1993, 《태화기독교사회복지관의 역사, 1921-1993》, 태화기독교사회복지관.

전경자, 이꽃메, 2022, 〈우리나라 최초의 보건간호학 교과서 《공중위생간호학》 연구〉, 《지역사회간호학회지》 33권 1호.

전우용, 2011, 《현대인의 탄생》, 이순.

6장 조귀례

국군간호사관학교, 1997, 《(대한민국) 국군간호사관학교 30년사: 1967-1997》.

김병조, 2003.12, 〈韓國에서 女軍의 成長과 性 統合〉, 《(國防大學校) 교수논총 제34집》.

김태영, 2003, 《재향군인회 50년사》, 대한민국향토군인회.

노명환, 윤용선, 정흥모, 유진영, 나혜심, 2014, 《독일로 간 광부·간호사: 경제개발과 이주 사이에서》, 대한민국역사박물관.

대한간호협회, 2000, 《한국간호 100년》.

문창재 정리, 2007, 《조귀례 회고록: 전장의 하얀 천사들》, 한국문화사.

박윤재, 2021, 《한국 현대의료사》, 들녘.

박인순, 2021, 《미군정기 한국보건의료행정의 전개과정: 1945년~1948년》, 두남.

서울대학교 병원역사문화센터, 2009, 《사진과 함께 보는 한국 근현대 의료문화사 1879-

1960》, 웅진지식하우스.

서울대학교 간호대학, 1997,《서울대학교 간호교육 90년사》, 서울대학교 간호대학.

여성사 편집부, 1978, 〈장경희: 전장 속에 피어난 생명의 꽃 - 국군 간호장교단의 창설 멤버〉,《육군간호장교단》, 국군 간호사관학교 설립 기육군본부.

육군본부, 1991,《간호병과사: 1948.8.26.-1990.12.31.》.

육군본부, 1998,《대한민국 간호병과 50년사》.

육군본부, 1998,《간호병과 50년 화보집: 1948-1998》.

육군본부, 2009,《대한민국 간호병과 60년사: 1948-2008》.

육군본부, 2000,《사진으로 본 전쟁과 파병의 역사, 군 간호 60년. 1948-2008》.

정원용, 이나미, 이부영, 2006, 〈서양정신의학의 도입과 그 변천과정(2) 일제 강점기의 정신의학 교육(1910-1945)〉, *Korean Journal of Medical History* 15(2).

정창현. 2020.3.29., 〈광복 75주년 13. 1946년 콜레라가 한반도를 덮치다〉,《뉴시스》, https://newsis.com/view/?id=NISX20200328_0000973864&cID=10301&pID=10300.

조귀례, 문창재 정리, 2006.8.1.-12.26., 〈군복 입은 하얀 천사들〉,《국방일보》.

조귀례 인터뷰: 2014.12.29.; 2021.2.18., 모두 경기도 분당의 자택에서 시행.

한전의료재단, 2007,《한일: 이웃과 함께하는 한일병원 70년사》.

7장 박명자

박명자의 인터뷰 기사

곽승환, 2003.4.6., 4.9., 〈도움 줄 수 있으니 난 행복한 사람이야〉,《가톨릭신문》.

김수정, 1991.7., 〈제33회 나이팅게일기장 수상자 박명자〉,《생활간호》.

김은희, 1992.4., 〈나이팅게일 기장받은 간호사 박명자〉,《삶과 꿈》.

김형식, 1999.6., 〈民族의 체험 6·25 전쟁 50주년의 재조명 ③ 두 목격자의 증언 서울대병원 국군 부상병 집단학살 사건〉,《월간조선》.

노옥진, 1992.5., 〈'나이팅게일기장'상 수상한 간호계의 대모〉,《주간여성》.

신현주, 2002, 〈자네들, 정말 행복한 사람이 누군 줄 아나?〉,《꿈을 짓는 사람들》.

전병역, 2003.3.26., 〈한땀은 정성 한땀은 사랑으로 기웠지: 옷 짓는 할머니 박명자씨〉,《경향신문》.

일반 참고문헌

국군간호사관학교, 2011,《국군간호사관학교 60년사》, 국군간호사관학교.

김재인, 양애경, 허현란, 유현옥, 2000,《한국 여성교육의 변천과정 연구》, 한국여성개발원.

대한간호협회, 2001,《간호통계연보》, 대한간호협회.

대한간호협회, 1997,《대한간호협회 70년사》, 대한간호협회.

대한간호협회 서울시지부 임상간호업무분과위원회, 1973,《수술실 간호 지침서》, 수문사.

대한적십자사, 1991,〈(박명자) 공적서〉, 미간행물.

메풀재단, 2009,《메풀 전산초 평전》, 라이프플러스인서울.

박명자, 김숙진, 1966,《간호원을 위한 수술실 수기 및 마취》, 수문사.

박명자, 1968,〈간호보조원 근무실태 조사: 서울대학 부속병원에서의〉,《대한간호》7권
    2호.

박명자, 1985,《한국방송통신대학 간호학 교육과정 개발에 관한 연구》, 한국방송통신
    대학.

박명자, 1985,〈방송통신대학제도〉,《대한간호》24권 4호.

박명자 인터뷰: 2015.1.30., 서울시 도봉구 자택 등.

서울대학교간호대학, 1997,《서울대학교 간호교육 90년사》, 서울대학교 간호대학.

서울대학교병원 병원역사문화센터, 2009,《한국 근현대 의료문화사》, 웅진지식하우스.

서울대학교 의과대학 마취통증의학교실, 2008,《서울대학교 의과대학 마취통증의학교
    실 50년사》.

서울시간호사회, 1997,《서울시간호사회 오십년사》, 서울시간호사회.

서울특별시 교육위원회, 1982,《해외(일본)연수 보고서》, 서울특별시 교육위원회.

신미자 등, 2013,《간호의 역사》, 대한간호협회.

여인석 등, 2012,《한국의학사》, 의료정책연구소.

육군본부, 1990,《간호병과사》, 육군본부.

육군본부, 2009,《대한민국 간호병과 60년사》.

이꽃메, 2015,〈나이팅게일 기장 수상자 박명자의 창조적이고 개척적인 간호업적 고찰〉,
    《한국간호교육학회지》21권 3호.

이소우, 박명자, 1987,〈정신간호상담에서 나타난 방송통신 대학생의 자아실현 분석〉,
    《대한간호학회지》17권 1호.

이종선, 1963,〈간호원 마취사〉,《대한간호》4.

중앙대학교 사범대학 1종도서 연구개발위원회, 1982,《가사실업계고등학교 아동보건과
    영양》, 대한교과서.

지연옥, 2004, 〈6·25 참전 간호경험에 관한 연구〉, 《군진간호연구》 22권.

춘천시립양로·요양원, 2007, 《춘천시립양로원 50년사》, 춘천시립양로요양원.

한국교회사연구소, 1985, 《한국가톨릭대사전》, 한국교회사연구소.

8장 박정호

가정간호역사 편찬위원회, 2014, 《가정간호제도 20년 역사와 전망》, 사이언스.

간호행정학회, 2011, 《간호행정학회 40년사 1971-2011》, 간호행정학회.

병원간호사회, 2015, 《병원간호사회 40년사: 위대한 길 아름다운 동행》.

대한간호협회, 1997, 《대한간호협회 70년사 1923-1993》.

대한간호협회, 2000, 《한국간호 100년》.

대한감염병학회, 2018, 《한국전염병사 II》.

박정호, 1966, 《소화성궤양으로 인한 토혈 및 하혈 환자에 대한 임상간호학적 관찰》, 서울대학교 이학석사학위논문.

박정호, 1972, 〈병원 간호행정 개선을 위한 연구〉, 《간호학회지》 3권 1호.

박정호, 1973, 〈병원 물품관리〉, 《대한간호》 12권 1호.

박정호, 1975, 〈종합병원에 있어서 간호의존에 따른 간호인력 수요추정에 관한 조사 연구〉, 《서울의대잡지》 16권 4호.

박정호, 1976, 〈간호과정에 의한 간호시행 및 평가〉, 《대한간호》 15권 6호.

박정호, 1977, 〈종합병원의 간호인력 수요〉, 《한국경영과학회지》 1권 1호.

박정호, 1981, 〈병원 간호업무 표준〉, 《대한간호》 20권 5호.

박정호, 1982, 〈일부 대학병원에 있어서 간호인력 활동에 관한 조사연구〉, 《월간 최신 의학》 25권 12호.

박정호, 1988, 〈한국형 진단명 기준 환자군(K-DRG) 분류를 이용한 입원환자의 간호원 가 산정에 관한 연구〉, 이화여자대학교 박사학위논문.

박정호, 1988, 〈종합병원에 입원한 환자의 간호원가 산정에 관한 연구 (환자분류체계를 기초로한)〉, 88자유공모과제 학술연구보고서.

박정호, 1988, 〈간호수가 산정을 위한 간호행위의 규명연구〉, 대한간호협회공모 연구보고서.

박정호, 2001, 〈가정 방문간호사업의 확대 및 정착을 위한 장기 발전방안: 보건복지부 건강증진 기금에 의한〉.

박정호, 김매자, 홍경자, 한경자, 박성애, 윤순녕, 이인숙, 조현, 방경숙, 1997, 〈가정간호 사업 운영을 위한 정보전달체계 개발 I〉, 《한국가정간호학회지》 4권.

박정호, 김매자, 홍경자, 한경자, 박성애, 윤순녕, 이인숙, 조현, 방경숙, 1998, 〈지역사 회 중심 가정간호사업 운영연구: 가정간호사업 운영을 위한 정보전달체계 개발 II〉, 《한국가정간호학회지》 5권.

박정호, 김매자, 홍경자, 한경자, 박성애, 윤순녕, 이인숙, 조현, 방경숙, 2000, 〈지역사회 중심의 독립형 가정간호 시범사업소 운영체계 개발 및 운영결과 분석〉, 《대한간호학 회지》 30권 6호.

박정호, 김매자, 홍경자, 한경자, 박성애, 윤순녕, 박현태, 강영규, 2001, 〈무선통신을 이용 한 원격 가정간호 지원시스템 구축〉, 《대한의료정보학회지》 7권 1호.

박정호, 박성애, 윤순녕, 강성례, 2004, 〈컴퓨터 통신망과 PDA(휴대용개인정보단말기) 를 이용한 가정간호정보시스템 개발〉, 《대한간호학회지》 34권 2호.

박정호, 박성애, 윤순녕, 강성례, 이기한, 2004, 〈유무선 통신과 모바일 컴퓨팅을 이용한 저소득 건강취약주민을 위한 가정간호 정보시스템 개발〉, 《대한의료정보학회지》 10권 2호.

박정호, 성영희, 함명림, 송미숙, 윤선옥, 1997, 〈5개 KDRG(한국형진단명기준환자구) 에 대한 원가 산정 −1996년 대한간호협회 임상간호사회 용역연구〉, 《임상간호연구》 3권 1호.

박정호, 송미순, 1990, 〈종합병원에 입원한 환자의 간호원가 산정에 관한 연구〉, 《대한간 호학회지》 20권 1호.

박정호, 신혜선, 1982, 〈일부 대학병원에 있어 입원 생활 중 환자가 받는 간호활동에 관 련된 기초 조사 연구〉, 《월간 최신의학》 25권 10호.

박정호, 1982, 〈일부 대학병원에 있어서 간호인력 활동에 관한 조사연구〉, 《월간 최신의 학》 25권 12호.

박정호, 윤순녕, 김매자, 한경자, 홍경자, 박성애, 허정순, 2002, 〈가정·방문간호 수요추계〉, 《간호행정학회지》 8권 4호.

박정호, 윤순녕, 김매자, 한경자, 홍경자, 박성애, 황나미, 허정순, 2002, 〈가정·방문간호 사업의 확대 및 정착을 위한 시론〉, 《한국간호과학회지》 4권 3호.

박정호, 이영자, 김태희, 1973, 〈병원 드레싱 상중 일부물품의 오염도에 관한 조사연구〉, 《간호과학회》 3권 2호.

서울대학교 간호대학, 2005, 《간호관리학의 발전과 전망》, 박정호 교수 정년퇴임 기념 강연회 자료집.

서울대학교 간호대학, 1997, 《서울대학교 간호교육 70년사, 1907-1997》.

서울대학교 간호대학 간호관리학교실, 2005, 《박정호교수 정년기념 논문집》.

신경자 박정호, 이영자, 1973.6., 〈병원 간호업무에 관한 조사 연구: 낮번 간호원 업무를 중심으로〉, 《월간 최신의학》 16권 6호.

신미자, 이꽃메, 김지미, 안성희, 강윤숙, 강인화, 김문실, 문희자, 2013, 《개정증보 간호의 역사》, 대한간호협회 출판부.

윤순녕, 박정호, 김매자, 홍경자, 한경자, 박성애, 홍진의, 1999, 〈독립형 가정간호시범사업소의 가정간호행위분류체계 개발과 수가 연구〉, 《한국가정간호학회지》 6권.

이귀향, 1975, 《서울대학교간호교육 30년사, 1945-1975》, 서울대학교 의과대학 간호학과.

이옥순 지음, 박미현 엮음, 2022, 《이옥순 이야기: 어머니, 할머니, 집사님》.

홍여신, 이은옥, 이소우, 김매자, 홍경자, 서문자, 이영자, 박정호, 송미순, 1990, 〈추후관리가 필요한 만성질환 퇴원환자 가정간호 시범사업 운영 연구〉, 《대한간호학회지》 20권 2호.

박정호 인터뷰: 2021.7.9., 경기도 성남시 분당구 자택; 2022.6.9. 경기도 성남시 분당구 모처 등.

9장 이순남

《간호사신문》.

김광숙, 김은경, 이정렬, 유미애, 김봉정, 박소현, 이순남, 김정은, 2009, 〈지역사회 중년여성의 특성 및 건강행위 실천과 비만-비만 지표에 따른 비교〉 《한국보건간호학회지》 23권 2호.

김애실, 1973, 〈1973년 간호교육 실태조사〉, 《대한간호》, 12권 6호.

김진순, 1978, 〈다목적 보건요원의 근무시간 활용에 관한 조사연구〉, 《대한보건연구》 5권 1호.

김춘미 외. 2022, 《제3판 지역사회보건간호학》, 수문사.

대한간호협회, 2001, 《간호통계연보》, 대한간호협회 출판부.

대한간호협회 교육부, 1977, 〈1976년 간호교육 실태조사〉, 《대한간호》 16권 1호.

대한감염학회, 2018, 《한국전염병사 II》, 계축문화사.

박노례, 1982, 〈통합보건사업의 현황〉, 《대한간호》 21권 2호.

보건간호사회, 2018, 《보건간호사회 50년사》, 보건간호사회.

이귀향, 1975, 《서울대학교 간호교육 30년사》, 서울대학교 간호학과.

이성관, 1979, 《다목적요원 활동지침의 개발 연구》, KHDI.

이순남 인터뷰: 2022.3.12.; 2022.6.8.; 2022.8.8.; 2022.10.30., 모두 서울시 모처에서 시행.

장지섭, 문은이, 김정태, 1982, 《1981년도 통합보건요원훈련결과보고서》, 한국인구보건 연구원.

조결자, 이순남, 이명희, 지은선, 2009, 〈집단 영아경락마사지가 영아의 성장, 어머니의 모아상호작용과 모아애착 및 역할만족도에 미치는 영향〉, 《아동간호학회지》 15권 1호.

주경식, 박남영, 김문식, 이순영, 유기현, 박노례, 김기범, 신경식, 1982, 〈보건요원 훈련 종합평가에 관한 조사연구〉, 《국립보건원보》 19권.

지역보건의료발전을 위한 모임, 2012, 《지역보건 60년의 발자취 1》, 계축문화사.

지역보건의료발전을 위한 모임, 2013, 《지역보건 60년의 발자취 2》, 계축문화사.

한국간호인물열전

10인의 인물로 본 한국 간호의 역사

1판 1쇄 2024년 5월 10일

지은이 | 이꽃메

펴낸이 | 류종필
편집 | 이은진, 이정우, 권준
경영지원 | 홍정민
교정교열 | 김현대
표지 디자인 | 석운디자인
본문 디자인 | 박애영

펴낸곳 | (주) 도서출판 책과함께
　　　　주소 (04022) 서울시 마포구 동교로 70 소와소빌딩 2층
　　　　전화 (02) 335-1982
　　　　팩스 (02) 335-1316
　　　　전자우편 prpub@daum.net
　　　　블로그 blog.naver.com/prpub
　　　　등록 2003년 4월 3일 제2003-000392호

ISBN 979-11-92913-82-7　93990